शतरंज के खिलाड़ी
तथा
अन्य कहानियाँ

शतरंज के खिलाड़ी
तथा
अन्य कहानियाँ

प्रेमचंद

श्री सांई प्रिन्टोग्राफर्स
नई दिल्ली-110002

शतरंज के खिलाड़ी कथा तथा अन्य कहानियाँ

ISBN - 978-81-89996-89-5

प्रकाशक

श्री सांई प्रिन्टोग्राफर्स

102, 4787/23, अन्सारी रोड,
दरियागंज, नई दिल्ली–110002
011-23246222, 23246333, 9312220441
shrisaiprintographers@gmail.com

लेज़र टाइपसैटिंग
सान्या कम्प्यूटर्स, दिल्ली

मुद्रक :
बालाजी ऑफसेट, दिल्ली

विषय सूची

विश्वास

उन दिनों मिस जोशी बम्बई सभ्य-समाज की राधिका थी। थी तो वह एक छोटी-सी कन्या-पाठशाला की अध्यापिका पर उसका ठाट-बाट, मान-सम्मान बड़ी-बड़ी धन-रानियों को भी लज्जित करता था। वह एक बड़े महल में रहती थी, जो किसी जमाने में सतारा के महाराज का निवास-स्थान था। वहाँ सारे दिन नगर के रईसों, राजों, राज-कर्मचारियों का ताँता लगा रहता था। वह सारे प्रांत के धन और कीर्ति के उपासकों की देवी थी। अगर किसी को खिताब का खब्त था तो वह मिस जोशी की खुशामद करता था। किसी को अपने या अपने संबंधों के लिए कोई अच्छा ओहदा दिलाने की धुन थी तो वह मिस जोशी की आराधना करता था। सरकारी इमारतों के ठीके ; नमक, शराब, अफ़ीम आदि सरकारी चीजों के ठीके; लोहे-लकड़ी, कल-पुरजे आदि के ठीके सब मिस जोशी ही के हाथों में थे। जो कुछ करती थी वही करती थी, जो कुछ होता था उसी के हाथों होता था। जिस वक्त वह अपनी अरबी घोड़ों की फिटन पर सैर करने निकलती तो रईसों की सवारियाँ आप ही आप रास्ते से हट जाती थीं, बड़े-बड़े दुकानदार खड़े हो-हो कर सलाम करने लगते थे। वह रूपवती थी, लेकिन नगर में उससे बढ़ कर रूपवती रमणियाँ भी थीं; वह सुशिक्षिता थी, वाक्चतुर थी, गाने में निपुण, हँसती तो अनोखी छवि से, बोलती तो निराली छटा से, ताकती तो बाँकी चितवन से; लेकिन इन गुणों में उसका एकाधिपत्य न था। उसकी प्रतिष्ठा, शक्ति और कीर्ति का कुछ और ही रहस्य था। सारा नगर ही नहीं; सारे प्रांत का बच्चा-बच्चा जानता था कि बम्बई के गवर्नर मिस्टर जौहरी मिस जोशी के बिना दामों के ग़ुलाम हैं। मिस जोशी की आँखों का इशारा उनके लिए नादिरशाही हुक्म है। वह थिएटरों में, दावतों में, जलसों में मिस जोशी के साथ साये की भाँति रहते हैं और कभी-कभी उनकी मोटर रात के सन्नाटे में मिस जोशी के मकान से निकलती हुई लोगों को दिखायी देती है। इस प्रेम में वासना की मात्रा अधिक है या भक्ति की, यह कोई नहीं जानता। लेकिन मिस्टर जौहरी विवाहित हैं और मिस जोशी विधवा, इसलिए जो लोग उनके प्रेम को कलुषित कहते हैं, वे उन पर कोई अत्याचार नहीं करते।

बम्बई की व्यवस्थापिका-सभा ने अनाज पर कर लगा दिया था और जनता की ओर से उसका विरोध करने के लिए एक विराट् सभा हो रही थी। सभी नगरों से प्रजा के प्रतिनिधि उसमें सम्मिलित होने के लिए हजारों की संख्या में आये थे। मिस जोशी के विशाल भवन के सामने, चौड़े मैदान में हरी-हरी घास पर बम्बई की जनता अपनी

फरियाद सुनाने के लिए जमा थी। अभी तक सभापति न आये थे, इसलिए लोग बैठे गप-शप कर रहे थे। कोई कर्मचारियों पर आक्षेप करता था, कोई देश की स्थिति पर, कोई अपनी दीनता पर–अगर हम लोगों में अकड़ने का ज़रा भी सामर्थ्य होता तो मजाल थी कि यह कर लगा दिया जाता, अधिकारियों का घर से बाहर निकलना मुश्किल हो जाता। हमारा ज़रूरत से ज्यादा सीधापन हमें अधिकारियों के हाथों का खिलौना बनाये हुए है। वे जानते हैं कि इन्हें जितना दबाते जाओ, उतना दबते जायेंगे, सिर नहीं उठा सकते। सरकार ने भी उपद्रव की आशंका से सशस्त्र पुलिस बुला ली। उस मैदान के चारों कोने पर सिपाहियों के दल डेरा डाले पड़े थे। उनके अफसर, घोड़ों पर सवार, हाथ में हंटर लिये, जनता के बीच में निश्शंक भाव से घोड़े दौड़ाते-फिरते थे, मानो साफ मैदान है। मिस जोशी के ऊँचे बरामदे में नगर के सभी बड़े-बड़े रईस और राज्याधिकारी तमाशा देखने के लिए बैठे हुए थे। मिस जोशी मेहमानों का आदर-सत्कार कर रही थीं और मिस्टर जौहरी, आराम-कुर्सी पर लेटे, इस जन-समूह को घृणा और भय की दृष्टि से देख रहे थे।

सहसा सभापति महाशय आपटे एक किराये के ताँगे पर आते दिखायी दिये। चारों तरफ हलचल मच गयी, लोग उठ-उठ कर उनका स्वागत करने दौड़े और उन्हें ला कर मंच पर बैठा दिया। आपटे की अवस्था 30-35 वर्ष से अधिक न थी; दुबले-पतले आदमी थे, मुख पर चिंता का गाढ़ा रंग चढ़ा हुआ; बाल भी पक चले थे, मुख पर सरल हास्य की रेखा झलक रही थी। वह एक सफ़ेद मोटा कुरता पहने थे, न पाँव में जूते थे, न सिर पर टोपी। इस अर्द्धनग्न, दुर्बल, निस्तेज प्राणी में न-जाने कौन-सा जादू था कि समस्त जनता उसकी पूजा करती थी, उसके पैरों पर सिर रगड़ती थी। इस एक प्राणी के हाथों में इतनी शक्ति थी कि वह क्षणमात्र में सारी मिलों को बन्द करा सकता था, शहर का सारा कारोबार मिटा सकता था। अधिकारियों को उसके भय से नींद न आती थी, रात को सोते-सोते चौंक पड़ते थे। उससे ज्यादा भयंकर जन्तु अधिकारियों की दृष्टि में दूसरा न था। यह प्रचंड शासन शक्ति उस एक हड्डी के आदमी से थरथर काँपती थी, क्योंकि उस हड्डी में एक पवित्र, निष्कलंक, बलवान और दिव्य आत्मा का निवास था।

2

आपटे ने मंच पर खड़े हो कर पहले जनता को शांत चित्त रहने और अहिंसा-व्रत पालन करने का आदेश दिया। फिर देश की राजनीतिक स्थिति का वर्णन करने लगे। सहसा उनकी दृष्टि सामने मिस जोशी के बरामदे की ओर गयी तो उनका प्रजा-दुःख-पीड़ित हृदय तिलमिला उठा। यहाँ अगणित प्राणी अपनी विपत्ति की फरियाद सुनाने के लिए जमा थे और वहाँ मेजों पर चाय और बिस्कुट, मेवे और फल, बर्फ और शराब की रेल-पेल थी। वे लोग इन अभागों को देख-देख हँसते और तालियाँ बजाते थे। जीवन में पहली बार आपटे की ज़बान काबू से बाहर हो गयी। मेघ की भाँति गरज कर बोले–

'इधर तो हमारे भाई दाने-दाने को मुहताज हो रहे हैं, उधर अनाज पर कर लगाया जा रहा है, केवल इसलिए कि राजकर्मचारियों के हलुवे-पूरी में कमी न हो। हम जो देश के राजा हैं, जो छाती फाड़ कर धरती से धन निकालते हैं, भूखों मरते हैं; और वे लोग, जिन्हें हमने अपने सुख और शांति की व्यवस्था करने के लिए रखा है, हमारे स्वामी बने हुए शराबों की बोतलें उड़ाते हैं। कितनी अनोखी बात है कि स्वामी भूखों मरें और सेवक शराबें उड़ायें, मेवे खायें और इटली और स्पेन की मिठाइयाँ चलें ! यह किसका अपराध है ? क्या सेवकों का ? नहीं, कदापि नहीं, हमारा ही अपराध है कि हमने अपने सेवकों को इतना अधिकार दे रखा है। आज हम उच्च स्वर से कह देना चाहते हैं कि हम यह क्रूर और कुटिल व्यवहार नहीं सह सकते। यह हमारे लिए असह्य है कि हम और हमारे बाल-बच्चे दानों को तरसें और कर्मचारी लोग, विलास में डूबे हुए हमारे करुण-क्रन्दन की जरा भी परवा न करते हुए विहार करें। यह असह्य है कि हमारे घरों में चूल्हें न जलें और कर्मचारी लोग थिएटरों में ऐश करें, नाच-रंग की महफिलें सजायें, दावतें उड़ायें, वेश्याओं पर कंचन की वर्षा करें। संसार में ऐसा और कौन देश होगा, जहाँ प्रजा तो भूखों मरती हो और प्रधान कर्मचारी अपनी प्रेम-क्रीड़ाओं में मग्न हों, जहाँ स्त्रियाँ गलियों में ठोकरें खाती फिरती हों और अध्यापिकाओं का वेष धारण करनेवाली वेश्याएँ आमोद-प्रमोद के नशे में चूर हों...

3

एकाएक सशस्त्र सिपाहियों के दल में हलचल पड़ गयी। उनका अफ़सर हुक्म दे रहा था– सभा भंग कर दो, नेताओं को पकड़ लो, कोई न जाने पाये। यह विद्रोहात्मक व्याख्यान है।

मिस्टर जौहरी ने पुलिस के अफ़सर को इशारे से बुलाकर कहा–और किसी को गिरफ्तार करने की जरूरत नहीं। आपटे ही को पकड़ो। वही हमारा शत्रु है।

पुलिस ने डंडे चलाने शुरू किये और कई सिपाहियों के साथ जा कर अफ़सर ने आपटे को गिरफ्तार कर लिया।

जनता ने त्योरियाँ बदलीं। अपने प्यारे नेता को यों गिरफ्तार होते देख कर उनका धैर्य हाथ से जाता रहा।

लेकिन उसी वक्त आपटे की ललकार सुनाई दी–तुमने अहिंसा-व्रत लिया है और अगर किसी ने उस व्रत को तोड़ा तो उसका दोष मेरे सिर होगा। मैं तुमसे सविनय अनुरोध करता हूँ कि अपने-अपने घर जाओ। अधिकारियों ने वही किया जो हम समझते थे। इस सभा से हमारा जो उद्देश्य था वह पूरा हो गया। हम यहाँ बलवा करने नहीं, केवल संसार की नैतिक सहानुभूति प्राप्त करने के लिए जमा हुए थे, और हमारा उद्देश्य पूरा हो गया।

एक क्षण में सभा भंग हो गयी और आपटे पुलिस की हवालात में भेज दिये गये।

मिस्टर जौहरी ने कहा—बच्चा बहुत दिनों के बाद पंजे में आये हैं राज-द्रोह का मुकदमा चला कर कम से कम 10 साल के लिए अंडमान भेजूँगा।

मिस जोशी—इससे क्या फ़ायदा ?

'क्यों ? उसको अपने किये की सज़ा मिल जायगी।'

'लेकिन सोचिए, हमें उसका कितना मूल्य देना पड़ेगा। अभी जिस बात को गिने-गिनाये लोग जानते हैं वह सारे संसार में फैलेगी और हम कहीं मुँह दिखाने लायक न रहेंगे। आप अखबारों के संवाददाताओं की जबान तो नहीं बंद कर सकते।'

'कुछ भी हो, मैं इसे जेल में सड़ाना चाहता हूँ। कुछ दिनों के लिए तो चैन की नींद नसीब होगी। बदनामी से तो डरना ही व्यर्थ है। हम प्रांत के सारे समाचार-पत्रों को अपने सदाचार का राग अलापने के लिए मोल ले सकते हैं। हम प्रत्येक लांछन को झूठ साबित कर सकते हैं, आपटे पर मिथ्या दोषारोपण का अपराध लगा सकते हैं।'

'मैं इससे सहज उपाय बतला सकती हूँ। आप आपटे को मेरे हाथ में छोड़ दीजिए। मैं उससे मिलूँगी और उन यंत्रों से, जिनका प्रयोग करने में हमारी जाति सिद्धहस्त है, उसके आंतरिक भावों और विचारों की थाह ले कर आपके सामने रख दूँगी। मैं ऐसे प्रमाण खोज निकालना चाहती हूँ जिनके उत्तर में उसे मुँह खोलने का साहस न हो, और संसार की सहानुभूति उसके बदले हमारे साथ हो। चारों ओर से यही आवाज आये कि यह कपटी और धूर्त था और सरकार ने उसके साथ वही व्यवहार किया है जो होना चाहिए। मुझे विश्वास है कि वह षड्यंत्रकारियों का मुखिया है और मैं इसे सिद्ध कर देना चाहती हूँ। मैं उसे जनता की दृष्टि में देवता नहीं बनाना चाहती, उसको राक्षस के रूप में दिखाना चाहती हूँ।'

'यह काम इतना आसान नहीं है, जितना तुमने समझ रखा है। आपटे राजनीति में बड़ा चतुर है।'

'ऐसा कोई पुरुष नहीं है, जिस पर युवती अपनी मोहिनी न डाल सके।'

'अगर तुम्हें विश्वास है कि तुम यह काम पूरा कर दिखाओगी, तो मुझे कोई आपत्ति नहीं है। मैं तो केवल उसे दंड देना चाहता हूँ।'

'तो हुक्म दे दीजिए कि वह इसी वक्त छोड़ दिया जाय।'

'जनता कहीं यह तो न समझेगी कि सरकार डर गयी ?'

'नहीं, मेरे खयाल में तो जनता पर इस व्यवहार का बहुत अच्छा असर पड़ेगा। लोग समझेंगे कि सरकार ने जनमत का सम्मान किया है।'

'लेकिन तुम्हें उसके घर जाते लोग देखेंगे तो मन में क्या कहेंगे ?'

'नकाब डालकर जाऊँगी, किसी को कानोंकान खबर न होगी।'

'मुझे तो अब भी भय है कि वह तुम्हें संदेह की दृष्टि से देखेगा और तुम्हारे पंजे में न आयेगा, लेकिन तुम्हारी इच्छा है तो आजमा देखो।'

यह कह कर मिस्टर जौहरी ने मिस जोशी को प्रेममय नेत्रों से देखा, हाथ मिलाया और चले गये।

आकाश पर तारे निकले हुए थे, चैत की शीतल, सुखद वायु चल रही थी, सामने के चौड़े मैदान में सन्नाटा छाया हुआ था, लेकिन मिस जोशी को ऐसा मालूम हुआ मानो आपटे मंच पर खड़ा बोल रहा है। उसका शांत, सौम्य, विषादमय स्वरूप उसकी आँखों में समाया हुआ था।

5

प्रातःकाल मिस जोशी अपने भवन से निकली, लेकिन उसके वस्त्र बहुत साधारण थे और आभूषण के नाम शरीर पर एक धागा भी न था। अलंकारविहीन हो कर उसकी छवि स्वच्छ, निर्मल जल की भाँति और भी निखर गयी। उसने सड़क पर आ कर एक ताँगा लिया और चली।

आपटे का मकान गरीबों के एक दूर के मुहल्ले में था। ताँगेवाला मकान का पता जानता था। कोई दिक्कत न हुई। मिस जोशी जब मकान के द्वार पर पहुँची तो न जाने क्यों उसका दिल धड़क रहा था। उसने काँपते हुए हाथों से कुंडी खटखटायी। एक अधेड़ औरत ने निकल कर द्वार खोल दिया। मिस जोशी उस घर की सादगी देख कर दंग रह गयी। एक किनारे चारपाई पड़ी हुई थी, एक टूटी आलमारी में कुछ किताबें चुनी हुई थीं, फ़र्श पर लिखने का डेस्क था और एक रस्सी की अलगनी पर कपड़े लटक रहे थे। कमरे के दूसरे हिस्से में एक लोहे का चूल्हा था और खाने के बरतन पड़े हुए थे। एक लम्बा-तड़ंगा आदमी, जो उसी अधेड़ औरत का पति था, बैठा एक टूटे हुए ताले की मरम्मत कर रहा था और एक पाँच-छः वर्ष का तेजस्वी बालक आपटे की पीठ पर चढ़ने के लिए उसके गले में हाथ डाल रहा था। आपटे इसी लोहार के साथ उसी के घर में रहते थे। समाचार-पत्रों में लेख लिख कर जो कुछ मिलता उसे दे देते और इस भाँति गृह-प्रबंध की चिंताओं से छुट्टी पा कर जीवन व्यतीत करते थे।

मिस़ जोशी को देख़ कर आपटे ज़रा चौंके, फिर खड़े हो कर उनका स्वागत किया और सोचने लगे कि कहाँ बैठाऊँ। अपनी दरिद्रता पर आज उन्हें जितनी लाज आयी उतनी और कभी न आयी थी। मिस जोशी उनका असमंजस देख कर चारपाई पर बैठ गयी और जरा रुखाई से बोली—मैं बिना बुलाये आपके यहाँ आने के लिए क्षमा माँगती हूँ किंतु काम ऐसा जरूरी था कि मेरे आये बिना पूरा न हो सकता। क्या मैं एक मिनट के लिए आपसे एकांत में मिल सकती हूँ।

आपटे ने जगन्नाथ की ओर देख कर कमरे से बाहर चले जाने का इशारा किया। उसकी स्त्री भी बाहर चली गयी। केवल बालक रह गया। वह मिस जोशी की ओर बार-बार उत्सुक आँखों से देखता था। मानो पूछ रहा हो कि तुम आपटे दादा की कौन हो ?

मिस जोशी ने चारपाई से उतर कर जमीन पर बैठते हुए कहा—आप कुछ

अनुमान कर सकते हैं कि मैं इस वक्त क्यों आयी हूँ ?

आपटे ने झेंपते हुए कहा–आपकी कृपा के सिवा और क्या कारण हो सकता है ?

मिस जोशी–नहीं, संसार इतना उदार नहीं हुआ कि आप जिसे गालियाँ दें, वह आपको धन्यवाद दे। आपको याद है कि कल आपने अपने व्याख्यान में मुझ पर क्या-क्या आक्षेप किये थे ? मैं आप से जोर दे कर कहती हूँ कि वे आक्षेप करके आपने मुझ पर घोर अत्याचार किया है। आप जैसे सहृदय, शीलवान, विद्वान्, आदमी से मुझे ऐसी आशा न थी। मैं अबला हूँ, मेरी रक्षा करनेवाला कोई नहीं है ? क्या आपको उचित था कि एक अबला पर मिथ्यारोपण करें ? अगर मैं पुरुष होती तो आपसे ड्यूल खेलने का आग्रह करती। अबला हूँ, इसलिए आपकी सज्जनता को स्पर्श करना ही मेरे हाथ में है। आपने मुझ पर जो लांछन लगाये हैं, वे सर्वथा निर्मूल हैं।

आपटे ने दृढ़ता से कहा–अनुमान तो बाहरी प्रमाणों से ही किया जाता है।

मिस जोशी–बाहरी प्रमाणों से आप किसी के अंतस्तल की बात नहीं जान सकते।

आपटे–जिसका भीतर-बाहर एक न हो, उसे देख कर भ्रम में पड़ जाना स्वाभाविक है।

मिस जोशी–हाँ, तो वह आपका भ्रम है और मैं चाहती हूँ कि आप उस कलंक को मिटा दें जो आपने मुझ पर लगाया है। आप इसके लिए प्रायश्चित्त करेंगे ?

आपटे–अगर न करूँ तो मुझसे बड़ा दुरात्मा संसार में न होगा।

मिस जोशी–आप मुझ पर विश्वास करते हैं।

आपटे–मैंने आज तक किसी रमणी पर अविश्वास नहीं किया।

मिस जोशी–क्या आपको यह संदेह हो रहा है कि मैं आपके साथ कौशल कर रही हूँ ?

आपटे ने मिस जोशी की ओर अपने सदय, सजल, सरल नेत्रों से देख कर कहा–बाई जी, मैं गँवार और अशिष्ट प्राणी हूँ, लेकिन नारी-जाति के लिए मेरे हृदय में जो आदर है, वह उस श्रद्धा से कम नहीं है, जो मुझे देवताओं पर है। मैंने अपनी माता का मुख नहीं देखा, यह भी नहीं जानता कि मेरा पिता कौन था; किन्तु जिस देवी के दया-वृक्ष की छाया में मेरा पालन-पोषण हुआ उनकी प्रेम-मूर्ति आज तक मेरी आँखों के सामने है और नारी के प्रति मेरी भक्ति को सजीव रखे हुए है। मैं उन शब्दों को मुँह से निकालने के लिए अत्यन्त दुःखी और लज्जित हूँ जो आवेश में निकल गये, और मैं आज ही समाचारपत्रों में खेद प्रकट करके आपसे क्षमा की प्रार्थना करूंगा।

मिस जोशी को अब तक अधिकांश स्वार्थी आदमियों ही से साबिका पड़ा था, जिनके चिकने-चुपड़े शब्दों में मतलब छिपा हुआ था। आपटे के सरल विश्वास पर उसका चित्त आनन्द से गद्‌गद हो गया। शायद वह गंगा में खड़ी हो कर अपने अन्य मित्रों से यह कहती तो उसके फैशनेबुल मिलनेवालों में से किसी को उस पर विश्वास

न आता। सब मुँह के सामने तो हाँ-हाँ करते, पर बाहर निकलते ही उसका मजाक उड़ाना शुरू करते। उन कपटी मित्रों के सम्मुख यह आदमी था जिसके एक-एक शब्द में सच्चाई झलक रही थी जिसके अंतस्तल से निकलते हुए मालूम होते थे।

आपटे उसे चुप देख कर किसी और ही चिंता में पड़े हुए थे। उन्हें भय हो रहा था अब मैं चाहे कितनी क्षमा माँगूँ, मिस जोशी के सामने कितनी सफाईयाँ पेश करूँ। मेरे आक्षेपों का असर कभी न मिटेगा।

इस भाव ने अज्ञात रूप से उन्हें अपने विषय की गुम बातें कहने की प्रेरणा की जो उन्हें उसकी दृष्टि में लघु बना दें, जिससे वह भी उन्हें नीच समझने लगे, उसको संतोष हो जाय कि यह भी कलुषित आत्मा है। बोले–मैं अन्य से अभागा हूँ। माता-पिता का तो मुँह ही देखना नसीब न हुआ, जिस दयाशील महिला ने मुझे आश्रय दिया था, वह भी मुझे 13 वर्ष की अवस्था में अनाथ छोड़ कर परलोक सिधार गयी। उस समय मेरे सिर पर जो कुछ बीती उसे याद करके इतनी लज्जा आती है कि किसी को मुँह न दिखाऊँ। मैंने धोबी का काम किया; मोची का काम किया; घोड़े की साईसी की; एक होटल में बरतन माँजता रहा; यहाँ तक कि कितनी ही बार क्षुधा से व्याकुल होकर भीख भी माँगी। मजदूरी करने को बुरा नहीं समझता, आज भी मजदूरी ही करता हूँ। भीख माँगनी भी किसी-किसी दशा में क्षम्य है, लेकिन, मैंने उस अवस्था में ऐसे-ऐसे कर्म किये, जिन्हें कहते लज्जा आती है–चोरी की, विश्वासघात किया, यहाँ तक कि चोरी के अपराध में कैद की सजा भी पायी।

मिस जोशी ने सजल नयन हो कर कहा–आप यह सब बातें मुझसे क्यों कह रहे हैं ? मैं इनका उल्लेख करके आपको कितना बदनाम कर सकती हूँ, इसका आपको भय नहीं है ?

आपटे ने हँस कर कहा–नहीं, आपसे मुझे यह भय नहीं है।

मिस जोशी–अगर मैं आपसे बदला लेना चाहूँ, तो ?

आपटे–जब मैं अपने अपराध पर लज्जित हो कर आपसे क्षमा माँग रहा हूँ, तो मेरा अपराध रहा ही कहाँ, जिसका आप मुझसे बदला लेंगी। इससे तो मुझे भय होता है कि आपने मुझे क्षमा नहीं किया। लेकिन यदि मैंने आपसे क्षमा न माँगी होती तो मुझसे बदला न ले सकतीं। बदला लेने वाले की आँखें यों सजल नहीं हो जाया करतीं। मैं आपको कपट करने के अयोग्य समझता हूँ। आप यदि कपट करना चाहतीं तो यहाँ कभी न आतीं।

मिस जोशी–मैं आपका भेद लेने ही के लिए आयी हूँ।

आपटे–तो शौक से लीजिए। मैं बतला चुका हूँ कि मैंने चोरी के अपराध में कैद की सजा पायी थी। नासिक के जेल में रखा गया था। मेरा शरीर दुर्बल था, जेल की कड़ी मेहनत न हो सकती थी और अधिकारी लोग मुझे कामचोर समझ कर बेंतों से मारते थे। आखिर एक दिन मैं रात को जेल से भाग खड़ा हुआ।

मिस जोशी–आप तो छिपे रुस्तम निकले !

आपटे–ऐसा भागा कि किसी को खबर न हुई। आज तक मेरे नाम वारंट जारी है और 500 रु0 इनाम भी है।

मिस जोशी–तब तो मैं आपको जरूर पकड़ा दूँगी।

आपटे–तो फिर मैं आपको अपना असल नाम भी बतलाये देता हूँ। मेरा नाम दामोदर मोदी है। यह नाम तो पुलिस से बचने के लिये रख छोड़ा है।

बालक अब तक तो चुपचाप बैठा हुआ था। मिस जोशी के मुँह से पकड़ाने की बात सुन कर वह सजग हो गया।। उन्हें डाँट कर बोला–हमाले दादा को कौन पकलेगा ?

मिस जोशी–सिपाही और कौन ?

बालक–हम सिपाही को मालेंगे।

यह कह कर वह एक कोने से अपने खेलने का डंडा उठा लाया और आपटे के पास वीरोचित भाव से खड़ा हो गया, मानो सिपाहियों से उनकी रक्षा कर रहा है।

मिस जोशी–आपका रक्षक तो बड़ा बहादुर मालूम होता है।

आपटे–इसकी भी एक कथा है। साल-भर होता है, यह लड़का खो गया था। मुझे रास्ते में मिला। मैं पूछता-पूछता इसे यहाँ लाया। उसी दिन से इन लोगों से मेरा इतना प्रेम हो गया कि मैं इसके साथ रहने लगा।

मिस जोशी–आप अनुमान कर सकते हैं कि आपका वृत्तांत सुन कर मैं आपको क्या समझ रही हूँ।

आपटे–वही, जो मैं वास्तव में हूँ–नीच, कमीना, धूर्त...

मिस जोशी–नहीं, आप मुझ पर फिर अन्याय कर रहे हैं। पहला अन्याय तो क्षमा कर सकती हूँ, यह अन्याय क्षमा नहीं कर सकती। इतनी प्रतिकूल दशाओं में पड़ कर भी जिसका हृदय इतना पवित्र, इतना निष्कपट, इतना सदय हो, वह आदमी नहीं देवता है। भगवन्, आपने मुझ पर जो आक्षेप किये वह सत्य हैं। मैं आपके अनुमान से कहीं भ्रष्ट हूँ। मैं इस योग्य भी नहीं हूँ कि आपकी ओर ताक सकूँ। आपने अपने हृदय की विशालता दिखा कर मेरा असली स्वरूप मेरे सामने प्रकट कर दिया। मुझे क्षमा कीजिए, मुझ पर दया कीजिए।

यह कहते-कहते वह उनके पैरों पर गिर पड़ी। आपटे ने उसे उठा लिया और बोले–मिस जोशी, ईश्वर के लिए मुझे लज्जित न करो।

मिस जोशी ने गद्गद् कंठ से कहा–आप इन दुष्टों के हाथ से मेरा उद्धार कीजिए। मुझे इस योग्य बनाइए कि आपकी विश्वासपात्री बन सकूँ। ईश्वर साक्षी है कि मुझे कभी-कभी अपनी दशा पर कितना दुःख होता है। मैं बार-बार चेष्टा करती हूँ कि अपनी दशा सुधारूँ; इस विलासिता के जाल को तोड़ दूँ, जो मेरी आत्मा को चारों तरफ से जकड़े हुए हैं, पर दुर्बल आत्मा अपने निश्चय पर स्थित नहीं रहती। मेरा पालन-पोषण जिस ढंग से हुआ, उसका यह परिणाम होना स्वाभाविक-सा मालूम होता है। मेरी उच्च शिक्षा ने गृहिणी-जीवन से मेरे मन में घृणा पैदा कर दी। मुझे किसी पुरुष

के अधीन रहने का विचार अस्वाभाविक जान पड़ता था। मैं गृहिणी की जिम्मेदारियों और चिंताओं को अपनी मानसिक स्वाधीनता के लिए विष-तुल्य समझती थी। मैं तर्कबुद्धि से अपने स्त्रीत्व को मिटा देना चाहती थी, मैं पुरुषों की भाँति स्वतन्त्र रहना चाहती थी। क्यों किसी की पाबंद हो कर रहूँ ? क्यों अपनी इच्छाओं को किसी व्यक्ति की साँचे में डालूँ ? क्यों किसी को यह कहने का अधिकार दूँ कि तुमने यह क्यों किया ? दाम्पत्य मेरी निगाह में तुच्छ वस्तु थी। अपने माता-पिता की आलोचना करना मेरे लिए उचित नहीं, ईश्वर उन्हें सद्‌गति दे, उनकी राय किसी बात पर न मिलती थी। पिता विद्वान् थे, माता के लिए 'काला अक्षर भैंस बराबर' था। उनमें रात-दिन वाद-विवाद होता रहता था। पिताजी ऐसी स्त्री से विवाह हो जाना अपने जीवन का सबसे बड़ा दुर्भाग्य समझते थे। वह यह कहते कभी न थकते थे कि तुम मेरे पाँव की बेड़ी बन गयीं, नहीं तो मैं न जाने कहाँ उड़ कर पहुँचा होता। उनके विचार में सारा दोष माता जी की अशिक्षा के सिर था। वह अपनी एकमात्र पुत्री को मूर्खा माता के संसर्ग से दूर रखना चाहते थे। माता कभी मुझसे कुछ कहती थी तो पिता जी उन पर टूट पड़ते—तुमसे कितनी बार कह चुका कि लड़की को डाँटो मत, वह स्वयं अपना भला-बुरा सोच सकती है, तुम्हारे डाँटने से उसके आत्म-सम्मान को कितना धक्का लगेगा, यह तुम नहीं जान सकतीं। आखिर माता जी ने निराश हो कर मुझे मेरे हाल पर छोड़ दिया और कदाचित् इसी शोक में चल बसीं। अपने घर की अशान्ति देख कर मुझे विवाह से और भी घृणा हो गयी। सबसे बड़ा असर मुझ पर मेरे कालेज की लेडी प्रिंसिपल का हुआ जो स्वयं अविवाहिता थीं। मेरा तो अब यह विचार है कि युवकों की शिक्षा का भार केवल आदर्श चरित्रों पर रखना चाहिए। विलास में रत, कालेजों के शौकीन प्रोफेसर विद्यार्थियों पर कोई अच्छा असर नहीं डाल सकते। मैं इस वक्त ऐसी बात आपसे कह रही हूँ पर अभी घर जा कर यह सब भूल जाऊँगी। मैं जिस संसार में हूँ, उसकी जलवायु ही दूषित है। वहाँ सभी मुझे कीचड़ में लतपत देखना चाहते हैं, मेरे विलासासक्त रहने में ही उनका स्वार्थ है। आप वह पहले आदमी हैं जिसने मुझ पर विश्वास किया है, जिसने मुझसे निष्कपट व्यवहार किया है। ईश्वर के लिए अब मुझे भूल न जाइएगा।

आपटे ने मिस जोशी की ओर वेदनापूर्ण दृष्टि से देखकर कहा—अगर मैं आपकी कुछ सेवा कर सकूँ तो यह मेरे लिए सौभाग्य की बात होगी। मिस जोशी ! हम सब मिट्टी के पुतले हैं, कोई निर्दोष नहीं। मनुष्य बिगड़ता है तो परिस्थितियों से, या पूर्वसंस्कारों से। परिस्थितियों का त्याग करने से ही बच सकता है, संस्कारों से गिरनेवाले मनुष्य का मार्ग इससे कहीं कठिन है। आपकी आत्मा सुन्दर और पवित्र है, केवल परिस्थितियों ने उसे कुहरे की भाँति ढक लिया है। अब विवेक का सूर्य उदय हो गया है, ईश्वर ने चाहा तो कुहरा भी फट जायगा। लेकिन सबसे पहले उन परिस्थितियों का त्याग करने को तैयार हो जाइए।

मिस जोशी—यही आपको करना होगा।

आपटे ने चुभती हुई निगाहों से देख कर कहा–वैद्य रोगी को जबरदस्ती दवा पिलाता है।

मिस जोशी–मैं सब कुछ करूँगी। मैं कड़वी से कड़वी दवा पियूँगी यदि आप पिलायेंगे। कल आप मेरे घर आने की कृपा करेंगे, शाम को ?

आपटे–अवश्य आऊँगा।

मिस जोशी ने विदा लेते हुए कहा–भूलिएगा नहीं, मैं आपकी राह देखती रहूँगी। अपने रक्षक को भी लाइएगा।

यह कह कर उसने बालक को गोद में उठाया और उसे गले से लगा कर बाहर निकल आयी।

गर्व के मारे उसके पाँव जमीन पर न पड़ते थे। मालूम होता था, हवा में उड़ी जा रही है। प्यास से तड़पते हुए मनुष्य को नदी का तट नजर आने लगा था।

6

दूसरे दिन प्रातःकाल मिस जोशी ने मेहमानों के नाम दावती कार्ड भेजे और उत्सव मनाने की तैयारियाँ करने लगी। मिस्टर आपटे के सम्मान में पार्टी दी जा रही थी। मिस्टर जौहरी ने कार्ड देखा तो मुस्कराये। अब महाशय इस जाल से बच कर कहाँ जायेंगे ? मिस जोशी ने उन्हें फँसाने की यह अच्छी तरकीब निकाली। इस काम में निपुण मालूम होती है। मैंने समझा था, आपटे चालाक आदमी होगा, मगर इन आंदोलनकारी विद्रोहियों को बकवास करने के सिवा और क्या सूझ सकती है।

चार ही बजे से मेहमान लोग आने लगे। नगर के बड़े-बड़े अधिकारी, बड़े-बड़े व्यापारी, बड़े-बड़े विद्वान्, प्रधान समाचार-पत्रों के सम्पादक, अपनी-अपनी महिलाओं के साथ आने लगे। मिस जोशी ने आज अपने अच्छे-से-अच्छे वस्त्र और आभूषण निकाले हुए थे, जिधर निकल जाती थी मालूम होता था, अरुण प्रकाश की छटा चली आ रही है। भवन में चारों तरफ़ से सुगंध की लपटें आ रही थीं और मधुर संगीत की ध्वनि हवा में गूँज रही थी।

पाँच बजते-बजते मिस्टर जौहरी आ पहुँचे और मिस जोशी से हाथ मिलाते हुए मुस्करा कर बोले–जी चाहता है तुम्हारे हाथ चूम लूँ। अब मुझे विश्वास हो गया कि यह महाशय तुम्हारे पन्जे से नहीं निकल सकते।

मिसेज़ पेटिट बोलीं–मिस जोशी दिलों का शिकार करने ही के लिए बनायी गयी हैं।

मिस्टर सोराब जी–मैंने सुना है आपटे बिल्कुल गँवार-सा आदमी है।

मिस्टर भरूचा–किसी यूनिवर्सिटी में शिक्षा ही नहीं पायी सभ्यता कहाँ से आती ?

मिसेज़ भरूचा–आज उसे खूब बनाना चाहिए।

महंत वीरभद्र डाढ़ी के भीतर से बोले–मैंने सुना है, नास्तिक है। वर्णाश्रम धर्म

का पालन नहीं करता।

मिस जोशी—नास्तिक तो मैं भी हूँ। ईश्वर पर मेरा भी विश्वास नहीं है।

महंत—आप नास्तिक हों, पर आप कितने ही नास्तिकों को आस्तिक बना देती हैं।

मिस्टर जौहरी—आपने लाख की बात कही महंत जी !

मिसेज भरूचा—क्यों महंत जी, आपको मिस जोशी ही ने आस्तिक बनाया है क्या ?

सहसा आपटे लोहार के बालक की उँगली पकड़े हुए भवन में दाखिल हुए। वह पूरे फैशनेबुल रईस बने हुए थे। बालक भी किसी रईस का लड़का मालूम होता था। आज आपटे को देख कर लोगों को विदित हुआ कि वह कितना सुंदर, सजीला आदमी है। मुख से शौर्य टपक रहा था, पोर-पोर से शिष्टता झलकती थी, मालूम होता था वह इसी समाज में पला है। लोग देख रहे थे कि वह कहीं चूके और तालियाँ बजायें, कहीं फिसले और कहकहे लगायें पर आपटे मँजे हुए खिलाड़ी की भाँति, जो कदम उठाता था वह सधा हुआ, जो हाथ दिखलाता था वह जमा हुआ। लोग उसे पहले तुच्छ समझते थे, अब उससे ईर्ष्या करने लगे, उस पर फ़बतियाँ उड़ानी शुरू कीं। लेकिन आपटे इस कला में भी एक ही निकला। बात मुँह से निकली और उसने जवाब दिया, पर उसके जवाब में मालिन्य या कटुता का लेश भी न होता था। उसका एक-एक शब्द सरल, स्वच्छ, चित्त को प्रसन्न करनेवाले भावों में डूबा होता था। मिस जोशी उसकी वाक्यचातुरी पर फूल उठती थी ?

सोराब जी—आपने किस युनिवर्सिटी से शिक्षा पायी थी ?

आपटे—युनिवर्सिटी में शिक्षा पायी होती तो आज मैं भी शिक्षा-विभाग का अध्यक्ष न होता।

मिसेज भरूचा—मैं तो आपको भयंकर जंतु समझती थी ?

आपटे ने मुस्करा कर कहा—आपने मुझे महिलाओं के सामने न देखा होगा।

सहसा मिस जोशी अपने सोने के कमरे में गयी और अपने सारे वस्त्रा-भूषण उतार फेंके। उसके मुख से शुभ्र संकल्प का तेज निकल रहा था। नेत्रों से दबी ज्योति प्रस्फुटित हो रही थी, मानो किसी देवता ने उसे वरदान दिया हो। उसने सजे हुए कमरे को घृणा के नेत्रों से देखा, अपने आभूषणों को पैरों से ठुकरा दिया और एक मोटी साफ साड़ी पहन कर बाहर निकली। आज प्रातःकाल ही उसने यह साड़ी मँगा ली थी।

उसे इस नये वेश में देख कर सब लोग चकित हो गये। कायापलट कैसी ? सहसा किसी की आँखों को विश्वास न आया; किन्तु मिस्टर जौहरी बगलें बजाने लगे। मिस जोशी ने इसे फँसाने के लिए यह कोई नया स्वाँग रचा है।

'मित्रो ! आपको याद है, परसों महाशय आपटे ने मुझे कितनी गालियाँ दी थीं। यह महाशय खड़े हैं। आज मैं इन्हें उस दुर्व्यवहार का दंड देना चाहती हूँ। मैं कल इनके मकान पर जा कर इनके जीवन के सारे गुप्त रहस्यों को जान आयी। यह जो जनता

की भीड़ में गरजते फिरते हैं, मेरे एक ही निशाने में गिर पड़े। मैं उन रहस्यों के खोलने में अब विलम्ब न करूँगी, आप लोग अधीर हो रहे होंगे। मैंने जो कुछ देखा, वह इतना भयंकर है कि उसका वृत्तान्त सुन कर शायद आप लोगों को मूर्छा आ जायगी। अब मुझे लेशमात्र भी संदेह नहीं है कि यह महाशय पक्के विद्रोही हैं–'

मिस्टर जौहरी ने ताली बजायी और तालियों से हॉल गूँज उठा।

मिस जोशी–लेकिन राज के द्रोही नहीं, अन्याय के द्रोही, दमन के द्रोही, अभिमान के द्रोही...

चारों ओर सन्नाटा छा गया। लोग विस्मित हो कर एक दूसरे की ओर ताकने लगे।

मिस जोशी–महाशय आपटे ने गुप्त रूप से शस्त्र जमा किये हैं और गुप्त रूप से हत्याए की हैं...

मिस्टर जौहरी ने तालियाँ बजायीं और तालियों का दौंगड़ा फिर बरस गया।

मिस जोशी–लेकिन किस की हत्या ? दुःख की, दरिद्रता की, प्रजा के कष्टों की, हठधर्मी की और अपने स्वार्थ की।

चारों ओर फिर सन्नाटा छा गया और लोग चकित हो-हो कर एक-दूसरे की ओर ताकने लगे, मानों उन्हें अपने कानों पर विश्वास नहीं है।

मिस जोशी–महाराज आपटे ने गुप्त रूप से डकैतियाँ की हैं और कर रहे हैं–

अब की किसी ने ताली न बजायी, लोग सुनना चाहते थे कि देखें आगे क्या कहती है।

'उन्होंने मुझ पर भी हाथ साफ किया है, मेरा सब कुछ अपहरण कर लिया है, यहाँ तक कि अब मैं निराधार हूँ और उनके चरणों के सिवा मेरे लिए और कोई आश्रय नहीं है। प्राणाधार ! इस अबला को अपने चरणों में स्थान दो, उसे डूबने से बचाओ। मैं जानती हूँ, तुम मुझे निराश न करोगे।'

यह कहते-कहते वह जा कर आपटे के चरणों पर गिर पड़ी। सारी मंडली स्तंभित रह गयी।

7

एक सप्ताह गुजर चुका था। आपटे पुलिस की हिरासत में थे। उन पर अभियोग चलाने की तैयारियाँ हो रही थीं। सारे प्रांत में हलचल मची हुई थी। नगर में रोज सभाएँ होती थीं, पुलिस रोज दस-पाँच आदमियों को पकड़ती थी। समाचार-पत्रों में जोरों के साथ वाद-विवाद हो रहा था।

रात के नौ बज गये थे। मिस्टर जौहरी राज-भवन में मेज पर बैठे हुए सोच रहे थे कि मिस जोशी को क्योंकर वापस लाएँ ? उसी दिन से उनकी छाती पर साँप लोट रहा था। उसकी सूरत एक क्षण के लिए आँखों से न उतरती थी।

वह सोच रहे थे, इसने मेरे साथ ऐसी दगा की ! मैंने इसके लिए क्या कुछ न

किया ? इसकी कौन-सी इच्छा थी, जो मैंने पूरी नहीं की और इसी ने मुझसे बेवफ़ाई की। नहीं, कभी नहीं, मैं इसके बगैर जिंदा नहीं रह सकता। दुनिया चाहे मुझे बदनाम करे, हत्यारा कहे, चाहे मुझे पद से हाथ धोना पड़े, लेकिन आपटे को न छोड़ूँगा। इस रोड़े को रास्ते से हटा दूँगा, इस काँटे को पहलू से निकाल बाहर करूँगा।

सहसा कमरे का द्वार खुला और मिस जोशी ने प्रवेश किया। मिस्टर जौहरी हकबका कर कुरसी पर से उठ खड़े हुए और यह सोच कर कि शायद मिस जोशी उधर से निराश हो कर मेरे पास आयी हैं, कुछ रूखे, लेकिन नम्र भाव से बोले–आओ बाला, तुम्हारी याद में बैठा था। तुम कितनी ही बेवफाई करो, पर तुम्हारी याद मेरे दिल से नहीं निकल सकती।

मिस जोशी–आप केवल ज़बान से कहते हैं।

मिस्टर जौहरी–क्या दिल चीर कर दिखा दूँ ?

मिस जोशी–प्रेम प्रतिकार नहीं करता, प्रेम से दुराग्रह नहीं होता। आप मेरे खून के प्यासे हो रहे हैं; उस पर भी आप कहते हैं, मैं तुम्हारी याद करता हूँ। आपने मेरे स्वामी को हिरासत में डाल रखा है, यह प्रेम है ! आखिर आप मुझसे क्या चाहते हैं ? अगर आप समझ रहे हों कि इन सख्तियों से डर कर मैं आपके शरण आ जाऊँगी तो आपका भ्रम है। आपको अख्तियार है कि आपटे को कालेपानी भेज दें, फाँसी पर चढ़ा दें, लेकिन इसका मुझ पर कोई असर न होगा। वह मेरे स्वामी हैं, मैं उनको अपना स्वामी समझती हूँ। उन्होंने अपनी विशाल उदारता से मेरा उद्धार किया। आप मुझे विषय के फंदों में फँसाते थे, मेरी आत्मा को कलुषित करते थे। कभी आपको यह खयाल आया कि इसकी आत्मा पर क्या बीत रही होगी ? आप मुझे आत्मशून्य समझते थे। इस देव पुरुष ने अपनी निर्मल स्वच्छ आत्मा के आकर्षण से मुझे पहली ही मुलाकात में खींच लिया। मैं उसकी हो गयी और मरते दम तक उसी की रहूँगी। उस मार्ग से अब आप मुझे नहीं हटा सकते। मुझे एक सच्ची आस्था की जरूरत थी, वह मुझे मिल गयी। उसे पा कर अब तीनों लोक की सम्पदा मेरी आँखों में तुच्छ है। मैं उनके वियोग में चाहे प्राण दे दूँ, पर आपके काम नहीं आ सकती।

मिस्टर जौहरी–मिस जोशी ! प्रेम उदार नहीं होता, क्षमाशील नहीं होता। मेरे लिए तुम सर्वस्व हो, जब तक मैं समझता हूँ कि तुम मेरी हो। अगर तुम मेरी नहीं हो सकती तो मुझे इसकी क्या चिंता हो सकती है कि तुम किस दिशा में हो ?

मिस जोशी–यह आपका अंतिम निश्चय है ?

मिस्टर जौहरी–अगर मैं कह दूँ कि हाँ, तो ?

मिस जोशी ने सीने से पिस्तौल निकाल कर कहा–तो पहले आपकी लाश जमीन पर फड़कती होगी और आपके बाद मेरी। बोलिए, यह आपका अंतिम निश्चय है ?

यह कह कर मिस जोशी ने जौहरी की तरफ पिस्तौल सीधा किया। जौहरी कुरसी से उठ खड़े हुए और मुस्करा कर बोले–क्या तुम मेरे लिए कभी इतना साहस कर सकती थीं ? कदापि नहीं। अब मुझे विश्वास हो गया कि मैं तुम्हें नहीं पा सकता।

जाओ, तुम्हारा आपटे तुम्हें मुबारक हो। उस पर से अभियोग उठा लिया जायगा। पवित्र प्रेम ही में यह साहस है। अब मुझे विश्वास हो गया कि तुम्हारा प्रेम पवित्र है। अगर कोई पुराना पापी भविष्यवाणी कर सकता है तो मैं कहता हूँ, वह दिन दूर नहीं, जब तुम इस भवन की स्वामिनी होगी। आपटे ने मुझे प्रेम के क्षेत्र में नहीं, राजनीति के क्षेत्र में भी परास्त कर दिया। सच्चा आदमी एक मुलाकात में ही जीवन को बदल सकता है, आत्मा को जगा सकता है और अज्ञान को मिटा कर प्रकाश की ज्योति फैला सकता है, यह आज सिद्ध हो गया।

नरक का मार्ग

रात ''भक्तमाल'' पढ़ते-पढ़ते न जाने कब नींद आ गयी। कैसे-कैसे महात्मा थे जिनके लिए भगवत्-प्रेम ही सब कुछ था, इसी में मग्न रहते थे। ऐसी भक्ति बड़ी तपस्या से मिलती है। क्या मैं यह तपस्या नहीं कर सकती ? इस जीवन में और कौन-सा सुख रखा है ? आभूषणों से जिसे प्रेम हो वह जाने, यहाँ तो इनको देख कर आँखें फूटती हैं; धन-दौलत पर जो प्राण देता हो वह जाने, यहाँ तो इसका नाम सुन कर ज्वर-सा चढ़ आता है। कल पगली सुशीला ने कितनी उमंगों से मेरा शृंगार किया था, कितने प्रेम से बालों में फूल गूँथे थे। कितना मना करती रही, न मानी। आखिर वही हुआ जिसका मुझे भय था। जितनी देर उसके साथ हँसी थी, उससे कहीं ज्यादा रोयी। संसार में ऐसी भी कोई स्त्री है, जिसका पति उसका शृंगार देख कर सिर से पाँव तक जल उठे ? कौन ऐसी स्त्री है जो अपने पति के मुँह से ये शब्द सुने–तुम मेरा परलोक बिगाड़ोगी, और कुछ नहीं, तुम्हारे रंग-ढंग कहे देते हैं–और उसका दिल विष खा लेने को न चाहे। भगवान् ! संसार में ऐसे भी मनुष्य हैं। आखिर मैं नीचे चली गयी और 'भक्तमाल' पढ़ने लगी। अब वृंदावन-बिहारी ही की सेवा करूँगी उन्हीं को अपना शृंगार दिखाऊँगी, वह तो देख कर न जलेंगे, वह तो मेरे मन का हाल जानते हैं।

2

भगवान् ! मैं अपने मन को कैसे समझाऊँ ! तुम अंतर्यामी हो, तुम मेरे रोम-रोम का हाल जानते हो। मैं चाहती हूँ कि उन्हें अपना इष्ट समझूँ, उनके चरणों की सेवा करूँ, उनके इशारे पर चलूँ, उन्हें मेरी किसी बात से, किसी व्यवहार से नाममात्र भी दुःख न हो। वह निर्दोष हैं, जो कुछ मेरे भाग्य में था वह हुआ, न उनका दोष है, न माता-पिता का, सारा दोष मेरे नसीबों ही का है। लेकिन यह सब जानते हुए भी जब उन्हें आते देखती हूँ, तो मेरा दिल बैठ जाता है, मुँह पर मुरदनी-सी छा जाती है, सिर भारी हो जाता है; जी चाहता है इनकी सूरत न देखूँ, बात तक करने को जी नहीं चाहता; कदाचित् शत्रु को भी देख कर किसी का मन इतना क्लांत न होता होगा।

उनके आने के समय दिल में धड़कन-सी होने लगती है। दो-एक दिन के लिए कहीं चले जाते हैं तो दिल पर से एक बोझ-सा उठ जाता है; हँसती भी हूँ, बोलती भी हूँ, जीवन में कुछ आनंद आने लगता है लेकिन उनके आने का समाचार पाते ही फिर चारों ओर अंधकार ! चित्त की ऐसी दशा क्यों है, यह मैं नहीं कह सकती। मुझे तो ऐसा जान पड़ता है कि पूर्व जन्म में हम दोनों में वैर था, उसी वैर का बदला लेने के लिए इन्होंने मुझसे विवाह किया है, वही पुराने संस्कार हमारे मन में बने हुए हैं। नहीं तो वह मुझे देख-देख कर क्यों जलते और मैं उनकी सूरत से क्यों घृणा करती ? विवाह करने का तो यह मतलब नहीं हुआ करता ! मैं अपने घर इससे कहीं सुखी थी। कदाचित् मैं जीवन-पर्यंत अपने घर आनंद से रह सकती थी। लेकिन इस लोक-प्रथा का बुरा हो, जो अभागिनी कन्याओं को किसी-न-किसी पुरुष के गले में बाँध देना अनिवार्य समझती है। वह क्या जानता है कि कितनी युवतियाँ उसके नाम को रो रही हैं, कितने अभिलाषाओं से लहराते हुए, कोमल हृदय उसके पैरों तले रौंदे जा रहे हैं ? युवती के लिए पति कैसी-कैसी मधुर कल्पनाओं का स्रोत होता है, पुरुष में जो उत्तम है, श्रेष्ठ है, दर्शनीय है, उसकी सजीव मूर्ति इस शब्द के ध्यान में आते ही उसकी नजरों के सामने आ कर खड़ी हो जाती है। लेकिन मेरे लिए यह शब्द क्या है। हृदय में उठनेवाला शूल, कलेजे में खटकनेवाला काँटा, आँखों में गड़नेवाली किरकिरी, अन्तःकरण को बेधनेवाला व्यंग्य-बाण ! सुशीला को हमेशा हँसते देखती हूँ। वह कभी अपनी दरिद्रता का गिला नहीं करती; गहने नहीं हैं, कपड़े नहीं हैं, भाड़े के नन्हें से मकान में रहती है, अपने हाथों घर का सारा काम-काज करती है, फिर भी उसे रोते नहीं देखती। अगर अपने बस की बात होती तो आज अपने धन को उसकी दरिद्रता से बदल लेती। अपने पतिदेव को मुस्कराते हुए घर में आते देख कर उसका सारा दुःख दारिद्रय छूमंतर हो जाता है, छाती गज़-भर की हो जाती है। उसके प्रेमालिंगन में वह सुख है, जिस पर तीनों लोक का धन न्योछावर कर दूँ।

3

आज मुझसे ज़ब्त न हो सका। मैंने पूछा—तुमने मुझसे किस लिए विवाह किया था ? यह प्रश्न महीनों से मेरे मन में उठता था, पर मन को रोकती चली आती थी। आज प्याला छलक पड़ा। यह प्रश्न सुन कर कुछ बौखला-से गये, बगलें झाँकने लगे, खीसें निकाल कर बोले—घर सँभालने के लिए, गृहस्थी का भार उठाने के लिए, और नहीं क्या भोग-विलास के लिए ? घरनी के बिना यह आपको भूत का डेरा-सा मालूम होता था। नौकर-चाकर घर की सम्पत्ति उड़ाये देते थे। जो चीज जहाँ पड़ी रहती थी, वहीं पड़ी रहती थी। उसको देखनेवाला न था। तो अब मालूम हुआ कि मैं इस घर की चौकसी करने के लिए लायी गयी हूँ। मुझे इस घर की रक्षा करनी चाहिए और अपने को धन्य समझना चाहिए कि यह सारी सम्पत्ति मेरी है। मुख्य वस्तु सम्पत्ति है, मैं तो केवल चौकीदारिन हूँ। ऐसे घर में आज ही आग लग जाय ! अब तक तो मैं अनजान में

घर की चौकसी करती थी, जितना वह चाहते हैं उतना न सही, पर अपनी बुद्धि के अनुसार अवश्य करती थी। आज से किसी चीज को भूल कर भी छूने की कसम खाती हूँ। यह मैं जानती हूँ कि कोई पुरुष घर की चौकसी के लिए विवाह नहीं करता और इन महाशय ने चिढ़ कर यह बात मुझसे कही। लेकिन सुशीला ठीक कहती है, इन्हें स्त्री के बिना घर सूना लगता होगा, उसी तरह जैसे पिंजरे में चिड़िया को न देख कर पिंजरा सूना लगता है। यह है हम स्त्रियों का भाग्य!

4

मालूम नहीं, इन्हें मुझ पर इतना संदेह क्यों होता है। जब से नसीब इस घर में लाया है, इन्हें बराबर संदेह-मूलक कटाक्ष करते देखती हूँ। क्या कारण है ? ज़रा बाल गुँथवा कर बैठी और यह ओठ चबाने लगे। कहीं जाती नहीं, कहीं आती नहीं, किसी से बोलती नहीं, फिर भी इतना संदेह ! यह अपमान असह्य है। क्या मुझे अपनी आबरू प्यारी नहीं ? यह मुझे इतनी छिछोरी क्यों समझते हैं, इन्हें मुझ पर संदेह करते लज्जा भी नहीं आती ? काना आदमी किसी को हँसते देखता है तो समझता है लोग मुझी पर हँस रहे हैं। शायद इन्हें भी यही वहम हो गया है कि मैं इन्हें चिढ़ाती हूँ। अपने अधिकार के बाहर कोई काम कर बैठने से कदाचित् हमारे चित्त की यही वृत्ति हो जाती है। भिक्षुक राजा की गद्दी पर बैठ कर चैन की नींद नहीं सो सकता। उसे अपने चारों तरफ शत्रु ही शत्रु दिखायी देंगे। मैं समझती हूँ, सभी शादी करनेवाले बुड्ढों का यही हाल है।

आज सुशीला के कहने से मैं ठाकुर जी की झाँकी देखने जा रही थी। अब यह साधारण बुद्धि का आदमी भी समझ सकता है कि फूहड़ बहू बन कर बाहर निकलना अपनी हँसी उड़ाना है, लेकिन आप उसी वक्त न-जाने किधर से टपक पड़े और मेरी ओर तिरस्कारपूर्ण नेत्रों से देख कर बोले—कहाँ की तैयारी है ?

मैंने कह दिया, जरा ठाकुर जी की झाँकी देखने जाती हूँ। इतना सुनते ही त्योरियाँ चढ़ा कर बोले—तुम्हारे जाने की कुछ जरूरत नहीं। जो स्त्री अपने पति की सेवा नहीं कर सकती, उसे देवताओं के दर्शन से पुण्य के बदले पाप होता है ! मुझसे उड़ने चली हो। मैं औरतों की नस-नस पहचानता हूँ।

ऐसा क्रोध आया कि बस अब क्या कहूँ। उसी दम कपड़े बदल डाले और प्रण कर लिया कि अब कभी दर्शन करने न जाऊँगी। इस अविश्वास का भी कुछ ठिकाना है ! न जाने क्या सोच कर रुक गयी। उनकी बात का जवाब तो यही था कि उसी क्षण घर से चल खड़ी होती, फिर देखती मेरा क्या कर लेते !

इन्हें मेरा उदास और विमन रहने पर आश्चर्य होता है। मुझे मन में कृतघ्न समझते हैं, अपनी समझ में इन्होंने मेरे साथ विवाह करके शायद मुझ पर बड़ा एहसान किया है। इतनी बड़ी जायदाद और इतनी विशाल सम्पत्ति की स्वामिनी हो कर मुझे फूले न समाना चाहिए था, आठों पहर इनका यशगान करते रहना चाहिए था। मैं यह

सब कुछ न करके उलटे और मुँह लटकाये रहती हूँ। कभी-कभी मुझे बेचारे पर दया आती है। यह नहीं समझते कि नारी जीवन में कोई ऐसी वस्तु भी है जिसे खो कर उसकी आँखों में स्वयं भी नरकतुल्य हो जाता है !

5

तीन दिन से बीमार हैं। डाक्टर कहते हैं, बचने की कोई आशा नहीं, निमोनिया हो गया है। पर मुझे न जाने क्यों इनका गम नहीं है। मैं इतनी वज्र-हृदय कभी न थी। न-जाने वह मेरी कोमलता कहाँ चली गयी। किसी बीमार की सूरत देख कर मेरा हृदय करुणा से चंचल हो जाता था, मैं किसी का रोना नहीं सुन सकती थी। वही मैं हूँ कि आज तीन दिन से उन्हें अपने बगल के कमरे में पड़े कराहते सुनती हूँ; और एक बार भी उन्हें देखने न गयी, आँख में आँसू आने का जिक्र ही क्या। मुझे ऐसा मालूम होता है, इनसे मेरा कोई नाता ही नहीं। मुझे चाहे कोई पिशाचिनी कहे, चाहे कुलटा, पर मुझे तो यह कहने में लेशमात्र भी संकोच नहीं है कि इनकी बीमारी से मुझे एक प्रकार का ईर्ष्यामय आनन्द आ रहा है। इन्होंने मुझे यहाँ कारावास दे रखा था—मैं इसे विवाह का पवित्र नाम नहीं देना चाहती—यह कारावास ही है। मैं इतनी उदार नहीं हूँ कि जिसने मुझे कैद में डाल रखा हो उसकी पूजा करूँ, जो मुझे लात से मारे उसके पैरों को चूमूँ। मुझे तो मालूम हो रहा है, ईश्वर इन्हें इस पाप का दण्ड दे रहे हैं। मैं निस्संकोच हो कर कहती हूँ कि मेरा इनसे विवाह नहीं हुआ। स्त्री किसी के गले बाँध दिये जाने से ही उसकी विवाहिता नहीं हो जाती। वही संयोग विवाह का पद पा सकता है जिसमें कम-से-कम एक बार तो हृदय प्रेम से पुलकित हो जाय ! सुनती हूँ, महाशय अपने कमरे में पड़े-पड़े मुझे कोसा करते हैं, अपनी बीमारी का सारा बुखार मुझ पर निकालते हैं, लेकिन यहाँ इसकी परवा नहीं। जिसका जी चाहे जायदाद ले, धन ले, मुझे इसकी जरूरत नहीं !

6

आज तीन दिन हुए, मैं विधवा हो गयी, कम-से-कम लोग यही कहते हैं। जिसका जो जी चाहे कहे, पर मैं अपने को जो कुछ समझती हूँ वह समझती हूँ। मैंने चूड़ियाँ नहीं तोड़ीं, क्यों तोड़ूँ ? माँग में सेंदुर पहले भी न डालती थी, अब भी नहीं डालती। बूढ़े बाबा का क्रिया-कर्म उनके सुपुत्र ने किया, मैं पास न फटकी। घर में मुझ पर मनमानी आलोचनाएँ होती हैं, कोई मेरे गूँथे हुए बालों को देख कर नाक सिकोड़ता है, कोई मेरे आभूषणों पर आँख मटकाता है, यहाँ इसकी चिन्ता नहीं। इन्हें चिढ़ाने को मैं भी रंग-बिरंगी साड़ियाँ पहनती हूँ, और बनती-सँवरती हूँ, मुझे जरा भी दुःख नहीं है। मैं तो कैद से छूट गयी। इधर कई दिन सुशीला के घर गयी। छोटा-सा मकान है, कोई सजावट न सामान, चारपाइयाँ तक नहीं, पर सुशीला कितने आनन्द से रहती है। उसका उल्लास देख कर मेरे मन में भी भाँति-भाँति की कल्पनाएँ उठने लगती हैं—उन्हें कुत्सित

क्यों कहूँ, जब मेरा मन उन्हें कुत्सित नहीं समझता। इनके जीवन में कितना उत्साह है। आँखें मुस्कराती रहती हैं, ओठों पर मधुर हास्य खेलता रहता है, बातों में प्रेम का स्रोत बहता हुआ जान पड़ता है। इस आनन्द से, चाहे वह कितना ही क्षणिक हो, जीवन सफल हो जाता है, फिर उसे कोई भूल नहीं सकता, उसकी स्मृति अन्त तक के लिए काफी हो जाती है, इस मिजराव की चोट हृदय के तारों की अन्तकाल तक मधुर स्वरों से कम्पित रख सकती है।

एक दिन मैंने सुशीला से कहा—अगर तेरे पतिदेव कहीं परदेश चले जायँ तो रोते-रोते मर जायगी !

सुशीला गम्भीर भाव से बोली—नहीं बहन, मरूँगी नहीं, उनकी याद सदैव प्रफुल्लित करती रहेगी, चाहे उन्हें परदेश में बरसों लग जायें।

मैं यही प्रेम चाहती हूँ, इसी चोट के लिए मेरा मन तड़पता रहता है, मैं भी ऐसी ही स्मृति चाहती हूँ, जिससे दिल के तार सदैव बजते रहें, जिसका नशा नित्य छाया रहे।

7

रात रोते-रोते हिचकियाँ बँध गयीं। न-जाने क्यों दिल भर-भर आता था। अपना जीवन सामने एक बीहड़ मैदान की भाँति फैला हुआ मालूम होता था, जहाँ बगूलों के सिवा हरियाली का नाम नही। घर फाड़े खाता था, चित्त ऐसा चंचल हो रहा था कि कहीं उड़ जाऊँ। आजकल भक्ति के ग्रंथों की ओर ताकने को जी नहीं चाहता, कहीं सैर करने जाने की भी इच्छा नहीं होती, क्या चाहती हूँ वह मैं स्वयं नहीं जानती। लेकिन मैं जो नहीं जानती वह मेरा एक-एक रोम जानता है, मैं अपनी भावनाओं की सजीव भूमि हूँ, मेरा एक-एक अंग मेरी आन्तरिक वेदना का आर्तनाद कर रहा है।

मेरे चित्त की चंचलता उस अंतिम दशा को पहुँच गयी है, जब मनुष्य को निन्दा की न लज्जा रहती है और न भय। जिन लोभी, स्वार्थी माता-पिता ने मुझे कुएँ में ढकेला, जिस पाषाण-हृदय प्राणी ने मेरी माँग में सेंदुर डालने का स्वाँग किया, उनके प्रति मेरे मन में बार-बार दुष्कामनाएँ उठती हैं, मैं उन्हें लज्जित करना चाहती हूँ। मैं अपने मुँह में कालिख लगा कर उनके मुख में कालिख लगाना चाहती हूँ। मैं अपने प्राण दे कर उन्हें प्राणदंड दिलाना चाहती हूँ। मेरा नारीत्व लुप्त हो गया है, मेरे हृदय में प्रचंड ज्वाला उठी हुई है।

घर के सारे आदमी सो रहे थे। मैं चुपके से नीचे उतरी, द्वार खोला और घर से निकली, जैसे कोई प्राणी गर्मी से व्याकुल हो कर घर से निकले और किसी खुली हुई जगह की ओर दौड़े। उस मकान में मेरा दम घुट रहा था।

सड़क पर सन्नाटा था, दूकानें बंद हो चुकी थीं। सहसा एक बुढ़िया आती हुई दिखायी दी। मैं डरी कहीं चुड़ैल न हो। बुढ़िया ने मेरे समीप आ कर मुझे सिर से पाँव तक देखा और बोली—किसकी राह देख रही हो ?

मैंने चिढ़ कर कहा—मौत की !

बुढ़िया—तुम्हारे नसीबों में तो अभी जिन्दगी के बड़े-बड़े सुख भोगने लिखे हैं। अँधेरी रात गुजर गयी, आसमान पर सुबह की रोशनी आ रही है।

मैंने हँस कर कहा—अँधेरे में भी तुम्हारी आँखें इतनी तेज हैं कि नसीबों की लिखावट पढ़ लेती हैं ?

बुढ़िया—आँखों से नहीं पढ़ती बेटी, अक्ल से पढ़ती हूँ, धूप में चूंड़े नहीं सुफेद किये हैं। तुम्हारे बुरे दिन गये और अच्छे दिन आ रहे हैं। हँसो मत बेटी, यही काम करते इतनी उम्र गुजर गयी। इसी बुढ़िया की बदौलत जो नदी में कूदने जा रही थीं, वे आज फूलों की सेज पर सो रही हैं; जो जहर का प्याला पीने को तैयार थीं, वे आज दूध की कुल्लियाँ कर रही हैं। इसीलिए इतनी रात गये निकलती हूँ कि अपने हाथों किसी अभागिन का उद्धार हो सके तो करूँ। किसी से कुछ नहीं माँगती, भगवान् का दिया सब कुछ घर में है, केवल यही इच्छा है कि अपने से जहाँ तक हो सके दूसरों का उपकार करूँ। जिन्हें धन की इच्छा है उन्हें धन, जिन्हें संतान की इच्छा है उन्हें संतान, बस और क्या कहूँ; वह मंत्र बता देती हूँ कि जिसकी जो इच्छा हो वह पूरी हो जाय।

मैंने कहा—मुझे न धन चाहिए न संतान। मेरी मनोकामना तुम्हारे बस की बात नहीं।

बुढ़िया हँसी—बेटी, जो तुम चाहती हो वह मैं जानती हूँ; तुम वह चीज चाहती हो जो संसार में होते हुए स्वर्ग की है, जो देवताओं के वरदान से भी ज्यादा आनंदप्रद है, जो आकाश-कुसुम है, गूलर का फूल है और अमावस का चाँद है। लेकिन मेरे मंत्र में वह शक्ति है जो भाग्य को भी सँवार सकती है। तुम प्रेम की प्यासी हो, मैं तुम्हें उस नाव पर बैठा सकती हूँ जो प्रेम के सागर में, प्रेम की तरंगों पर क्रीड़ा करती हुई तुम्हें पार उतार दें।

मैंने उत्कंठित हो कर पूछा—माता, तुम्हारा घर कहाँ है ?

बुढ़िया—बहुत नजदीक है बेटी, तुम चलो तो मैं अपनी आँखों पर बैठा कर ले चलूँ।

मुझे ऐसा मालूम हुआ कि यह कोई आकाश की देवी है। उसके पीछे-पीछे चल पड़ी।

8

आह ! वह बुढ़िया, जिसे मैं आकाश की देवी समझती थी, नरक की डाइन निकली। मेरा सर्वनाश हो गया। मैं अमृत खोजती थी, विष मिला, निर्मल स्वच्छ प्रेम की प्यासी थी, गंदे विषाक्त नाले में गिर पड़ी। वह वस्तु न मिलनी थी, न मिली। मैं सुशीला का-सा सुख चाहती थी, कुलटाओं की विषय-वासना नहीं। लेकिन जीवन-पथ में एक बार उलटी राह चल कर फिर सीधे मार्ग पर आना कठिन है ?

लेकिन मेरे अधःपतन का अपराध मेरे सिर नहीं, मेरे माता-पिता और उस बूढ़े पर है जो मेरा स्वामी बनना चाहता था। मैं यह पंक्तियाँ न लिखतीं, लेकिन इस विचार से लिख रही हूँ कि मेरी आत्म-कथा पढ़ कर लोगों की आँखें खुलें; मैं फिर कहती हूँ, अब भी अपनी बालिकाओं के लिए मत देखो धन, मत देखो जायदाद, मत देखो कुलीनता, केवल वर देखो। अगर उसके लिए जोड़ का वर नहीं पा सकते तो लड़की को क्वाँरी रख छोड़ो, जहर दे कर मार डालो, गला घोंट डालो, पर किसी बूढ़े खूसट से मत ब्याहो। स्त्री सब-कुछ सह सकती है, दारुण से दारुण दुःख, बड़े से बड़ा संकट, अगर नहीं सह सकती तो अपने यौवन-काल की उमंगों को कुचला जाना।

रही मैं, मेरे लिए अब इस जीवन में कोई आशा नहीं। इस अधम दशा को भी उस दशा से न बदलूँगी, जिससे निकल कर आयी हूँ।

स्त्री और पुरुष

विपिन बाबू के लिये स्त्री ही संसार की सुन्दर वस्तु थी। वह कवि थे और उनकी कविता के लिए स्त्रियों के रूप और यौवन की प्रशंसा ही सबसे चित्ताकर्षक विषय था। उनकी दृष्टि में स्त्री जगत् में व्याप्त कोमलता, माधुर्य और अलंकारों की सजीव प्रतिमा थी। ज़बान पर स्त्री का नाम आते ही उनकी आँखें जगमगा उठती थीं, कान खड़े हो जाते थे, मानो किसी रसिक ने गान की आवाज सुन ली हो। जब से होश सँभाला, तभी से उन्होंने उस सुंदरी की कल्पना करनी शुरू की जो उसके हृदय की रानी होगी; उसमें ऊषा की प्रफुल्लता होगी, पुष्प की कोमलता, कुंदन की चमक, बसंत की छवि, कोयल की ध्वनि—वह कवि-वर्णित सभी उपमाओं से विभूषित होगी। वह उस कल्पित मूर्ति के उपासक थे, कविताओं में उसका गुण गाते, मित्रों से उसकी चर्चा करते, नित्य उसी के खयाल में मस्त रहते थे। वह दिन भी समीप आ गया था, जब उनकी आशाएँ हरे-हरे पत्तों से लहरायेंगी, उनकी मुरादें पूरी होंगी। कालेज की अंतिम परीक्षा समाप्त हो गयी थी और विवाह के संदेशे आने लगे थे।

2

विवाह तय हो गया। विपिन बाबू ने कन्या को देखने का बहुत आग्रह किया, लेकिन जब उनके मामूँ ने विश्वास दिलाया कि लड़की बहुत ही रूपवती है, मैंने उसे अपनी आँखों से देखा है, तब वह राजी हो गये। धूमधाम से बारात निकली और विवाह का मुहूर्त्त आया। वधू आभूषणों से सजी हुई मंडप में आयी तो विपिन को उसके हाथ-पाँव नजर आये। कितनी सुंदर उँगलियाँ थीं, मानो दीप-शिखाएँ हों, अंगों की शोभा कितनी मनोहारिणी थी। विपिन फूले न समाये। दूसरे दिन वधू विदा हुई तो वह उसके दर्शनों के लिए इतने अधीर हुए कि ज्यों ही रास्ते में कहारों ने पालकी रख कर मुँह-हाथ धोना शुरू किया, आप चुपके से वधू के पास जा पहुँचे। वह घूँघट हटाये, पालकी से सिर

निकाले बाहर झाँक रही थी। विपिन की निगाह उस पर पड़ गयी। घृणा, क्रोध और निराशा की एक लहर-सी उन पर दौड़ गयी। यह वह परम सुन्दरी रमणी न थी जिसकी उन्होंने कल्पना की थी, जिसकी वह बरसों से कल्पना कर रहे थे—यह एक चौड़े मुँह, चिपटी नाक, और फूले हुए गालों वाली कुरूपा स्त्री थी। रंग गोरा था, पर उसमें लाली के बदले सफेदी थी; और फिर रंग कैसा ही सुंदर हो, रूप की कमी नहीं पूरी कर सकता। विपिन का सारा उत्साह ठंडा पड़ गया—हा! इसे मेरे ही गले पड़ना था। क्या इसके लिए समस्त संसार में और कोई न मिलता था ? उन्हें अपने मामूँ पर क्रोध आया जिसने वधू की तारीफों के पुल बाँध दिये थे। अगर इस वक्त वह मिल जाते तो विपिन उनकी ऐसी खबर लेता कि वह भी याद करते।

जब कहारों ने फिर पालकियाँ उठायीं तो विपिन मन में सोचने लगा, इस स्त्री के साथ कैसे मैं बोलूँगा, कैसे इसके साथ जीवन काटूँगा। इसकी ओर तो ताकने ही से घृणा होती है। ऐसी कुरूपा स्त्रियाँ भी संसार में हैं, इसका मुझे अब तक पता न था। क्या मुँह ईश्वर ने बनाया है, क्या आँखें हैं ! मैं और सारे ऐबों की ओर से आँखें बंद कर लेता, लेकिन वह चौड़ा-सा मुँह ! भगवान् ! क्या तुम्हें मुझी पर यह वज्रपात करना था।

3

विपिन को अपना जीवन नरक-सा जान पड़ता था। वह अपने मामूँ से लड़ा। ससुर को लम्बा खर्रा लिख कर फटकारा, माँ-बाप से हुज्जत की और जब इससे शांति न हुई तो कहीं भाग जाने की बात सोचने लगा। आशा पर उसे दया अवश्य आती थी। वह अपने को समझाता कि इसमें उस बेचारी का क्या दोष है, उसने जबरदस्ती तो मुझसे विवाह किया नहीं। लेकिन यह दया और यह विचार उस घृणा को न जीत सकता था जो आशा को देखते ही उसके रोम-रोम में व्याप्त हो जाती थी। आशा अपने अच्छे-से-अच्छे कपड़े पहनती; तरह-तरह से बाल सँवारती, घंटों आइने के सामने खड़ी हो कर अपना शृंगार करती, लेकिन विपिन को यह शुतुरग़मज-से मालूम होते। वह दिल से चाहती थी कि उन्हें प्रसन्न करूँ, उनकी सेवा के लिए अवसर खोजा करती थी; लेकिन विपिन उससे भागा-भागा फिरता था। अगर कभी भेंट हो भी जाती तो कुछ ऐसी जली-कटी बातें करने लगता कि आशा रोती हुई वहाँ से चली जाती।

सबसे बुरी बात यह थी कि उसका चरित्र भ्रष्ट होने लगा। वह यह भूल जाने की चेष्टा करने लगा कि मेरा विवाह हो गया है। कई-कई दिनों तक आशा को उसके दर्शन भी न होते। वह उसके कहकहे की आवाजें बाहर से आती हुई सुनती, झरोखे से देखती कि वह दोस्तों के गले में हाथ डाले सैर करने जा रहे हैं और तड़प कर रह जाती।

एक दिन खाना खाते समय उसने कहा—अब तो आपके दर्शन ही नहीं होते। क्या मेरे कारण घर छोड़ दीजिएगा क्या ?

विपिन ने मुँह फेर कर कहा—घर ही पर तो रहता हूँ। आजकल ज़रा नौकरी की तलाश है इसलिए दौड़-धूप ज्यादा करनी पड़ती है।

आशा—किसी डाक्टर से मेरी सूरत क्यों नहीं बनवा देते ? सुनती हूँ, आजकल सूरत बनानेवाले डाक्टर पैदा हुए हैं।

विपिन—क्यों नाहक चिढ़ाती हो, यहाँ तुम्हें किसने बुलाया था ?

आशा—आखिर इस मर्ज की दवा कौन करेगा ?

विपिन—इस मर्ज की दवा नहीं है। जो काम ईश्वर से न करते बना उसे आदमी क्या बना सकता है ?

आशा—यह तो तुम्हीं सोचो कि ईश्वर की भूल के लिए मुझे दंड दे रहे हो। संसार में कौन ऐसा आदमी है जिसे अच्छी सूरत बुरी लगती हो, लेकिन तुमने किसी मर्द को केवल रूपहीन होने के कारण क्वाँरा रहते देखा है, रूपहीन लड़कियाँ भी माँ-बाप के घर नहीं बैठी रहतीं। किसी-न-किसी तरह उनका निर्वाह हो ही जाता है; उसका पति उन पर प्राण न देता हो, लेकिन दूध की मक्खी नहीं समझता।

विपिन ने झुँझला कर कहा—क्यों नाहक सिर खाती हो, मैं तुमसे बहस तो नहीं कर रहा हूँ। दिल पर जब्र नहीं किया जा सकता और न दलीलों का उस पर कोई असर पड़ सकता है। मैं तुम्हें कुछ कहता तो नहीं हूँ, फिर तुम क्यों मुझसे हुज्जत करती हो ?

आशा यह झिड़की सुन कर चली गयी। उसे मालूम हो गया कि इन्होंने मेरी ओर से सदा के लिए हृदय कठोर कर लिया है।

4

विपिन तो रोज सैर-सपाटे करते, कभी-कभी रात गायब रहते। इधर आशा चिंता और नैराश्य से घुलते-घुलते बीमार पड़ गयी। लेकिन विपिन भूल कर भी उसे देखने न आता, सेवा करना तो दूर रहा। इतना ही नहीं, वह दिल में मनाता था कि वह मर जाती तो गला छूटता, अबकी खूब देखभाल कर अपनी पसंद का विवाह करता।

अब वह और भी खुल खेला। पहले आशा से कुछ दबता था, कम-से-कम उसे यह धड़का लगा रहता था कि कोई मेरी चाल-ढाल पर निगाह रखनेवाला भी है। अब वह धड़का छूट गया। कुवासनाओं में ऐसा लिप्त हो गया कि मरदाने कमरे में ही जमघटे होने लगे। लेकिन विषय-भोग में धन ही का सर्वनाश नहीं होता, इससे कहीं अधिक बुद्धि और बल का सर्वनाश होता है। विपिन का चेहरा पीला पड़ने लगा, देह भी क्षीण होने लगी, पसलियों की हड्डियाँ निकल आयीं, आँखों के इर्द-गिर्द गढ़े पड़ गये। अब वह पहले से कहीं ज्यादा शौक करता, नित्य तेल लगाता, बाल बनवाता, कपड़े बदलता, किन्तु मुख पर कांति न थी, रंग-रोगन से क्या हो सकता ?

एक दिन आशा बरामदे में चारपाई पर लेटी हुई थी। इधर हफ्तों से उसने विपिन को न देखा था। उन्हें देखने की इच्छा हुई। उसे भय था कि वह न आयेंगे, फिर भी

वह मन को न रोक सकी। विपिन को बुला भेजा। विपिन को भी उस पर कुछ दया आ गयी। आ कर सामने खड़े हो गये। आशा ने उनके मुँह की ओर देखा तो चौंक पड़ी। वह इतने दुर्बल हो गये थे कि पहचानना मुश्किल था। बोली—क्या, तुम भी बीमार हो क्या ? तुम तो मुझसे भी ज्यादा घुल गये हो।

विपिन—उँह, जिंदगी में रखा ही क्या है जिसके लिए जीने की फिक्र करूँ !

आशा—जीने की फिक्र न करने से कोई इतना दुबला नहीं हो जाता। तुम अपनी कोई दवा क्यों नहीं करते ?

यह कह कर उसने विपिन का दाहिना हाथ पकड़ कर अपनी चारपाई पर बैठा लिया। विपिन ने भी हाथ छुड़ाने की चेष्टा न की। उनके स्वभाव में इस समय एक विचित्र नम्रता थी, जो आशा ने कभी न देखी थी। बातों से भी निराशा टपकती थी। अक्खड़पन था, क्रोध की गंध भी न थी। आशा को ऐसा मालूम हुआ कि उनकी आँखों में आँसू भरे हुए हैं।

विपिन चारपाई पर बैठते हुए बोले—मेरी दवा अब मौत करेगी। मैं तुम्हें जलाने के लिए नहीं कहता। ईश्वर जानता है, मैं तुम्हें चोट नहीं पहुँचाना चाहता। मैं अब ज्यादा दिनों तक न जिऊँगा। मुझे किसी भयंकर रोग के लक्षण दिखाई दे रहे हैं। डाक्टरों ने भी यही कहा है। मुझे इसका खेद है कि मेरे हाथों तुम्हें कष्ट पहुँचा पर क्षमा करना। कभी-कभी बैठे-बैठे मेरा दिल डूब जाता है, मूर्छा-सी आ जाती है।

यह कहते-कहते एकाएक वह काँप उठे। सारी देह में सनसनी सी दौड़ गयी। मूर्छित हो कर चारपाई पर गिर पड़े और हाथ-पैर पटकने लगे। मुँह से फिचकुर निकलने लगा। सारी देह पसीने से तर हो गयी।

आशा का सारा रोग हवा हो गया। वह महीनों से बिस्तर न छोड़ सकी थी। पर इस समय उसके शिथिल अंगों में विचित्र स्फूर्ति दौड़ गयी। उसने तेजी से उठ कर विपिन को अच्छी तरह लेटा दिया और उनके मुख पर पानी के छींटे देने लगी। महरी भी दौड़ी आयी और पंखा झलने लगी। बाहर खबर हुई, मित्रों ने दौड़ कर डाक्टर को बुलाया। बहुत यत्न करने पर भी विपिन ने आँखें न खोलीं। संध्या होते-होते उनका मुँह टेढ़ा हो गया और बायाँ अंग शून्य पड़ गया। हिलना तो दूर रहा, मुँह से बात निकालना भी मुश्किल हो गया। यह मूर्छा न थी, फ़ालिज था।

5

फ़ालिज के भयंकर रोग में रोगी की सेवा करना आसान काम नहीं। उस पर आशा महीनों से बीमार थी। लेकिन इस रोग के सामने वह अपना रोग भूल गयी। 15 दिनों तक विपिन की हालत बहुत नाजुक रही। आशा दिन के दिन और रात की रात उनके पास बैठी रहती। उनके लिए पथ्य बनाना, उन्हें गोद में सँभाल कर दवा पिलाना, उनके ज़रा-ज़रा से इशारे को समझना उसी जैसी धैर्यशीला स्त्री का काम था। अपना सिर दर्द से फटा करता, ज्वर से देह तपा करती, पर इसकी उसे जरा भी परवा न थी।

15 दिनों के बाद विपिन की हालत कुछ सँभली। उनका दाहिना पैर तो लुँज पड़ गया था, पर तोतली भाषा में कुछ बोलने लगे थे। सबसे बुरी गत उनके सुंदर मुख की हुई थी। वह इतना टेढ़ा हो गया था कि जैसे कोई रबर के खिलौने को खींच कर बढ़ा दे। बैटरी की मदद से जरा देर के लिए बैठ या खड़े तो हो जाते थे; लेकिन चलने-फिरने की ताकत न थी।

एक दिन लेटे-लेटे उन्हें क्या जाने क्या खयाल आया। आइना उठा कर अपना मुँह देखने लगे। ऐसा कुरूप आदमी उन्होंने कभी न देखा था। आहिस्ता से बोले—आशा, ईश्वर ने मुझे गरूर की सजा दे दी। वास्तव में यह उसी बुराई का बदला है, जो मैंने तुम्हारे साथ की। अब तुम अगर मेरा मुँह देख कर घृणा से मुँह फेर लो तो मुझे तुमसे जरा भी शिकायत न होगी। मैं चाहता हूँ कि तुम मुझसे उस दुर्व्यवहार का बदला लो, जो मैंने तुम्हारे साथ किये हैं।

आशा ने पति की ओर कोमल भाव देख कर कहा—मैं तो आपको अब भी उसी निगाह से देखती हूँ। मुझे तो आप में कोई अंतर नहीं दिखाई देता।

विपिन—वाह, बंदर का-सा मुँह हो गया है, तुम कहती हो कोई अंतर ही नहीं। मैं तो अब कभी बाहर न निकलूँगा। ईश्वर ने मुझे सचमुच दंड दिया।

6

बहुत यत्न किये गये पर विपिन का मुँह न सीधा हुआ। मुख का बायाँ भाग इतना टेढ़ा हो गया था कि चेहरा देख कर डर मालूम होता था। हाँ, पैरों में इतनी शक्ति आ गयी कि अब वह चलने-फिरने लगे।

आशा ने पति की बीमारी में देवी की मनौती की थी। आज उसी पूजा का उत्सव था। मुहल्ले की स्त्रियाँ बनाव-सिंगार किये जमा थीं। गाना-बजाना हो रहा था।

एक सहेली ने पूछा—क्यों आशा, अब तो तुम्हें उनका मुँह जरा भी अच्छा न लगता होगा।

आशा ने गंभीर हो कर कहा—मुझे तो पहले से कहीं अच्छा मालूम होता है।

'चलो, बातें बनाती हो।'

'नहीं बहन, सच कहती हूँ; रूप के बदले मुझे उनकी आत्मा मिल गयी जो रूप से कहीं बढ़ कर है।'

विपिन कमरे में बैठे हुए थे। कई मित्र जमा थे। ताश हो रहा था।

कमरे में एक खिड़की थी जो आँगन में खुलती थी। इस वक्त वह बंद थी। एक मित्र ने चुपके से उसे खोल दिया, और शीशे से झाँक कर विपिन से कहा—आज तो तुम्हारे यहाँ परियों का अच्छा जमघट है।

विपिन—बंद कर दो।

'अजी, जरा देखो तो कैसी-कैसी सूरते हैं ! तुम्हें इन सबों में कौन सबसे अच्छी मालूम होती है ?'

विपिन ने उड़ती हुई नजरों से देख कहा—मुझे तो वही सबसे अच्छी मालूम होती है जो थाल में फूल रख रही है।

'वाह री आपकी निगाह ! क्या सूरत के साथ तुम्हारी निगाह भी बिगड़ गयी ? मुझे तो वह सबसे बदसूरत मालूम होती है।'

'इसलिए कि तुम उसकी सूरत देखते हो और मैं उसकी आत्मा देखता हूँ।'

'अच्छा, यही मिसेज़ विपिन हैं ?'

'जी हाँ, यह वही देवी है।'

उद्धार

हिंदू समाज की वैवाहिक प्रथा इतनी दूषित, इतनी चिंताजनक, इतनी भयंकर हो गयी है कि कुछ समझ में नहीं आता, उसका सुधार क्योंकर हो। बिरले ही ऐसे माता-पिता होंगे जिनके सात पुत्रों के बाद भी एक कन्या उत्पन्न हो जाय तो वह सहर्ष उसका स्वागत करें। कन्या का जन्म होते ही उसके विवाह की चिंता सिर पर सवार हो जाती है और आदमी उसी में डुबकियाँ खाने लगता है। अवस्था इतनी निराशामय और भयानक हो गयी है कि ऐसे माता-पिताओं की कमी नहीं है जो कन्या की मृत्यु पर हृदय से प्रसन्न होते हैं, मानो सिर से बाधा टली। इसका कारण केवल यही है कि दहेज की दर, दिन दूनी रात चौगुनी, पावस-काल के जल-वेग के समान बढ़ती चली जा रही है। जहाँ दहेज की सैकड़ों में बातें होती थीं, वहाँ अब हजारों तक नौबत पहुँच गयी है। अभी बहुत दिन नहीं गुजरे कि एक या दो हजार रुपये दहेज केवल बड़े घरों की बात थी, छोटी-छोटी शादियाँ पाँच सौ से एक हजार तक तय हो जाती थीं; पर अब मामूली-मामूली विवाह भी तीन-चार हजार के नीचे नहीं तय होते। खर्च का तो यह हाल है और शिक्षित समाज की निर्धनता और दरिद्रता दिनों दिन बढ़ती जाती है। इसका अंत क्या होगा ईश्वर ही जाने। बेटे एक दरजन भी हों तो माता-पिता को चिंता नहीं होती। वह अपने ऊपर उनके विवाह-भार को अनिवार्य नहीं समझता, यह उसके लिए 'कम्पलसरी' विषय नहीं, 'आप्शनल' विषय है। होगा तो कर देंगे; नहीं कह देंगे—बेटा, खाओ कमाओ, समाई हो तो विवाह कर लेना। बेटों की कुचरित्रता कलंक की बात नहीं समझी जाती; लेकिन कन्या का विवाह तो करना ही पड़ेगा, उससे भाग कर कहाँ जायेंगे ? अगर विवाह में विलम्ब हुआ और कन्या के पाँव कहीं ऊँचे-नीचे पड़ गये तो फिर कुटुम्ब की नाक कट गयी; वह पतित हो गया, टाट बाहर कर दिया गया। अगर वह इस दुर्घटना को सफलता के साथ गुप्त रख सका तब तो कोई बात नहीं; उसको कलंकित करने का किसी को साहस नहीं; लेकिन अभाग्यवश यदि वह इसे छिपा न सका, भंडाफोड़ हो गया तो फिर माता-पिता के लिए, भाई-बंधुओं के लिए संसार में मुँह दिखाने को स्थान नहीं रहता। कोई अपमान इससे दुस्सह, कोई विपत्ति

इससे भीषण नहीं। किसी भी व्याधि की इससे भयंकर कल्पना नहीं की जा सकती। लुत्फ़ तो यह है कि जो लोग बेटियों के विवाह की कठिनाइयों को भोग चुके होते हैं वही अपने बेटों के विवाह के अवसर पर बिलकुल भूल जाते हैं कि हमें कितनी ठोकरें खानी पड़ी थीं, जरा भी सहानुभूति नहीं प्रकट करते, बल्कि कन्या के विवाह में जो तावान उठाया था उसे चक्रवृद्धि ब्याज के साथ बेटे के विवाह में वसूल करने पर कटिबद्ध हो जाते हैं। कितने ही माता-पिता इसी चिंता में घुल-घुल कर अकाल मृत्यु को प्राप्त हो जाते हैं; कोई संन्यास ग्रहण कर लेता है, कोई बूढ़े के गले कन्या को मढ़ कर अपना गला छुड़ाता है, पात्र-कुपात्र के विचार करने का मौका कहाँ, ठेलमठेल है।

मुंशी गुलजारीलाल ऐसे ही हतभागे पिताओं में थे। यों उनकी स्थिति बुरी न थी दो-ढाई सौ रुपये महीने वकालत से पीट लेते थे, पर खानदानी आदमी थे, उदार हृदय, बहुत किफ़ायत करने पर भी माकूल बचत न हो सकती थी। संबंधियों का आदर-सत्कार न करें तो नहीं बनता, मित्रों की खातिरदारी न करें तो नहीं बनता फिर ईश्वर के दिये हुए दो-तीन पुत्र थे, उनका पालन-पोषण, शिक्षण का भार था, क्या करते ! पहली कन्या का विवाह उन्होंने अपनी हैसियत के अनुसार अच्छी तरह किया पर दूसरी पुत्री का विवाह टेढ़ी खीर हो रहा था। यह आवश्यक था कि विवाह अच्छे घराने में हो, अन्यथा लोग हँसेंगे और अच्छे घराने के लिए कम-से-कम पाँच हजार का तख़मीना था। उधर पुत्री सयानी होती जाती थी। वह अनाज जो लड़के खाते थे, वह भी खाती थी; लेकिन लड़कों को देखो तो जैसे सूखे का रोग लगा हो और लड़की शुक्ल पक्ष का चाँद हो रही थी। बहुत दौड़-धूप करने पर बेचारे को एक लड़का मिला। बाप आबकारी के विभाग में 400 रु० का नौकर था, लड़का भी सुशिक्षित। स्त्री से आ कर बोले, लड़का तो मिला और घर-बार एक भी काटने योग्य नहीं; पर कठिनाई यही है कि लड़का कहता है, मैं अपना विवाह न करूँगा, बाप ने कितना समझाया, मैंने कितना समझाया, औरों ने समझाया, पर वह टस से मस नहीं होता। कहता है, मैं कभी विवाह न करूँगा। समझ में नहीं आता विवाह से क्यों इतनी घृणा करता है। कोई कारण नहीं बतलाता, बस यही कहता है, मेरी इच्छा। माँ-बाप का इकलौता लड़का है। उनकी परम इच्छा है कि इसका विवाह हो जाय, पर करें क्या ? यों उन्होंने फलदान तो रख लिया है पर मुझसे कह दिया है कि लड़का स्वभाव का हठीला है, अगर न मानेगा तो फलदान आपको लौटा दिया जायगा।

स्त्री ने कहा—तुमने लड़के को एकांत में बुला कर पूछा नहीं ?

गुलजारीलाल—बुलाया था। बैठा रोता रहा, फिर उठ कर चला गया। तुमसे क्या कहूँ, उसके पैरों पर गिर पड़ा; लेकिन बिना कुछ कहे उठ कर चला गया।

स्त्री—देखो, इस लड़की के पीछे क्या-क्या झेलना पड़ता है ?

गुलजारीलाल—कुछ नहीं, आजकल के लौंडे सैलानी होते हैं। अँगरेजी पुस्तकों में पढ़ते हैं कि विलायत में कितने ही लोग अविवाहित रहना ही पसंद करते हैं। बस यही

सनक सवार हो जाती है कि निर्द्वंद्व रहने में ही जीवन की सुख और शांति है। जितनी मुसीबतें हैं वह सब विवाह ही में हैं। मैं भी कालेज में था तब सोचा करता था कि अकेला रहूँगा और मजे से सैर-सपाटा करूँगा।

स्त्री–है तो वास्तव में बात यही। विवाह ही तो सारे मुसीबतों की जड़ है। तुमने विवाह न किया होता तो क्यों ये चिंताएँ होतीं ? मैं भी क्वाँरी रहती तो चैन करती।

2

इसके एक महीना बाद मुंशी गुलजारीलाल के पास वर ने यह पत्र लिखा–

'पूज्यवर,

सादर प्रणाम।

मैं आज बहुत असमंजस में पड़ कर यह पत्र लिखने का साहस कर रहा हूँ। इस धृष्टता को क्षमा कीजिएगा।

आपके जाने के बाद से मेरे पिता जी और माता जी दोनों मुझ पर विवाह करने के लिए नाना प्रकार से दबाव डाल रहे हैं। माता जी रोती हैं, पिताजी नाराज होते हैं। वह समझते हैं कि मैं अपनी जिद के कारण विवाह से भागता हूँ। कदाचित् उन्हें यह भी सन्देह हो रहा है कि मेरा चरित्र भ्रष्ट हो गया है। मैं वास्तविक कारण बताते हुए डरता हूँ कि इन लोगों को दुःख होगा और आश्चर्य नहीं कि शोक में उनके प्राणों पर ही बन जाय। इसलिए अब तक मैंने जो बात गुप्त रखी थी, वह आज विवश हो कर आपसे प्रकट करता हूँ और आपसे साग्रह निवेदन करता हूँ कि आप इसे गोपनीय समझिएगा और किसी दशा में भी उन लोगों के कानों में इसकी भनक न पड़ने दीजिएगा। जो होना है वह तो होगा ही, पहले ही से क्यों उन्हें शोक में डुबाऊँ। मुझे 5-6 महीनों से यह अनुभव हो रहा है कि मैं क्षय रोग से ग्रसित हूँ। उसके सभी लक्षण प्रकट होते जाते हैं। डाक्टरों की भी यही राय है। यहाँ सबसे अनुभवी जो दो डाक्टर हैं, उन दोनों ही से मैंने अपनी आरोग्य-परीक्षा करायी और दोनों ही ने स्पष्ट कहा कि तुम्हें सिल है। अगर माता-पिता से यह कह दूँ तो वह रो-रो कर मर जायेंगे। जब यह निश्चय है कि मैं संसार में थोड़े ही दिनों का मेहमान हूँ तो मेरे लिए विवाह की कल्पना करना भी पाप है। संभव है कि मैं विशेष प्रयत्न करके साल दो साल जीवित रहूँ; पर वह दशा और भी भयंकर होगी, क्योंकि अगर कोई सन्तान हुई तो वह भी मेरे संस्कार से अकाल मृत्यु पायेगी और कदाचित् स्त्री को भी इसी रोग-राक्षस का भक्षण बनना पड़े। मेरे अविवाहित रहने से जो बीतेगी, मुझ ही पर बीतेगी। विवाहित हो जाने से मेरे साथ और कई जीवों का नाश हो जायगा। इसलिए आपसे मेरी प्रार्थना है कि मुझे इस बन्धन में डालने के लिए आग्रह न कीजिए, अन्यथा आपको पछताना पड़ेगा।

सेवक,

'हजारीलाल।'

पत्र पढ़ कर गुलजारीलाल ने स्त्री की ओर देखा और बोले—इस पत्र के विषय में तुम्हारा क्या विचार है।

स्त्री—मुझे तो ऐसा मालूम होता है कि उसने बहाना रचा है।

गुलजारीलाल—बस-बस, ठीक यही मेरा भी विचार है। उसने समझा है कि बीमारी का बहाना कर दूँगा तो लोग आप ही हट जायेंगे। असल में बीमारी कुछ नहीं। मैंने तो देखा ही था, चेहरा चमक रहा था। बीमार का मुँह छिपा नहीं रहता।

स्त्री—राम नाम ले के विवाह करो कोई किसी का भाग्य थोड़े ही पढ़े बैठा है।

गुलजारीलाल—यही तो मैं भी सोच रहा हूँ।

स्त्री—न हो किसी डाक्टर से लड़के को दिखाओ। कहीं सचमुच वह बीमारी हो तो बेचारी अम्बा कहीं की न रहे।

गुलजारीलाल—तुम भी पागल हुई हो क्या ? सब हीले-हवाले हैं। इन छोकरों का दिल का हाल मैं खूब जानता हूँ। सोचता होगा अभी सैर-सपाटे कर रहा हूँ, विवाह हो जायेगा तो यह गुलछर्रे कैसे उड़ेंगे !

स्त्री—तो शुभ मुहूर्त देख कर लग्न भेजवाने की तैयारी करो।

3

हजारीलाल बड़े धर्म-संदेह में था। उसके पैरों में जबरदस्ती विवाह की बेड़ी डाली जा रही थी और वह कुछ न कर सकता था। उसने ससुर को अपना कच्चा चिट्ठा कह सुनाया; मगर किसी ने उसकी बातों पर विश्वास न किया। माँ-बाप से अपनी बीमारी का हाल कहने का उसे साहस न होता था न जाने उनके दिल पर क्या गुजरे, न जाने क्या कर बैठें ? कभी सोचता किसी डाक्टर की शहादत ले कर ससुर के पास भेज दूँ, मगर फिर ध्यान आता, यदि उन लोगों को उस पर भी विश्वास न आया, तो ? आजकल डाक्टरी से सनद ले लेना कौन-सा मुश्किल काम है। सोचेंगे, किसी डाक्टर को कुछ दे दिला कर लिखा लिया होगा। शादी के लिए तो इतना आग्रह हो रहा था, उधर डाक्टरों ने स्पष्ट कह दिया था कि अगर तुमने शादी की तो तुम्हारा जीवन-सूत्र और भी निर्बल हो जायगा। महीनों की जगह दिनों में वारा-न्यारा हो जाने की संभावना है।

लग्न आ चुकी थी। विवाह की तैयारियाँ हो रही थीं, मेहमान आते-जाते थे और हजारीलाल घर से भागा-भागा फिरता था। कहाँ चला जाऊँ ? विवाह की कल्पना ही से उसके प्राण सूख जाते थे। आह ! उस अबला की क्या गति होगी ? जब उसे यह बात मालूम होगी तो वह मुझे अपने मन में क्या कहेगी ? कौन इस पाप का प्रायश्चित्त करेगा ? नहीं, उस अबला पर घोर अत्याचार न करूँगा, उसे वैधव्य की आग में न जलाऊँगा। मेरी जिंदगी ही क्या, आज न मरा कल मरूँगा, कल नहीं तो परसों, तो क्यों न आज ही मर जाऊँ। आज ही जीवन का और उसके साथ सारी चिंताओं का, सारी विपत्तियों का अंत कर दूँ। पिता जी रोयेंगे, अम्माँ प्राण त्याग देंगी; लेकिन एक बालिका

का जीवन तो सफल हो जायगा, मेरे बाद कोई अभागा अनाथ तो न रोयेगा।

क्यों न चल कर पिता जी से कह दूँ ? वह एक-दो दिन दुःखी रहेंगे, अम्मा जी दो-एक रोज शोक से निराहार रह जायेंगी, कोई चिंता नहीं। अगर माता-पिता के इतने कष्ट से एक युवती की प्राण-रक्षा हो जाय तो क्या छोटी बात है ?

यह सोच कर वह धीरे से उठा और आ कर पिता के सामने खड़ा हो गया।

रात के दस बज गये थे। बाबू दरबारीलाल चारपाई पर लेटे हुए हुक्का पी रहे थे। आज उन्हें सारा दिन दौड़ते गुजरा था। शामियाना तय किया; बाजे वालों को बयाना दिया; आतिशबाजी, फुलवारी आदि का प्रबंध किया, घंटों ब्राह्मणों के साथ सिर मारते रहे, इस वक्त जरा कमर सीधी कर रहे थे कि सहसा हजारीलाल को सामने देख कर चौंक पड़े। उसका उतरा हुआ चेहरा, सजल आँखें और कुंठित मुख देखा तो कुछ चिंतित हो कर बोले—क्यों लालू, तबीयत तो अच्छी है न ? कुछ उदास मालूम होते हो।

हजारीलाल—मैं आपसे कुछ कहना चाहता हूँ; पर भय होता है कि कहीं आप अप्रसन्न न हों।

दरबारीलाल—समझ गया, वही पुरानी बात है न ? उसके सिवा कोई दूसरी बात हो तो शौक से कहो।

हजारीलाल—खेद है कि मैं उसी विषय में कुछ कहना चाहता हूँ।

दरबारीलाल—यही कहना चाहते हो न कि मुझे इस बंधन में न डालिए, मैं इसके अयोग्य हूँ, मैं यह भार सह नहीं सकता, बेड़ी मेरी गर्दन को तोड़ देगी, आदि या और कोई नयी बात ?

हजारीलाल—जी नहीं, नयी बात है। मैं आपकी आज्ञा पालन करने के लिए सब प्रकार से तैयार हूँ; पर एक ऐसी बात है, जिसे मैंने अब तक छिपाया था, उसे भी प्रकट कर देना चाहता हूँ। इसके बाद आप जो कुछ निश्चय करेंगे उसे मैं शिरोधार्य करूँगा।

हजारीलाल ने बड़े विनीत शब्दों में अपना आशय कहा, डाक्टरों की राय भी बयान की और अंत में बोले—ऐसी दशा में मुझे पूरी आशा है कि आप मुझे विवाह करने के लिए बाध्य न करेंगे।

दरबारीलाल ने पुत्र के मुख की ओर गौर से देखा, कहीं जर्दी का नाम न था, इस कथन पर विश्वास न आया; पर अपना अविश्वास छिपाने और अपना हार्दिक शोक प्रकट करने के लिए वह कई मिनट तक गहरी चिंता में मग्न रहे। इसके बाद पीड़ित कंठ से बोले—बेटा, इस दशा में तो विवाह करना और भी आवश्यक है। ईश्वर न करे कि हम वह बुरा दिन देखने के लिए जीते रहें; पर विवाह हो जाने से तुम्हारी कोई निशानी तो रह जायगी। ईश्वर ने कोई संतान दे दी तो वही हमारे बुढ़ापे की लाठी होगी, उसी का मुँह देख-देख कर दिल को समझायेंगे, जीवन का कुछ आधार तो रहेगा। फिर आगे क्या होगा यह कौन कह सकता है ? डाक्टर किसी की कर्मरेखा तो नहीं पढ़े होते, ईश्वर की लीला अपरम्पार है, डाक्टर उसे नहीं समझ सकते। तुम निश्चिंत होकर

बैठो, हम जो कुछ करते हैं, करने दो। भगवान चाहेंगे तो सब कल्याण ही होगा।

हजारीलाल ने इसका कोई उत्तर नहीं दिया। आँखें डबडबा आयीं, कंठावरोध के कारण मुँह तक न खोल सका। चुपके से आकर अपने कमरे में लेट रहा।

तीन दिन और गुजर गये, पर हजारीलाल कुछ निश्चय न कर सका। विवाह की तैयारियाँ पूरी हो गयी थीं। आँगन में मंडप गड़ गया था; डाल, गहने संदूकों में रखे जा चुके थे। मंत्रेयी की पूजा हो चुकी थी और द्वार पर बाजों का शोर मचा हुआ था। मुहल्ले के लड़के जमा होकर बाजा सुनते थे और उल्लास से इधर-उधर दौड़ते थे।

संध्या हो गयी थी। बरात आज रात की गाड़ी से जानेवाली थी। बरातियों ने अपने वस्त्राभूषण पहनने शुरू किये। कोई नाई से बाल बनवाता था और चाहता था कि खत ऐसा साफ हो जाय मानो यहाँ बाल कभी थे ही नहीं, बूढ़े अपने पके बाल को उखड़वा कर जवान बनने की चेष्टा कर रहे थे। तेल, साबुन, उबटन की लूट मची हुई थी और हजारीलाल बगीचे में एक वृक्ष के नीचे उदास बैठा हुआ सोच रहा था, क्या करूँ ?

अंतिम निश्चय की घड़ी सिर पर खड़ी थी। अब एक क्षण भी विलम्ब करने का मौका न था। अपनी वेदना किससे कहे, कोई सुननेवाला न था।

उसने सोचा हमारे माता-पिता कितने अदूरदर्शी हैं, अपनी उमंग में इन्हें इतना भी नहीं सूझता कि वधू पर क्या गुजरेगी। वधू के माता-पिता भी इतने अंधे हो रहे हैं कि देख कर भी नहीं देखते, जान कर नहीं जानते।

क्या यह विवाह है ? कदापि नहीं। यह तो लड़की को कुएँ में डालना है, भाड़ में झोंकना है, कुंद छूरे से रेतना है। कोई यातना इतनी दुस्सह, इतनी हृदयविदारक नहीं हो सकती जितनी वैधव्य और ये लोग जान-बूझ कर अपनी पुत्री को वैधव्य के अग्नि-कुंड में डाल देते हैं। यह माता-पिता हैं ? कदापि नहीं। यह लड़की के शत्रु हैं, कसाई हैं, बधिक हैं, हत्यारे हैं। क्या इनके लिए कोई दंड नहीं ? जो जान-बूझ कर अपनी प्रिय संतान के खून से अपने हाथ रंगते हैं, उसके लिए कोई दंड नहीं ? समाज भी उन्हें दंड नहीं देता, कोई कुछ नहीं कहता। हाय !

वह सोच कर हजारीलाल उठा और एक ओर चुपचाप चल दिया। उसके मुख पर तेज छाया हुआ था। उसने आत्म-बलिदान से इस कष्ट को निवारण करने का दृढ़ संकल्प कर लिया था। उसे मृत्यु का लेशमात्र भी भय न था। वह उस दशा को पहुँच गया था जब सारी आशाएँ मृत्यु पर ही अवलम्बित हो जाती हैं।

उस दिन से फिर किसी ने हजारीलाल की सूरत नहीं देखी। मालूम नहीं जमीन खा गयी या आसमान। नदियों में जाल डाले गये, कुओं में बाँस पड़ गये, पुलिस में हुलिया गया, समाचार-पत्रों में विज्ञप्ति निकाली गयी, पर कहीं पता न चला।

कई हफ्तों के बाद, छावनी रेलवे स्टेशन से एक मील पश्चिम की ओर सड़क पर कुछ हड्डियाँ मिलीं। लोगों को अनुमान हुआ कि हजारीलाल ने गाड़ी के नीचे दब कर जान दी, पर निश्चित रूप से कुछ न मालूम हुआ।

4

भादों का महीना था और तीज का दिन। घरों में सफ़ाई हो रही थी। सौभाग्यवती रमणियाँ सोलहों शृंगार किये गंगा-स्नान करने जा रही थीं। अम्बा स्नान करके लौट आयी थी और तुलसी के कच्चे चबूतरे के सामने खड़ी वंदना कर रही थी। पतिगृह में उसे यह पहली ही तीज थी, बड़ी उमंगों से व्रत रखा था। सहसा उसके पति ने अंदर आ कर उसे सहास नेत्रों से देखा और बोला—मुंशी दरबारीलाल तुम्हारे कौन होते हैं, यह उनके यहाँ से तुम्हारे लिए तीज पठौनी आयी है। अभी डाकिया दे गया है।

यह कह कर उसने एक पारसल चारपाई पर रख दिया। दरबारीलाल का नाम सुनते ही अम्बा की आँखें सजल हो गयीं। वह लपकी हुई आयी और पारसल को हाथ में ले कर देखने लगी; पर उसकी हिम्मत न पड़ी कि उसे खोले। पिछली स्मृतियाँ जीवित हो गयीं, हृदय में हजारीलाल के प्रति श्रद्धा का एक उद्गार-सा उठ पड़ा। आह ! यह उसी देवात्मा के आत्मबलिदान का पुनीत फल है कि मुझे यह दिन देखना नसीब हुआ। ईश्वर उन्हें सद्गति दें। वह आदमी नहीं, देवता थे, जिसने मेरे कल्याण के निमित्त अपने प्राण तक समर्पण कर दिये।

पति ने पूछा—दरबारीलाल तुम्हारे चचा हैं।

अम्बा—हाँ।

पति—इस पत्र में हजारीलाल का नाम लिखा है, यह कौन है ?

अम्बा—यह मुंशी दरबारीलाल के बेटे हैं।

पति—तुम्हारे चचेरे भाई ?

अम्बा—नहीं, मेरे परम दयालु उद्धारक, जीवनदाता, मुझे अथाह जल में डूबने से बचानेवाले, मुझे सौभाग्य का वरदान देनेवाले।

पति ने इस भाव से कहा मानो कोई भूली हुई बात याद आ गयी हो—अहा ! मैं समझ गया। वास्तव में वह मनुष्य नहीं देवता थे।

निर्वासन

परशुराम—वहीं-वहीं दालान में ठहरो !

मर्यादा—क्यों, क्या मुझमें कुछ छूत लग गयी ?

परशुराम—पहले यह बताओ तुम इतने दिनों कहाँ रहीं, किसके साथ रहीं, किस तरह रहीं और फिर यहाँ किसके साथ आयीं ? तब, तब विचार... देखी जायगी।

मर्यादा—क्या इन बातों के पूछने का यही वक्त है; फिर अवसर न मिलेगा ?

परशुराम—हाँ, यही बात है। तुम स्नान करके नदी से तो मेरे साथ ही निकली थीं। मेरे पीछे-पीछे कुछ देर तक आयीं भी; मैं पीछे फिर-फिर कर तुम्हें देखता जाता था, फिर एकाएक तुम कहाँ गायब हो गयीं ?

मर्यादा–तुमने देखा नहीं, नागा साधुओं का एक दल सामने से आ गया। सब आदमी इधर-उधर दौड़ने लगे। मैं भी धक्के में पड़ कर जाने किधर चली गयी। जरा भीड़ कम हुई तो तुम्हें ढूँढ़ने लगी। बासू का नाम ले-ले कर पुकारने लगी, पर तुम न दिखायी दिये।

परशुराम–अच्छा तब ?

मर्यादा–तब मैं एक किनारे बैठ कर रोने लगी, कुछ सूझ ही न पड़ता कि कहाँ जाऊँ, किससे कहूँ, आदमियों से डर लगता था। संध्या तक वहीं बैठी रोती रही।

परशुराम–इतना तूल क्यों देती हो ? वहाँ से फिर कहाँ गयीं ?

मर्यादा–संध्या को एक युवक ने आ कर मुझसे पूछा, तुम्हारे घर के लोग खो तो नहीं गये हैं ? मैंने कहा–हाँ। तब उसने तुम्हारा नाम, पता ठिकाना पूछा। उसने सब एक किताब पर लिख लिया और मुझसे बोला–मेरे साथ आओ, मैं तुम्हें तुम्हारे घर भेज दूँगा।

परशुराम–वह आदमी कौन था ?

मर्यादा–वहाँ की सेवा-समिति का स्वयंसेवक था।

परशुराम–तो तुम उसके साथ हो लीं ?

मर्यादा–और क्या करती ? वह मुझे समिति के कार्यालय में ले गया। वहाँ एक शामियाने में एक लम्बी दाढ़ीवाला मनुष्य बैठा हुआ कुछ लिख रहा था। वही उन सेवकों का अध्यक्ष था। और भी कितने ही सेवक वहाँ खड़े थे। उसने मेरा पता-ठिकाना रजिस्टर में लिख कर मुझे एक अलग शामियाने में भेज दिया, जहाँ और भी कितनी खोयी हुई स्त्रियाँ बैठी हुई थीं।

परशुराम–तुमने उसी वक्त अध्यक्ष से क्यों न कहा कि मुझे पहुँचा दीजिए ?

मर्यादा–मैंने एक बार नहीं सैंकड़ो बार कहा; लेकिन वह यही कहते रहे, जब तक मेला न खत्म हो जाय और सब खोयी हुई स्त्रियाँ एकत्र न हो जायँ, मैं भेजने का प्रबन्ध नहीं कर सकता। मेरे पास न इतने आदमी हैं, न इतना धन।

परशुराम–धन की तुम्हें क्या कमी थी, कोई एक सोने की चीज बेच देती तो काफी रुपये मिल जाते।

मर्यादा–आदमी तो नहीं थे।

परशुराम–तुमने यह कहा था कि खर्च की कुछ चिंता न कीजिए, मैं अपना गहना बेच कर अदा कर दूँगी ?

मर्यादा–नहीं, यह तो मैंने नहीं कहा।

परशुराम–तुम्हें उस दशा में भी गहने इतने प्रिय थे ?

मर्यादा–सब स्त्रियाँ कहने लगीं, घबरायी क्यों जाती हो ? यहाँ किस बात का डर है। हम सभी जल्द से जल्द अपने घर पहुँचना चाहती हैं; मगर क्या करें ? तब मैं भी चुप हो रही।

परशुराम–और सब स्त्रियाँ कुएँ में गिर पड़ती तो तुम भी गिर पड़तीं ?

मर्यादा—जानती तो थी कि यह लोग धर्म के नाते मेरी रक्षा कर रहे हैं, कुछ मेरे नौकर या मजूर नहीं हैं, फिर आग्रह किस मुँह से करती ? यह बात भी है कि बहुत-सी स्त्रियों को वहाँ देख कर मुझे कुछ तसल्ली हो गयी।

परशुराम—हाँ, इससे बढ़ कर तस्कीन की और क्या बात हो सकती थी ? अच्छा, वहाँ कै दिन तस्कीन का आनन्द उठाती रहीं ? मेला तो दूसरे ही दिन उठ गया होगा ?

मर्यादा—रात-भर मैं स्त्रियों के साथ उसी शामियाने में रही।

परशुराम—अच्छा, तुमने मुझे तार क्यों न दिलवा दिया ?

मर्यादा—मैंने समझा, जब यह लोग पहुँचाने को कहते ही हैं तो तार क्यों दूँ ?

परशुराम—खैर, रात को तुम वहीं रहीं। युवक बार-बार भीतर आते-जाते रहे होंगे।

मर्यादा—केवल एक बार एक सेवक भोजन के लिए पूछने आया था, जब हम सबों ने खाने से इनकार कर दिया तो वह चला गया और फिर कोई न आया। मैं रात-भर जागती ही रही।

परशुराम—यह मैं कभी न मानूँगा कि इतने युवक वहाँ थे और कोई अंदर न गया होगा। समिति के युवक आकाश के देवता नहीं होते। खैर, वह दाढ़ीवाला अध्यक्ष तो जरूर ही देखभाल करने गया होगा ?

मर्यादा—हाँ, वह आते थे; पर द्वार पर से पूछ-पूछ कर लौट जाते थे। हाँ, जब एक महिला के पेट में दर्द होने लगा था तो दो-तीन बार दवाएँ पिलाने आये थे।

परशुराम—निकली न वही बात ! मैं इन धूर्तों की नस-नस पहचानता हूँ। विशेषकर तिलक-मालाधारी दढ़ियलों को मैं गुरुघंटाल ही समझता हूँ। तो वह महाशय कई बार दवाएँ देने गये ? क्यों, तुम्हारे पेट में तो दर्द नहीं होने लगा था ?

मर्यादा—तुम एक साधु पर आक्षेप कर रहे हो। वह बेचारे एक तो मेरे बाप के बराबर थे, दूसरे आँखें नीची किये रहने के सिवाय कभी किसी पर सीधी निगाह नहीं करते थे।

परशुराम—हाँ, वहाँ सब देवता ही देवता जमा थे। खैर, तुम रात-भर वहाँ रहीं। दूसरे दिन क्या हुआ ?

मर्यादा—दूसरे दिन भी वहीं रही। एक स्वयंसेवक हम सब स्त्रियों को साथ लेकर मुख्य-मुख्य पवित्र स्थानों का दर्शन कराने गया। दोपहर को लौट कर सबों ने भोजन किया।

परशुराम—तो वहाँ तुमने सैर-सपाटा भी खूब किया, कोई कष्ट न होने पाया। भोजन के बाद गाना-बजाना हुआ होगा ?

मर्यादा—गाना-बजाना तो नहीं; हाँ, सब अपना-अपना दुखड़ा रोती रहीं। शाम तक मेला उठ गया तो दो सेवक हम लोगों को ले कर स्टेशन पर आये।

परशुराम—मगर तुम तो आज सातवें दिन आ रही हो और वह भी अकेली ?

मर्यादा—स्टेशन पर एक दुर्घटना हो गयी।

परशुराम—हाँ, यह तो मैं समझ ही रहा था। क्या दुर्घटना हुई ?

मर्यादा—जब सेवक टिकट लेने जा रहा था, तो एक आदमी ने आ कर उससे कहा—यहाँ गोपीनाथ के धर्मशाला में एक बाबू जी ठहरे हुए हैं, उनकी स्त्री खो गयी है, उनका भला-सा नाम है, गोरे-गोरे लम्बे-से खूबसूरत आदमी हैं, लखनऊ मकान है, झबाई टीले में। तुम्हारा हुलिया उसने ऐसा ठीक बयान किया कि मुझे उस पर विश्वास आ गया। मैं सामने आ कर बोली, तुम बाबू जी को जानते हो ? वह हँस कर बोला, जानता नहीं हूँ तो तुम्हें तलाश क्यों करता फिरता हूँ। तुम्हारा बच्चा रो-रो कर हलाकान हो रहा है। सब औरतें कहने लगीं, चली जाओ, तुम्हारे स्वामी जी घबरा रहे होंगे। स्वयंसेवक ने उससे दो-चार बातें पूछ कर मुझे उसके साथ कर दिया। मुझे क्या मालूम था कि मैं किसी नर-पिशाच के हाथों में पड़ी जाती हूँ। दिल में खुशी थी कि अब बासू को देखूँगी, तुम्हारे दर्शन करूँगी। शायद इसी उत्सुकता ने मुझे असावधान कर दिया।

परशुराम—तो तुम उस आदमी के साथ चल दीं ? वह कौन था ?

मर्यादा—क्या बतलाऊँ कौन था ? मैं तो समझती हूँ, कोई दलाल था ?

परशुराम—तुम्हें यह न सूझी कि उससे कहतीं, जा कर बाबू जी को भेज दो ?

मर्यादा—अदिन आते हैं तो बुद्धि भ्रष्ट हो जाती है।

परशुराम—कोई आ रहा है।

मर्यादा—मैं गुसलखाने में छिपी जाती हूँ।

परशुराम—आओ भाभी, क्या अभी सोयी नहीं, दस तो बज गये होंगे।

भाभी—वासुदेव को देखने को जी चाहता था भैया, क्या सो गया ?

परशुराम—हाँ, वह तो अभी रोते-रोते सो गया है।

भाभी—कुछ मर्यादा का पता मिला ? अब पता मिले तो भी तुम्हारे किस काम की। घर से निकली हुई स्त्रियां थान से छूटी हुई घोड़ी है जिसका कुछ भरोसा नहीं।

परशुराम—कहाँ से कहाँ मैं उसे ले कर नहाने गया।

भाभी—होनहार है, भैया होनहार ! अच्छा तो मैं जाती हूँ।

मर्यादा—(बाहर आ कर) होनहार नहीं है, तुम्हारी चाल है। वासुदेव को प्यार करने के बहाने तुम इस घर पर अधिकार जमाना चाहती हो।

परशुराम—बको मत ! वह दलाल तुम्हें कहाँ ले गया ?

मर्यादा—स्वामी, यह न पूछिए, मुझे कहते लज्जा आती है।

परशुराम—यहाँ आते तो और भी लज्जा आनी चाहिए थी।

मर्यादा—मैं परमात्मा को साक्षी देती हूँ, कि मैंने उसे अपना अंग भी स्पर्श नहीं करने दिया।

परशुराम—उसका हुलिया बयान कर सकती हो ?

मर्यादा—साँवला-सा छोटे डील का आदमी था। नीचा कुरता पहने हुए था।

परशुराम—गले में ताबीजें भी थीं ?

मर्यादा—हाँ, थीं तो।

परशुराम—वह धर्मशाले का मेहतर था। मैंने उससे तुम्हारे गुम हो जाने की चर्चा

की थी। उस दुष्ट ने उसका वह स्वाँग रचा।

मर्यादा–मुझे तो वह कोई ब्राह्मण मालूम होता था।

परशुराम–नहीं मेहतर था। वह तुम्हें अपने घर ले गया ?

मर्यादा–हाँ, उसने मुझे ताँगे पर बैठाया और एक तंग गली में, एक छोटे-से मकान के अंदर ले जा कर बोला, तुम यहीं बैठो, तुम्हारे बाबू जी यहीं आयेंगे। अब मुझे विदित हुआ कि मुझे धोखा दिया गया। रोने लगी। वह आदमी थोड़ी देर के बाद चला गया और एक बुढ़िया आ कर मुझे भाँति-भाँति के प्रलोभन देने लगी। सारी रात रो कर काटी। दूसरे दिन दोनों फिर मुझे समझाने लगे कि रो-रो कर जान दे दोगी, मगर यहाँ कोई तुम्हारी मदद को न आयेगा। तुम्हारा एक घर छूट गया। हम तुम्हें उससे कहीं अच्छा घर देंगे जहाँ तुम सोने के कौर खाओगी और सोने से लद जाओगी। जब मैंने देखा कि यहाँ से किसी तरह नहीं निकल सकती तो मैंने कौशल करने का निश्चय किया।

परशुराम–खैर, सुन चुका। मैं तुम्हारा ही कहना मान लेता हूँ कि तुमने अपनी सतीत्व की रक्षा की, पर मेरा हृदय तुमसे घृणा करता है, तुम मेरे लिए फिर वह नहीं हो सकती जो पहले थीं। इस घर में तुम्हारे लिए स्थान नहीं है।

मर्यादा–स्वामी जी, यह अन्याय न कीजिए, मैं आपकी वही स्त्री हूँ जो पहले थी। सोचिए, मेरी क्या दशा होगी ?

परशुराम–मैं यह सब सोच चुका और निश्चय कर चुका। आज छः दिन से यही सोच रहा हूँ। तुम जानती हो कि मुझे समाज का भय नहीं है। छूत-विचार को मैंने पहले ही तिलांजलि दे दी, देवी-देवताओं को पहले ही विदा कर चुका; पर जिस स्त्री पर दूसरी निगाहें पड़ चुकीं, जो एक सप्ताह तक न-जाने कहाँ और किस दशा में रही, उसे अंगीकार करना मेरे लिए असम्भव है। अगर यह अन्याय है तो ईश्वर की ओर से है, मेरा दोष नहीं।

मर्यादा–मेरी विवशता पर आपको जरा भी दया नहीं आती ?

परशुराम–जहाँ घृणा है वहाँ दया कहाँ ? मैं अब भी तुम्हारा भरण-पोषण करने को तैयार हूँ। जब तक जीऊँगा, तुम्हें अन्न-वस्त्र का कष्ट न होगा। पर तुम मेरी स्त्री नहीं हो सकतीं।

मर्यादा–मैं अपने पुत्र का मुँह न देखूँ अगर किसी ने मुझे स्पर्श भी किया हो।

परशुराम–तुम्हारा किसी अन्य पुरुष के साथ क्षण-भर भी एकांत में रहना तुम्हारे पतिव्रत को नष्ट करने के लिए बहुत है। यह विचित्र बंधन है, रहे तो जन्म-जन्मांतर तक रहे; टूटे तो क्षण-भर में टूट जाय। तुम्हीं बताओ, किसी मुसलमान ने जबरदस्ती मुझे अपना उच्छिष्ट भोजन खिला दिया होता तो तुम मुझे स्वीकार करतीं ?

मर्यादा–वह... वह... तो दूसरी बात है।

परशुराम–नहीं, एक ही बात है। जहाँ भावों का संबंध है, वहाँ तर्क और न्याय से काम नहीं चलता। यहाँ तक कि अगर कोई कह दे कि तुम्हारे पानी को मेहतर

ने छू लिया है तब भी उसे ग्रहण करने से तुम्हें घृणा आयेगी। अपने ही दिल से सोचो कि तुम्हारे साथ न्याय कर रहा हूँ या अन्याय ?

मर्यादा–मैं तुम्हारी छुई हुई चीजें न खाती, तुमसे पृथक् रहती, पर तुम्हें घर से तो न निकाल सकती थी। मुझे इसीलिए न दुत्कार रहे हो कि तुम घर के स्वामी हो और समझते हो कि मैं इसका पालन करता हूँ।

परशुराम–यह बात नहीं है। मैं इतना नीच नहीं हूँ।

मर्यादा–तो तुम्हारा यह अंतिम निश्चय है ?

परशुराम–हाँ, अंतिम।

मर्यादा–जानते हो इसका परिणाम क्या होगा ?

परशुराम–जानता भी हूँ और नहीं भी जानता।

मर्यादा–मुझे वासुदेव को ले जाने दोगे ?

परशुराम–वासुदेव मेरा पुत्र है।

मर्यादा उसे एक बार प्यार कर लेने दोगे ?

परशुराम–अपनी इच्छा से नहीं, तुम्हारी इच्छा हो तो दूर से देख सकती हो।

मर्यादा–तो जाने दो, न देखूँगी। समझ लूँगी कि विधवा भी हूँ और बाँझ भी। चलो मन ! अब इस घर में तुम्हारा निबाह नहीं। चलो जहाँ भाग्य ले जाय !

नैराश्य लीला

पंडित हृदयनाथ अयोध्या के एक सम्मानित पुरुष थे। धनवान् तो नहीं लेकिन खाने-पीने से खुश थे। कई मकान थे, उन्हीं के किराये पर गुजर होता था। इधर किराये बढ़ गये थे, उन्होंने अपनी सवारी भी रख ली थी। बहुत विचारशील आदमी थे, अच्छी शिक्षा पायी थी। संसार का काफी तजुरबा था, पर क्रियात्मक शक्ति से वंचित थे, सब-कुछ न जानते थे। समाज उनकी आँखों में एक भयंकर भूत था जिससे सदैव डरते रहना चाहिए। उसे जरा भी रुष्ट किया तो फिर जान की खैर नहीं। उनकी स्त्री जागेश्वरी उनका प्रतिबिम्ब थी, पति के विचार उसके विचार और पति की इच्छा उसकी इच्छा थी, दोनों प्राणियों में कभी मतभेद न होता था। जागेश्वरी शिव की उपासक थी, हृदयनाथ वैष्णव थे, पर दान और व्रत में दोनों को समान श्रद्धा थी, दोनों धर्मनिष्ठ थे, उससे कहीं अधिक, जितना सामान्यतः शिक्षित लोग हुआ करते हैं। इसका कदाचित् यह कारण था कि एक कन्या के सिवा उनके और कोई संतान न थी। उसका विवाह तेरहवें वर्ष में हो गया था और माता-पिता की अब यही लालसा थी कि भगवान् इसे पुत्रवती करें तो हम लोग नवासे के नाम अपना सब-कुछ लिख-लिखा कर निश्चिंत हो जायें।

किंतु विधाता को कुछ और ही मंजूर था। कैलासकुमारी का अभी गौना भी न

हुआ था, वह अभी तक यह भी न जानने पायी थी कि विवाह का आशय क्या है, कि उसका सोहाग उठ गया। वैधव्य ने उसके जीवन की अभिलाषाओं का दीपक बुझा दिया।

माता और पिता विलाप कर रहे थे, घर में कुहराम मचा हुआ था, पर कैलासकुमारी भौंचक्की हो-हो कर सबके मुँह की ओर ताकती थी। उसकी समझ ही में न आता था कि यह लोग रोते क्यों हैं ? माँ-बाप की इकलौती बेटी थी। माँ-बाप के अतिरिक्त वह किसी तीसरे व्यक्ति को अपने लिए आवश्यक न समझती थी। उसकी सुख कल्पनाओं में अभी तक पति का प्रवेश न हुआ थ। वह समझती थी, स्त्रियाँ पति के मरने पर इसलिए रोती हैं कि वह उनका और उनके बच्चों का पालन करता है। मेरे घर में किस बात की कमी है ? मुझे इसकी क्या चिन्ता है कि खायेंगे क्या, पहनेंगे क्या ? मुझे जिस चीज की जरूरत होगी बाबू जी तुरन्त ला देंगे, अम्मा से जो चीज माँगूँगी वह दे देंगी। फिर रोऊँ क्यों ? यह अपनी माँ को रोते देखती तो रोती, पति के शोक से नहीं, माँ के प्रेम से। कभी सोचती, शायद यह लोग इसलिए रोते हैं कि कहीं मैं कोई ऐसी चीज न माँग बैठूँ जिसे वह दे न सकें। तो मैं ऐसी चीज़ माँगूँगी ही क्यों ? मैं अब भी तो उनसे कुछ नहीं माँगती, वह आप ही मेरे लिए एक न एक चीज नित्य लाते रहते हैं। क्या मैं अब कुछ और हो जाऊँगी ? इधर माता का यह हाल था कि बेटी सूरत देखते ही आँखों से आँसू की झड़ी लग जाती। बाप की दशा और भी करुणाजनक थी। घर में आना-जाना छोड़ दिया। सिर पर हाथ धरे कमरे में अकेले उदास बैठे रहते। उसे विशेष दुःख इस बात का था कि सहेलियाँ भी अब उसके साथ खेलने न आतीं। उसने उनके घर जाने की माता से आज्ञा माँगी तो वह फूट-फूट कर रोने लगीं। माता-पिता की यह दशा देखी तो उसने उनके सामने जाना छोड़ दिया, बैठी किस्से-कहानियाँ पढ़ा करती। उसकी एकांतप्रियता का माँ-बाप ने कुछ और ही अर्थ समझा। लड़की शोक के मारे घुली जाती है, इस वज्रापात ने उसके हृदय को टुकड़े-टुकड़े कर डाला है।

एक दिन हृदयनाथ ने जागेश्वरी से कहा—जी चाहता है, घर छोड़ कर कहीं भाग जाऊँ। इसका कष्ट अब नहीं देखा जाता।

जागेश्वरी—मेरी तो भगवान से यही प्रार्थना है कि मुझे संसार से उठा लें। कहाँ तक छाती पर पत्थर की सिल रखूँ।

हृदयनाथ—किसी भाँति इसका मन बहलाना चाहिए, जिसमें शोकमय विचार आने ही न पायें। हम लोगों को दुःखी और रोते देख कर उसका दुःख और भी दारुण हो जाता है।

जागेश्वरी—मेरी तो बुद्धि कुछ काम नहीं करती।

हृदयनाथ—हम लोग यों ही मातम करते रहे तो लड़की की जान पर बन जायेगी। अब कभी-कभी उसे लेकर सैर करने चली जाया करो। कभी-कभी थिएटर दिखा दिया, कभी घर में गाना-बजाना करा दिया। इन बातों से उसका दिल बहलता रहेगा।

जागेश्वरी—मैं तो उसे देखते ही रो पड़ती हूँ। लेकिन अब ज़ब्त करूँगी। तुम्हारा विचार बहुत अच्छा है। बिना दिल-बहलाव के उसका शोक न दूर होगा।

हृदयनाथ—मैं भी अब उससे दिल बहलानेवाली बातें किया करूँगा। कल एक सैरबीं लाऊँगा, अच्छे-अच्छे दृश्य जमा करूँगा। ग्रामोफोन तो आज ही मँगवाये देता हूँ। बस उसे हर वक्त किसी न किसी काम में लगाये रहना चाहिए। एकांतवास शोक-ज्वाला के लिए समीर के समान है।

उस दिन से जागेश्वरी ने कैलासकुमारी के लिए विनोद और प्रमोद के सामान जमा करने शुरू किये। कैलासी माँ के पास आती तो उसकी आँखों में आँसू की बूँदें न देखती, होंठों पर हँसी की आभा दिखाई देती। वह मुस्करा कर कहती—बेटी, आज थिएटर में बहुत अच्छा तमाशा होनेवाला है, चलो देख आयें। कभी गंगा-स्नान की ठहरती, वहाँ माँ-बेटी किश्ती पर बैठ कर नदी में जल-विहार करतीं, कभी दोनों संध्या-समय पार्क की ओर चली जातीं। धीरे-धीरे सहेलियाँ भी आने लगीं। कभी सब की सब बैठ कर ताश खेलतीं, कभी गाती-बजातीं। पण्डित हृदयनाथ ने भी विनोद की सामग्रियाँ जुटायीं। कैलासी को देखते ही मग्न हो कर बोलते—बेटी आओ, तुम्हें आज काश्मीर के दृश्य दिखाऊँ; कभी कहते, आओ आज स्विट्जरलैंड की अनुपम झाँकी और झरनों की छटा देखें; कभी ग्रामोफोन बजा कर उसे सुनाते। कैलासी इन सैर-सपाटों का खूब आनन्द उठाती। इतने सुख से उसके दिन कभी न गुजरे थे।

2

इस भाँति दो वर्ष बीत गये। कैलासी सैर-तमाशे की इतनी आदी हो गयी कि एक दिन भी थिएटर न जाती तो बेकल-सी होने लगती। मनोरंजन नवीनता का दास है और समानता का शत्रु। थिएटरों के बाद सिनेमा की सनक सवार हुई। सिनेमा के बाद मिस्मेरिज्म और हिप्नोटिज्म के तमाशों की ! ग्रामोफोन के नये रिकार्ड आने लगे। संगीत का चस्का पड़ गया। बिरादरी में कहीं उत्सव होता तो माँ-बेटी अवश्य जातीं। कैलासी नित्य इसी नशे में डूबी रहती, चलती तो कुछ गुनगुनाती हुई, किसी से बातें करती तो वही थिएटर की ओर सिनेमा की। भौतिक संसार से अब कोई वास्ता न था, अब उसका निवास कल्पना-संसार में था। दूसरे लोक की निवासिन हो कर उसे प्राणियों से कोई सहानुभूति न रही, किसी के दुःख पर जरा दया न आती। स्वभाव में उच्छृंखलता का विकास हुआ, अपनी सुरुचि पर गर्व करने लगी। सहेलियों से डींगे मारती, यहाँ के लोग मूर्ख हैं, यह सिनेमा की कद्र क्या करेंगे। इसकी कद्र तो पश्चिम के लोग करते हैं। वहाँ मनोरंजन की सामग्रियाँ उतनी ही आवश्यक हैं जितनी हवा। जभी तो वे उतने प्रसन्न-चित्त रहते हैं, मानो किसी बात की चिंता ही नहीं। यहाँ किसी को इसका रस ही नहीं। जिन्हें भगवान् ने सामर्थ्य भी दिया है वह भी सरेशाम से मुँह ढाँक कर पड़ रहते हैं। सहेलियाँ कैलासी की यह गर्व-पूर्ण बातें सुनतीं और उसकी और भी प्रशंसा करतीं। वह उनका अपमान करने के आवेग में आप ही हास्यास्पद बन जाती थी।

पड़ोसियों में इन सैर-सपाटों की चर्चा होने लगी। लोक-सम्मति किसी की रिआयत नहीं करती। किसी ने सिर पर टोपी टेढ़ी रखी और पड़ोसियों की आँखों में खुबा, कोई जरा अकड़ कर चला और पड़ोसियों ने आवाजें कसीं। विधवा के लिए पूजा-पाठ है, तीर्थ-व्रत है, मोटा खाना है, मोटा पहनना है; उसे विनोद और विलास, राग और रंग की क्या जरूरत ? विधाता ने उसके सुख के द्वार बंद कर दिये हैं। लड़की प्यारी सही, लेकिन शर्म और हया भी तो कोई चीज है। जब माँ-बाप ही उसे सिर चढ़ाये हुए हैं तो उसका क्या दोष ? मगर एक दिन आँखें खुलेंगी अवश्य। महिलाएँ कहतीं, बाप तो मर्द है, लेकिन माँ कैसी है उसको जरा भी विचार नहीं कि दुनिया क्या कहेगी। कुछ उन्हीं की एक दुलारी बेटी थोड़े ही है, इस भाँति मन बढ़ाना अच्छा नहीं।

कुछ दिनों तक तो यह खिचड़ी आपस में पकती रही। अंत को एक दिन कई महिलाओं ने जागेश्वरी के घर पदार्पण किया। जागेश्वरी ने उनका बड़ा आदर-सत्कार किया। कुछ देर तक इधर-उधर की बातें करने के बाद एक महिला बोली—महिलाएँ रहस्य की बातें करने में बहुत अभ्यस्त होती हैं—बहन, तुम्हीं मजे में हो कि हँसी-खुशी में दिन काट देती हो। हमें तो दिन पहाड़ हो जाता है। न कोई काम न धंधा, कोई कहाँ तक बातें करे?

दूसरी देवी ने आँखें मटकाते हुए कहा—अरे, तो यह तो बदे की बात है। सभी के दिन हँसी-खुशी से कटें तो रोये कौन। यहाँ तो सुबह से शाम तक चक्की-चूल्हे से छुट्टी नहीं मिलती; किसी बच्चे को दस्त आ रहे हैं; तो किसी को ज्वर चढ़ा हुआ है; कोई मिठाइयों की रट रहा है; तो कोई पैसों के लिए महनामथ मचाये हुए है। दिन भर हाय-हाय करते बीत जाता है। सारे दिन कठपुतलियों की भाँति नाचती रहती हूँ।

तीसरी रमणी ने इस कथन का रहस्यमय भाव से विरोध किया—बदे की बात नहीं, वैसा दिल चाहिए। तुम्हें तो कोई राजसिंहासन पर बिठा दे तब भी तस्कीन न होगी। तब और भी हाय-हाय करोगी।

इस पर एक वृद्धा ने कहा—नौज ऐसा दिल ! यह भी कोई दिल है कि घर में चाहे आग लग जाय, दुनिगा में में कितना ही उपहास हो रहा हो, लेकिन आदमी अपने राग-रंग में मस्त रहे। वह दिल है कि पत्थर ! हम गृहिणी कहलाती हैं, हमारा काम है अपनी गृहस्थी गें रत रहना। आमोद-प्रमोद में दिन काटना हमारा काम नहीं।

और महिलाओं ने इन निर्दय व्यंग्य पर लज्जित हो कर सिर झुका लिया। वे जागेश्वरी की चुटकियाँ लेनी चाहती थीं उसके साथ बिल्ली और चूहे की निर्दयी क्रीड़ा करना चाहती थीं। आहत को तड़पाना उनका उद्देश्य था। इस खुली हुई चोट ने उनके पर-पीड़न प्रेम के लिए कोई गुंजाइश न छोड़ी; किंतु जागेश्वरी को ताड़ना मिल गयी। स्त्रियों के विदा होने के बाद उसने जा कर पति से यह सारी कथा सुनायी। हृदयनाथ उन पुरुषों में न थे जो प्रत्येक अवसर पर अपनी आत्मिक स्वाधीनता का स्वाँग भरते हैं, हठधर्मी को आत्म-स्वातंत्र्य के नाम से छिपाते हैं। वह सचिव भाव से बोले—तो अब क्या होगा ?

जागेश्वरी—तुम्हीं कोई उपाय सोचो।

हृदयनाथ—पड़ोसियों ने जो आक्षेप किया है वह सर्वथा उचित है। कैलासकुमारी के स्वभाव में मुझे एक विचित्र अंतर दिखाई दे रहा है। मुझे स्वयं ज्ञात हो रहा है कि उसके मनबहलाव के लिए हम लोगों ने जो उपाय निकाला है वह मुनासिब नहीं है। उनका यह कथन सत्य है कि विधवाओं के लिए यह आमोद-प्रमोद वर्जित है। अब हमें यह परिपाटी छोड़नी पड़ेगी।

जागेश्वरी—लेकिन कैलासी तो इन खेल-तमाशों के बिना एक दिन भी नहीं रह सकती।

हृदयनाथ—उसकी मनवृत्तियों को बदलना पड़ेगा।

3

शनैः-शनैः यह विलासोन्माद शांत होने लगा। वासना का तिरस्कार किया जाने लगा। पंडित जी संध्या समय ग्रामोफोन न बजा कर कोई धर्म ग्रंथ पढ़ कर सुनाते। स्वाध्याय, संयम, उपासना में माँ-बेटी रत रहने लगीं। कैलासी को गुरु जी ने दीक्षा दी, मुहल्ले और बिरादरी की स्त्रियाँ आयीं, उत्सव मनाया गया।

माँ-बेटी अब किश्ती पर सैर करने के लिए गंगा न जातीं, बल्कि स्नान करने के लिए। मन्दिरों में नित्य जातीं। दोनों एकादशी का निर्जल व्रत रखने लगीं। कैलासी को गुरु जी नित्य संध्या-समय धर्मोपदेश करते। कुछ दिनों तक तो कैलासी को वह विचार-परिवर्तन बहुत कष्टजनक मालूम हुआ, पर धर्मनिष्ठा नारियों का स्वाभाविक गुण है, थोड़े ही दिनों में उसे धर्म से रुचि हो गयी। अब उसे अपनी अवस्था का ज्ञान होने लगा था। विषय-वासना से चित्त आप ही आप खिंचने लगा। 'पति' का यथार्थ आशय समझ में आने लगा था। पति ही स्त्री का सच्चा मित्र, सच्चा पथ-प्रदर्शक और सच्चा सहायक है। पति विहीन होना किसी घोर पाप का प्रायश्चित्त है। मैंने पूर्व जन्म में कोई अकर्म किया होगा। पतिदेव जीवित होते तो मैं फिर माया में फँस जाती। प्रायश्चित्त का अवसर कहाँ मिलता। गुरु जी का वचन सत्य है कि परमात्मा ने तुम्हें पूर्व कर्मों के प्रायश्चित्त का यह अवसर दिया है। वैधव्य यातना नहीं है, जीवोद्धार का साधन है। मेरा उद्धार त्याग, विराग, भक्ति और उपासना से होगा।

कुछ दिनों के बाद उसकी धार्मिक वृत्ति इतनी प्रबल हो गयी, कि अन्य प्राणियों से वह पृथक् रहने लगी। किसी को न छूती, महरियों से दूर रहती, सहेलियों से गले तक न मिलती, दिन में दो-दो तीन-तीन बार स्नान करती, हमेशा कोई न कोई धर्म-ग्रन्थ पढ़ा करती। साधु-महात्माओं के सेवा-सत्कार में उसे आत्मिक सुख प्राप्त होता। जहाँ किसी महात्मा के आने की खबर पाती, उनके दर्शनों के लिए विकल हो जाती। उनकी अमृतवाणी सुनने से जी न भरता। मन संसार से विरक्त होने लगा। तल्लीनता की अवस्था प्राप्त हो गयी। घंटों ध्यान और चिंतन में मग्न रहती। सामाजिक बंधनों से घृणा हो गयी। हृदय स्वाधीनता के लिए लालायित हो गया; यहाँ तक कि तीन ही बरसों में उसने संन्यास ग्रहण करने का निश्चय कर लिया।

माँ-बाप को यह समाचार ज्ञात हुआ तो होश उड़ गये। माँ बोली–बेटी, अभी तुम्हारी उम्र ही क्या है कि तुम ऐसी बातें सोचती हो।

कैलासकुमारी–माया-मोह से जितनी जल्द निवृत्ति हो जाय उतना ही अच्छा।

हृदयनाथ–क्या अपने घर में रह कर माया-मोह से मुक्त नहीं हो सकती हो ? माया-मोह का स्थान मन है, घर नहीं।

जागेश्वरी–कितनी बदनामी हागी।

कैलासकुमारी–अपने को भगवान् के चरणों पर अर्पण कर चुकी तो बदनामी की क्या चिंता ?

जागेश्वरी–बेटी, तुम्हें न हो, हमको तो है। हमें तो तुम्हारा ही सहारा है। तुमने जो संन्यास ले लिया तो हम किस आधार पर जियेंगे ?

कैलासकुमारी–परमात्मा ही सब का आधार है। किसी दूसरे प्राणी का आश्रय लेना भूल है।

दूसरे दिन यह बात मुहल्लेवालों के कानों में पहुँच गयी। जब कोई अवस्था असाध्य हो जाती है तो हम उस पर व्यंग्य करने लगते हैं। 'यह तो होना ही था, नयी बात क्या हुई, लड़कियों को इस तरह स्वच्छंद नहीं कर दिया जाता, फूले न समाते थे कि लड़की ने कुल का नाम उज्ज्वल कर दिया। पुराण पढ़ती है, उपनिषद् और वेदांत का पाठ करती है, धार्मिक समस्याओं पर ऐसी-ऐसी दलीलें करती है कि बड़े-बड़े विद्वानों की ज़बान बंद हो जाती है, तो अब क्यों पछताते हैं ?' भद्र पुरुषों में कई दिनों तक यही आलोचना होती रही। लेकिन जैसे अपने बच्चे के दौड़ते-दौड़ते धम से गिर पड़ने पर हम पहले क्रोध के आवेश में उसे झिड़कियाँ सुनाते हैं, इसके बाद गोद में बिठा कर आँसू पोंछने और फुसलाने लगते हैं; उसी तरह इन भद्र पुरुषों ने व्यंग्य के बाद इस गुत्थी के सुलझाने का उपाय सोचना शुरू किया। कई सज्जन हृदयनाथ के पास आये और सिर झुका कर बैठ गये। विषय का आरम्भ कैसे हो ?

कई मिनट के बाद एक सज्जन ने कहा–सुना है डाक्टर गौड़ का प्रस्ताव आज बहुमत से स्वीकृत हो गया।

दूसरे महाशय बोले–यह लोग हिंदू-धर्म का सर्वनाश करके छोड़ेंगे।

तीसरे महानुभाव ने फ़रमाया–सर्वनाश तो हो ही रहा है, अब और कोई क्या करेगा ! जब हमारे साधु-महात्मा, जो हिंदू-जाति के स्तम्भ हैं, इतने पतित हो गये हैं कि भोली-भाली युवतियों को बहकाने में संकोच नहीं करते तो सर्वनाश होने में रह ही क्या गया।

हृदयनाथ–यह विपत्ति तो मेरे सिर ही पड़ी हुई है। आप लोगों को तो मालूम होगा।

पहले महाशय–आप ही के सिर क्यों, हम सभी के सिर पड़ी हुई है।

दूसरे महाशय–समस्त जाति के सिर कहिए।

हृदयनाथ–उद्धार का कोई उपाय सोचिए।

पहले महाशय–आपने समझाया नहीं ?

हृदयनाथ–समझा के हार गया। कुछ सुनती ही नहीं।

तीसरे महाशय–पहले ही भूल हुई। उसे इस रास्ते पर डालना ही न चाहिए था।

पहले महाशय–उस पर पछताने से क्या होगा ? सिर पर जो पड़ी है उसका उपाय सोचना चाहिए। आपने समाचार-पत्रों में देखा होगा, कुछ लोगों की सलाह है कि विधवाओं से अध्यापकों का काम लेना चाहिए। यद्यपि मैं इसे भी बहुत अच्छा नहीं समझता, पर संन्यासिनी बनने से तो कहीं अच्छा है। लड़की अपनी आँखों के सामने तो रहेगी। अभिप्राय केवल यही है कि कोई ऐसा काम होना चाहिए जिसमें लड़की का मन लगे। किसी अवलम्ब के बिना मनुष्य को भटक जाने की शंका सदैव बनी रहती है। जिस घर में कोई नहीं रहता उसमें चमगादड़ बसेरा लेते हैं।

दूसरे महाशय–सलाह तो अच्छी है। मुहल्ले की दस-पाँच कन्याएँ पढ़ने के लिए बुला ली जायें। उन्हें किताबें, गुड़ियाँ आदि इनाम मिलता रहे तो बड़े शौक से आयेंगी। लड़की का मन तो लग जायगा।

हृदयनाथ–देखना चाहिए। भरसक समझाऊँगा।

ज्यों ही यह लोग विदा हुए; हृदयनाथ ने कैलासकुमारी के सामने यह तजवीज पेश की। कैलासी को संन्यस्त के उच्चपद के सामने अध्यापिका बनना अपमानजनक जान पड़ता था। कहाँ वह महात्माओं का सत्संग, वह पर्वतों की गुफ़ा, वह सुरम्य प्राकृतिक दृश्य, वह हिमराशि की ज्ञानमय ज्योति, वह मानसरोवर और कैलास की शुभ्र छटा, वह आत्मदर्शन की विशाल कल्पनाएँ, और कहाँ बालिकाओं को चिड़ियों की भाँति पढ़ाना। लेकिन हृदयनाथ कई दिनों तक लगातार सेवा धर्म का महात्म्य उसके हृदय पर अंकित करते रहे। सेवा ही वास्तविक संन्यास है। संन्यासी केवल अपनी मुक्ति का इच्छुक होता है, सेवा व्रतधारी को परमार्थ की वेदी पर बलि दे देता है। इसका गौरव कहीं अधिक है। देखो, ऋषियों में दधीचि का जो यश है, हरिश्चंद्र की जो कीर्ति है, उसकी तुलना और कहाँ की जा सकती है। संन्यास स्वार्थ है, सेवा त्याग है, आदि। उन्होंने इस कथन की उपनिषदों और वेदमंत्रों से पुष्टि की। यहाँ तक कि धीरे-धीरे कैलासी के विचारों में परिवर्तन होने लगा। पंडित जी ने मुहल्लेवालों की लड़कियों को एकत्र किया, पाठशाला का जन्म हो गया। नाना प्रकार के चित्र और खिलौने मँगाये। पंडित जी स्वयं कैलासकुमारी के साथ लड़कियों को पढ़ाते। कन्याएँ शौक से आतीं। उन्हें यहाँ की पढ़ाई खेल मालूम होती। थोड़े ही दिनों में पाठशाला की धूम हो गयी, अन्य मुहल्लों की कन्याएँ भी आने लगीं।

4

कैलासकुमारी की सेवा-प्रवृत्ति दिनोंदिन तीव्र होने लगी। दिन भर लड़कियों को लिये रहती; कभी पढ़ाती, कभी उनके साथ खेलती, कभी सीना-पिरोना सिखाती। पाठशाला ने परिवार का रूप धारण कर लिया। कोई लड़की बीमार हो जाती तो तुरंत उसके घर

जाती, उसकी सेवा-सुश्रूषा करती, गा कर या कहानियाँ सुना कर उसका दिल बहलाती।

पाठशाला को खुले हुए साल-भर हुआ था। एक लड़की को, जिससे वह बहुत प्रेम करती थी, चेचक निकल आयी। कैलासी उसे देखने गयी। माँ-बाप ने बहुत मना किया, पर उसने न माना। कहा, तुरंत लौट आऊँगी। लड़की की हालत खराब थी। कहाँ तो रोते-रोते तालू सूखता था, कहाँ कैलासी को देखते ही मानो सारे कष्ट भाग गये। कैलासी एक घंटे तक वहाँ रही। लड़की बराबर उससे बातें करती रही। लेकिन जब वह चलने को उठी तो लड़की ने रोना शुरू किया। कैलासी मजबूर हो कर बैठ गयी। थोड़ी देर के बाद जब वह फिर उठी तो फिर लड़की की यही दशा हो गयी। लड़की उसे किसी तरह छोड़ती ही न थी। सारा दिन गुजर गया। रात को भी लड़की ने न जाने दिया। हृदयनाथ उसे बुलाने को बार-बार आदमी भेजते, पर वह लड़की को छोड़ कर न जा सकती। उसे ऐसी शंका होती थी कि मैं यहाँ से चली और लड़की हाथ से गयी। उसकी माँ विमाता थी। इससे कैलासी को उसके ममत्व पर विश्वास न होता था। इस प्रकार वह तीन दिनों तक वहाँ रही। आठों पहर बालिका के सिरहाने बैठी पंखा झलती रहती। बहुत थक जाती तो दीवार से पीठ टेक लेती ! चौथे दिन लड़की की हालत कुछ सँभलती हुई मालूम हुई तो वह अपने घर आयी। मगर अभी स्नान भी न करने पायी थी कि आदमी पहुँचा–जल्द चलिए, लड़की रो-रो कर जान दे रही है।

हृदयनाथ ने कहा–कह दो, अस्पताल से कोई नर्स बुला लें !

कैलासकुमारी–दादा, आप व्यर्थ में झुँझलाते हैं। उस बेचारी की जान बच जाय, मैं तीन दिन नहीं, तीन महीने उसकी सेवा करने को तैयार हूँ। आखिर यह देह किस दिन काम आयेगी।

हृदयनाथ–तो कन्याएँ कैसे पढ़ेंगी ?

कैलासी–दो-एक दिन में वह अच्छी हो जायगी, दाने मुरझाने लगे हैं, तब तक आप ज़रा इन लड़कियों की देखभाल करते रहिएगा।

हृदयनाथ–यह बीमारी छूत से फैलती है।

कैलासी–(हँस कर) मर जाऊँगी तो आपके सिर से एक विपत्ति टल जायगी। यह कह कर उसने उधर की राह ली। भोजन की थाली परसी रह गयी।

तब हृदयनाथ ने जागेश्वरी से कहा जान पड़ता है, बहुत जल्द यह पाठशाला भी बंद करनी पड़ेगी।

जागेश्वरी–बिना माँझी के नाव पार लगाना बहुत कठिन है। जिधर हवा पाती है, उधर ही बह जाती है।

हृदयनाथ–जो रास्ता निकालता हूँ वही कुछ दिनों के बाद किसी दल-दल में फँसा देता है। अब फिर बदनामी के सामान होते नजर आ रहे हैं। लोग कहेंगे, लड़की दूसरों के घर जाती है और कई-कई दिन पड़ी रहती है क्या करूँ, कह दूँ, लड़कियों को न पढ़ाया करो?

जागेश्वरी–इसके सिवा और हो क्या सकता है।

कैलासकुमारी दो दिन बाद लौटी तो हृदयनाथ ने पाठशाला बंद कर देने की समस्या उसके सामने रखी। कैलासी ने तीव्र स्वर से कहा–अगर आपको बदनामी का इतना भय है तो मुझे विष दे दीजिए। इसके सिवा बदनामी से बचने का और कोई उपाय नहीं है।

हृदयनाथ–बेटी, संसार में रह कर तो संसार की-सी करनी ही पड़ेगी।

कैलासी–तो कुछ मालूम भी तो हो कि संसार मुझसे क्या चाहता है। मुझमें जीव है, चेतना है, जड़ क्योंकर बन जाऊँ ! मुझसे यह नहीं हो सकता कि अपने को अभागिनी, दुखिया समझूँ और एक टुकड़ा रोटी खाकर पड़ी रहूँ। ऐसा क्यों करूँ ? संसार मुझे जो चाहे समझे, मैं अपने को अभागिनी नहीं समझती। मैं अपने आत्म-सम्मान की रक्षा आप कर सकती हूँ। मैं इसे अपना घोर अपमान समझती हूँ कि पग-पग पर मुझ पर शंका की जाय, नित्य कोई चरवाहों की भाँति मेरे पीछे लाठी लिए घूमता रहे कि किसी खेत में न जा पड़ूँ। यह दशा मेरे लिए असह्य है।

यह कह कर कैलासकुमारी वहाँ से चली गयी कि कहीं मुँह से अनर्गल शब्द न निकल पड़े। इधर कुछ दिनों से उसे अपनी बेकसी का यथार्थ ज्ञान होने लगा था। स्त्री पुरुष की कितनी अधीन है, मानो स्त्री को विधाता ने इसीलिए बनाया है कि पुरुषों के अधीन रहे। यह सोच कर वह समाज के अत्याचार पर दाँत पीसने लगती थी।

पाठशाला तो दूसरे ही दिन से बंद हो गयी, किंतु उसी दिन कैलासकुमारी को पुरुषों से जलन होने लगी। जिस सुख-भोग से प्रारब्ध हमें वंचित कर देता है उससे हमें द्वेष हो जाता है। ग़रीब आदमी इसीलिए तो अमीरों से जलता है और धन की निंदा करता है। कैलासी बार-बार झुँझलाती कि स्त्री क्यों पुरुष पर इतनी अवलम्बित है ? पुरुष क्यों स्त्री के भाग्य का विधायक है ? स्त्री क्यों नित्य पुरुषों का आश्रय चाहे, उनका मुँह ताके ? इसलिए न कि स्त्रियों में अभिमान नहीं है, आत्म-सम्मान नहीं है। नारी- हृदय के कोमल भाव, उसे कुत्ते का दुम हिलाना मालूम होने लगे। प्रेम कैसा ? यह सब ढोंग है, स्त्री पुरुष के अधीन है, उसकी खुशामद न करे, सेवा न करे, तो उसका निर्वाह कैसे हो।

एक दिन उसने अपने बाल गूँथे और जूड़े में गुलाब का फूल लगा लिया। माँ ने देखा तो ओंठ से जीभ दबा ली। महरियों ने छाती पर हाथ रखे।

इसी तरह उसने एक दिन रंगीन रेशमी साड़ी पहन ली। पड़ोसिनों में इस पर खूब आलोचनाएँ हुईं।

उसने एकादशी का व्रत रखना छोड़ दिया जो पिछले आठ बरसों से रखती आयी थी। कंघी और आइने को वह अब त्याज्य न समझती थी।

सहालग के दिन आये। नित्य-प्रति उसके द्वार पर से बारातें निकलतीं। मुहल्ले की स्त्रियाँ अपनी अपनी अटारियों पर खड़ी हो कर देखतीं। वर के रंग-रूप, आकार-प्रकार पर टीकाएँ होतीं, जागेश्वरी से भी बिना एक आँख देखे न रहा जाता।

लेकिन कैलासकुमारी कभी भूल कर भी इन जलूसों को न देखती। कोई बरात या विवाह की बात चलाता तो वह मुँह फेर लेती। उसकी दृष्टि में वह विवाह नहीं, भोली-भाली कन्याओं का शिकार था। बातों को वह शिकारियों के कुत्ते समझती। यह विवाह नहीं है, स्त्री का बलिदान है।

5

तीज का व्रत आया। घरों की सफाई होने लगी। रमणियाँ इस व्रत को रखने की तैयारियाँ करने लगीं। जागेश्वरी ने भी व्रत का सामान किया। नयी-नयी साड़ियाँ मँगवायी। कैलासकुमारी के ससुराल से इस अवसर पर कपड़े, मिठाइयाँ और खिलौने आया करते थे। अबकी भी आये। यह विवाहिता स्त्रियों का व्रत है। इसका फल है पति का कल्याण। विधवाएँ भी इस व्रत को यथोचित रीति से पालन करती हैं। पति से उनका सम्बन्ध शारीरिक नहीं, वरन् आध्यात्मिक होता है। उसका इस जीवन के साथ अंत नहीं होता, अनंत काल तक जीवित रहता है। कैलासकुमारी अब तक यह व्रत रहती आयी थी। अबकी उसने निश्चय किया, मैं व्रत न रखूँगी। माँ ने तो माथा ठोक लिया। बोली—बेटी, यह व्रत रखना धर्म है।

कैलासकुमारी—पुरुष भी स्त्रियों के लिए कोई व्रत रखते हैं ?

जागेश्वरी—मर्दों में इसकी प्रथा नहीं है।

कैलासकुमारी—इसीलिए न कि पुरुषों को स्त्रियों की जान उतनी प्यारी नहीं होती जितनी स्त्रियों को पुरुषों की जान ?

जागेश्वरी—स्त्रियाँ पुरुषों की बराबरी कैसे कर सकती हैं ? उनका तो धर्म है अपने पुरुष की सेवा करना।

कैलासकुमारी—मैं इसे अपना धर्म नहीं समझती। मेरे लिए अपनी आत्मा की रक्षा के सिवा और कोई धर्म नहीं।

जागेश्वरी—बेटी, गजब हो जायगा, दुनिया क्या कहेगी ?

कैलासकुमारी—फिर वही दुनिया ? अपनी आत्मा के सिवा मुझे किसी का भय नहीं।

हृदयनाथ ने जागेश्वरी से यह बातें सुनी तो चिंता-सागर में डूब गये। इन बातों का क्या आशय ? क्या आत्म-सम्मान का भाव जागृत हुआ है या नैराश्य की क्रूर क्रीड़ा है ? धनहीन प्राणी को जब कष्ट-निवारण का कोई उपाय नहीं रह जाता तो वह लज्जा को त्याग देता है। निस्संदेह नैराश्य ने यह भीषण रूप धारण किया है। सामान्य दशाओं में नैराश्य अपने यथार्थ रूप में आता है, पर गर्वशील प्राणियों में वह परिमार्जित रूप ग्रहण कर लेता है। यहाँ पर हृदयगत कोमल भावों का अपहरण कर लेता है—चरित्र में अस्वाभाविक विकास उत्पन्न कर देता है—मनुष्य लोक-लाज और उपहास की ओर से उदासीन हो जाता है, नैतिक बंधन टूट जाते हैं। यह नैराश्य की अंतिम अवस्था है।

हृदयनाथ इन्हीं विचारों में मग्न थे कि जागेश्वरी ने कहा—अब क्या करना होगा ?

हृदयनाथ—क्या बताऊँ।

जागेश्वरी—कोई उपाय है ?

हृदयनाथ—बस, एक ही उपाय है, पर उसे जबान पर नहीं ला सकता।

कौशल

पंडित बालकराम शास्त्री की धर्मपत्नी माया को बहुत दिनों से एक हार की लालसा थी और वह सैकड़ों ही बार पंडित जी से उसके लिए आग्रह कर चुकी थी; किंतु पंडित जी हीला-हवाला करते रहते थे। यह तो साफ-साफ न कहते थे कि मेरे पास रुपये नहीं हैं—इससे उनके पराक्रम में बट्टा लगता था—तर्कनाओं की शरण लिया करते थे। गहनों से कुछ लाभ नहीं एक तो धातु अच्छी नहीं मिलती; उस पर सोनार रुपये के आठ-आठ आने कर देता है और सबसे बड़ी बात यह है कि घर में गहने रखना चोरों को नेवता देना है। घड़ी-भर शृंगार के लिए इतनी विपत्ति सिर पर लेना मूर्खों का काम है। बेचारी माया तर्क-शास्त्र न पढ़ी थी, इन युक्तियों के सामने निरुत्तर हो जाती। पड़ोसिनों को देख-देखकर उसका जी ललचा करता था, पर दुःख किससे कहे। यदि पंडित जी ज्यादा मेहनत करने के योग्य होते तो यह मुश्किल आसान हो जाती। पर वे आलसी जीव थे, अधिकांश समय भोजन और विश्राम में व्यतीत किया करते थे। पत्नी जी की कटूक्तियाँ सुननी मंजूर थी, लेकिन निद्रा की मात्रा में कमी न कर सकते थे।

एक दिन पंडित जी पाठशाला से आये तो देखा कि माया के गले में सोने का हार विराज रहा है। हार की चमक से उसकी मुख-ज्योति चमक उठी थी।

उन्होंने उसे कभी इतनी सुन्दर न समझा था। पूछा—यह हार किसका है ?

माया बोली—पड़ोस में जो बाबू जी रहते हैं उनकी की स्त्री का है। आज उनसे मिलने गयी थी, यह हार देखा, बहुत पसंद आया। तुम्हें दिखाने के लिए पहन कर चली आयी। बस, ऐसा ही एक हार मुझे बनवा दो।

पंडित—दूसरे की चीज नाहक माँग लायी। कहीं चोरी हो जाय तो हार तो बनवाना ही पड़े, ऊपर से बदनामी भी हो।

माया—मैं तो ऐसा ही हार लूँगी। 20 तोले का है।

पंडित—फिर वही जिद।

माया—जब सभी पहनती हैं तो मैं ही क्यों न पहनूँ ?

पंडित—सब कुएँ में गिर पड़ें तो तुम भी कुएँ में गिर पड़ोगी। सोचो तो, इस वक्त इस हार के बनवाने में 600 रुपये लगेंगे। अगर 1 रु. प्रति सैकड़ा भी ब्याज रख लिया जाय तो 5 वर्ष में 600 रु. के लगभग 1000 रु. हो जायेंगे। लेकिन 5 वर्ष

में तुम्हारा हार मुश्किल से 300 रु. का रह जायगा। इतना बड़ा नुकसान उठाकर हार पहनने से क्या सुख ? यह हार वापस कर दो, भोजन करो और आराम से पड़ी रहो। यह कहते हुए पंडित जी बाहर चले गये।

रात को एकाएक माया ने शोर मचा कर कहा–चोर ! चोर ! हाय, घर में चोर ! मुझे घसीटे लिए जाते हैं।

पंडित जी हकबका कर उठे और बोले–कहाँ, कहाँ ? दौड़ो, दौड़ो।

माया–मेरी कोठरी में गया है। मैंने उसकी परछाई देखी।

पंडित–लालटेन लाओ, ज़रा मेरी लकड़ी उठा लेना।

माया–मुझसे तो मारे डर के उठा नहीं जाता।

कई आदमी बाहर से बोले–कहाँ हैं पंडित जी, कोई सेंध पड़ी है क्या ?

माया–नहीं, नहीं, खपरैल पर से उतरे हैं। मेरी नींद खुली तो कोई मेरे ऊपर झुका हुआ था। हाय राम ! यह तो हार ही ले गया ! पहने-पहने सो गयी थी। मुये ने गले से निकाल लिया। हाय भगवान् !

पंडित–तुमने हार उतार क्यों न दिया था ?

माया–मैं क्या जानती थी कि आज ही यह मुसीबत गिर पड़ने वाली है, हाय भगवान्!

पंडित–अब हाय-हाय करने से क्या होगा ? अपने कर्मों को रोओ ! इसीलिए कहा करता था कि सब घड़ी बराबर नहीं आती, न जाने कब क्या हो जाय। अब आयी समझ में मेरी बात ! देखो और कुछ तो नहीं ले गया ?

पड़ोसी लालटेन लिये आ पहुँचे। घर में कोना-कोना देखा।

करियाँ देखीं, छत पर चढ़ कर देखा, अगवाड़े-पिछवाड़े देखा, शौच-गृह में झाँका, कहीं चोर का पता न था।

एक पड़ोसी–किसी जानकार आदमी का काम है।

दूसरा पड़ोसी–बिना घर के भेदिये के कभी चोरी होती नहीं। और कुछ तो नहीं ले गया ?

माया–और तो कुछ नहीं ले गया। बरतन सब पड़े हुए हैं। संदूक भी बन्द पड़े हुए हैं। निगोड़े को ले ही जाना था तो मेरी चीजें ले जाता। परायी चीज ठहरी। भगवान्, उन्हें कौन मुँह दिखाऊँगी।

पंडित–अब गहने का मजा मिल गया न ?

माया–हाय, भगवान्, यह अपजस बदा था।

पंडित–कितना समझा के हार गया, तुम न मानीं, न मानीं। बात की बात में 600 रु. निकल गये ! अब देखूं भगवान् कैसे लाज रखते हैं।

माया–अभागे मेरे घर का एक-एक तिनका चुन ले जाते तो मुझे इतना दुःख न होता। अभी बेचारी ने नया ही बनवाया था।

पंडित–खूब मालूम है, 20 तोले का था ?

माया—20 ही तोले का तो कहती थीं।

पंडित—बधिया बैठ गयी और क्या ?

माया—कह दूँगी, घर में चोरी हो गयी। क्या जान लेंगी ? अब उनके लिए कोई चोरी थोड़े ही करने जायगा !

पंडित—तुम्हारे घर से चीज गयी, तुम्हें देनी पड़ेगी। उन्हें इससे क्या प्रयोजन कि चोर ले गया या तुमने उठा कर रख लिया। पतियायेंगी ही नहीं।

माया—तो इतने रुपये कहाँ से आयेंगे ?

पंडित—कहीं न कहीं से तो आयेंगे ही, नहीं तो लाज कैसे रहेगी; मगर की तुमने बड़ी भूल।

माया—भगवान् से मगनी की चीज भी न देखी गयी। मुझे काल ने घेरा था, नहीं तो घड़ी भर गले में डाल लेने से ऐसा कौन-सा बड़ा सुख मिल गया ? मैं हूँ ही अभागिनी।

पंडित—अब पछताने और अपने को कोसने से क्या फायदा ? चुप हो के बैठो, पड़ोसिन से कह देना, घबराओ नहीं, तुम्हारी चीज जब तक लौटा न देंगे, तब तक हमें चैन न आयेगा।

2

पंडित बालकराम को अब नित्य ही चिंता रहने लगी कि किसी तरह हार बने। यों अगर टाट उलट देते तो कोई बात न थी। पड़ोसिन को संतोष ही करना पड़ता, ब्राह्मण से डाँड़ कौन लेता; किन्तु पंडित जी ब्राह्मणत्व के गौरव को इतने सस्ते दामों न बेचना चाहते थे। आलस्य छोड़ कर धनोपार्जन में दत्तचित्त हो गये।

छः महीने तक उन्होंने दिन को दिन और रात को रात नहीं जाना। दोपहर को सोना छोड़ दिया, रात को भी बहुत देर तक जागते। पहले केवल एक पाठशाला में पढ़ाया करते थे। इसके सिवा वह ब्राह्मण के लिए खुले हुए एक सौ एक व्यवसायों में वह सभी को निंदनीय समझते थे। पर अब पाठशाला से आ कर संध्या समय एक जगह 'भागवत की कथा' कहने जाते, वहाँ से लौट कर 11-12 बजे रात तक जन्म-कुंडलियाँ, वर्ष-फल आदि बनाया करते। प्रातःकाल मंदिर में 'दुर्गा जी का पाठ' करते। माया पंडित जी का अध्यवसाय देख-देख कर कभी-कभी पछताती कि कहाँ से कहाँ मैंने ये विपत्ति सिर पर ली। कहीं बीमार पड़ जायें तो लेने के देने पड़ें। उनका शरीर क्षीण होते देख कर उसे अब यह चिंता व्यथित करने लगी। यहाँ तक कि पाँच महीने गुजर गये।

एक दिन संध्या समय वह दिया-बत्ती करने जा रही थी कि पंडित जी आये, जेब से पुड़िया निकाल कर उसके सामने फेंक दी और बोले—लो, आज तुम्हारे ऋण से मुक्त हो गया।

माया ने पुड़िया खोली तो उसमें सोने का हार था, उसकी चमक-दमक, उसकी

सुंदर बनावट देख कर उसके अंतःस्थल में गुदगुदी-सी होने लगी। मुख पर आनंद की आभा दौड़ गयी। उसने कातर नेत्रों से देख कर पूछा—खुश हो कर दे रहे हो या नाराज हो कर ?

पंडित—इससे क्या मतलब ? ऋण तो चुकाना ही पड़ेगा, चाहे खुशी हो या नाखुशी से।

माया—यह ऋण नहीं है।

पंडित—और क्या है ! बदला सही।

माया—बदला भी नहीं है।

पंडित—फिर क्या है।

माया—तुम्हारी...निशानी ?

पंडित—तो क्या ऋण के लिए कोई दूसरा हार बनवाना पड़ेगा ?

माया—नहीं-नहीं, वह हार चोरी नहीं गया था। मैंने झूठ-मूठ शोर मचाया था।

पंडित—सच ?

माया—हाँ, सच कहती हूँ।

पंडित—मेरी कसम ?

माया—तुम्हारे चरण छूकर कहती हूँ।

पंडित—तो तुमने मुझसे कौशल किया था ?

माया—हाँ ?

पंडित—तुम्हें मालूम है, तुम्हारे कौशल का मुझे क्या मूल्य देना पड़ा।

माया—क्या 600 रु. से ऊपर ?

पंडित—बहुत ऊपर ? इसके लिए मुझे अपने आत्मस्वातंत्र्य को बलिदान करना पड़ा।

स्वर्ग की देवी

भाग्य की बात ! शादी-विवाह में आदमी का क्या अख्तियार ! जिससे ईश्वर ने, या उनके नायबों—ब्राहाणों—ने तय कर दी, उससे हो गयी। बाबू भारतदास ने लीला के लिए सुयोग्य वर खोजने में कोई बात उठा नहीं रखी। लेकिन जैसा घर-वर चाहते थे, वैसा न पा सके। वह लड़की को सुखी देखना चाहते थे, जैसा हर एक पिता का धर्म है; किंतु इसके लिए उनकी समझ में सम्पत्ति ही सबसे जरूरी चीज थी। चरित्र या शिक्षा का स्थान गौण था। चरित्र तो किसी के माथे पर लिखा नहीं रहता और शिक्षा का आजकल के ज़माने में मूल्य ही क्या ? हाँ, सम्पत्ति के साथ शिक्षा भी हो तो क्या पूछना ! ऐसा घर उन्होंने बहुत ढूँढा, पर न मिला। ऐसे घर हैं ही कितने जहाँ दोनों पदार्थ मिलें ? दो-चार मिले भी तो अपनी बिरादरी के न थे। बिरादरी भी मिली, तो

ज़ायजा न मिला; ज़ायजा भी मिला तो शर्तें तय न हो सकीं। इस तरह मजबूर हो कर भारतदास को लीला का विवाह लाला सन्तसरन के लड़के सीतासरन से करना पड़ा। अपने बाप का इकलौता बेटा था, थोड़ी-बहुत शिक्षा भी पायी थी, बातचीत सलीक़े से करता था, मामले-मुकदमे समझता था और ज़रा दिल का रँगीला भी था। सबसे बड़ी बात यह थी कि रूपवान, बलिष्ठ, प्रसन्न-मुख, साहसी आदमी था; मगर विचार वही बाबा आदम के ज़माने के थे। पुरानी जितनी बातें हैं, सब अच्छी; नयी जितनी बातें हैं, सब खराब। जायदाद के विषय में जमींदार साहब नये-नये दफों का व्यवहार करते थे, वहाँ अपना कोई अख्तियार न था; लेकिन सामाजिक प्रथाओं के कट्टर पक्षपाती थे। सीतासरन अपने बाप को जो करते या कहते देखता वही खुद भी कहता और करता था। उसमें खुद सोचने की शक्ति ही न थी। बुद्धि की मंदता बहुधा सामाजिक अनुदारता के रूप में प्रकट होती है।

2

लीला ने जिस दिन घर में पाँव रखा उसी दिन उसकी परीक्षा शुरू हुई। वे सभी काम, जिनकी उसके घर में तारीफ़ होती थी यहाँ वर्जित थे। उसे बचपन से ताजी हवा पर जान देना सिखाया गया था, यहाँ उसके सामने मुँह खोलना भी पाप था। बचपन से सिखाया गया था रोशनी ही जीवन है, यहाँ रोशनी के दर्शन भी दुर्लभ थे। घर पर अहिंसा, क्षमा और दया ईश्वरीय गुण बताये गये थे, यहाँ इसका नाम लेने की भी स्वाधीनता न थी। संतसरन बड़े तीखे, गुस्सेवर आदमी थे, नाक पर मक्खी न बैठने देते। धूर्तता और छल-कपट से ही उन्होंने जायदाद पैदा की थी और उसी को सफल जीवन का मंत्र समझते थे। उनकी पत्नी उनसे भी दो अंगुल ऊँची थी। मजाल क्या कि बहू अपनी अँधेरी कोठरी के द्वार पर खड़ी हो जाय, या कभी छत पर टहल सके। प्रलय आ जाता, आसमान सिर पर उठा लेतीं। उन्हें बकने का मर्ज था। दाल में नमक का ज़रा तेज हो जाना उन्हें दिन-भर बकने के लिए काफ़ी बहाना था। मोटी-ताज़ी महिला थीं, छींट का घाघरेदार लहँगा पहने, पानदान बगल में रखे, गहनों से लदी हुई, सारे दिन बरोठे में माची पर बैठी रहती थीं। क्या मजाल कि घर में उनकी इच्छा के विरुद्ध एक पत्ता भी हिल जाय ! बहू की नयी-नयी आदतें देख-देख जला करती थीं। अब काहे को आबरू रहेगी। मुँडेर पर खड़ी हो कर झाँकती है। मेरी लड़की ऐसी दीदा-दिलेर होती तो गला घोंट देती। न-जाने इसके देश में कौन लोग बसते हैं ! गहने नहीं पहनती। जब देखो नंगी-बुच्ची बनी बैठी रहती है। यह भी कोई अच्छे लच्छन हैं। लीला के पीछे सीतासरन पर भी फटकार पड़ती। तुझे भी चाँदनी में सोना अच्छा लगता है, क्यों ? तू भी अपने को मर्द कहेगा ? वह मर्द कैसा कि औरत उसके कहने में न रहे। दिन-भर घर में घुसा रहता है। मुँह में जबान नहीं है ? समझाता क्यों नहीं ?

सीतासरन कहता—अम्माँ, जब कोई मेरे समझाने से माने तब तो ?

माँ—मानेगी क्यों नहीं, तू मर्द है कि नहीं ? मर्द वह चाहिए कि कड़ी निगाह

से देखे तो औरत काँप उठे।

सीतासरन–तुम तो समझाती ही रहती हो।

माँ–मेरी उसे क्या परवा ? समझती होगी, बुढ़िया चार दिन में मर जायगी, तब मैं मालकिन हो ही जाऊँगी।

सीतासरन–तो मैं भी तो उसकी बातों का जवाब नहीं दे पाता। देखती नहीं हो कितनी दुर्बल हो गयी है। वह रंग ही नहीं रहा। उस कोठरी में पड़े-पड़े उसकी दशा बिगड़ती जाती है।

बेटे के मुँह से ऐसी बातें सुन माता आग हो जाती और सारे दिन जलती; कभी भाग्य को कोसती, कभी समय को।

सीतासरन माता के सामने तो ऐसी बातें करता; लेकिन लीला के सामने जाते ही उसकी मति बदल जाती थी। वह वही बातें करता जो लीला को अच्छी लगतीं। यहाँ तक कि दोनों वृद्धा की हँसी उड़ाते। लीला को इस में और कोई सुख न था। वह सारे दिन कुढ़ती रहती। कभी चूल्हे के सामने न बैठी थी; पर यहाँ पसेरियों आटा थोपना पड़ता, मजूरों और टहलुओं के लिए भी रोटियाँ पकानी पड़तीं। कभी-कभी वह चूल्हे के सामने बैठी घंटों रोती। यह बात न थी कि यह लोग कोई महाराज-रसोइया न रख सकते हों; पर घर की पुरानी प्रथा यही थी कि बहू खाना पकाये और उस प्रथा का निभाना ज़रूरी था। सीतासरन को देख कर लीला का संतप्त हृदय एक क्षण के लिए शान्त हो जाता था।

गर्मी के दिन थे और संध्या का समय। बाहर हवा चलती, भीतर देह फुकती थी। लीला कोठरी में बैठी एक किताब देख रही थी कि सीतासरन ने आ कर कहा–यहाँ तो बड़ी गर्मी है, बाहर बैठो।

लीला–यह गर्मी उन तानों से अच्छी है जो अभी सुनने पड़ेंगे।

सीतासरन–आज अगर बोलीं तो मैं भी बिगड़ जाऊँगा।

लीला–तब तो मेरा घर में रहना भी मुश्किल हो जायगा।

सीतासरन–बला से अलग ही रहेंगे !

लीला–मैं तो मर भी जाऊँ तो भी अलग न रहूँ। वह जो कुछ कहती-सुनती हैं, अपनी समझ से मेरे भले ही के लिए कहती-सुनती हैं। उन्हें मुझसे कुछ दुश्मनी थोड़े ही है। हाँ, हमें उनकी बातें अच्छी न लगें, यह दूसरी बात है। उन्होंने खुद वह सब कष्ट झेले हैं, जो वह मुझे झेलवाना चाहती हैं। उनके स्वास्थ्य पर उन कष्टों का जरा भी असर नहीं पड़ा। वह इस 65 वर्ष की उम्र में मुझसे कहीं टाँठीं हैं। फिर उन्हें कैसे मालूम हो कि इन कष्टों से स्वास्थ्य बिगड़ सकता है ?

सीतासरन ने उसके मुरझाये हुए मुख की ओर करुण नेत्रों से देख कर कहा–तुम्हें इस घर में आ कर बहुत दुःख सहना पड़ा। यह घर तुम्हारे योग्य न था। तुमने पूर्व-जन्म में जरूर कोई पाप किया होगा।

लीला ने पति के हाथों से खेलते हुए कहा–यहाँ न आती तो तुम्हारा प्रेम कैसे

पाती ?

3

पाँच साल गुजर गये। लीला दो बच्चों की माँ हो गयी। एक लड़का था, दूसरी लड़की। लड़के का नाम जानकीसरन रखा गया और लड़की का नाम कामिनी। दोनों बच्चे घर को गुलजार किये रहते थे। लड़की दादा से हिली थी, लड़का दादी से। दोनों शोख और शरीर थे। गाली दे बैठना, मुँह चिढ़ा देना तो उनके लिए मामूली बात थी। दिन-भर खाते और आये-दिन बीमार पड़े रहते। लीला ने खुद सभी कष्ट सह लिये थे पर बच्चों में बुरी आदतों का पड़ना उसे बहुत बुरा मालूम होता था; किन्तु उसकी कौन सुनता था। बच्चों की माता होकर उसकी अब गणना ही न रही थी। जो कुछ थे बच्चे थे, वह कुछ न थी। उसे किसी बच्चे को डाँटने का भी अधिकार न था, सास फाड़ खाती थी।

सबसे बड़ी आपत्ति यह थी कि उसका स्वास्थ्य अब और भी खराब हो गया था। प्रसव-काल में उसे वे भी अत्याचार सहने पड़े जो अज्ञान, मूर्खता और अंध-विश्वास ने सौर की रक्षा के लिए गढ़ रखे हैं। उस काल-कोठरी में, जहाँ हवा का गुज़र था, न प्रकाश का, न सफ़ाई का, चारों ओर दुर्गन्ध, और सील और गन्दगी भरी हुई थी। उसका कोमल शरीर सूख गया। एक बार जो कसर रह गयी थी, वह दूसरी बार पूरी हो गयी। चेहरा पीला पड़ गया, आँखें धँस गयीं। ऐसा मालूम होता, बदन में खून ही नहीं रहा। सूरत ही बदल गयी।

गर्मियों के दिन थे। एक तरफ आम पके, दूसरी तरफ खरबूजे। इन दोनों फलों की ऐसी अच्छी फसल पहले कभी न हुई थी। अबकी इनमें इतनी मिठास न-जाने कहाँ से आ गयी थी कि कितना ही खाओ मन न भरे। संतसरन के इलाके से आम और खरबूजे के टोकरे भरे चले आते थे। सारा घर खूब उछल-उछल खाता था। बाबू साहब पुरानी हड्डी के आदमी थे। सबेरे एक सैकड़े आमों का नाश्ता करते, फिर पसेरी-भर खरबूजे चट कर जाते। मालकिन उनसे पीछे रहनेवाली न थीं। उन्होंने तो एक वक्त का भोजन ही बंद कर दिया। अनाज सड़नेवाली चीज़ नहीं। आज नहीं कल खर्च हो जायगा। आम और खरबूजे तो एक दिन भी नहीं ठहर सकते ? शुदनी थी और क्या। यों ही हर साल दोनों चीजों की रेल-पेल होती थी; पर किसी को कभी कोई शिकायत न होती थी। कभी पेट में गिरानी मालूम हुई तो हड़ की फंकी मार ली। एक दिन बाबू संतसरन के पेट में मीठा-मीठा दर्द होने लगा। आपने उसकी परवा न की। आम खाने बैठ गये। सैकड़ा पूरा करके उठे ही थे कि कै हुई। गिर पड़े। फिर तो तिल-तिल पर कै और दस्त होने लगे। हैजा हो गया। शहर के डाक्टर बुलाये गये, लेकिन उनके आने के पहले ही बाबू साहब चल बसे थे। रोना-पीटना मच गया। संध्या होते-होते लाश घर से निकली। लोग दाह-क्रिया करके आधी रात को लौटे तो मालकिन को भी कै और दस्त हो रहे थे। फिर दौड़-धूप शुरू हुई; लेकिन सूर्य निकलते-निकलते वह भी

सिधार गयीं। स्त्री-पुरुष जीवनपर्यंत एक दिन के लिए भी अलग न हुए थे। संसार से भी साथ ही साथ गये, सूर्यास्त के समय पति ने प्रस्थान किया, सूर्योदय के समय पत्नी ने।

लेकिन मुसीबत का अभी अंत न हुआ था। लीला तो संस्कार की तैयारियों में लगी थी; मकान की सफ़ाई की तरफ किसी ने ध्यान न दिया। तीसरे दिन दोनों बच्चे दादा-दादी के लिए रोते-रोते बैठके में जा पहुँचे। वहाँ एक आले पर खरबूजा कटा हुआ पड़ा था; दो-तीन क़लमी आम भी रखे थे। इन पर मक्खियाँ भिनक रही थीं। जानकी ने एक तिपाई पर चढ़ कर दोनों चीजें उतार लीं और दोनों ने मिल कर खायीं। शाम होते-होते दानों को हैजा हो गया और दोनों माँ-बाप को रोता छोड़ चल बसे। घर में अँधेरा हो गया। तीन दिन पहले जहाँ चारों तरफ़ चहल-पहल थी, वहाँ अब सन्नाटा छाया हुआ था, किसी के रोने की आवाज भी सुनायी न देती थी। रोता ही कौन ? ले-दे के कुल दो प्राणी रह गये थे। और उन्हें रोने की सुधि न थी।

4

लीला का स्वास्थ्य पहले भी कुछ अच्छा न था, अब तो वह और भी बेजान हो गयी। उठने-बैठने की शक्ति भी न रही। हरदम खोयी-सी रहती, न कपड़े-लत्ते की सुधि थी, न खाने-पीने की। उसे न घर से वास्ता था, न बाहर से। जहाँ बैठती, वहीं बैठी रह जाती। महीनों कपड़े न बदलती, सिर में तेल न डालती। बच्चे ही उसके प्राणों के आधार थे। जब वही न रहे तो मरना और जीना बराबर था। रात-दिन यही मनाया करती कि भगवान् यहाँ से ले चलो। सुख-दुःख सब भुगत चुकी। अब सुख की लालसा नहीं है; लेकिन बुलाने से मौत किसी को आयी है ?

सीतासरन भी पहले तो बहुत रोया-धोया; यहाँ तक कि घर छोड़कर भाग जाता था; लेकिन ज्यों-ज्यों दिन गुजरते थे बच्चों का शोक उसके दिल से मिटता जाता था; संतान का दुःख तो कुछ माता ही को होता है। धीरे-धीरे उसका जी सँभल गया। पहिले की भाँति मित्रों के साथ-हँसी-दिल्लगी होने लगी। यारों ने और भी चंग पर चढ़ाया। अब घर का मालिक था, जो चाहे कर सकता था। कोई उसका हाथ रोकने वाला न था। सैर-सपाटे करने लगा। कहाँ तो लीला को रोते देख उसकी आँखें सजल हो जाती थीं, कहाँ अब उसे उदारा और शोक-मग्न देख कर झुँझला उठता। जिंदगी रोने ही के लिए तो नहीं है। ईश्वर ने लड़के दिये थे, ईश्वर ही ने छीन लिये। क्या लड़कों के पीछे प्राण दे देना होगा ? लीला यह बातें सुन कर भौंचक रह जाती। पिता के मुँह से ऐसे शब्द निकल सकते हैं। संसार में ऐसे प्राणी भी हैं !

होली के दिन थे। मर्दाने में गाना-बजाना हो रहा था। मित्रों की दावत का भी सामान किया गया था। अंदर लीला जमीन पर पड़ी हुई रो रही थी। त्योहारों के दिन उसे रोते ही कटते थे। आज बच्चे होते तो अच्छे-अच्छे कपड़े पहने कैसे उछलते-फिरते ! वही न रहे तो कहाँ की तीज और कहाँ का त्योहार।

सहसा सीतासरन ने आकर कहा—क्या दिन-भर रोती ही रहोगी ? ज़रा कपड़े तो बदल डालो, आदमी बन जाओ। यह क्या तुमने अपनी गत बना रखी है ?

लीला—तुम जाओ अपनी महफिल में बैठो, तुम्हें मेरी क्या फिक्र पड़ी है।

सीतासरन—क्या दुनिया में और किसी के लड़के नहीं मरते ? तुम्हारे ही सिर यह मुसीबत आयी है ?

लीला—यह बात कौन नहीं जानता। अपना-अपना दिल ही तो है। उस पर किसी का बस है ?

सीतासरन—मेरे साथ भी तो तुम्हारा कुछ कर्त्तव्य है ?

लीला ने कुतूहल से पति को देखा, मानो उसका आशय नहीं समझी। फिर मुँह फेर कर रोने लगी।

सीतासरन—मैं अब इस मनहूसत का अन्त कर देना चाहता हूँ। अगर तुम्हारा अपने दिल पर काबू नहीं है तो मेरा भी अपने दिल पर काबू नहीं है। मैं अब जिन्दगी-भर मातम नहीं मना सकता।

लीला—तुम राग-रंग मनाते हो, मैं तुम्हें मना तो नहीं करती ! मैं रोती हूँ तो क्यों रोने नहीं देते।

सीतासरन—मेरा घर रोने के लिए नहीं है ?

लीला—अच्छी बात है, तुम्हारे घर में न रोऊँगी।

5

लीला ने देखा, मेरे स्वामी मेरे हाथों से निकले जा रहे हैं। उन पर विषय का भूत सवार हो गया है और कोई समझानेवाला नहीं। वह अपने होश में नहीं हैं। मैं क्या करूँ, अगर मैं चली जाती हूँ तो थोड़े ही दिनों में सारा घर मिट्टी में मिल जायगा और इनका वही हाल होगा जो स्वार्थी मित्रों के चंगुल में फँसे हुए नौजवान रईसों का होता है। कोई कुलटा घर में आ जायगी और इनका सर्वनाश कर देगी। ईश्वर ! मैं क्या करूँ ? अगर इन्हें कोई बीमारी हो जाती तो क्या मैं उस दशा में इन्हें छोड़ कर चली जाती ? कभी नहीं। मैं तन-मन से इनकी सेवा-सुश्रूषा करती, ईश्वर से प्रार्थना करती, देवताओं की मनौतियाँ करती। माना इन्हें शारीरिक रोग नहीं है, लेकिन मानसिक रोग अवश्य है। आदमी रोने की जगह हँसे और हँसने की जगह रोये, उसके दिवाना होने में क्या संदेह है ! मेरे चले जाने से इनका सर्वनाश हो जायगा। इन्हें बचाना मेरा धर्म है।

हाँ, मुझे अपना शोक भूल जाना होगा। रोऊँगी, रोना तो तकदीर में लिखा ही है—रोऊँगी, लेकिन हँस-हँस कर। अपने भाग्य से लड़ूँगी। जो जाते रहे उनके नाम को रोने के सिवा और कर ही क्या सकती हूँ, लेकिन जो है उसे न जाने दूँगी। आ, ऐ टूटे हुए हृदय ! आज तेरे टुकड़ों को जमा करके एक समाधि बनाऊँ और अपने शोक को उसके हवाले कर दूँ। ओ रोनेवाली आँखें, आओ मेरे आँसुओं को अपनी विहँसित छटा में छिपा लो। आओ मेरे आभूषणों, मैंने बहुत दिनों तक तुम्हारा अपमान किया,

मेरा अपराध क्षमा करो। तुम मेरे भले दिनों के साथी हो, तुमने मेरे साथ बहुत विहार किये हैं, अब इस संकट में मेरा साथ दो; मगर दगा न करना; मेरे भेदों को छिपाये रखना !

लीला सारी रात बैठी अपने मन से यही बातें करती रही। उधर मर्दाने में धमा-चौकड़ी मची हुई थी। सीतासरन नशे में चूर कभी गाता था, कभी तालियाँ बजाता था। उसके मित्र लोग भी उसी रंग में रंगे हुए थे। मालूम होता था इनके लिए भोग-विलास के सिवा और कोई काम नहीं है।

पिछले पहर को महफिल में सन्नाटा हो गया। हू-हा की आवाजें बन्द हो गयीं। लीला ने सोचा, क्या लोग कहीं चले गए, या सो गये ? एकाएक सन्नाटा क्यों छा गया। जा कर देहलीज़ में खड़ी हो गयी और बैठक में झाँक कर देखा, सारी देह में एक ज्वाला-सी दौड़ गयी। मित्र लोग विदा हो गये थे। समाजियों का पता न था। केवल एक रमणी मसनद पर लेटी हुई थी और सीतासरन उसके सामने झुका हुआ उससे बहुत धीरे-धीरे बातें कर रहा था। दोनों के चेहरों और आँखों से उनके मन के भाव साफ झलक रहे थे। एक की आँखों में अनुराग था, दूसरी की आँखों में कटाक्ष ! एक भोला-भाला हृदय एक मायाविनी रमणी के हाथों लुटा जाता था। लीला की सम्पत्ति को उसकी आँखों के सामने एक छलिनी चुराये लिये जाती थी। लीला को ऐसा क्रोध आया कि इसी समय चल कर इस कुलटा को आड़े हाथों लूँ, ऐसा दुत्कारूँ, कि वह भी याद करे, खड़े-खड़े निकाल दूँ। वह पत्नी-भाव जो बहुत दिनों से सो रहा था, जाग उठा और उसे विकल करने लगा। पर उसने जब्त किया। वेग से दौड़ती हुई तृष्णाएँ अकस्मात् न रोकी जा सकती थीं। वह उलटे पाँव भीतर लौट आयी और मन को शांत करके सोचने लगी—वह रूप-रंग में, हाव-भाव में, नखे-तिल्ले में उस दुष्टा की बराबरी नहीं कर सकती। बिलकुल चाँद का टुकड़ा है, अंग-अंग में स्फूर्ति भरी हुई है, पोर-पोर में मद झलक रहा है। उसकी आँखों में कितनी तृष्णा है, तृष्णा नहीं, बल्कि ज्वाला ! लीला उसी वक्त आइने के सामने गयी। आज कई महीनों के बाद उसने आइने में अपनी सूरत देखी। उसके मुख से एक आह निकल गयी। शोक ने उसकी कायापलट कर दी थी। उस रमणी के सामने वह ऐसी लगती थी जैसे गुलाब के सामने जूही का फूल !

6

सीतासरन का खुमार शाम को टूटा। आँखें खुलीं तो सामने लीला को खड़ी मुस्कराते देखा। उसकी अनोखी छवि आँखों में समा गयी। ऐसे खुश हुए मानो बहुत दिनों के वियोग के बाद उससे भेंट हुई हो। उसे क्या मालूम था कि यह रूप भरने के लिए लीला ने कितने आँसू बहाये हैं; केशों में यह फूल गूँथने के पहले आँखों से कितने मोती पिरोये हैं। उन्होंने एक नवीन प्रेमोत्साह से उठ कर उसे गले लगा लिया और मुस्करा कर बोले—आज तो तुमने बड़े-बड़े शस्त्र सजा रखे हैं, कहाँ भागूँ ?

लीला ने अपने हृदय की ओर उँगली दिखा कर कहा—यहाँ आ बैठो। बहुत भागे

फिरते हो, अब तुम्हें बाँध कर रखूँगी। बाग की बहार का आनंद तो उठा चुके, अब इस अँधेरी कोठरी को भी देख लो।

सीतासरन ने लज्जित हो कर कहा–उसे अँधेरी कोठरी मत कहो लीला ! वह प्रेम का मानसरोवर है !

इतने में बाहर से किसी मित्र के आने की खबर आयी। सीतासरन चलने लगे तो लीला ने उनका हाथ पकड़ कर कहा–मैं न जाने दूँगी।

सीतासरन–अभी आता हूँ।

लीला–मुझे डर लगता है कहीं तुम चले न जाओ।

सीतासरन बाहर आये तो मित्र महाशय बोले–आज दिन भर सोते ही रहे क्या ? बहुत खुश नजर आते हो। इस वक्त तो वहाँ चलने की ठहरी थी न ? तुम्हारी राह देख रही हैं।

सीतासरन–चलने को तो तैयार हूँ, लेकिन लीला जाने नहीं देती।

मित्र–निरे गाउदी ही रहे। आ गये फिर बीबी के पंजे में ! फिर किस बिरते पर गरमाये थे ?

सीतासरन–लीला ने घर से निकाल दिया था, तब आश्रय ढूँढता-फिरता था। अब उसने द्वार खोल दिये और खड़ी बुली रही है।

मित्र–अजी, यहाँ वह आनंद कहाँ ? घर को लाख सजाओ तो क्या बाग हो जायगा ?

सीतासरन–भई, घर बाग नहीं हो सकता, पर स्वर्ग हो सकता है। मुझे इस वक्त अपनी क्षुद्रता पर जितनी लज्जा आ रही है, वह मैं ही जानता हूँ। जिस संतानशोक में उसने अपने शरीर को घुला डाला और अपने रूपलावण्य को मिटा दिया उसी शोक को केवल मेरा एक इशारा पाकर उसने भुला दिया। ऐसा भुला दिया मानो कभी शोक हुआ ही नहीं ! मैं जानता हूँ कि वह बड़े से बड़े कष्ट सह सकती है। मेरी रक्षा उसके लिए आवश्यक है। जब अपनी उदासीनता के कारण उसने मेरी दशा बिगड़ती देखी तो अपना सारा शोक भूल गयी। आज मैंने उसे अपने आभूषण पहन कर मुस्कराते हुए देखा तो मेरी आत्मा पुलकित हो उठी। मुझे ऐसा मालूम हो रहा है कि वह स्वर्ग की देवी है और केवल मुझ-जैसे दुर्बल प्राणी की रक्षा करने के लिए भेजी गयी है। मैंने उसे जो कठोर शब्द कहे, वे अगर अपनी सारी सम्पत्ति बेच कर भी मिल सकते, तो लौटा लेता। लीला वास्तव में स्वर्ग की देवी है!

आधार

सारे गाँव में मथुरा का-सा गठीला जवान न था। कोई बीस बरस की उमर थी। मसें भीग रही थीं। गउएँ चराता, दूध पीता, कसरत करता, कुश्ती लड़ता था और सारे दिन

बाँसुरी बजाता हाट में विचरता था। ब्याह हो गया था, पर अभी कोई बाल-बच्चा न था। घर में कई हल की खेती थी, कई छोटे-बड़े भाई थे। वे सब मिल-जुल कर खेती-बारी करते थे। मथुरा पर सारे घर को गर्व था, उसे सबसे अच्छा भोजन मिलता और सबसे कम काम करना पड़ता। जब उसे जाँघिये-लँगोटे, नाल या मुग्दर के लिए रुपये-पैसे की जरूरत पड़ती तो तुरत दे दिये जाते थे। सारे घर की यही अभिलाषा थी कि मथुरा पहलवान हो जाय और अखाड़े में अपने सवाये को पछाड़े। इस लाड़-प्यार से मथुरा जरा टर्रा हो गया था। गायें किसी के खेत में पड़ी हैं और आप अखाड़े में दंड लगा रहा है। कोई उलाहना देता तो उसकी त्योरियाँ बदल जातीं। गरज कर कहता, जो मन में आये कर लो, मथुरा तो अखाड़ा छोड़ कर हाँकने न जायेंगे; पर उसका डील-डौल देख कर किसी को उससे उलझने की हिम्मत न पड़ती थी। लोग गम खा जाते थे।

गर्मियों के दिन थे, ताल-तलैया सूखी पड़ी थीं। जोरों की लू चलने लगी थी। गाँव में कहीं से एक साँड आ निकला और गउओं के साथ हो लिया। सारे दिन तो गउओं के साथ रहता, रात को बस्ती में घुस आता और खूँटों से बँधे बैलों को सींगों से मारता। कभी किसी की गीली दीवार को सींगों से खोद डालता, कभी घर का कूड़ा सींगों से उड़ाता। कई किसानों ने साग-भाजी लगा रखी थीं, सारे दिन सींचते-सींचते मरते थे। यह साँड रात को उन हरे-भरे खेतों में पहुँच जाता और खेत का खेत तबाह कर देता। लोग उसे डंडों से मारते, गाँव के बाहर भगा आते, लेकिन जरा देर में फिर गायों में पहुँच जाता। किसी की अक्ल काम न करती थी कि इस संकट को कैसे टाला जाय। मथुरा का घर गाँव के बीच में था, इसलिए उसके बैलों को साँड से कोई हानि न पहुँचती थी। गाँव में उपद्रव मचा हुआ था और मथुरा को जरा भी चिंता न थी।

आखिर जब धैर्य का अंतिम बंधन टूट गया तो एक दिन लोगों ने जा कर मथुरा को घेरा और बोले—भाई, कहो तो गाँव में रहें, कहो तो निकल जायँ। जब खेती ही न बचेगी तो रह कर क्या करेंगे ? तुम्हारी गायों के पीछे हमारा सत्यानाश हुआ जाता है, और तुम अपने रंग में मस्त हो। अगर भगवान ने तुम्हें बल दिया है तो इससे दूसरे की रक्षा करनी चाहिए, यह नहीं कि सबको पीस कर पी जाओ। साँड तुम्हारी गायों के कारण आता है और उसे भगाना तुम्हारा काम है; लेकिन तुम कानों में तेल डाले बैठे हो, मानों तुमसे कुछ मतलब ही नहीं।

मथुरा को उनकी दशा पर दया आयी। बलवान मनुष्य प्रायः दयालु होता है। बोला—अच्छा जाओ, हम आज साँड को भगा देंगे।

एक आदमी ने कहा—दूर तक भगाना, नहीं तो फिर लौट आयेगा।

मथुरा ने लाठी कंधे पर रखते हुए उत्तर दिया—अब लौट कर न आयेगा।

2

चिलचिलाती दोपहरी थी और मथुरा साँड को भगाये लिए जाता था। दोनों पसीने में तर थे। साँड बार-बार गाँव की ओर घूमने की चेष्टा करता, लेकिन मथुरा उसका इरादा ताड़ कर दूर ही से उसकी राह छेंक लेता। साँड क्रोध से उन्मुक्त हो कर कभी-कभी पीछे मुड़ कर मथुरा पर तोड़ करना चाहता लेकिन उस समय मथुरा सामना बचा कर बगल से ताबड़-तोड़ इतनी लाठियाँ जमाता कि साँड को फिर भागना पड़ता। कभी दोनों अरहर के खेतों में दौड़ते, कभी झाड़ियों में। अरहर की खूँटियों से मथुरा के पाँव लहू-लुहान हो रहे थे, झाड़ियों में धोती फट गयी थी; पर उसे इस समय साँड का पीछा करने के सिवा और कोई सुध न थी। गाँव पर गाँव आते थे और निकल जाते थे। मथुरा ने निश्चय कर लिया कि इसे नदी-पार भगाये बिना दम न लूँगा। उसका कंठ सूख गया था और आँखें लाल हो गयी थीं, रोम-रोम से चिनगारियाँ-सी निकल रही थीं, दम उखड़ गया था; लेकिन वह एक क्षण के लिए भी दम न लेता था। दो-ढाई घंटों की दौड़ के बाद जा कर नदी नजर आयी। यहीं हार-जीत का फैसला होने वाला था, यहीं, दोनों खिलाड़ियों को अपने दाँव-पेंच के जौहर दिखाने थे। साँड सोचता था, अगर नदी में उतरा तो यह मार ही डालेगा, एक बार जान लड़ा कर लौटने की कोशिश करनी चाहिए। मथुरा सोचता था, अगर यह लौट पड़ा तो इतनी मेहनत व्यर्थ हो जायगी और गाँव के लोग मेरी हँसी उड़ायेंगे। दोनों अपने-अपने घात में थे। साँड ने बहुत चाहा कि तेज दौड़ कर आगे निकल जाऊँ और वहाँ से पीछे को फिरूँ, पर मथुरा ने उसे मुड़ने का मौका न दिया। उसकी जान इस वक्त सुई की नोक पर थी, एक हाथ भी चूका और प्राण गये, जरा पैर फिसला और फिर उठना नसीब न होगा। आखिर मनुष्य ने पशु पर विजय पायी और साँड को नदी में घुसने के सिवा और कोई उपाय न सूझा। मथुरा भी उसके पीछे नदी में पैठ गया और इतने डंडे लगाये कि उसकी लाठी टूट गयी।

3

अब मथुरा को जोरों की प्यास लगी। उसने नदी में मुँह लगा दिया और इस तरह हाँक-हाँक कर पीने लगा मानो सारी नदी पी जायगा। उसे अपने जीवन में कभी पानी इतना अच्छा न लगा था और न कभी उसने इतना पानी पिया था। मालूम नहीं, पाँच सेर पी गया था या दस सेर, लेकिन पानी गरम था, प्यास न बुझी; जरा देर में फिर नदी में मुँह लगा दिया और इतना पानी पिया कि पेट में साँस लेने की जगह भी न रही। तब गीली धोती कंधे पर डालकर घर की ओर चला।

लेकिन दस ही पाँच पग चला होगा कि पेट में मीठा-मीठा दर्द होने लगा। उसने सोचा, दौड़ कर पानी पीने से ऐसा दर्द अकसर हो जाता है, जरा देर में दूर हो जायगा। लेकिन दर्द बढ़ने लगा और मथुरा का आगे जाना कठिन हो गया। वह एक पेड़ के नीचे बैठ गया और दर्द से बेचैन हो कर जमीन पर लोटने लगा। कभी पेट को दबाता, कभी खड़ा हो जाता, कभी बैठ जाता, पर दर्द बढ़ता ही जाता था। अंत में उसने जोर-जोर से कराहना और रोना शुरू किया; पर वहाँ कौन बैठा था जो उसकी खबर

लेता। दूर तक कोई गाँव नहीं, न आदमी न आदमजात, बेचारा दोपहरी के सन्नाटे में तड़प-तड़प कर मर गया। हम कड़े-से-कड़ा घाव सह सकते हैं, लेकिन जरा-सा भी व्यतिक्रम नहीं सह सकते। वही देव का-सा जवान जो कोसों तक साँड को भगाता चला आया था, तत्त्वों के विरोध का एक वार भी न सह सका। कौन जानता था कि यह दौड़ उसके लिए मौत की दौड़ होगी ! कौन जानता था कि मौत ही साँड का रूप धर कर उसे यों नचा रही है। कौन जानता था कि जल जिसके बिना उसके प्राण ओठों पर आ रहे थे, उसके लिए विष का काम करेगा।

संध्या समय उसके घरवाले उसे ढूँढ़ते हुए आये। देखा तो वह अनंत विश्राम में मग्न था।

4

एक महीना गुजर गया। गाँववाले अपने काम-धंधे में लगे। घरवालों ने रो-धो कर सब्र किया; पर अभागिनी विधवा के आँसू कैसे पुँछते। वह हरदम रोती रहती। आँखें चाहे बंद भी हो जातीं, पर हृदय नित्य रोता रहता था। इस घर में अब कैसे निर्वाह होगा ? किस आधार पर जिऊँगी ? अपने लिए जीना या तो महात्माओं को आता है या लम्पटों ही को। अनूपा को यह कला क्या मालूम ? उसके लिए तो जीवन का एक आधार चाहिए था, जिसे वह अपना सर्वस्व समझे, जिसके लिए वह जिये, जिस पर वह घमंड करे। घरवालों को यह गवारा न था कि वह कोई दूसरा घर करे। इसमें बदनामी थी। इसके सिवा ऐसी सुशील, घर के कामों में ऐसी कुशल, लेन-देन के मामले में इतनी चतुर और रंगरूप की ऐसी सराहनीय स्त्री का किसी दूसरे के घर पड़ जाना ही उन्हें असह्य था। उधर अनूपा के मैकेवाले एक जगह बातचीत पक्की कर रहे थे। जब सब बातें तय हो गयीं, तो एक दिन अनूपा का भाई उसे विदा कराने आ पहुँचा।

अब तो घर में खलबली मची। इधर कहा गया, हम विदा न करेंगे। भाई ने कहा, हम बिना विदा कराये मानेंगे नहीं। गाँव के आदमी जमा हो गये, पंचायत होने लगी। यह निश्चय हुआ कि अनूपा पर छोड़ दिया जाय। उसका जी चाहे चली जाय, जी चाहे रहे। यहाँ वालों को विश्वास था कि अनूपा इतनी जल्द दूसरा घर करने पर राजी न होगी, दो-चार बार वह ऐसा कह भी चुकी थी। लेकिन इस वक्त जो पूछा गया तो वह जाने को तैयार थी। आखिर उसकी विदाई का सामान होने लगा। डोली आ गयी। गाँव-भर की स्त्रियाँ उसे देखने आयीं। अनूपा उठ कर अपनी सास के पैरों पर गिर पड़ी और हाथ जोड़ कर बोली—अम्मा, कहा-सुना माफ करना। जी में तो था कि इसी घर में पड़ी रहूँ, पर भगवान् को मंजूर नहीं है।

यह कहते-कहते उसकी जबान बंद हो गयी।

सास करुणा से विह्वल हो उठी। बोली—बेटी, जहाँ जाओ वहाँ सुखी रहो। हमारे भाग्य ही फूट गये नहीं तो क्यों तुम्हें इस घर से जाना पड़ता। भगवान् का दिया और

सब-कुछ है, पर उन्होंने जो नहीं दिया उसमें अपना क्या बस ! आज तुम्हारा देवर सयाना होता तो बिगड़ी बात बन जाती। तुम्हारे मन में बैठे तो इसी को अपना समझो; पालो-पोसो, बड़ा हो जायगा तो सगाई कर दूँगी।

यह कह कर उसने अपने सबसे छोटे लड़के वासुदेव से पूछा—क्यों रे ! भौजाई से सगाई करेगा ?

वासुदेव की उम्र पाँच साल से अधिक न थी। अबकी उसका ब्याह होनेवाला था। बातचीत हो चुकी थी। बोला—तब तो दूसरे के घर न जायगी न ?

मा—नहीं, जब तेरे साथ ब्याह हो जायगा तो क्यों जायगी ?

वासुदेव—तब मैं करूँगा।

मा—अच्छा, उससे पूछ, तुझसे ब्याह करेगी।

वासुदेव—अनूपा की गोद में जा बैठा और शरमाता हुआ बोला—हमसे ब्याह करेगी ?

यह कह कर वह हँसने लगा; लेकिन अनूपा की आँखें डबडबा गयी, वासुदेव को छाती से लगाती हुई बोली—अम्माँ, दिल से कहती हो ?

सास—भगवान् जानते हैं !

अनूपा—आज से यह मेरे हो गये ?

सास—हाँ, सारा गाँव देख रहा है।

अनूपा—तो भैया से कहला भेजो, घर जायें, मैं उनके साथ न जाऊँगी।

अनूपा को जीवन के लिए किसी आधार की जरूरत थी। वह आधार मिल गया। सेवा मनुष्य की स्वाभाविक वृत्ति है। सेवा ही उसके जीवन का आधार है।

अनूपा ने वासुदेव को पालना-पोसना शुरू किया। उबटन और तेल लगाती, दूध-रोटी मल-मल कर खिलाती। आप तालाब नहाने जाती तो उसे भी नहलाती। खेत में जाती तो उसे भी साथ ले जाती। थोड़े ही दिनों में वह उससे इतना हिल-मिल गया कि एक क्षण के लिए भी उसे न छोड़ता। माँ को भूल गया। कुछ खाने को जी चाहता तो अनूपा से माँगता, खेल में मार खाता तो रोता हुआ अनूपा के पास आता। अनूपा ही उसे सुलाती, अनूपा ही जगाती, बीमार हो तो अनूपा ही गोद में लेकर बदलू वैद्य के घर जाती, वही दवायें पिलाती।

गाँव के स्त्री-पुरुष उसकी यह प्रेम-तपस्या देखते और दाँतों उँगली दबाते। पहले बिरले ही किसी को उस पर विश्वास था। लोग समझते थे, साल-दो-साल में इसका जी ऊब जायगा और किसी तरफ का रास्ता लेगी; इस दुधमुँहें बालक के नाम पर कब तक बैठी रहेगी; लेकिन यह सारी आशंकाएँ निर्मूल निकलीं। अनूपा को किसी ने अपने व्रत से विचलित होते न देखा। जिस हृदय में सेवा का स्रोत बह रहा हो—स्वाधीन सेवा का—उसमें वासनाओं के लिए कहाँ स्थान ? वासना का वार निर्मम, आशाहीन, आधारहीन प्राणियों पर ही होता है। चोर की अँधेरे ही में चलती है, उजाले में नहीं।

वासुदेव को भी कसरत का शौक था। उसकी शक्ल-सूरत मथुरा से मिलती-जुलती थी, डील-डौल भी वैसा ही था। उसने फिर अखाड़ा जगाया और उसकी बाँसुरी की तानें फिर खेतों में गूँजने लगीं।

इस भाँति 13 बरस गुजर गये। वासुदेव और अनूपा में सगाई की तैयारी होने लगी।

5

लेकिन अब अनूपा वह अनूपा न थी, जिसने 14 वर्ष पहले वासुदेव को पतिभाव से देखा था, अब उस भाव का स्थान मातृभाव ने ले लिया था। इधर कुछ दिनों से वह एक गहरे सोच में डूबी हुई रहती थी। सगाई के दिन ज्यों-ज्यों निकट आते थे, उसका दिल बैठा जाता था। अपने जीवन में इतने बड़े परिवर्तन की कल्पना ही से उसका कलेजा दहल उठता था। जिसे बालक की भाँति पाला-पोसा, उसे पति बनाते हुए लज्जा से उसका मुख लाल हो जाता था।

द्वार पर नगाड़ा बज रहा था। बिरादरी के लोग जमा थे। घर में गाना हो रहा था। आज सगाई की तिथि थी।

सहसा अनूपा ने जा कर सास से कहा—अम्माँ, मैं तो लाज के मारे मरी जाती हूँ।

सास ने भौंचक्की हो कर पूछा—क्यों बेटी, क्या है ?

अनूपा—मैं सगाई न करूँगी।

सास—कैसी बात करती है बेटी ? सारी तैयारी हो गयी। लोग सुनेंगे तो क्या कहेंगे ?

अनूपा—जो चाहे कहें, जिनके नाम पर 14 बरस बैठी रही उसी के नाम पर अब भी बैठी रहूँगी। मैंने समझा था मरद के बिना औरत से रहा न जाता होगा। मेरी तो भगवान् ने इज्जत आबरू से निबाह दी। जब नयी उमर के दिन कट गये तो अब कौन चिन्ता है ! वासुदेव की सगाई कोई लड़की खोजकर कर दो। जैसे अब तक उसे पाला, उसी तरह अब उसके बाल-बच्चों को पालूँगी।

एक आंच की कसर

सारे नगर में महाशय यशोदानन्द का बखान हो रहा था। नगर ही में नहीं, समस्त प्रांत में उनकी कीर्ति गायी जाती थी, समाचार-पत्रों में टिप्पणियाँ हो रही थीं, मित्रों से प्रशंसापूर्ण पत्रों का ताँता लगा हुआ था। समाज-सेवा इसको कहते हैं ! उन्नत विचार के लोग ऐसा ही करते हैं। महाशय जी ने शिक्षित समुदाय का मुख उज्ज्वल कर दिया।

---

1. थोथी दलील, 2. सिद्धान्तों, 3. सिद्धान्त, 4. धन, 5. मूल्य, 6. सभा, 7. अनुमोदन, 8. कर्त्तव्य, 9. कदर।

अब कौन यह कहने का साहस कर सकता है कि हमारे नेता केवल बात के धनी हैं, काम के धनी नहीं ! महाशय जी चाहते तो अपने पुत्र के लिए उन्हें कम-से-कम 20 हजार रुपये दहेज में मिलते, उस पर खुशामद घाते में ! मगर लाला साहब ने सिद्धान्त के सामने धन की रत्ती बराबर परवा न की और अपने पुत्र का विवाह बिना एक पाई दहेज लिये स्वीकार किया। वाह ! वाह ! हिम्मत हो तो ऐसी हो, सिद्धांत-प्रेम हो तो ऐसा हो, आदर्श-पालन हो तो ऐसा हो। वाह रे सच्चे वीर, अपनी माता के सच्चे सपूत तूने वह कर दिखाया जो कभी किसी ने न किया था। हम बड़े गर्व से तेरे सामने मस्तक नवाते हैं।

महाशय यशोदानन्द के दो पुत्र थे। बड़ा लड़का पढ़-लिख कर फाजिल हो चुका था। उसी का विवाह हो रहा था और जैसा हम देख चुके हैं, बिना कुछ दहेज लिये।

आज वर का तिलक था। शाहजहाँपुर के महाशय स्वामीदयाल तिलक ले कर आने वाले थे। शहर के गणमान्य सज्जनों को निमन्त्रण दे दिये थे। वे लोग जमा हो गये थे। महफिल सजी हुई थी। एक प्रवीण सितारिया अपना कौशल दिखा कर लोगों को मुग्ध कर रहा था। दावत का सामान भी तैयार था ? मित्रगण यशोदानन्द को बधाइयाँ दे रहे थे।

एक महाशय बोले—तुमने तो यार कमाल कर दिया !

दूसरे—कमाल ! यह कहिए कि झण्डे गाड़ दिये। अब तक जिसे देखा मंच पर व्याख्यान झाड़ते ही देखा। जब काम करने का अवसर आता था तो लोग दुम दबा लेते थे।

तीसरे—कैसे-कैसे बहाने गढ़े जाते हैं—साहब हमें तो दहेज से सख्त नफरत है। यह मेरे सिद्धांत के विरुद्ध है, पर करूँ क्या, बच्चे की अम्मीजान नहीं मानतीं। कोई अपने बाप पर फेंकता है, कोई और किसी खुर्राट पर।

चौथे—अजी, कितने तो ऐसे बेहया हैं जो साफ-साफ कह देते हैं कि हमने लड़के की शिक्षा-दीक्षा में जितना खर्च किया है, वह हमें मिलना चाहिए। मानों उन्होंने यह रुपये किसी बैंक में जमा किये थे !

पाँचवें—खूब समझ रहा हूँ, आप लोग मुझ पर छींटे उड़ा रहे हैं। इसमें लड़केवालों का ही सारा दोष है या लड़कीवाले का भी कुछ है ?

पहले—लड़कीवाले का क्या दोष है सिवा इसके कि वह लड़की का बाप है।

दूसरे—सारा दोष ईश्वर का जिसने लड़कियाँ पैदा कीं। क्यों ?

पाँचवें—मैं यह नहीं कहता। न सारा दोष लड़कीवाले का है, न सारा दोष लड़केवालों का। दोनों ही दोषी हैं। अगर लड़कीवाला कुछ न देता तो उसे यह शिकायत करने का तो कोई अधिकार नहीं है कि डाल क्यों नहीं लाये, सुंदर जोड़े क्यों नहीं लाये, बाजे-गाजे और धूमधाम के साथ क्यों नहीं आये ? बताइए !

चौथे—हाँ, आपका यह प्रश्न गौर करने के लायक है। मेरी समझ में तो ऐसी दशा में लड़के के पिता से यह शिकायत न होनी चाहिए।

पाँचवें—तो यों कहिए कि दहेज की प्रथा के साथ ही डाल, गहने और जोड़ों की प्रथा भी त्याज्य है। केवल दहेज को मिटाने का प्रयत्न करना व्यर्थ है।

यशोदानन्द—यह भी lame excuse[1] है। मैंने दहेज नहीं लिया है, लेकिन क्या डाल-गहने न ले जाऊँगा।

पहले—महाशय, आपकी बात निराली है। आप अपनी गिनती हम दुनियावालों के साथ क्यों करते हैं ? आपका स्थान तो देवताओं के साथ है।

दूसरे—20 हजार की रकम छोड़ दी ? क्या बात है।

यशोदानन्द—मेरा तो यह निश्चय है कि हमें सदैव principles[2] पर स्थिर रहना चाहिए। principle[3] के सामने money[4] की कोई value[5] नहीं है। दहेज की कुप्रथा पर मैंने खुद कोई व्याख्यान नहीं दिया शायद कोई नोट तक नहीं लिखा। हाँ, conference[6] में इस प्रस्ताव को second[7] कर चुका हूँ और इसलिए मैं अपने को उस प्रस्ताव से बँधा हुआ पाता हूँ। मैं उसे तोड़ना भी चाहूँ तो आत्मा न तोड़ने देगी। मैं सत्य कहता हूँ, यह रुपये ले लूँ तो मुझे इतनी मानसिक वेदना होगी कि शायद मैं इस आघात से बच ही न सकूँ।

पाँचवें—अब की conference आपको सभापति न बनाये तो उसका घोर अन्याय है।

यशोदानंद—मैं अपनी duty[8] कर दी, उसका recognition[9] हो या न हो, मुझे इसकी परवा नहीं।

इतने में खबर हुई कि महाशय स्वामीदयाल आ पहुँचे। लोग उनका अभिवादन करने को तैयार हुए, उन्हें मनसद पर ला बिठाया और तिलक का संस्कार आरम्भ हो गया। स्वामीदयाल ने एक ढाक के पत्तल पर नारियल, सुपारी, चावल, पान आदि वस्तुएँ वर के सामने रखीं। ब्राह्मणों ने मंत्र पढ़े, हवन हुआ और वर के माथे पर तिलक लगा दिया गया। तुरंत घर की स्त्रियों ने मंगलाचरण गाना शुरू किया। यहाँ महफिल में महाशय यशोदानंद ने एक चौकी पर खड़े होकर दहेज की कुप्रथा पर व्याख्यान देना शुरू किया। व्याख्यान पहले से लिख कर तैयार कर लिया गया था। उन्होंने दहेज की ऐतिहासिक व्याख्या की थी। पूर्वकाल में दहेज का नाम भी न था। महाशयों ! कोई जानता ही न था कि दहेज या ठहरौनी किस चिड़िया का नाम है। सत्य मानिए, कोई जानता ही न था कि ठहरौनी है क्या चीज, पशु या पक्षी, आसमान में या जमीन में, खाने में या पीने में। बादशाही जमाने में इस प्रथा की बुनियाद पड़ी। हमारे युवक सेनाओं में सम्मिलित होने लगे, यह वीर लोग थे, सेनाओं में जाना गर्व की बात समझते थे। माताएँ अपने दुलारों को अपने हाथ से शस्त्रों से सजा कर रणक्षेत्र में भेजती थीं। इस भाँति युवकों की संख्या कम होने लगी और लड़कों का मोल-तोल शुरू हुआ। आज यह नौबत आ गयी है कि मेरी इस तुच्छ-महातुच्छ सेवा पर पत्रों में टिप्पणियाँ हो रही हैं मानों मैंने कोई असाधारण काम किया है। मैं कहता हूँ; अगर आप संसार में जीवित रहना चाहते हैं तो इस प्रथा का तुरंत अंत कीजिए।

एक महाशय ने शंका की—क्या इसका अंत किये बिना हम सब मर जायेंगे ?

यशोदानंद—अगर ऐसा होता तो क्या पूछना था, लोगों को दंड मिल जाता और वास्तव में ऐसा होना चाहिए। यह ईश्वर का अत्याचार है कि ऐसे लोभी, धन पर गिरनेवाले, बुर्दा-फ़रोश, अपनी संतान का विक्रय करनेवाले नराधम जीवित हैं और सुखी हैं। समाज उनका तिरस्कार नहीं करता। मगर वह सब बुर्दा-फ़रोश हैं—इत्यादि।

व्याख्यान बहुत लम्बा और हास्य से भरा हुआ था। लोगों ने खूब वाह-वाह की। अपना वक्तव्य समाप्त करने के बाद उन्होंने अपने छोटे लड़के परमानंद को, जिसकी अवस्था कोई 7 वर्ष की थी, मंच पर खड़ा किया। उसे उन्होंने एक छोटा-सा व्याख्यान लिख कर दे रखा था। दिखाना चाहते थे कि इस कुल के छोटे बालक भी कितने कुशाग्र-बुद्धि हैं। सभा-समाजों में बालकों से व्याख्यान दिलाने की प्रथा है ही, किसी को कुतूहल न हुआ। बालक बड़ा सुंदर, होनहार, हँसमुख था। मुस्कराता हुआ मंच पर आया और जेब से एक कागज निकाल कर बड़े गर्व के साथ उच्च स्वर में पढ़ने लगा—

प्रिय बंधुवर,

नमस्कार।

आपके पत्र से विदित होता है कि आपको मुझ पर विश्वास नहीं है। मैं ईश्वर को साक्षी कर के निवेदन करता हूँ कि निर्दिष्ट धन आपकी सेवा में इतनी गुप्त रीति से पहुँचेगा कि किसी को लेशमात्र भी संदेह न होगा। हाँ, केवल एक जिज्ञासा करने की धृष्टता करता हूँ। इस व्यापार को गुप्त रखने से आपको जो सम्मान और प्रतिष्ठा-लाभ होगा और मेरे निकटवर्ती में मेरी जो निंदा की जायगी, उसके उपलक्ष्य में मेरे साथ क्या रिआयत होगी ? मेरा विनीत अनुरोध है कि 25 में से 5 निकाल कर मेरे साथ न्याय किया जाय...।

महाशय यशोदानंद घर में मेहमानों के लिए भोजन परसने का आदेश करने गये थे। निकले तो यह वाक्य उनके कान में पड़ा—25 में से 5 निकाल कर मेरे साथ न्याय कीजिए।' चेहरा फ़क हो गया, झपट कर लड़के के पास गये, कागज उसके हाथ से छीन लिया और बोले—नालायक, यह क्या पढ़ रहा है, यह तो किसी मुवक्किल का खत है जो उसने अपने मुकदमे के बारे में लिखा था। यह तू कहाँ से उठा लाया, शैतान, जा वह कागज ला, जो तुझे लिख कर दिया गया था।

एक महाशय—पढ़ने दीजिए, इस तहरीर में जो लुत्फ़ है, वह किसी दूसरी तक़रीर में न होगा।

दूसरे—जादू वह जो सिर पर चढ़ के बोले !

तीसरे—अब जलसा बरखास्त कीजिए। मैं तो चला।

चौथे—यहाँ भी चलतू हुए।

यशोदानंद—बैठिए-बैठिए, पत्तल लगाये जा रहे हैं।

पहले—बेटा परमानंद, जरा यहाँ तो आना, तुमने वह कागज कहाँ पाया ?

परमानंद—बाबू जी ही ने तो लिख कर अपनी मेज के अंदर रख दिया था। मुझसे

कहा था कि इसे पढ़ना। अब नाहक मुझसे खफा हो रहे हैं।

यशोदानंद—वह यह कागज था सुअर ! मैंने तो मेज के ऊपर ही रख दिया था। तूने ड्राअर में से क्यों यह कागज निकाला ?

परमानंद—मुझे मेज पर नहीं मिला।

यशोदानंद—तो मुझसे क्यों नहीं कहा, ड्राअर क्यों खोला ? देखो, आज ऐसी खबर लेता हूँ कि तुम भी याद करोगे।

पहले—यह आकाशवाणी है।

दूसरे—इस को लीडरी कहते हैं कि अपना उल्लू भी सीधा करो और नेकनाम भी बनो।

तीसरे—शरम आनी चाहिए। यह त्याग से मिलता है, धोखेधड़ी से नहीं।

चौथे—मिल तो गया था पर एक आँच की कसर रह गयी।

पाँचवें—ईश्वर पाखंडियों को यों ही दंड देता है।

यह कहते हुए लोग उठ खड़े हुए। यशोदानंद समझ गये कि भंडा फूट गया, अब रंग न जमेगा, बार-बार परमानन्द को कुपित नेत्रों से देखते थे और डंडा तौल कर रह जाते थे। इस शैतान ने आज जीती-जितायी बाजी खो दी, मुँह में कालिख लग गयी, सिर नीचा हो गया। गोली मार देने का काम किया है।

उधर रास्ते में मित्र-वर्ग यो टिप्पणियाँ करते जा रहे थे—

एक—ईश्वर ने मुँह में कैसी कालिमा लगायी कि हयादार होगा तो अब सूरत न दिखाएगा।

दूसरा—ऐसे-ऐसे धनी, मानी, विद्वान लोग ऐसे पतित हो सकते हैं। मुझे तो यही आश्चर्य है। लेना है तो खुले खजाने लो, कौन तुम्हारा हाथ पकड़ता है; यह क्या कि माल भी चुपके-चुपके उड़ाओ और यश भी कमाओ !

तीसरा—मक्कार का मुँह काला !

चौथा—यशोदानन्द पर दया आ रही है। बेचारे ने इतनी धूर्तता की, उस पर भी कलई खुल ही गयी। बस एक आँच की कसर रह गयी।

माता का हृदय

माधवी की आँखों में सारा संसार अँधेरा हो रहा था। कोई अपना मददगार न दिखायी देता था। कहीं आशा की झलक न थी। उस निर्धन घर में वह अकेली पड़ी रोती थी और कोई आँसू पोंछनेवाला न था। उसके पति को मरे हुए 22 वर्ष हो गये थे। घर में कोई सम्पत्ति न थी। उसने न-जाने किन तकलीफ़ों से अपने बच्चे को पाल-पोस कर बड़ा किया था। वही जवान बेटा आज उसकी गोद से छीन लिया गया था और छीननेवाले कौन थे ? अगर मृत्यु ने छीना होता तो वह सब्र कर लेती। मौत से किसी

को द्वेष नहीं होता। मगर स्वार्थियों के हाथों यह अत्याचार असह्य हो रहा था। इस घोर संताप की दशा में उसका जी रह-रह कर इतना विकल हो जाता कि इसी समय चलूँ और उस अत्याचारी से इसका बदला लूँ जिसने उस पर यह निष्ठुर आघात किया है। मारूँ या मर जाऊँ। दोनों ही में संतोष हो जायगा। कितना सुन्दर, कितना होनहार बालक था ! यही उसके पति की निशानी, उसके जीवन का आधार, उसकी उम्र भर की कमाई थी। वही लड़का इस वक्त जेल में पड़ा न जाने क्या-क्या तकलीफें झेल रहा होगा ! और उसका अपराध क्या था ? कुछ नहीं। सारा मुहल्ला उस पर जान देता था। विद्यालय के अध्यापक उस पर जान देते थे। अपने-बेगाने सभी तो उसे प्यार करते थे। कभी उसकी कोई शिकायत सुनने ही में नहीं आयी। ऐसे बालक की माता होने पर अन्य माताएँ उसे बधाई देती थीं। कैसा सज्जन, कैसा उदार, कैसा परमार्थी ! खुद भूखों सो रहे मगर क्या मजाल कि द्वार पर आनेवाले अतिथि को रूखा जवाब दे। ऐसा बालक क्या इस योग्य था कि जेल में जाता ! उसका अपराध यही था, वह कभी-कभी सुनने वालों को अपने दुखी भाइयों का दुखड़ा सुनाया करता था, अत्याचार से पीड़ित प्राणियों की मदद के लिए हमेशा तैयार रहता था। क्या यही उसका अपराध था ? दूसरों की सेवा करना भी अपराध है ? किसी अतिथि को आश्रय देना भी अपराध है ?

इस युवक का नाम आत्मानंद था। दुर्भाग्यवश उसमें वे सभी सद्गुण थे जो जेल का द्वार खोल देते हैं। वह निर्भीक था, स्पष्टवादी था, साहसी था, स्वदेशप्रेमी था, निःस्वार्थ था, कर्त्तव्यपरायण था। जेल जाने के लिए इन्हीं गुणों की ज़रूरत है। स्वाधीन प्राणियों के लिए वे गुण स्वर्ग का द्वार खोल देते हैं, पराधीनों के लिए नरक के ! आत्मानंद के सेवा-कार्य ने, उसकी वक्तृत्ताओं ने और उसके राजनीतिक लेखों ने उसे सरकारी कर्मचारियों की नजरों में चढ़ा दिया था। सारा पुलिस-विभाग नीचे से ऊपर तक उससे सतर्क रहता था, सबकी निगाहें उस पर लगी रहती थीं। आखिर जिले में एक भयंकर डाके ने उन्हें इच्छित अवसर प्रदान कर दिया। आत्मानंद के घर की तलाशी हुई, कुछ पत्र और लेख मिले, जिन्हें पुलिस ने डाके का बीजक सिद्ध किया। लगभग 20 युवकों की एक टोली फाँस ली गयी। आत्मानंद इसका मुखिया ठहराया गया। शहादतें हुईं। इस बेकारी और गिरानी के जमाने में आत्मा से ज्यादा सस्ती और कौन वस्तु हो सकती है ! बेचने को और किसी के पास रह ही क्या गया है। नाममात्र का प्रलोभन दे कर अच्छी-से-अच्छी शहादतें मिल सकती हैं, और पुलिस के हाथ पड़ कर तो निकृष्ट-से-निकृष्ट गवाहियाँ भी देववाणी का महत्त्व प्राप्त कर लेती हैं। शहादतें मिल गयीं, महीने-भर तक मुकदमा चला, मुकदमा क्या चला एक स्वाँग चलता रहा और सारे अभियुक्तों को सजाएँ दे दी गयीं। आत्मानंद को सबसे कठोर दंड मिला 8 वर्ष का कठिन कारावास ! माधवी रोज कचहरी जाती; एक कोने में बैठी सारी कारवाई देखा करती। मानवीय चरित्र कितना दुर्बल, कितना निर्दय, कितना नीच है, इसका उसे तब तक अनुमान भी न हुआ था। जब आत्मानंद को सजा सुना दी गयी और वह माता को प्रणाम करके सिपाहियों के साथ चला तो माधवी मूर्छित हो कर जमीन पर गिर

पड़ी। दो-चार दयालु सज्जनों ने उसे एक ताँगे पर बैठाकर घर तक पहुँचाया। जब से वह होश में आयी है उसके हृदय में शूल-सा उठ रहा है। किसी तरह धैर्य नहीं होता। उस घोर आत्म-वेदना की दशा में अब अपने जीवन का केवल एक लक्ष्य दिखायी देता है और वह इस अत्याचार का बदला है।

अब तक पुत्र उसके जीवन का आधार था। अब शत्रुओं से बदला लेना ही उसके जीवन का आधार होगा। जीवन में अब उसके लिए कोई आशा न थी। इस अत्याचार का बदला लेकर वह अपना जन्म सफल समझेगी। इस अभागे नर-पिशाच बागची ने जिस तरह उसे रक्त के आँसू रुलाये हैं उसी भाँति यह भी उसे रुलायेगी। नारी-हृदय कोमल है, लेकिन केवल अनुकूल दशा में; जिस दशा में पुरुष दूसरों को दबाता है, स्त्री शील और विनय की देवी हो जाती है। लेकिन जिसके हाथों अपना सर्वनाश हो गया हो उसके प्रति स्त्री की पुरुष से कम घृणा और क्रोध नहीं होता। अंतर इतना ही है कि पुरुष शस्त्रों से काम लेता है, स्त्री कौशल से।

रात भीगती जाती थी और माधवी उठने का नाम न लेती थी। उसका दुःख प्रतिकार के आवेश में विलीन होता जाता था। यहाँ तक कि इसके सिवा उसे और किसी बात की याद ही न रही। उसने सोचा, कैसे यह काम होगा ? कभी घर से नहीं निकली। वैधव्य के 22 साल इसी घर में कट गये; लेकिन अब निकलूँगी। ज़बरदस्ती निकलूँगी, भिखारिन बनूँगी, टहलनी बनूँगी, झूठ बोलूँगी, सब कुकर्म करूँगी। सत्कर्म के लिए संसार में स्थान नहीं। ईश्वर ने निराश हो कर कदाचित् इसकी ओर से मुँह फेर लिया है। जभी तो यहाँ ऐसे-ऐसे अत्याचार होते हैं और पापियों को दंड नहीं मिलता। अब इन्हीं हाथों से उसे दंड दूँगी।

2

संध्या का समय था। लखनऊ के एक सजे हुए बँगले में मित्रों की महफ़िल जमी हुई थी। गाना-बजाना हो रहा था। एक तरफ आतशबाजियाँ रखी हुई थीं। दूसरे कमरे में मेजों पर खाना चुना जा रहा था। चारों तरफ़ पुलिस के कर्मचारी नजर आते थे। वह पुलिस के सुपरिंटेंडेंट मिस्टर बागची का बंगला है। कई दिन हुए उन्होंने एक मारके का मुकदमा जीता था। अफ़सरों ने खुश हो कर उनकी तरक्की कर दी थी। और उसी की खुशी में यह उत्सव मनाया जा रहा था। यहाँ आये दिन ऐसे उत्सव होते रहते थे। मुफ़्त के गवैये मिल जाते थे, मुफ़्त की आतशबाजी; फल और मेवे और मिठाइयाँ आधे दामों पर बाजार से आ जाती थीं और चट दावत हो जाती थी। दूसरों के जहाँ सौ लगते, वहाँ इनका दस से काम चल जाता था। दौड़-धूप करने को सिपाहियों की फ़ौज थी ही। और यह मार्के का मुक़दमा क्या था ? वह जिसमें निरपराध युवकों को बनावटी शहादत से जेल में ठूँस दिया गया था।

गाना समाप्त होने पर लोग भोजन करने बैठे। बेगार के मज़दूर और पल्लेदार जो बाजार से दावत और सजावट के सामान लाये थे, रोते या दिल में गालियाँ देते

चले गये थे; पर एक बुढ़िया अभी तक द्वार पर बैठी हुई थी। अन्य मज़दूरों की तरह वह भुनभुना कर काम न करती थी। हुक्म पाते ही खुश-दिल मज़दूर की तरह दौड़-दौड़ कर हुक्म बजा लाती थी। यह माधवी थी, जो इस समय मजूरनी का वेष धारण करके अपना घातक संकल्प पूरा करने आयी थी।

मेहमान चले गये। महफिल उठ गयी। दावत का सामान समेट दिया गया। चारों ओर सन्नाटा छा गया; लेकिन माधवी अभी तक यहीं बैठी थी।

सहसा मिस्टर बागची ने पूछा—बुड्ढी तू यहाँ क्यों बैठी है ? तुझे कुछ खाने को मिल गया ?

माधवी—हाँ हुजूर मिल गया।

बागची—तो जाती क्यों नहीं ?

माधवी—कहाँ जाऊँ सरकार, मेरा कोई घर-द्वार थोड़े ही है। हुकुम हो तो यहीं पड़ी रहूँ। पाव-भर आटे की परवस्ती हो जाय हुजूर।

बागची—नौकरी करेगी ?

माधवी—क्यों न करूँगी सरकार, यही तो चाहती हूँ।

बागची—लड़का खेला सकती है ?

माधवी—हाँ हुजूर, वह मेरे मन का काम है।

बागची—अच्छी बात है। तू आज ही से रह। जा, घर में देख, जो काम बतायें, वह कर।

3

एक महीना गुजर गया। माधवी इतना तन-मन से काम करती है कि सारा घर उससे खुश है। बहू जी का मिजाज बहुत ही चिड़चिड़ा है। वह दिन भर खाट पर पड़ी रहती हैं और बात-बात पर नौकरों पर झल्लाया करती हैं। लेकिन माधवी उनकी घुड़कियों को भी सहर्ष सह लेती है। अब तक मुश्किल से कोई दाई एक सप्ताह से अधिक ठहरी थी। माधवी ही का कलेजा है कि जली-कटी सुन कर भी मुख पर मैल नहीं आने देती।

मिस्टर बागची के कई लड़के हो चुके थे, पर यही सबसे छोटा बच्चा बच रहा था। बच्चे पैदा तो हृष्ट-पुष्ट होते, किन्तु जन्म लेते ही उन्हें एक-न-एक रोग लग जाता था और कोई दो-चार महीने, कोई साल-भर जी कर चल देते थे। माँ-बाप दोनों इस शिशु पर प्राण देते थे। उसे जरा जुकाम भी हो तो दोनों विकल हो जाते। स्त्री-पुरुष दोनों शिक्षित थे, पर बच्चे की रक्षा के लिए टोना-टोटका, दुआ-ताबीज, जंतर-मंतर एक से भी उन्हें इनकार न था।

माधवी से यह बालक इतना हिल गया कि एक क्षण के लिए भी उसकी गोद से न उतरता। वह कहीं एक क्षण के लिए चली जाती तो रो-रो कर दुनिया सिर पर उठा लेता। वह सुलाती तो सोता, वह दूध पिलाती तो पीता, वह खेलाती तो खेलता,

उसी को वह अपनी माता समझता। माधवी के सिवा उसके लिए संसार में कोई अपना न था। बाप को तो वह दिन-भर में केवल दो-चार बार देखता और समझता यह कोई परदेशी आदमी है। माँ आलस्य और कमजोरी के मारे गोद में ले कर टहल न सकती थी। उसे वह अपनी रक्षा का भार सँभालने के योग्य न समझता था, और नौकर-चाकर उसे गोद में लेते तो इतनी बेदर्दी से कि उसके कोमल अंगों में पीड़ा होने लगती थी। कोई उसे ऊपर उछाल देता था, यहाँ तक कि अबोध शिशु का कलेजा मुँह को आ जाता था। उन सबों से वह डरता था। केवल माधवी थी जो उसके स्वभाव को समझती थी। वह जानती थी कि कब क्या करने से बालक प्रसन्न होगा। इसीलिए बालक को भी उससे प्रेम था।

माधवी ने समझा था, यहाँ कंचन बरसता होगा; लेकिन उसे देख कर कितना विस्मय हुआ कि बड़ी मुश्किल से महीने का खर्च पूरा पड़ता है। नौकरों से एक-एक पैसे का हिसाब लिया जाता था और बहुधा आवश्यक वस्तुएँ भी टाल दी जाती थीं। एक दिन माधवी ने कहा—बच्चे के लिए कोई तेज गाड़ी क्यों नहीं मँगवा देतीं। गोद में उसकी बाढ़ मारी जाती है।

मिसेज बागची ने कुंठित हो कर कहा—कहाँ से मँगवा दूँ कम-से-कम 50-60 रुपये में आयेगी। इतने रुपये कहाँ हैं ?

माधवी—मालकिन, आप भी ऐसा कहती हैं !

मिसेज बागची—झूठ नहीं कहती। बाबू जी की पहली स्त्री से पाँच लड़कियाँ और हैं। सब इस समय इलाहाबाद के एक स्कूल में पढ़ रही हैं। बड़ी की उम्र 15-16 वर्ष से कम न होगी। आधा वेतन तो उधर ही चला जाता है। फिर उनकी शादी की भी तो फिक्र है। पाँचों के विवाह में कम-से-कम 25 हजार लगेंगे। इतने रुपये कहाँ से आयेंगे। मैं चिंता के मारे मरी जाती हूँ। मुझे कोई दूसरी बीमारी नहीं है केवल यही चिंता का रोग है।

माधवी—घूस भी तो मिलती है।

मिसेज बागची—बूढ़िया, ऐसी कमाई में बरकत नहीं होती। यही क्यों, सच पूछो तो इसी घूस ने हमारी यह दुर्गति कर रखी है। क्या जाने औरों को कैसे हजम होती है। यहाँ तो जब ऐसे रुपये आते हैं तो कोई-न-कोई नुकसान भी अवश्य हो जाता है। एक आता है तो दो ले कर जाता है। बार-बार मना करती हूँ, हराम की कौड़ी घर में न लाया करो, लेकिन मेरी कौन सुनता है।

बात यह थी कि माधवी को बालक से स्नेह होता जाता था। उसके अमंगल की कल्पना भी वह न कर सकती थी। वह अब उसी की नींद सोती और उसी की नींद जागती थी। अपने सर्वनाश की बात याद करके एक क्षण के लिए उसे बागची पर क्रोध तो हो आता था और घाव फिर हरा हो जाता था; पर मन पर कुत्सित भावों का आधिपत्य न था। घाव भर रहा था, केवल ठेस लगने से दर्द हो जाता था। उसमें स्वयं टीस या जलन न थी। इस परिवार पर अब उसे दया आती थी। सोचती, बेचारे यह

छीन-झपट न करें तो कैसे गुजर हो। लड़कियों का विवाह कहाँ से करेंगे ! स्त्री को जब देखो बीमार ही रहती है। उन पर बाबू जी को एक बोतल शराब भी रोज चाहिए। यह लोग तो स्वयं अभागे हैं। जिसके घर में 5-5 क्वाँरी कन्याएँ हों, बालक हो-हो कर मर जाते हों, घरनी सदा बीमार रहती हो, स्वामी शराब का लती हो, उस पर तो यों ही ईश्वर का लोप है। इनसे तो मैं अभागिनी ही अच्छी !

4

दुर्बल बालकों के लिए बरसात बुरी बला है। कभी खाँसी है, कभी ज्वर, कभी दस्त। जब हवा में ही शीत भरी हो तो कोई कहाँ तक बचाये। माधवी एक दिन अपने घर चली गयी थी। बच्चा रोने लगा तो माँ ने एक नौकर को दिया, इसे बाहर से बहला ला। नौकर ने बाहर ले जा कर हरी-हरी घास पर बैठा दिया। पानी बरस कर निकल गया था। भूमि गीली हो रही थी। कहीं-कहीं पानी भी जमा हो गया था। बालक को पानी में छपके लगाने से ज्यादा प्यारा और कौन खेल हो सकता है। खूब प्रेम से उमग-उमग कर पानी में लोटने लगा। नौकर बैठा और आदमियों के साथ गप-शप करता रहा। इस तरह घंटों गुजर गये। बच्चे ने खूब सर्दी खायी। घर आया तो उसकी नाक बह रही थी। रात को माधवी ने आ कर देखा तो बच्चा खाँस रहा था। आधीरात के करीब उसके गले से खुरखुर की आवाज निकलने लगी। माधवी का कलेजा सन से हो गया। स्वामिनी को जगा कर बोली—देखो तो बच्चे को क्या हो गया है। क्या सर्दी-वर्दी तो नहीं लग गयी। हाँ, सर्दी ही तो मालूम होती है।

स्वामिनी हकबका कर उठ बैठी और बालक की खुरखुराहट सुनी तो पाँव तले से ज़मीन निकल गयी। यह भयंकर आवाज उसने कई बार सुनी थी और उसे खूब पहचानती थी। व्यग्र हो कर बोली—ज़रा आग जलाओ। थोड़ा-सा चोकर ला कर एक पोटली बनाओ, सेंकने से लाभ होता है। इन नौकरों से तंग आ गयी। आज कहार ज़रा देर के लिए बाहर ले गया था, उसी ने सर्दी में छोड़ दिया होगा।

सारी रात दोनों बालक को सेंकती रहीं। किसी तरह सबेरा हुआ। मिस्टर बागची को खबर मिली तो सीधे डाक्टर के यहाँ दौड़े। खैरियत इतनी थी कि जल्द एहतियात की गयी। तीन दिन में बच्चा अच्छा हो गया; लेकिन इतना दुर्बल हो गया था कि उसे देख कर डर लगता था। सच पूछो तो माधवी की तपस्या ने बालक को बचाया। माता सोती, पिता सो जाता, किंतु माधवी की आँखों में नींद न थी। खाना-पीना तक भूल गयी। देवताओं की मनौतियाँ करती थी, बच्चे की बलाएँ लेती थी, बिल्कुल पागल हो गयी थी। यह वही माधवी है जो अपने सर्वनाश का बदला लेने आयी थी। अपकार की जगह उपकार कर रही थी। विष पिलाने आयी थी, सुधा पिला रही थी। मनुष्य में देवता कितना प्रबल है !

प्रातःकाल का समय था। मिस्टर बागची शिशु के झूले के पास बैठे हुए थे। स्त्री के सिर में पीड़ा हो रही थी। वहीं चारपाई पर लेटी हुई थी और माधवी समीप बैठी बच्चे

के लिए दूध गरम कर रही थी। सहसा बागची ने कहा—बूढ़ा, हम जब तक जियेंगे तुम्हारा यश गायेंगे। तुमने बच्चे को जिला लिया।

स्त्री—यह देवी बन कर हमारा कष्ट निवारण करने के लिए आ गयी। यह न होती तो न-जाने क्या होता। बूढ़ा, तुमसे मेरी एक विनती है। यों तो मरना-जीना प्रारब्ध के हाथ है, लेकिन अपना-अपना पौरा भी बड़ी चीज है। मैं अभागिनी हूँ। अबकी तुम्हारे ही पुण्य-प्रताप से बच्चा सँभल गया। मुझे डर लग रहा है कि ईश्वर इसे हमारे हाथ से छीन न लें। सच कहती हूँ बूढ़ा, मुझे इसको गोद में लेते डर लगता है। इसे तुम आज से अपना बच्चा समझो। तुम्हारा हो कर शायद बच जाय, हम अभागे हैं हमारा हो कर इस पर कोई-न-कोई संकट आता रहेगा। आज से तुम इसकी माता हो जाओ। तुम इसे अपने घर ले जाओ। जहाँ चाहे ले जाओ तुम्हारी गोद में दे कर मुझे फिर कोई चिंता न रहेगी। वास्तव में तुम्हीं इसकी माता हो मै तो राक्षसी हूँ।

माधवी—बहू जी, भगवान् सब कुशल करेंगे, क्यों जी इतना छोटा करती हो ?

मिस्टर बागची—नहीं-नहीं बूढ़ी माता, इसमें कोई हरज नहीं है। मैं मस्तिष्क से तो इन बातों को ढकोसला ही समझता हूँ; लेकिन हृदय से इन्हें दूर नहीं कर सकता। मुझे स्वयं मेरी माता जी ने एक धोबिन के हाथ बेच दिया था। मेरे तीन भाई मर चुके थे। मैं जो बच गया तो माँ-बाप ने समझा बेचने से ही इसकी जान बच गयी। तुम इस शिशु को पालो-पोसो। इसे अपना पुत्र समझो। ख़र्च हम बराबर देते रहेंगे। इसकी कोई चिंता मत करना। कभी-कभी जब हमारा जी चाहेगा, आ कर देख लिया करेंगे। हमें विश्वास है कि तुम इसकी रक्षा हम लोगों से कहीं अच्छी तरह कर सकती हो। मैं कुकर्मी हूँ। जिस पेशे में हूँ, उसमें कुकर्म किये बगैर काम नहीं चल सकता। झूठी शहादतें बनानी ही पड़ती हैं, निरपराधों को फँसाना ही पड़ता है। आत्मा इतनी दुर्बल हो गयी है कि प्रलोभन में पड़ ही जाता हूँ। जानता हूँ कि बुराई का फल बुरा ही होता है; पर परिस्थिति से मजबूर हूँ। अगर न करूँ तो आज नालायक बना कर निकाल दिया जाऊँ। अँगरेज हजारों भूलें करें, कोई नहीं पूछता। हिंदुस्तानी एक भूल भी कर बैठे तो सारे अफसर उसके सिर हो जाते हैं। हिंदुस्तानियों को तो कोई बड़ा पद न मिले, वही अच्छा। पद पा कर तो उनकी आत्मा का पतन हो जाता है। उनको हिन्दुस्तानियत का दोष मिटाने के लिए कितनी ही ऐसी बातें करनी पड़ती हैं जिनका अंग्रेज के दिल में कभी खयाल ही पैदा नहीं हो सकता। तो बोलो, स्वीकार करती हो ?

माधवी गद्गद हो कर बोली—बाबू जी, आपकी इच्छा है तो मुझसे भी जो कुछ बन पड़ेगा, आपकी सेवा कर दूँगी। भगवान् बालक को अमर करें, मेरी तो उनसे यही विनती है।

माधवी को ऐसा मालूम हो रहा था कि स्वर्ग के द्वार सामने खुले हैं और स्वर्ग की देवियाँ अंचल फैला-फैला कर आशीर्वाद दे रही हैं, मानो उसके अंतस्थल में प्रकाश की लहरें-सी उठ रही हैं। इस स्नेहमय सेवा में कितनी शांति थी।

बालक अभी तक चादर ओढ़े सो रहा था। माधवी ने दूध गरम हो जाने पर उसे झूले पर से उठाया, तो चिल्ला पड़ी। बालक की देह ठंडी हो गयी थी और मुँह पर पीलापन आ गया था जिसे देख कर कलेजा हिल जाता है, कंठ से आह निकल जाती है और आँखों से आँसू बहने लगते हैं। जिसने उसे एक बार देखा है फिर कभी नहीं भूल सकता। माधवी ने शिशु को गोद से चिपटा लिया, हालाँकि नीचे उतार देना चाहिए था।

कुहराम मच गया। माँ बच्चे को गले से लगाये रोती थी; पर उसे जमीन पर न सुलाती थी। क्या बातें हो रही थीं और क्या हो गया। मौत को धोखा देने में आनंद आता है। वह उस वक्त कभी नहीं आती जब लोग उसकी राह देखते हैं। रोगी जब सँभल जाता है, जब वह पथ्य लेने लगता है, उठने-बैठने लगता है, घर-भर खुशियाँ मनाने लगता है, सबको विश्वास हो जाता है कि संकट टल गया, उस वक्त घात में बैठी हुई मौत सिर पर आ जाती है। यही उसकी निठुर लीला है।

आशाओं के बाग लगाने में हम कितने कुशल हैं। यहाँ हम रक्त के बीज बो कर सुधा के फल खाते हैं। अग्नि से पौधों को सींच कर शीतल छाँह में बैठते हैं। हा, मंद बुद्धि !

दिन-भर मातम होता रहा; बाप रोता था, माँ तड़पती थी और माधवी बारी-बारी से दोनों को समझाती थी। यदि अपने प्राण दे कर वह बालक को जिला सकती तो इस समय अपना धन्य भाग समझती। वह अहित का संकल्प करके यहाँ आयी थी और आज जब उसकी मनोकामना पूरी हो गयी और उसे खुशी से फूला न समाना चाहिए था, उसे उससे कहीं घोर पीड़ा हो रही थी जो अपने पुत्र की जेल-यात्रा से हुई थी। रुलाने आयी थी और खुद रोती जा रही थी। माता का हृदय दया का आगार है। उसे जलाओ तो उसमें दया की ही सुगंध निकलती है, पीसो तो दया का ही रस निकलता है। वह देवी है। विपत्ति की क्रूर लीलाएँ भी उस स्वच्छ निर्मल स्रोत को मलिन नहीं कर सकतीं।

परीक्षा

नादिरशाह की सेना ने दिल्ली में कत्लेआम कर रखा है। गलियों में खून की नदियाँ बह रही हैं। चारों तरफ हाहाकार मचा हुआ है। बाज़ार बंद है। दिल्ली के लोग घरों के द्वार बंद किये जान की ख़ैर मना रहे हैं। किसी की जान सलामत नहीं है। कहीं घरों में आग लगी हुई है, कहीं बाज़ार लुट रहा है; कोई किसी की फरियाद नहीं सुनता। रईसों की बेगमें महलों से निकाली जा रही हैं और उनकी बेहुरमती की जाती है। ईरानी सिपाहियों की रक्तपिपासा किसी तरह नहीं बुझती। मानव हृदय की क्रूरता, कठोरता और पैशाचिकता अपना विकरालतम रूप धारण किये हुए हैं। इसी समय नादिरशाह

ने बादशाही महल में प्रवेश किया।

दिल्ली उन दिनों भोगविलास की केंद्र बनी हुई थी। सजावट और तकल्लुफ़ के सामानों से रईसों के भवन भरे रहते थे। स्त्रियों को बनाव-सिंगार के सिवा कोई काम न था। पुरुषों को सुख-भोग के सिवा और कोई चिंता न थी। राजनीति का स्थान शैर-शायरी ने ले लिया था। समस्त प्रान्तों से धन खिंच-खिंच कर दिल्ली आता था। और पानी की भाँति बहाया जाता था। वेश्याओं की चाँदी थी। कहीं तीतरों के जोड़ होते थे, कहीं बटेरों और बुलबुलों की पालियाँ ठनती थीं। सारा नगर विलास-निद्रा में मग्न था। नादिरशाह शाही महल में पहुँचा तो वहाँ का सामान देख कर उसकी आँखें खुल गयीं। उसका जन्म दरिद्र-घर में हुआ था। उसका समस्त जीवन रणभूमि में ही कटा था। भोगविलास का उसे चसका न लगा था। कहाँ रणक्षेत्र के कष्ट और कहाँ यह सुख-साम्राज्य। जिधर आँख उठती थी, उधर से हटने का नाम न लेती थी।

संध्या हो गयी थी। नादिरशाह अपने सरदारों के साथ महल की सैर करता और अपनी पसंद की चीज़ों को बटोरता हुआ दीवाने-खास में आ कर कारचोबी मसनद पर बैठ गया, सरदारों को वहाँ से चले जाने का हुक्म दे दिया, अपने सब हथियार खोल कर रख दिये और महल में दरोगा को बुला कर हुक्म दिया—मैं शाही बेगमों का नाच देखना चाहता हूँ। तुम इसी वक्त उनको सुंदर वस्त्राभूषणों से सजा कर मेरे सामने लाओ। खबरदार, ज़रा भी देर न हो ! मैं कोई उज्र या इनकार नहीं सुन सकता।

2

दारोगा ने यह नादिरशाही हुक्म सुना तो होश उड़ गये। वह महिलाएँ जिन पर कभी सूर्य की दृष्टि भी नहीं पड़ी कैसे इस मजलिस में आयेंगी ! नाचने का तो कहना ही क्या ! शाही बेगमों का इतना अपमान कभी न हुआ था। हा नरपिशाच ! दिल्ली को खून से रँग कर भी तेरा चित्त शांत नहीं हुआ। मगर नादिरशाह के सम्मुख एक शब्द भी जबान से निकालना अग्नि के मुख में कूदना था। सिर झुका कर आदाब बजा लाना और आ कर रनिवास में सब बेगमों को नादिरशाही हुक्म सुना दिया; उसके साथ ही यह इत्तला भी दे दी कि ज़रा भी ताम्मुल न हो, नादिरशाह कोई उज्र या हीला न सुनेगा ! शाही खानदान पर इतनी बड़ी विपत्ति कभी नहीं पड़ी; पर इस समय विजयी बादशाह की आज्ञा को शिरोधार्य करने के सिवा प्राण-रक्षा का अन्य कोई उपाय नहीं था।

बेगमों ने यह आज्ञा सुनी तो हतबुद्धि-सी हो गयीं। सारे रनिवास में मातम-सा छा गया। वह चहल-पहल गायब हो गयी। सैकड़ों हृदयों से इस अत्याचारी के प्रति एक शाप निकल गया। किसी ने आकाश की ओर सहायतायाचक लोचनों से देखा, किसी ने खुदा और रसूल को सुमिरन किया; पर ऐसी एक महिला भी न थी जिसकी निगाह कटार या तलवार की तरफ गयी हो। यद्यपि इनमें कितनी ही बेगमों के नसों में राजपूतानियों का रक्त प्रवाहित हो रहा था; पर इंद्रियलित्सा ने 'जौहर' की पुरानी आग ठंडी कर दी थी। सुखभोग की लालसा आत्म-सम्मान का सर्वनाश कर देती है। आपस

में सलाह करके मर्यादा की रक्षा का कोई उपाय सोचने की मुहलत न थी। एक-एक पल भाग्य का निर्णय कर रहा था। हताश होकर सभी ललनाओं ने पापी के सम्मुख जाने का निश्चय किया। आँखों से आँसू जारी थे, दिलों से आहें निकल रही थीं; पर रत्न-जटित आभूषण पहने जा रहे थे, अश्रु-सिंचित नेत्रों में सुरमा लगाया जा रहा था और शोक-व्यथित हृदयों पर सुगंध का लेप किया जा रहा था। कोई केश गूँथती थीं, कोई माँगों में मोतियाँ पिरोती थीं। एक भी ऐसे पक्के इरादे की स्त्री न थी, जो ईश्वर पर अथवा अपनी टेक पर, इस आज्ञा का उल्लंघन करने का साहस कर सके।

एक घंटा भी न गुजरने पाया था कि बेगमात पूरे-के-पूरे आभूषणों से जगमगाती, अपने मुख की काँति से बेले और गुलाब की कलियों को लजाती, सुगंध की लपटें उड़ातीं, छमछम करती हुई दीवाने-खास में आकर नादिरशाह के सामने खड़ी हो गयीं।

3

नादिरशाह ने एक बार कनखियों से परियों के इस दल को देखा और तब मसनद की टेक लगा कर लेट गया। अपनी तलवार और कटार सामने रख दीं। एक क्षण में उसकी आँखें झपकने लगीं। उसने एक अँगड़ाई ली और करवट बदल ली। ज़रा देर में उसके खर्राटों की आवाज़ें सुनायी देने लगीं। ऐसा जान पड़ा कि वह गहरी निद्रा में मग्न हो गया है। आध घंटे तक वह पड़ा सोता रहा और बेगमें ज्यों-की-त्यों सिर नीचा किये दीवार के चित्रों की भाँति खड़ी रहीं। उनमें दो-एक महिलाएँ जो ढीठ थीं, घूँघट की ओट से नादिरशाह को देख भी रही थीं और आपस में दबी जबान में कानाफूसी कर रही थीं–कैसा भयंकर स्वरूप है ! कितनी रणोन्मत्त आँखें हैं ! कितना भारी शरीर है ! आदमी काहे को है, देव है !

सहसा नादिरशाह की आँखें खुल गयीं। परियों का दल पूर्ववत् खड़ा था। उसे जागते देख कर बेगमो ने सिर नीचे कर लिये और अंग समेट कर भेड़ों की भाँति एक दूसरे से मिल गयीं। सबके दिल धड़क रहे थे कि अब यह जालिम नाचने-गाने को कहेगा, तब कैसे क्या होगा ! खुदा इस जालिम से समझे ! मगर नाचा तो न जायगा। चाहे जान ही क्यों न जाय। इससे ज्यादा जिल्लत अब न सही जायगी।

सहसा नादिरशाह कठोर शब्दों में बोला–ऐ खुदा की बंदियों, मैंने तुम्हारा इम्तहान लेने के लिए बुलाया था और अफसोस के साथ कहना पड़ता है कि तुम्हारी निसबत मेरा जो गुमान था, वह हर्फ-ब-हर्फ सच निकला। जब किसी कौम की औरतों में ग़ैरत नहीं रहती तो वह कौम मुरदा हो जाती है।

देखना चाहता था कि तुम लोगों में अभी कुछ ग़ैरत बाकी है या नहीं। इसलिए मैंने तुम्हें यहाँ बुलाया था। मैं तुम्हारी बेहुरमती नहीं करना चाहता था। मैं इतना ऐश का बंदा नहीं हूँ, वरना आज भेड़ों के गल्ले चराता होता। न इतना हवसपरस्त हूँ, वरना आज फारस में सरोद और सितार की ताने सुनता होता, जिसका मजा मैं हिंदुस्तानी गाने से कहीं ज्यादा उठा सकता हूँ। मुझे सिर्फ तुम्हारा इम्तहान लेना था। मुझे यह

देख कर सच्चा मलाल हो रहा है कि तुममें ग़ैरत का जौहर बाकी न रहा। क्या यह मुमकिन न था कि तुम मेरे हुक्म को पैरों तले कुचल देतीं ? जब तुम यहाँ आ गयीं तो मैंने तुम्हें एक और मौका दिया। मैंने नींद का बहाना किया। क्या यह मुमकिन न था कि तुम में से कोई खुदा की बंदी इस कटार को उठा कर मेरे जिगर में चुभा देती। मैं कलामेपाक की कसम खा कर कहता हूँ कि तुम में से किसी को कटार पर हाथ रखते देख कर मुझे बेहद खुशी होती, मैं उन नाजुक हाथों के सामने गरदन झुका देता ! पर अफसोस है कि आज तैमूरी खानदान की एक बेटी भी यहाँ ऐसी नहीं निकली जो अपनी हुरमत बिगाड़ने पर हाथ उठाती ! अब यह सल्तनत जिंदा नहीं रह सकती। इसकी हस्ती के दिन गिने हुए हैं। इसका निशान बहुत जल्द दुनिया से मिट जाएगा। तुम लोग जाओ और हो सके तो अब भी सल्तनत को बचाओ वरना इसी तरह हवस की गुलामी करते हुए दुनिया से रुखसत हो जाओगी।

तेंतर

आखिर वही हुआ जिसकी आशंका थी; जिसकी चिंता में घर के सभी लोग विशेषतः प्रसूता पड़ी हुई थी। तीन पुत्रों के पश्चात् कन्या का जन्म हुआ। माता सौर में सूख गयी, पिता बाहर आँगन में सूख गये, और पिता की वृद्धा माता सौर द्वार पर सूख गयीं। अनर्थ, महाअनर्थ ! भगवान् ही कुशल करें तो हो ? यह पुत्री नहीं राक्षसी है। इस अभागिनी को इसी घर में आना था ! आना ही था तो कुछ दिन पहले क्यों न आयी। भगवान् सातवें शत्रु के घर भी तेंतर का जन्म न दें।

पिता का नाम था पंडित दामोदरदत्त, शिक्षित आदमी थे। शिक्षा-विभाग ही में नौकर भी थे; मगर इस संस्कार को कैसे मिटा देते, जो परम्परा से हृदय में जमा हुआ था, कि तीसरे बेटे की पीठ पर होनेवाली कन्या अभागिनी होती है, या पिता को लेती या माता को, या अपने को। उनकी वृद्धा माता लगी नवजात कन्या को पानी पी-पी कर कोसने, कलमुही है, कलमुही ! न जाने क्या करने आयी है यहाँ। किसी बाँझ के घर जाती तो उसके दिन फिर जाते !

दामोदरदत्त दिल में तो घबराये हुए थे, पर माता को समझाने लगे—अम्माँ तेंतर-बेंतर कुछ नहीं, भगवान् की जो इच्छा होती है, वही होता है। ईश्वर चाहेंगे तो सब कुशल ही होगा; गानेवालियों को बुला लो, नहीं लोग कहेंगे, तीन बेटे हुए तो कैसे फूली फिरती थीं, एक बेटी हो गयी तो घर में कुहराम मच गया।

माता—अरे बेटा तुम क्या जानो इन बातों को, मेरे सिर तो बीत चुकी है, प्राण नहों में समाया हुआ है। तेंतर ही के जन्म से तुम्हारे दादा का देहांत हुआ। तभी से तेंतर का नाम सुनते ही मेरा कलेजा काँप उठता है।

दामोदर—इस कष्ट के निवारण का भी कोई उपाय होगा ?

माता—उपाय बताने को तो बहुत है, पंडित जी से पूछो तो कोई-न-कोई उपाय बता देंगे; पर इससे कुछ होता नहीं। मैंने कौन-से अनुष्ठान नहीं किये, पर पंडित जी की तो मुट्ठियाँ गरम हुईं, यहाँ जो सिर पर पड़ना था, वह पड़ ही गया। अब टके के पंडित रह गये हैं, जजमान मरे या जिये उनकी बला से, उनकी दक्षिणा मिलनी चाहिए। (धीरे से) लड़की दुबली-पतली भी नहीं है। तीनों लड़कों से हृष्ट-पुष्ट है। बड़ी-बड़ी आँखें हैं, पतले-पतले लाल-लाल ओंठ हैं, जैसे गुलाब की पत्ती। गोरा-चिट्टा रंग है, लम्बी-सी नाक। कलमुही नहलाते समय रोयी भी नहीं, टुकुर-टुकुर ताकती रही, यह सब लच्छन कुछ अच्छे थोड़े ही हैं।

दामोदरदत्त के तीनों लड़के साँवले थे, कुछ विशेष रूपवान भी न थे। लड़की के रूप का बखान सुन कर उनका चित्त कुछ प्रसन्न हुआ। बोले—अम्माँ जी, तुम भगवान् का नाम ले कर गानेवालियों को बुला भेजो, गाना-बजाना होने दो। भाग्य में जो कुछ है, वह तो होगा ही।

माता—जी तो हुलसता नहीं, करूँ क्या ?

दामोदर—गाना न होने से कष्ट का निवारण तो होगा नहीं, कि हो जायगा ? अगर इतने सस्ते जान छूटे तो न कराओ गाना।

माता—बुलाये लेती हूँ बेटा, जो कुछ होना था वह तो हो गया।

इतने में दाई ने सौर में से पुकार कर कहा—बहूजी कहती हैं गाना-वाना कराने का काम नहीं है।

माता—भला उनसे कहो चुप बैठी रहें, बाहर निकल कर मनमानी करेंगी, बारह ही दिन हैं बहुत दिन नहीं हैं; बहुत इतराती फिरती थीं—यह न करूँगी, वह न करूँगी, देवी क्या है, देवता क्या है, मरदों की बातें सुन कर वही रट लगाने लगती थीं, तो अब चुपके से बैठती क्यों नहीं। मेमें तो तेंतर को अशुभ नहीं मानतीं, और सब बातों में मेमों की बराबर करती हैं तो इस बात में भी करें।

यह कह कर माता जी ने नाइन को भेजा कि जा कर गानेवालियों को बुला ला, पड़ोस में भी कहती जाना।

सबेरा होते ही बड़ा लड़का सो कर उठा और आँखें मलता हुआ जा कर दादी से पूछने लगा—बड़ी अम्मा, कल अम्मा को क्या हुआ ?

माता—लड़की तो हुई है।

बालक खुशी से उछल कर बोला—ओ-हो-हो पैजनियाँ पहन-पहन कर छुनछुन चलेगी, ज़रा मुझे दिखा दो दादी जी !

माता—अरे क्या सौर में जायगा, पागल हो गया है क्या ?

लड़के की उत्सुकता न मानी। सौर के द्वार पर जा कर खड़ा हो गया और बोला—अम्माँ ज़रा बच्ची को मुझे दिखा दो।

दाई ने कहा—बच्ची अभी सोती है।

बालक—ज़रा दिखा दो, गोद में ले कर।

दाई ने कन्या उसे दिखा दी तो वहाँ से दौड़ता हुआ अपने छोटे भाइयों के पास पहुँचा और उन्हें जगा-जगा कर खुशखबरी सुनायी।

एक बोला—नन्हीं सी होगी।

बड़ा—बिलकुल नन्हीं-सी ! बस जैसी बड़ी गुड़िया ! ऐसी गोरी है कि क्या किसी साहब की लड़की होगी। यह लड़की मैं लूँगा।

सबसे छोटा बोला—अमको बी दिका दो।

तीनों मिल कर लड़की को देखने आये और वहाँ से बग़लें बजाते उछलते-कूदते बाहर आये।

बड़ा—देखा कैसी है !

मँझला—कैसे आँखें बंद किये पड़ी थी।

छोटा—इसे हमें तो देना।

बड़ा—खूब द्वार पर बरात आयेगी, हाथी, घोड़े, बाजे, आतशबाजी।

मँझला और छोटा ऐसे मग्न हो रहे थे मानो वह मनोहर दृश्य आँखों के सामने है, उनके सरल नेत्र मनोल्लास से चमक रहे थे।

मँझला बोला—फुलवारियाँ भी होंगी।

छोटा—अम बी पूल लेंगे !

2

छट्ठी भी हुई, बरही भी हुई, गाना-बजाना, खाना-खिलाना, देना-दिलाना सब-कुछ हुआ; पर रस्म पूरी करने के लिए, दिल से नहीं, खुशी से नहीं। लड़की दिन-दिन दुर्बल और अस्वस्थ होती जाती थी। माँ उसे दोनों वक्त अफ़ीम खिला देती और बालिका दिन और रात नशे में बेहोश पड़ी रहती। ज़रा भी नशा उतरता तो भूख से विकल होकर रोने लगती ! माँ कुछ ऊपरी दूध पिला कर अफ़ीम खिला देती। आश्चर्य की बात तो यह थी कि अबकी उसकी छाती में दूध ही नहीं उतरा। यों भी उसे दूध देर से उतरता था; पर लड़कों की बेर उसे नाना प्रकार की दूधवर्द्धक औषधियाँ खिलायी जातीं, बार-बार शिशु को छाती से लगाया जाता, यहाँ तक कि दूध उतर ही आता था; पर अब की यह आयोजनाएँ न की गयीं। फूल-सी बच्ची कुम्हलाती जाती थी। माँ तो कभी उसकी ओर ताकती भी न थी। हाँ, नाइन कभी चुटकियाँ बजा कर चुमकारती तो शिशु के मुख पर ऐसे दयनीय, ऐसी करुण वेदना अंकित दिखायी देती कि वह आँखें पोंछती हुई चली जाती थी। बहू से कुछ कहने-सुनने का साहस न पड़ता। बड़ा लड़का सिद्धू बार-बार कहता—अम्माँ, बच्ची को तो बाहर से खेला लाऊँ। पर माँ उसे झिड़क देती थी।

तीन-चार महीने हो गये। दामोदरदत्त रात को पानी पीने उठे तो देखा कि बालिका जाग रही है। सामने ताख पर मीठे तेल का दीपक जल रहा था, लड़की टकटकी बाँधे उसी दीपक की ओर देखती थी, और अपना अँगूठा चूसने में मग्न थी।

चुभ-चुभ की आवाज़ आ रही थी। उसका मुख मुरझाया हुआ था, पर वह न रोती थी न हाथ-पैर फेंकती थी, बस अँगूठा पीने में ऐसी मग्न थी मानो उसमें सुधा-रस भरा हुआ है। वह माता के स्तनों की ओर मुँह भी नहीं फेरती थी, मानो उसका उन पर कोई अधिकार नहीं, उसके लिए वहाँ कोई आशा नहीं। बाबू साहब को उस पर दया आयी। इस बेचारी का मेरे घर जन्म लेने में क्या दोष है ? मुझ पर या इसकी माता पर जो कुछ भी पड़े, उसमें इसका क्या अपराध ? हम कितनी निर्दयता कर रहे हैं कि कुछ कल्पित अनिष्ट के कारण उसका इतना तिरस्कार कर रहे हैं। माना कि कुछ अमंगल हो भी जाय तो क्या उसके भय से इसके प्राण ले लिए जायेंगे ? अगर अपराधी है तो मेरा प्रारब्ध है। इस नन्हें-से बच्चे के प्रति हमारी कठोरता क्या ईश्वर को अच्छी लगती होगी ? उन्होंने उसे गोद में उठा लिया और उसका मुख चूमने लगे। लड़की को कदाचित् पहली बार सच्चे स्नेह का ज्ञान हुआ। वह हाथ-पैर उछाल कर 'गू-गूँ' करने लगी और दीपक की ओर हाथ फैलाने लगी। उसे जीवन-ज्योति-सी मिल गयी।

प्रातःकाल दामोदरदत्त ने लड़की को गोद में उठा लिया और बाहर लाये। स्त्री ने बार-बार कहा—उसे पड़ी रहने दो ऐसी कौन-सी बड़ी सुन्दर है, अभागिन रात-दिन तो प्राण खाती रहती है, मर भी नहीं जाती कि जान छूट जाय; किंतु दामोदरदत्त ने न माना। उसे बाहर लाये और अपने बच्चों के साथ बैठ कर खेलाने लगे। उनके मकान के सामने थोड़ी-सी ज़मीन पड़ी हुई थी। पड़ोस के किसी आदमी की एक बकरी उसमें आ कर चरा करती थी। इस समय भी वह चर रही थी। बाबू साहब ने बड़े लड़के से कहा—सिद्धू जरा उस बकरी को पकड़ो, तो इसे दूध पिलायें, शायद भूखी है बेचारी। देखो, तुम्हारी नन्हीं-सी बहन है न ? इसे रोज हवा में खेलाया करो।

सिद्धू को दिल्लगी हाथ आयी। उसका छोटा भाई भी दौड़ा। दोनों ने घेर कर बकरी को पकड़ा और उसका कान पकड़े हुए सामने लाये। पिता ने शिशु का मुँह बकरी के थन में लगा दिया। लड़की चुबलाने लगी और एक क्षण में दूध की धार उसके मुँह में जाने लगी, मानो टिमटिमाते दीपक में तेल पड़ जाय। लड़की का मुँह खिल उठा। आज शायद पहली बार उसकी क्षुधा तृप्त हुई थी। वह पिता की गोद में हुमक-हुमक कर खेलने लगी। लड़कों ने भी उसे खूब नचाया-कुदाया।

उस दिन से सिद्धू को मनोरंजन का एक नया विषय मिल गया। बालकों को बच्चों से बहुत प्रेम होता है। अगर किसी घोंसले में चिड़िया का बच्चा देख पायें तो बार-बार वहाँ जायेंगे। देखेंगे कि माता बच्चे को कैसे दाना चुगाती है। बच्चा कैसे चोंच खोलता है, कैसे दाना लेते समय परों को फड़फड़ा कर चें-चें करता है। आपस में बड़े गम्भीर भाव से उसकी चरचा करेंगे, अपने अन्य साथियों को ले जा कर उसे दिखायेंगे। सिद्धू ताक में लगा रहता, ज्यों ही माता भोजन बनाने या स्नान करने जाती तुरंत बच्ची को ले कर आता और बकरी को पकड़ कर उसके थन में शिशु का मुँह लगा देता, कभी दिन में दो-दो तीन-तीन बार पिलाता। बकरी को भूसी-चोकर खिला कर ऐसा परचा लिया कि वह स्वयं चोकर के लोभ से चली आती और दूध दे कर चली जाती।

इस भाँति कोई एक महीना गुजर गया, लड़की हृष्ट-पुष्ट हो गयी, मुख पुरुष के समान विकसित हो गया। आँखें जग उठीं, शिशुकाल की सरल आभा मन को हरने लगी।

माता उसे देख-देख कर चकित होती थी। किसी से कुछ कह तो न सकती; पर दिल में उसे आशंका होती कि अब वह मरने को नहीं, हमी लोगों के सिर जायेगी। कदाचित् ईश्वर इसकी रक्षा कर रहे हैं, जभी तो दिन-दिन निखरती आती है, नहीं अब तक ईश्वर के घर पहुँच गयी होती।

3

मगर दादी माता से कहीं ज्यादा चिंतित थीं। उसे भ्रम होने लगा कि वह बच्ची को खूब दूध पिला रही है, साँप को पाल रही है। शिशु की ओर आँख उठा कर भी न देखती। यहाँ तक कि एक दिन कह बैठी—लड़की का बड़ा छोह करती हो ? हाँ भाई, माँ हो कि नहीं, तुम न छो करोगी तो करेगा कौन ?

'अम्मा जी, ईश्वर जानते हैं जो मैं इसे दूध पिलाती होऊँ ?

'अरे तो मैं मना थोड़े ही करती हूँ, मुझे क्या गरज पड़ी है कि मुफ्त में अपने ऊपर पाप लूँ, कुछ मेरे सिर तो जायगी नहीं।'

'अब आपको विश्वास ही न आये तो कोई क्या करें ?'

'मुझे पागल समझती हो, वह हवा पी-पी कर ऐसी हो रही है ?'

'भगवान् जाने अम्मा, मुझे तो आप अचरज होता है।'

बहू ने बहुत निर्दोषिता जतायी; किंतु वृद्धा सास को विश्वास न आया। उसने समझा, यह मेरी शंका को निर्मूल समझती है, मानो मुझे इस बच्ची से कोई बैर है। उसके मन में यह भाव अंकुरित होने लगा कि इसे कुछ हो जाय तब यह समझे कि मैं झूठ नहीं कहती थी। वह जिन प्राणियों को अपने प्राणों से भी प्रिय समझती थी, उन्हीं लोगों की अमंगल कामना करने लगी, केवल इसलिए कि मेरी शंकाएँ सत्य हो जायं। वह यह तो नहीं चाहती थी कि कोई मर जाय; पर इतना अवश्य चाहती थी कि किसी बहाने से मैं चेता दूँ कि देखा, तुमने मेरा कहा न माना, यह उसी का फल है। उधर सास की ओर से ज्यों-ज्यों यह द्वेष-भाव प्रकट होता था, बहू का कन्या के प्रति स्नेह बढ़ता था। ईश्वर से मनाती रहती थी कि किसी भाँति एक साल कुशल से कट जाता तो इनरो पूछती। कुछ लड़की का भोला-भाला चेहरा, कुछ अपने पति का प्रेम-वात्सल्य देखकर भी उसे प्रोत्साहन मिलता था। विचित्र दशा हो रही थी, न दिल खोल कर प्यार ही कर सकती थी, न सम्पूर्ण रीति से निर्दय होते ही बनता था। न हँसते बनता था न रोते।

इस भाँति दो महीने गुजर गये और कोई अनिष्ट न हुआ। तब तो वृद्धा सास के पेट में चूहे दौड़ने लगे। बहू को दो-चार दिन ज्वर भी नहीं आ जाता कि मेरी शंका की मर्यादा रह जाय, पुत्र भी किसी दिन पैरगाड़ी पर से नहीं गिर पड़ता, न बहू के मैके ही से किसी के स्वर्गवास की सुनावनी आती है। एक दिन दामोदरदत्त ने खुले

तौर पर कह भी दिया कि अम्माँ, यह सब ढकोसला है, तेंतर लड़कियाँ क्या दुनिया में होती नहीं, तो सब के सब माँ-बाप मर ही जाते हैं ? अंत में उसने अपनी शंकाओं को यथार्थ सिद्ध करने की एक तरकीब सोच निकाली। एक दिन दामोदरदत्त स्कूल से आये तो देखा कि अम्माँ जी खाट पर अचेत पड़ी हुई हैं, स्त्री अँगीठी में आग रखे उनकी छाती सेंक रही है और कोठरी के द्वार और खिड़कियाँ बंद हैं। घबरा कर कहा—अम्माँ जी, क्या दशा है ?

स्त्री—दोपहर ही से कलेजे में एक शूल उठ रहा है, बेचारी बहुत तड़प रही हैं।

दामोदर—मैं जा कर डॉक्टर साहब को बुला लाऊँ न ? देर करने से शायद रोग बढ़ जाय। अम्माँ जी, अम्माँ जी, कैसी तबियत है।

माता ने आँखें खोलीं और कराहते हुए बोली—बेटा, तुम आ गये ? अब न बूचँगी, हाय भगवान्, अब न बचूँगी। जैसे कोई कलेजे में बरछी चुभा रहा हो। ऐसी पीड़ा कभी न हुई थी। इतनी उम्र बीत गयी, ऐसी पीड़ा नहीं हुई।

स्त्री—यह कलमुँही छोकरी न जाने किस मनहूस घड़ी में पैदा हुई।

सास—बेटा, सब भगवान् करते हैं, यह बेचारी क्या जाने ! देखो मैं मर जाऊँ तो उसे कष्ट मत देना। अच्छा हुआ, मेरे सिर आयी। किसी के सिर तो जाती ही, मेरे ही सिर सही। हाय भगवान् अब न बचूँगी।

दामोदर—जा कर डॉक्टर बुला लाऊँ ? अभी लौटा आता हूँ।

माता जी को केवल अपनी बात की मर्यादा निभानी थी, रुपये न खर्च कराने थे, बोली—नहीं बेटा, डॉक्टर के पास जा कर क्या करोगे ? अरे, वह कोई ईश्वर है। डॉक्टर अमृत पिला देगा, दस-बीस वह भी ले जायेगा ! डॉक्टर-वैद्य से कुछ न होगा। बेटा, तुम कपड़े उतारो, मेरे पास बैठ कर भागवत पढ़ो। अब न बचूँगी, हाय राम !

दामोदर—तेंतर बुरी चीज है, मैं समझता था कि ढकोसला ही ढकोसला है।

स्त्री—इसी से मैं उसे कभी मुँह नहीं लगाती थी।

माता—बेटा, बच्चों को आराम से रखना, भगवान् तुम लोगों को सुखी रखे। अच्छा हुआ मेरे ही सिर गयी, तुम लोगों के सामने मेरा परलोक हो जायगा। कहीं किसी दूसरे के सिर जाती तो क्या होता राम ! भगवान् ने मेरी विनती सुन ली। हाय ! हाय !!

दामोदरदत्त को निश्चय हो गया कि अब अम्माँ न बचेंगी। बड़ा दुःख हुआ। उनके मन की बात होती तो वह माँ के बदले तेंतर को न स्वीकार करते। जिस जननी ने जन्म दिया, नाना प्रकार के कष्ट झेल कर उनका पालन-पोषण किया, अकाल वैधव्य को प्राप्त हो कर भी उनकी शिक्षा का प्रबंध किया, उसके सामने एक दुधमुँही बच्ची का क्या मूल्य था, जिसके हाथ का एक गिलास पानी भी वह न जानते थे। शोकातुर हो कपड़े उतारे और माँ के सिरहाने बैठ कर भागवत की कथा सुनाने लगे।

रात को बहू भोजन बनाने चली तो सास से बोली—अम्माँ जी, तुम्हारे लिए थोड़ा-सा साबूदाना छोड़ दूँ ?

माता ने व्यंग्य करके कहा—बेटी, अन्न बिना न मारो, भला साबूदाना मुझसे खाया

जायगा; जाओ, थोड़ी पूरियाँ छान लो। पड़े-पड़े जो कुछ इच्छा होगी, खा लूँगी, कचौरियाँ भी बना लेना। मरती हूँ तो भोजन को तरस-तरस क्यों मरूँ। थोड़ी मलाई भी मँगवा लेना, चौक की हो। फिर थोड़े खाने आऊँगी बेटी। थोड़े-से केले मँगवा लेना, कलेजे के दर्द में केले खाने से आराम होता है।

भोजन के समय पीड़ा शांत हो गयी; लेकिन आध घंटे के बाद फिर जोर से होने लगी। आधी रात के समय कहीं जा कर उनकी आँख लगी। एक सप्ताह तक उनकी यही दशा रही, दिन-भर पड़ी कराहा करतीं, बस भोजन के समय जरा वेदना कम हो जाती। दामोदरदत्त सिरहाने बैठे पंखा झलते और मातृवियोग के आगत शोक से रोते। घर की महरी ने महल्ले-भर में यह खबर फैला दी, पड़ोसिनें देखने आयीं तो सारा इलजाम बालिका के सिर गया।

एक ने कहा—यह तो कहो बड़ी कुशल हुई कि बुढ़िया के सिर गयी; नहीं तो तेंतर माँ-बाप दो में से एक को लेकर तभी शांत होती है। दैव न करे कि किसी के घर तेंतर का जन्म हो।

दूसरी बोली—मेरे तो तेंतर का नाम सुनते ही रोयें खड़े हो जाते हैं। भगवान् बाँझ रखे पर तेंतर न दे।

एक सप्ताह के बाद वृद्धा का कष्ट निवारण हुआ, मरने में कोई कसर न थी, वह तो कहो पुरुखाओं का पुण्य-प्रताप था। ब्राह्मणों को गो-दान दिया गया। दुर्गा-पाठ हुआ, तब कहीं जाके संकट कटा।

नैराश्य

बाज आदमी अपनी स्त्री से इसलिए नाराज रहते हैं कि उसके लड़कियाँ ही क्यों होती हैं, लड़के क्यों नहीं होते। जानते हैं कि इनमें स्त्री का दोष नहीं है, या है तो उतना ही जितना मेरा, फिर भी जब देखिए स्त्री से रूठे रहते हैं, उसे अभागिनी कहते हैं और सदैव उसका दिल दुखाया करते हैं। निरुपमा उन्हीं अभागिनी स्त्रियों में थी और घमंडीलाल त्रिपाठी उन्हीं अत्याचारी पुरुषों में। निरुपमा के तीन बेटियाँ लगातार हुई थीं और वह सारे घर की निगाहों से गिर गयी थी। सास-ससुर की अप्रसन्नता की तो उसे विशेष चिंता न थी, वे पुराने जमाने के लोग थे, जब लड़कियाँ गरदन का बोझ और पूर्वजन्मों का पाप समझी जाती थीं। हाँ, उसे दुःख अपने पतिदेव की अप्रसन्नता का था जो पढ़े-लिखे आदमी हो कर भी उसे जली-कटी सुनाते रहते थे। प्यार करना तो दूर रहा, निरुपमा से सीधे मुँह बात न करते, कई कई दिनों तक घर ही में न आते और आते भी तो कुछ इस तरह खिंचे-तने हुए रहते कि निरुपमा थर-थर काँपती रहती थी, कहीं गरज न उठें। घर में धन का अभाव न था; पर निरुपमा को कभी यह साहस न होता था कि किसी सामान्य वस्तु की इच्छा भी प्रकट कर सके। वह समझती थी,

मैं यथार्थ में अभागिन हूँ, नहीं तो क्या भगवान् मेरी कोख में लड़कियाँ ही रचते। पति की एक मृदु मुस्कान के लिए, एक मीठी बात के लिए उसका हृदय तड़प कर रह जाता था। यहाँ तक कि वह अपनी लड़कियों को प्यार करते हुए सकुचाती थी कि लोग कहेंगे, पीतल की नथ पर इतना गुमान करती है। जब त्रिपाठी जी के घर में आने का समय होता तो किसी-न-किसी बहाने से वह लड़कियों को उनकी आँखों से दूर कर देती थी। सबसे बड़ी विपत्ति यह थी कि त्रिपाठी जी ने धमकी दी थी कि अब की कन्या हुई तो घर छोड़ कर निकल जाऊँगा, इस नरक में क्षण-भर भी न ठहरूँगा। निरुपमा को वह चिंता और भी खाये जाती थी।

वह मंगल का व्रत रखती थी, रविवार, निर्जला एकादसी और न जाने कितने व्रत करती थी। स्नान-पूजा तो नित्य का नियम था; पर किसी अनुष्ठान से मनोकामना न पूरी होती थी। नित्य अवहेलना, तिरस्कार, उपेक्षा, अपमान सहते-सहते उसका चित्त संसार से विरक्त हो जाता था। जहाँ कान एक मीठी बात के लिए, आँखें एक प्रेम-दृष्टि के लिए, हृदय एक आलिंगन के लिए तरस कर रह जाये, घर में अपनी कोई बात न पूछे, वहाँ जीवन से क्यों न अरुचि हो जाय ?

एक दिन घोर निराशा की दशा में उसने अपनी बड़ी भावज को एक पत्र लिखा। एक-एक अक्षर से असह्य वेदना टपक रही थी। भावज ने उत्तर दिया—तुम्हारे भैया जल्द तुम्हें विदा कराने जायँगे। यहाँ आजकल एक सच्चे महात्मा आये हुए हैं जिनका आशीर्वाद कभी निष्फल नहीं जाता। यहाँ कई संतानहीन स्त्रियाँ उनके आशीर्वाद से पुत्रवती हो गयीं। पूर्ण आशा है कि तुम्हें भी उनका आशीर्वाद कल्याणकारी होगा।

निरुपमा ने यह पत्र पति को दिखाया। त्रिपाठी जी उदासीन भाव से बोले—सृष्टि-रचना महात्माओं के हाथ का काम नहीं, ईश्वर का काम है।

निरुपमा—हाँ, लेकिन महात्माओं में भी तो कुछ सिद्धि होती है।

घमंडीलाल—हाँ होती है, पर ऐसे महात्माओं के दर्शन दुर्लभ हैं।

निरुपमा—मैं तो इस महात्मा के दर्शन करूँगी।

घमंडीलाल—चली जाना।

निरुपमा—जब बाँझिनों के लड़के हुए तो मैं क्या उनसे भी गयी-गुजरी हूँ ?

घमंडीलाल—कह तो दिया भाई चली जाना। यह करके भी देख लो। मुझे तो ऐसा मालूम होता है, पुत्र का मुख देखना हमारे भाग्य में ही नहीं है।

2

कई दिन बाद निरुपमा अपने भाई के साथ मैके गयी। तीनों पुत्रियाँ भी साथ थीं। भाभी ने उन्हें प्रेम से गले लगा कर कहा, तुम्हारे घर के आदमी बड़े निर्दयी हैं। ऐसी गुलाब के फूलों की-सी लड़कियाँ पा कर भी तकदीर को रोते हैं। ये तुम्हें भारी हों तो मुझे दे दो। जब ननद और भावज भोजन करके लेटीं तो निरुपमा ने पूछा—वह महात्मा कहाँ रहते हैं ?

भावज—ऐसी जल्दी क्या है, बता दूँगी।

निरुपमा—है नगीच ही न ?

भावज—बहुत नगीच। जब कहोगी, उन्हें बुला दूँगी।

निरुपमा—तो क्या तुम लोगों पर बहुत प्रसन्न हैं क्या ?

भावज—दोनों वक्त यहीं भोजन करते हैं। यहीं रहते हैं।

निरुपमा—जब घर ही में वैद्य तो मरिये क्यों ? आज मुझे उनके दर्शन करा देना।

भावज—भेंट क्या दोगी ?

निरुपमा—मैं किस लायक हूँ ?

भावज—अपनी सबसे छोटी लड़की दे देना।

निरुपमा—चलो, गाली देती हो।

भावज—अच्छा यह न सही, एक बार उन्हें प्रेमालिंगन करने देना।

निरुपमा—भाभी, मुझसे ऐसी हँसी करोगी तो मैं चली जाऊँगी।

भावज—वह महात्मा बड़े रसिया हैं।

निरुपमा—तो चूल्हे में जायँ। कोई दुष्ट होगा।

भावज—उनका आशीर्वाद तो इसी शर्त पर मिलेगा। वह और कोई भेंट स्वीकार ही नहीं करते।

निरुपमा—तुम तो यों बातें कर रही हो मानो उनकी प्रतिनिधि हो।

भावज—हाँ, वह यह सब विषय मेरे ही द्वारा तय किया करते हैं। मैं भेंट लेती हूँ। मैं ही आशीर्वाद देती हूँ, मैं ही उनके हितार्थ भोजन कर लेती हूँ।

निरुपमा—तो यह कहो कि तुमने मुझे बुलाने के लिए यह हीला निकाला है।

भावज—नहीं, उनके साथ ही तुम्हें कुछ ऐसे गुर बता दूँगी जिससे तुम अपने घर आराम से रहो।

इसके बाद दोनों सखियों में कानाफूसी होने लगी। जब भावज चुप हुई तो निरुपमा बोली—और जो कहीं फिर कन्या हुई तो ?

भावज—तो क्या ? कुछ दिन तो शांति और सुख से जीवन कटेगा। यह दिन तो कोई लौटा न लेगा। पुत्र हुआ तो कहना ही क्या, पुत्री हुई तो फिर कोई नयी युक्ति निकाली जायगी। तुम्हारे घर के जैसे अक्ल के दुश्मनों के साथ ऐसी ही चालें चलने में गुजारा है।

निरुपमा—मुझे तो संकोच मालूम होता है।

भावज—त्रिपाठी जी को दो-चार दिन में पत्र लिख देना कि महात्मा जी के दर्शन हुए और उन्होंने मुझे वरदान दिया है। ईश्वर ने चाहा तो उसी दिन से तुम्हारी मान-प्रतिष्ठा होने लगेगी। घमंडी दौड़े हुए आयेंगे और तुम्हारे ऊपर प्राण निछावर करेंगे। कम-से-कम साल भर तो चैन की वंशी बजाना। इसके बाद देखी जायगी।

निरुपमा—पति से कपट करूँ तो पाप न लगेगा ?

भावज—ऐसे स्वार्थियों से कपट करना पुण्य है।

3

तीन-चार महीने के बाद निरुपमा अपने घर आयी। घमंडीलाल उसे विदा कराने गये थे। सरहज ने महात्मा जी का रंग और भी चोखा कर दिया। बोली–ऐसा तो किसी को देखा नहीं कि इन महात्मा जी ने वरदान दिया हो और वह पूरा न हो गया हो। हाँ, जिसका भाग्य ही फूट जाय उसे कोई क्या कर सकता है।

घमंडीलाल प्रत्यक्ष तो वरदान और आशीर्वाद की उपेक्षा ही करते रहे, इन बातों पर विश्वास करना आजकल संकोचजनक मालूम होता है; पर उनके दिल पर असर जरूर हुआ।

निरुपमा की खातिरदारियाँ होनी शुरू हुईं। जब वह गर्भवती हुई तो सबके दिलों में नयी-नयी आशाएँ हिलोरें लेने लगीं। सास जो उठते गाली और बैठते व्यंग्य से बातें करती थी अब उसे पान की तरह फेरती–बेटी, तुम रहने दो, मैं ही रसोई बना लूँगी, तुम्हारा सिर दुखने लगेगा। कभी निरुपमा कलसे का पानी या कोई चारपाई उठाने लगती तो सास दौड़ती–बहू, रहने दो, मैं आती हूँ, तुम कोई भारी चीज़ मत उठाया करो। लड़कियों की बात और होती है, उन पर किसी बात का असर नहीं होता, लड़के तो गर्भ ही में मान करने लगते हैं। अब निरुपमा के लिए दूध का उठौना किया गया, जिससे बालक पुष्ट और गोरा हो। घमंडीलाल वस्त्राभूषणों पर उतारू हो गये। हर महीने एक-न-एक नयी चीज़ लाते। निरुपमा का जीवन इतना सुखमय कभी न था। उस समय भी नहीं जब नवेली वधू थी।

महीने गुज़रने लगे। निरुपमा को अनुभूत लक्षणों से विदित होने लगा कि यह कन्या ही है; पर वह इस भेद को गुप्त रखती थी। सोचती, सावन की धूप है, इसका क्या भरोसा जितनी चीज़ धूप में सुखानी हो सुखा लो, फिर तो घटा छायेगी ही। बात-बात पर बिगड़ती। वह कभी इतनी मानशीला न थी। पर घर में कोई चूँ तक न करता कि कहीं बहू का दिल न दुखे, नहीं बालक को कष्ट होगा। कभी-कभी निरुपमा केवल घरवालों को जलाने के लिए अनुष्ठान करती, उसे उन्हें जलाने में मज़ा आता था। वह सोचती, तुम स्वार्थियों को जितना जलाऊँ उतना अच्छा ! तुम मेरा आदर इसलिए करते हो न कि मैं बच्चा जनूँगी जो तुम्हारे कुल का नाम चलायेगा। मैं कुछ नहीं हूँ, बालक ही सब-कुछ है। मेरा अपना कोई महत्त्व नहीं, जो कुछ है वह बालक के नाते। यह मेरे पति हैं ! पहले इन्हें मुझसे कितना प्रेम था, तब इतने संसार-लोलुप न हुए थे। अब इनका प्रेम केवल स्वार्थ का स्वाँग है। मैं भी पशु हूँ जिसे दूध के लिए चारा-पानी दिया जाता है। खैर, यही सही, इस वक्त तो तुम मेरे काबू में आये हो ! जितने गहने बन सकें बनवा लूँ, इन्हें तो छीन न लोगे।

इस तरह दस महीने पूरे हो गये। निरुपमा की दोनों ननदें ससुराल से बुलायी गयीं। बच्चे के लिए पहले ही से सोने के गहने बनवा लिये गये, दूध के लिए एक सुन्दर दुधार गाय मोल ले ली गयी, घमंडीलाल उसे हवा खिलाने को एक छोटी-सी

सेजगाड़ी लाये। जिस दिन निरुपमा को प्रसव-वेदना होने लगी, द्वार पर पंडित जी मुहूर्त देखने के लिए बुलाये गये। एक मीरशिकार बंदूक छोड़ने को बुलाया गया, गायनें मंगल-गान के लिए बटोर ली गयीं। घर में तिल-तिल पर खबर मँगायी जाती थी, क्या हुआ ? लेडी डॉक्टर भी बुलायी गयीं। बाजेवाले हुक्म के इंतजार में बैठे थे। पामर भी अपनी सारंगी लिये 'ज़च्चा मान करे नंदलाल सों' की तान सुनाने को तैयार बैठा था। सारी तैयारियाँ, सारी आशाएँ, सारा उत्साह, सारा समारोह एक ही शब्द पर अवलम्बित था। ज्यों-ज्यों देर होती थी लोगों में उत्सुकता बढ़ती जाती थी। घमंडीलाल अपने मनोभावों को छिपाने के लिए एक समाचार-पत्र देख रहे थे, मानो उन्हें लड़का या लड़की दोनों ही बराबर हैं। मगर उनके बूढ़े पिता जी इतने सावधान न थे। उनकी बाछें खिली जाती थीं, हँस-हँस कर सबसे बात कर रहे थे और पैसों की एक थैली को बार-बार उछालते थे।

मीरशिकार ने कहा–मालिक से अबकी पगड़ी दुपट्टा लूँगा।

पिताजी ने खिल कर कहा–अबे कितनी पगड़ियाँ लेगा ? इतनी बेभाव की दूँगा कि सर के बाल गंजे हो जायँगे।

पामर बोला–सरकार से अब की कुछ जीविका लूँ।

पिताजी खिल कर बोले–अबे कितनी खायेगा; खिला-खिला कर पेट फाड़ दूँगा।

सहसा महरी घर में से निकली। कुछ घबरायी-सी थी। वह अभी कुछ बोलने भी न पायी थी कि मीरशिकार ने बन्दूक फैर कर ही तो दी। बन्दूक छूटनी थी कि रोशनचौकी की तान भी छिड़ गयी, पामर भी कमर कस कर नाचने को खड़ा हो गया।

महरी–अरे तुम सब के सब भंग खा गये हो क्या ?

मीरशिकार–क्या हुआ क्या ?

महरी–हुआ क्या, लड़की ही तो फिर हुई है।

पिता जी–लड़की हुई है ?

यह कहते-कहते वह कमर थाम कर बैठ गये मानो वज्र गिर पड़ा। घमंडीलाल कमरे से निकल आये और बोले–जा कर लेडी डॉक्टर से तो पूछ। अच्छी तरह देख ले। देखा न सुना, चल खड़ी हुई।

महरी–बाबूजी, मैंने तो आँखों देखा है !

घमंडीलाल–कन्या ही है ?

पिता–हमारी तक़दीर ही ऐसी है बेटा ! जाओ रे सब के सब ! तुम सभी के भाग्य में कुछ पाना न लिखा था तो कहाँ से पाते। भाग जाओ। सैकड़ों रुपये पर पानी फिर गया, सारी तैयारी मिट्टी में मिल गयी।

घमंडीलाल–इस महात्मा से पूछना चाहिए। मैं आज डाक से जरा बचा कर खबर लेता हूँ।

पिता–धूर्त है, धूर्त !

घमंडीलाल–मैं उसकी सारी धूर्तता निकाल दूँगा। मारे डंडों के खोपड़ी न तोड़ दूँ

तो कहिएगा। चांडाल कहीं का ! उसके कारण मेरे सैकड़ों रुपये पर पानी फिर गया। यह सेजगाड़ी, यह गाय, यह पलना, यह सोने के गहने किसके सिर पटकूँ। ऐसे ही उसने कितनों ही को ठगा होगा। एक दफा बचा की मरम्मत हो जाती तो ठीक हो जाते।

पिता जी–बेटा, उसका दोष नहीं, अपने भाग्य का दोष है।

घमंडीलाल–उसने क्यों कहा ऐसा नहीं होगा। औरतों से इस पाखंड के लिए कितने ही रुपये ऐंठे होंगे। वह सब उन्हें उगलना पड़ेगा, नहीं तो पुलिस में रपट कर दूँगा। कानून में पाखंड का भी तो दंड है। मैं पहले ही चौंका था कि हो न हो पाखंडी है; लेकिन मेरी सरहज ने धोखा दिया, नहीं तो मैं ऐसे पाजियों के पंजे में कब आनेवाला था। एक ही सुअर है।

पिताजी–बेटा, सब्र करो। ईश्वर को जो कुछ मंजूर था, वह हुआ। लड़का-लड़की दोनों ही ईश्वर की देन हैं, जहाँ तीन हैं वहाँ एक और सही।

पिता और पुत्र में तो यह बातें होती रहीं। पामर, मीरशिकार आदि ने अपने-अपने डंडे सँभाले और अपनी राह चले। घर में मातम-सा छा गया, लेडी डॉक्टर भी विदा कर दी गयीं, सौर में ज़च्चा और दाई के सिवा कोई न रहा। वृद्धा माता तो इतनी हताश हुई कि उसी वक्त अटवास-खटवास ले कर पड़ रहीं।

जब बच्चे की बरही हो गयी तो घमंडीलाल स्त्री के पास गये और सरोष भाव से बोले–फिर लड़की हो गयी !

निरुपमा–क्या करूँ, मेरा क्या बस ?

घमंडीलाल–उस पापी धूर्त ने बड़ा चकमा दिया।

निरुपमा–अब क्या कहूँ, मेरे भाग्य ही में न होगा, नहीं तो वहाँ कितनी ही औरतें बाबाजी को रात-दिन घेरे रहती थीं। वह किसी से कुछ लेते तो कहती कि धूर्त हैं, क़सम ले लो जो मैंने एक कौड़ी भी उन्हें दी हो।

घमंडीलाल–उसने लिया या न लिया, यहाँ तो दिवाला निकल गया। मालूम हो गया तक़दीर में पुत्र नहीं लिखा है। कुल का नाम डूबना ही है तो क्या आज डूबा, क्या दस साल बाद डूबा। अब कहीं चला जाऊँगा, गृहस्थी में कौन-सा सुख रखा है।

वह बहुत देर तक खड़े-खड़े अपने भाग्य को रोते रहे; पर निरुपमा ने सिर तक न उठाया।

निरुपमा के सिर फिर वही विपत्ति आ पड़ी, फिर वही ताने, वही अपमान, वही अनादर, वही छीछालेदर, किसी को चिंता न रहती कि खाती-पीती है या नहीं, अच्छी है या बीमार है, दुखी है या सुखी। घमंडीलाल यद्यपि कहीं न गये, पर निरुपमा को यह धमकी प्रायः नित्य ही मिलती रहती थी। कई महीने यों ही गुजर गये तो निरुपमा ने फिर भावज को लिखा कि तुमने और भी मुझे विपत्ति में डाल दिया। इससे तो पहले ही भली थी। अब तो कोई बात भी नहीं पूछता कि मरती है या जीती है। अगर यही दशा रही तो स्वामी जी चाहे संन्यास लें या न लें, लेकिन मैं संसार को अवश्य त्याग

दूँगी।

भाभी यह पत्र पा कर परिस्थिति समझ गयी। अबकी उसने निरुपमा को बुलाया नहीं, जानती थी कि लोग विदा ही न करेंगे, पति को लेकर स्वयं आ पहुँची। उसका नाम सुकेशी था। बड़ी मिलनसार, चतुर, विनोदशील स्त्री थी। आते ही आते निरुपमा की गोद में कन्या देखी तो बोली–अरे यह क्या ?

सास–भाग्य है और क्या !

सुकेशी–भाग्य कैसा ? इसने महात्मा जी की बातें भुला दी होंगी। ऐसा तो हो ही नहीं सकता कि वह मुँह से जो कुछ कह दें, वह न हो। क्यों जी, तुमने मंगल का व्रत रखा ?

निरुपमा–बराबर, एक व्रत भी न छोड़ा।

सुकेशी–पाँच ब्राह्मणों को मंगल के दिन भोजन कराती रहीं ?

निरुपमा–यह तो उन्होंने नहीं कहा था।

सुकेशी–तुम्हारा सिर, मुझे खूब याद है, मेरे सामने उन्होंने बहुत जोर दे कर कहा था। तुमने सोचा होगा, ब्राह्मणों को भोजन कराने से क्या होता है। यह न समझा कि कोई अनुष्ठान सफल नहीं होता जब तक विधिवत् उसका पालन न किया जाय।

सास–इसने कभी इसकी चर्चा ही नहीं की; नहीं, पाँच क्या दस ब्राह्मणों को जिमा देती। तुम्हारे धर्म से कुछ कमी नहीं है।

सुकेशी–कुछ नहीं, भूल हो गयी और क्या। रानी, बेटे का मुँह यों देखना नसीब नहीं होता। बड़े-बड़े जप-तप करने पड़ते हैं, तुम मंगल के एक व्रत ही से घबरा गयीं?

सास–अभागिनी है और क्या ?

घमंडीलाल–ऐसी कौन-सी बड़ी बातें थीं, जो याद न रहीं ? वह खुद हम लोगों को जलाना चाहती है।

सास–वही तो कहूँ कि महात्मा की बात कैसे निष्फल हुई। यहाँ सात बरसों तक 'तुलसी माई' को दिया चढ़ाया, जब जा के बच्चे का जन्म हुआ।

घमंडीलाल–इन्होंने समझा था दाल-भात का कौर है !

सुकेशी–खैर, अब जो हुआ सो हुआ कल मंगल है, फिर व्रत रखो और अब की सात ब्राह्मणों को जिमाओ। देखें, कैसे महात्मा जी की बात नहीं पूरी होती।

घमंडीलाल–व्यर्थ है, इनके किये कुछ न होगा।

सुकेशी–बाबूजी, आप विद्वान् समझदार हो कर इतना दिल छोटा करते हैं। अभी आपकी उम्र ही क्या है। कितने पुत्र लीजिएगा ? नाकों दम न हो जाय तो कहिएगा।

सास–बेटी, दूध-पूत से भी किसी का मन भरा है।

सुकेशी–ईश्वर ने चाहा तो आप लोगों का मन भर जायगा। मेरा तो भर गया।

घमंडीलाल–सुनती हो महारानी, अबकी कोई गोलमाल मत करना। अपनी भाभी से सब ब्योरा अच्छी तरह पूछ लेना।

सुकेशी–आप निश्चिंत रहें, मैं याद करा दूँगी; क्या भोजन करना होगा, कैसे

रहना होगा, कैसे स्नान करना होगा, यह सब लिखा दूँगी और अम्माँ जी, आज के अठारह मास बाद आपसे कोई भारी इनाम लूँगी।

सुकेशी एक सप्ताह यहाँ रही और निरुपमा को खूब लिखा-पढ़ा कर चली गयी।

3

निरुपमा का एकबाल फिर चमका, घमंडीलाल अबकी इतने आश्वासित हुए कि भविष्य ने भूत को भुला दिया। निरुपमा फिर बाँदी से रानी हुई, सास फिर उसे पान की भाँति फेरने लगी, लोग उसका मुँह जोहने लगे।

दिन गुजरने लगे, निरुपमा कभी कहती अम्माँ जी, आज मैंने स्वप्न देखा कि एक वृद्धा स्त्री ने आ कर मुझे पुकारा और एक नारियल दे कर बोली–यह तुम्हें दिये जाती हूँ; कभी कहती, अम्माँ जी, अबकी न जाने क्यों मेरे दिल में बड़ी-बड़ी उमंगें पैदा हो रही हैं, जी चाहता है खूब गाना सुनूँ, नदी में खूब स्नान करूँ, हरदम नशा-सा छाया रहता है। सास सुन कर मुस्कुराती और कहती–बहू, ये शुभ लक्षण हैं।

निरुपमा चुपके-चुपके माजून मँगा कर खाती और अपने असल नेत्रों से ताकती हुई घमंडीलाल से पूछती–मेरी आँखें लाल हैं क्या ?

घमंडीलाल खुश हो कर कहते–मालूम होता है, नशा चढ़ा हुआ है। ये शुभ लक्षण है।

निरुपमा को सुगंधों से कभी इतना प्रेम न था, फूलों के गजरों पर अब वह जान देती थी।

घमंडीलाल अब नित्य सोते समय उसे महाभारत की वीर कथाएँ पढ़ कर सुनाते, कभी गुरु गोविंदसिंह की कीर्ति का वर्णन करते। अभिमन्यु की कथा से निरुपमा को बड़ा प्रेम था। पिता अपने आनेवाले पुत्र को वीर-संस्कारों से परिपूरित कर देना चाहता था।

एक दिन निरुपमा ने पति से कहा–नाम क्या रखोगे ?

घमंडीलाल–यह तो तुमने खूब सोचा। मुझे तो इसका ध्यान ही न रहा था। ऐसा नाम होना चाहिए जिससे शौर्य और तेज टपके। सोचो कोई नाम।

दोनों प्राणी नामों की व्याख्या करने लगे। जोरावरलाल से लेकर हरिश्चन्द्र तक सभी नाम गिनाये गये, पर उस असामान्य बालक के लिए कोई नाम न मिला। अंत में पति ने कहा तेग़बहादुर कैसा नाम है।

निरुपमा–बस-बस, यही नाम मुझे पसन्द है ?

घमंडीलाल–नाम तो बढ़िया है। तेग़बहादुर की कीर्ति सुन ही चुकी हो। नाम का आदमी पर बड़ा असर होता है।

निरुपमा–नाम ही तो सब-कुछ है। दमड़ी, छकौड़ी, धुरहू, कतवारू, जिसके नाम देखे उसे भी 'यथा नाम तथा गुण' ही पाया। हमारे बच्चे का नाम होगा तेग़बहादुर।

4

प्रसव-काला आ पहुँचा। निरुपमा को मालूम था कि क्या होने वाली है; लेकिन बाहर मंगलाचरण का पूरा सामान था। अबकी किसी को लेशमात्र भी संदेह न था। नाच, गाने का प्रबंध भी किया गया था। एक शामियाना खड़ा किया गया था और मित्रगण उसमें बैठे खुश-गप्पियाँ कर रहे थे। हलवाई कड़ाह से पूरियाँ और मिठाइयाँ निकाल रहा था। कई बोरे अनाज के रखे हुए थे कि शुभ समाचार पाते ही भिक्षुओं को बाँटे जायें। एक क्षण का भी विलम्ब न हो, इसलिए बोरों के मुँह खोल दिये गये थे।

लेकिन निरुपमा का दिल प्रतिक्षण बैठा जाता था। अब क्या होगा ? तीन साल किसी तरह कौशल से कट गये और मजे में कट गये, लेकिन अब विपत्ति सिर पर मँडरा रही है। हाय ! कितनी परवशता है ! निरपराध होने पर भी यह दंड ! अगर भगवान् की इच्छा है कि मेरे गर्भ से कोई पुत्र न जन्म ले तो मेरा क्या दोष ! लेकिन कौन सुनता है। मैं ही अभागिनी हूँ, मैं ही त्याज्य हूँ, मैं ही कलमुँही हूँ, इसीलिए न कि परवश हूँ ! क्या होगा ? अभी एक क्षण में यह सारा आनंदोत्सव शोक में डूब जायगा, मुझ पर बौछारें पड़ने लगेंगी, भीतर से बाहर तक मुझी को कोसेंगे, सास-ससुर का भय नहीं, लेकिन स्वामी जी शायद फिर मेरा मुँह न देखें, शायद निराश हो कर घर-बार त्याग दें। चारों तरफ अमंगल ही अमंगल है। मैं अपने घर की, अपनी संतान की दुर्दशा देखने के लिए क्यों जीवित हूँ। कौशल बहुत हो चुका, अब उससे कोई आशा नहीं। मेरे दिल में कैसे-कैसे अरमान थे। अपनी प्यारी बच्चियों का लालन-पालन करती, उन्हें ब्याहती, उनके बच्चों को देख कर सुखी होती। पर आह ! यह सब अरमान खाक में मिले जाते हैं। भगवान् ! तुम्हीं अब इनके पिता हो, तुम्हीं इनके रक्षक हो। मैं तो अब जाती हूँ।

लेडी डॉक्टर ने कहा—वेल ! फिर लड़की है।

भीतर-वाहन कुहराम मच गया पिट्टस पड़ गयी। घमंडीलाल ने कहा—जहन्नुम में जाय ऐसी जिंदगी, मौत भी नहीं आ जाती !

उनके पिता भी बोले—अभागिनी है, वज्र अभागिनी !

भिक्षुओं ने कहा—रोओ अपनी तकदीर को, हम कोई दूसरा द्वार देखते हैं।

अभी यह शोकोद्गार न होने पाया था कि लेडी डॉक्टर ने कहा—माँ का हाल अच्छा नहीं है। वह अब नहीं बच सकती। उसका दिल बंद हो गया है।

दण्ड

संध्या का समय था। कचहरी उठ गयी थी। अहलकार और चपरासी जेबें खनखनाते घर जा रहे थे। मेहतर कूड़े टटोल रहा था कि शायद कहीं पैसे-वैसे मिल जायँ। कचहरी के बरामदों में साँडों ने वकीलों की जगह ले ली थी। पेड़ों के नीचे मुहर्रिरों की जगह

कुत्ते बैठे नजर आते थे। इसी समय एक बूढ़ा आदमी, फटे-पुराने कपड़े पहने, लाठी टेकता हुआ, जंट साहब के बँगले पर पहुँचा और सायबान में खड़ा हो गया। जंट साहब का नाम था मिस्टर जी. सिन्हा। अरदली ने दूर ही से ललकारा—कौन सायबान में खड़ा है ? क्या चाहता है।

बूढ़ा—गरीब बाम्हन हूँ भैया, साहब से भेंट होगी ?

अरदली—साहब तुम-जैसों से नहीं मिला करते।

बूढ़े ने लाठी पर अकड़ कर कहा—क्यों भाई, हम खड़े हैं या डाकू-चोर हैं कि हमारे मुँह में कुछ लगा हुआ है ?

अरदली—भीख माँग कर मुकदमा लड़ने आये होगे ?

बूढ़ा—तो कोई पाप किया ? अगर घर बेच कर मुकदमा नहीं लड़ते तो कुछ बुरा करते हैं ? यहाँ तो मुकदमा लड़ते-लड़ते उमर बीत गयी; लेकिन घर का पैसा नहीं खरचा। मियाँ की जूती मियाँ का सिर करते हैं। दस भलेमानसों से माँग कर एक को दे दिया। चलो छुट्टी हुई। गाँव भर नाम से काँपता है। किसी ने जरा भी टिर-पिर की और मैंने अदालत में दावा दायर किया।

अरदली—किसी बड़े आदमी से पाला नहीं पड़ा अभी ?

बूढ़ा—अजी, कितने ही बड़ों को बड़े घर भिजवा दिया तुम हो किस फेर में। हाई-कोर्ट तक जाता हूँ सीधा। कोई मेरे मुँह क्या आयेगा बेचारा ! गाँठ से तो कौड़ी जाती नहीं, फिर डरें क्यों ? जिसकी चीज पर दाँत लगाये, अपना करके छोड़ा। सीधे न दिया तो अदालत में घसीट लाये और रगेद-रगेद कर मारा, अपना क्या बिगड़ता है ? तो साहब से इत्तला करते हो कि मैं ही पुकारूँ ?

अरदली ने देखा; यह आदमी यों टलनेवाला नहीं तो जा कर साहब से उसकी इत्तला की। साहब ने हुलिया पूछा और खुश हो कर कहा—फौरन बुला लो।

अरदली—हजूर, बिलकुल फटेहाल है।

साहब—गुदड़ी ही में लाल होते हैं। जा कर भेज दो।

मिस्टर सिन्हा अधेड़ आदमी थे, बहुत ही शांत, बहुत ही विचारशील। बातें बहुत कम करते थे। कठोरता और असभ्यता, जो शासन का अंग समझी जाती है, उनको छू भी नहीं गयी थी। न्याय और दया के देवता मालूम होते थे। निगाह ऐसी बारीक पायी थी कि सूरत देखते ही आदमी पहचान जाते थे। डील-डौल देवों का-सा था और रंग आबनूस का-सा। आराम-कुर्सी पर लेटे हुए पेचवान पी रहे थे। बूढ़े ने जा कर सलाम किया।

सिनहा—तुम हो जगत पांडे ! आओ बैठो। तुम्हारा मुकदमा तो बहुत ही कमजोर है। भले आदमी, जाल भी न करते बना ?

जगत—ऐसा न कहें हजूर, गरीब आदमी हूँ, मर जाऊँगा।

सिनहा—किसी वकील मुख्तार से सलाह भी न ले ली ?

जगत—अब तो सरकार की सरन में आया हूँ।

सिनहा–सरकार क्या मिसिल बदल देंगे; या नया कानून गढ़ेंगे ? तुम गच्चा खा गये। मैं कभी कानून के बाहर नहीं जाता। जानते हो न अपील से कभी मेरी तजवीज रद्द नहीं होती ?

जगत–बड़ा धरम हो सरकार ! (सिन्हा के पैरों पर गिन्नियों की एक पोटली रख कर) बड़ा दुखी हूँ सरकार !

सिनहा–(मुस्करा कर) यहाँ भी अपनी चालबाजी से नहीं चूकते ? निकालो अभी और, ओस से प्यास नहीं बुझती। भला दहाई तो तुम पूरा करो।

जगत–बहुत तंग हूँ दीनबंधु !

सिनहा–डालो-डालो कमर में हाथ। भला कुछ मेरे नाम की लाज तो रखो।

जगत–लुट जाऊँगा सरकार !

सिनहा–लुटें तुम्हारे दुश्मन, जो इलाका बेच कर लड़ते हैं। तुम्हारे जजमानों का भगवान् भला करें, तुम्हें किस बात की कमी है।

मिस्टर सिनहा इस मामले में जरा भी रियायत न करते थे। जगत ने देखा कि यहाँ काइयाँपन से काम न चलेगा तो चुपके से 5 गिन्नियाँ और निकालीं। लेकिन उन्हें मिस्टर सिनहा के पैरों पर रखते समय उसकी आँखों से खून निकल आया। यह उसकी बरसों की कमाई थी। बरसों पेट काट कर, तन जला कर, मन बाँध कर, झूठी गवाहियाँ दे कर उसने यह थाती संचय कर पायी थी। उसका हाथों से निकलना प्राण निकलने से कम दुखदायी न था।

जगत पाँडे के चले जाने के बाद, कोई 9 बजे रात को, जंट साहब के बँगले पर एक ताँगा आ कर रुका और उस पर से पंडित सत्यदेव उतरे जो राजा साहब शिवपुर के मुख्तार थे।

मिस्टर सिनहा ने मुस्करा कर कहा–आप शायद अपने इलाके में गरीबों को न रहने देंगे। इतना जुल्म !

सत्यदेव–गरीबपरवर, यह कहिए कि गरीबों के मारे अब इलाके में हमारा रहना मुश्किल हो रहा है। आप जानते हैं, सीधी उँगली घी नहीं निकलता। जमींदार को कुछ-न-कुछ सख्ती करनी ही पड़ती है, मगर अब यह हाल है कि हमने ज़रा चूँ भी की तो उन्हीं ग़रीबों की त्योरियाँ बदल जाती हैं। सब मुफ़्त में जमीन जोतना चाहते हैं। लगान माँगिये तो फ़ौजदारी का दावा करने को तैयार ! अब इसी जगत पाँड़े को देखिए। गंगा क़सम है हुजूर, सरासर झूठा दावा है। हुजूर से कोई बात छिपी तो रह नहीं सकती। अगर जगत पाँडे यह मुकदमा जीत गया तो हमें बोरिया-बँधना छोड़ कर भागना पड़ेगा। अब हुजूर ही बसाएँ तो बस सकते हैं। राजा साहब ने हुजूर को सलाम कहा है और अर्ज की है कि इस मामले में जगत पांडे की ऐसी खबर लें कि वह भी याद करे।

मिस्टर सिनहा ने भवें सिकोड़ कर कहा–कानून मेरे घर तो नहीं बनता ?

सत्यदेव–हुजूर आप के हाथ में सब कुछ है।

यह कह कर गिन्नियों की एक गड्डी निकाल कर मेज़ पर रख दी। मिस्टर सिनहा ने गड्डी को आँखों से गिन कर कहा–इन्हें मेरी तरफ़ से राजा साहब की नज़र कर दीजिएगा। आखिर आप कोई वकील तो करेंगे ही। उसे क्या दीजिएगा ?

सत्यदेव–यह तो हुजूर के हाथ में है। जितनी ही पेशियाँ होंगी उतना ही खर्च भी बढ़ेगा।

सिनहा–मैं चाहूँ तो महीनों लटका सकता हूँ।

सत्यदेव–हाँ, इससे कौन इनकार कर सकता है।

सिनहा–पाँच पेशियाँ भी हुईं तो आपके कम से कम एक हजार उड़ जायेंगे। आप यहाँ उसका आधा पूरा कर दीजिए तो एक ही पेशी में वारा-न्यारा हो जाय। आधी रकम बच जाय।

सत्यदेव ने 10 गिन्नियाँ और निकाल कर मेज़ पर रख दीं और घमंड के साथ बोले–हुक्म हो तो राजा साहब से कह दूँ, आप इत्मीनान रखें साहब की कृपादृष्टि हो गयी है।

मिस्टर सिनहा ने तीव्र स्वर में कहा जी नहीं, यह कहने की ज़रूरत नहीं। मैं किसी शर्त पर यह रकम नहीं ले रहा हूँ। मैं करूँगा वही जो कानून की मंशा होगी। कानून के खिलाफ़ जौ-भर भी नहीं जा सकता। यही मेरा उसूल है। आप लोग मेरी खातिर करते हैं, यह आपकी शराफ़त है। मैं उसे अपना दुश्मन समझूँगा जो मेरा ईमान खरीदना चाहे। मैं जो कुछ लेता हूँ, सच्चाई का इनाम समझ कर लेता हूँ।

2

जगत पाँडे को पूरा विश्वास था कि मेरी जीत होगी; लेकिन तजबीज सुनी तो होश उड़ गये ! दावा ख़ारिज हो गया ! उस पर खर्च की चपत अलग। मेरे साथ यह चाल ! अगर लाला साहब को इसका मज़ा न चखा दिया तो बाम्हन नहीं। है किस फेर में ? सारा रोब भुला दूँगा। यहाँ गाढ़ी कमाई के रुपये हैं। कौन पचा सकता है ? हाड़ फोड़-फोड़ कर निकलेंगे। द्वार पर सिर पटक-पटक कर मर जाऊँगा।

उसी दिन संध्या को जगत पाँडे ने मिस्टर सिनहा के बँगले के सामने आसन जमा दिया। वहाँ बरगद का घना वृक्ष था। मुकदमेवाले वहीं सत्तू, चबेना खाते और दोपहरी उसी की छाँह में काटते थे। जगत पाँडे उनसे मिस्टर सिनहा की दिल खोल कर निंदा करता। न कुछ खाता न पीता, बस लोगों को अपनी रामकहानी सुनाया करता। जो सुनता वह जंट साहब को चार खोटी-खरी कहता–आदमी नहीं पिशाच है, इसे तो ऐसी जगह मारे जहाँ पानी न मिले। रुपये के रुपये लिये, ऊपर से खरचे समेत डिग्री कर दी ! यही करना था तो रुपये काहे को निगले थे ? यह है हमारे भाई-बंदों का हाल। यह अपने कहलाते हैं ! इनसे तो अंग्रेज ही अच्छे। इस तरह की आलोचनाएँ दिन-भर हुआ करतीं। जगत पाँडे के आस-पास आठों पहर जमघट लगा रहता।

इस तरह चार दिन बीत गये और मिस्टर सिनहा के कानों में भी बात पहुँची।

अन्य रिश्वती कर्मचारियों की तरह वह भी हेकड़ आदमी थे। ऐसे निर्द्वंद्व रहते मानो उन्हें यह बीमारी छू तक नहीं गयी है। जब वह कानून से जौ-भर भी न टलते थे तो उन पर रिश्वत का संदेह हो ही क्योंकर सकता था, और कोई करता भी तो उसकी मानता कौन ? ऐसे चतुर खिलाड़ी के विरुद्ध कोई जाब्ते की कार्रवाई कैसे होती ? मिस्टर सिनहा अपने अफसरों से भी खुशामद का व्यवहार न करते। इससे हुक्काम भी उनका बहुत आदर करते थे। मगर जगत पाँडे ने वह मंत्र मारा था जिसका उनके पास कोई उत्तर न था। ऐसे बाँगड़ आदमी से आज तक उन्हें साबिका न पड़ा था। अपने नौकरों से पूछते—बुड्ढा क्या कर रहा है ! नौकर लोग अपनापन जताने के लिए झूठ के पुल बाँध देते—हुजूर, कहता था भूत बन कर लगूँगा, मेरी वेदी बने तो सही, जिस दिन मरूँगा, उस दिन के सौ जगत पाँड़े होंगे। मिस्टर सिनहा पक्के नास्तिक थे; लेकिन ये बातें सुन-सुन कर सशंक हो जाते और उनकी पत्नी तो थर-थर काँपने लगतीं। वह नौकरों से बार-बार कहतीं उससे जा कर पूछा, क्या चाहता है। जितना रुपया चाहे ले ले, हमसे जो माँगे वह देंगे, बस यहाँ से चला जाय। लेकिन मिस्टर सिनहा आदमियों को इशारे से मना कर देते थे। उन्हें अभी तक आशा थी कि भूख-प्यास से व्याकुल हो कर बुड्ढा चला जायगा। इससे अधिक भय यह था कि ज़रा भी नरम पड़ा और नौकरों ने मुझे उल्लू बनाया।

छठे दिन मालूम हुआ कि जगत पाँडे अबोल हो गया है, उससे हिला तक नहीं जाता, चुपचाप पड़ा आकाश की ओर देख रहा है। शायद आज रात को दम निकल जाय। मिस्टर सिनहा ने लंबी साँस ली और गहरी चिंता में डूब गये। पत्नी ने आँखों में आँसू भर कर आग्रहपूर्वक कहा—तुम्हें मेरे सिर की कसम, जा कर किसी तरह इस बला को टालो। बुड्ढा मर गया तो हम कहीं के न रहेंगे। अब रुपये का मुँह मत देखो। दो-चार हजार भी देने पड़ें तो दे कर उसे मनाओ। तुमको जाते शर्म आती हो तो मैं चली जाऊँ।

सिनहा—जाने का इरादा तो मैं कई दिन से कर रहा हूँ; लेकिन जब देखता हूँ वहाँ भीड़ लगी रहती है, इससे हिम्मत नहीं पड़ती। सब आदमियों के सामने तो मुझसे न जाया जायगा, चाहे कितनी ही बड़ी आफ़त क्यों न आ पड़े। तुम दो-चार हजार की कहती, मैं दस-पाँच हजार देने को तैयार हूँ। लेकिन वहाँ नहीं जा सकता। न जाने किस बुरी साइत से मैंने इसके रुपये लिये। जानता कि यह इतना फिसाद खड़ा करेगा तो फाटक में घुसने ही न देता। देखने से तो ऐसा सीधा मालूम होता था कि गऊ है। मैंने पहली बार आदमी पहचानने में धोखा खाया।

पत्नी—तो मैं ही चली जाऊँ ? शहर की तरफ़ से आऊँगी और सब आदमियों को हटा कर अकेले में बात करूँगी। किसी को खबर न होगी कि कौन है। इसमें तो कोई हरज नहीं ?

मिस्टर सिनहा ने संदिग्ध भाव से कहा—ताड़नेवाले ताड़ ही जायेंगे, चाहे तुम कितना ही छिपाओ।

पत्नी—ताड़ जायँगे ताड़ जायँ, अब किससे कहाँ तक डरूँ। बदनामी अभी क्या कम हो रही है, जो और हो जायगी। सारी दुनिया जानती है कि तुमने रुपये लिये। यों ही कोई किसी पर प्राण नहीं देता। फिर अब व्यर्थ की ऐंठ क्यों करो ?

मिस्टर सिनहा अब मर्मवेदना को न दबा सके। बोले—प्रिये, यह व्यर्थ की ऐंठ नहीं है। चोर को अदालत में बेंत खाने से उतनी लज्जा नहीं आती, स्त्री को कलंक से उतनी लज्जा नहीं आती, जितनी किसी हाकिम को अपनी रिश्वत का परदा खुलने से आती है। वह जहर खा कर मर जायगा; पर संसार के सामने अपना परदा न खोलेगा। अपना सर्वनाश देख सकता है; पर यह अपमान नहीं सह सकता, जिंदा खाल खींचने, या कोल्हू में पेरे जाने के सिवा और कोई स्थिति नहीं है जो उसे अपना अपराध स्वीकार करा सके। इसका तो मुझे जरा भी भय नहीं है कि ब्राह्मण भूत बन कर हमको सतायेगा, या हमें उसकी वेदी बना कर पूजनी पड़ेगी, यह भी जानता हूँ कि पाप का दंड भी बहुधा नहीं मिलता; लेकिन हिंदू होने के कारण संस्कारों की शंका कुछ-कुछ बनी हुई है। ब्रह्महत्या का कलंक सिर पर लेते हुए आत्मा काँपती है। बस, इतनी बात है। मैं आज रात को मौका देख कर जाऊँगा और इस संकट को काटने के लिए जो कुछ हो सकेगा, करूँगा। तिर जमा रखो।

3

आधी रात बीत चुकी थी। मिस्टर सिनहा घर से निकले और अकेले जगत पाँडे को मनाने चले। बरगद के नीचे बिलकुल सन्नाटा था। अंधकार ऐसा था मानो निशादेवी यहीं शयन कर रही हों। जगत पाँडे की साँस जोर-जोर से चल रही थी मानो मौत ज़बरदस्ती घसीटे लिये जाती हो। मिस्टर सिनहा के रोएँ खड़े हो गये। बुड्ढा कहीं मर तो नहीं रहा है ? जेबी लालटेन निकाली और जगत के समीप जा कर बोले—पाँडे जी कहो क्या हाल है ?

जगत पाँडे ने आँखें खोल कर देखा और उठने की असफल चेष्टा करके बोला—मेरा हाल पूछते हो ? देखते नहीं हो, मर रहा हूँ ?

सिनहा—तो इस तरह क्यों प्राण देते हो ?

जगत—तुम्हारी यही इच्छा है तो मैं क्या करूँ ?

सिनहा—मेरी तो यही इच्छा नहीं। हाँ, अलबत्ता मेरा सर्वनाश करने पर तुम तुले हुए हो। आखिर मैंने तुम्हारे डेढ़ सौ रुपये ही तो लिये हैं। इतने ही रुपये के लिए तुम इतना बड़ा अनुष्ठान कर रहे हो !

जगत—डेढ़ सौ रुपये की बात नहीं है। जो तुमने मुझे मिट्टी में मिला दिया। मेरी डिग्री हो गयी होती तो मुझे दस बीघे जमीन मिल जाती और सारे इलाके में नाम हो जाता। तुमने मेरे डेढ़ सौ नहीं लिये, मेरे पाँच हजार बिगाड़ दिये। पूरे पाँच हजार; लेकिन यह घमंड न रहेगा, याद रखना। कहे देता हूँ, सत्यानाश हो जायगा। इस अदालत में तुम्हारा राज्य है; लेकिन भगवान् के दरबार में विप्रों ही का राज्य है। विप्र

का धन ले कर कोई सुखी नहीं रह सकता।

मिस्टर सिनहा ने बहुत खेद और लज्जा प्रकट की, बहुत अनुनय-विनय से काम लिया और अंत में पूछा—सच बतलाओ पाँडे, कितने रुपये पा जाओ तो यह अनुष्ठान छोड़ दो।

जगत पाँडे ज़ोर लगा कर उठ बैठे और बड़ी उत्सुकता से बोले—पाँच हजार से कौड़ी कम न लूँगा।

सिनहा—पाँच हजार तो बहुत होते हैं। इतना जुल्म न करो।

जगत—नहीं, इससे कम न लूँगा।

यह कह कर जगत पाँड़े फिर लेट गया। उसने ये शब्द इतने निश्चयात्मक भाव से कहे थे कि मिस्टर सिनहा को और कुछ कहने का साहस न हुआ। रुपये लाने घर चले; लेकिन घर पहुँचते-पहुँचते नीयत बदल गयी। डेढ़ सौ के बदले पाँच हजार देते कलक हुआ। मन में कहा—मरता है मर जाने दो, कहाँ की ब्रह्महत्या और कैसा पाप ! यह सब पाखंड है। बदनामी न होगी ? सरकारी मुलाज़िम तो यों ही बदनाम होते हैं, यह कोई नयी बात थोड़े ही है। बचा कैसे उठ बैठे थे। समझा होगा, उल्लू फँसा। अगर 6 दिन के उपवास करने से पाँच हजार मिलें तो मैं महीने में कम-से-कम पाँच मरतबा यह अनुष्ठान करूँ। पाँच हजार नहीं, कोई मुझे एक ही हजार दे दे। यहाँ तो महीने भर नाक रगड़ता हूँ तब जाके 600 रुपये के दर्शन होते हैं। नोच-खसोट से भी शायद ही किसी महीने में इससे ज्यादा मिलता हो। बैठा मेरी राह देख रहा होगा। लेगा रुपये, मुँह मीठा हो जायगा।

वह चारपाई पर लेटना चाहते थे कि उनकी पत्नी जी आ कर खड़ी हो गयीं। उनके सिर के बाल खुले हुए थे, आँखें सहमी हुईं, रह-रह कर काँप उठती थीं। मुँह से शब्द न निकलता था। बड़ी मुश्किल से बोलीं—आधी रात तो हो गयी होगी ? तुम जगत पाँडे के पास चले जाओ। मैंने अभी ऐसा बुरा सपना देखा है कि अभी तक कलेजा धड़क रहा है, जान संकट में पड़ी हुई है। जाके किसी तरह उसे टालो।

मिस्टर सिनहा—वहीं से तो चला आ रहा हूँ। मुझे तुमसे ज्यादा फ़िक्र है। अभी आ कर खड़ा ही हुआ था कि तुम आयीं।

पत्नी—अच्छा ! तो तुम गये थे ! क्या बातें हुईं, राजी हुआ ?

सिनहा—पाँच हजार रुपये माँगता है !

पत्नी—पाँच हजार !

सिनहा—कौड़ी कम नहीं कर सकता और मेरे पास इस वक्त एक हजार से ज्यादा न होंगे।

पत्नी ने एक क्षण सोच कर कहा—जितना माँगता है उतना ही दे दो, किसी तरह गला तो छूटे। तुम्हारे पास रुपये न हों तो मैं दे दूँगी। अभी से सपने दिखाई देने लगे हैं। मरा तो प्राण कैसे बचेंगे। बोलता-चालता है न ?

मिस्टर सिनहा अगर जआबनूस थे तो उनकी पत्नी चंदन। सिनहा उनके गुलाम

थे, उनके इशारों पर चलते थे। पत्नी जी भी पति-शासन में कुशल थीं। सौंदर्य और अज्ञान में अपवाद है। सुंदरी कभी भोली नहीं होती। वह पुरुष के मर्मस्थल पर आसन जमाना जानती है !

सिनहा–तो लाओ देता आऊँ; लेकिन आदमी बड़ा चग्घड़ है, कहीं रुपये ले कर सबको दिखाता फिरे तो ?

पत्नी–इसको यहाँ से इसी वक्त भागना होगा।

सिनहा–तो निकालो दे ही दूँ। जिंदगी में यह बात भी याद रहेगी।

पत्नी ने अविश्वास भाव से कहा–चलो, मैं भी चलती हूँ। इस वक्त कौन देखता है ?

पत्नी से अधिक पुरुष के चरित्र का ज्ञान और किसी को नहीं होता। मिस्टर सिनहा की मनोवृत्तियों को उनकी पत्नी जी खूब जानती थीं। कौन जाने रास्ते में रुपये कहीं छिपा दें, और कह दें, दे आये। या कहने लगें, रुपये ले कर भी नहीं टलता तो मैं क्या करूँ। जा कर संदूक से नोटों के पुलिंदे निकाले और उन्हें चादर में छिपा कर मिस्टर सिनहा के साथ चलीं। सिन्हा के के मुँह पर झाडू-सी फिरी हुई थी। लालटेन लिये पछताते चले जाते थे। 5000 रु. निकले जाते हैं। फिर इतने रुपये कब मिलेंगे; कौन जानता है ? इससे तो कहीं अच्छा था कि दुष्ट मर ही जाता। बला से बदनामी होती, कोई मेरे जेब से रुपये तो न छीन लेता। ईश्वर करे मर गया हो !

अभी तक दोनों आदमी फाटक ही तक आये थे कि देखा, जगत पाँडे लाठी टेकता चला आता है। उसका स्वरूप इतना डरावना था मानो श्मशान से कोई मुरदा भागा आता हो।

इनको देखते ही जगत पाँडे बैठ गया और हाँफता हुआ बोला–बड़ी देर हुई, लाये ?

पत्नी जी बोलीं–महाराज, हम तो आ ही रहे थे, तुमने क्यों कष्ट किया ? रुपये ले कर सीधे घर चले जाओगे न ?

जगत–हाँ-हाँ, सीधा घर जाऊँगा। कहाँ हैं रुपये देखूँ !

पत्नी जी ने नोटों का पुलिंदा बाहर निकाला और लालटेन दिखा कर बोलीं–गिन लो। पूरे 5000 रुपये हैं !

पाँडे ने पुलिंदा लिया और बैठ कर उसे उलट-पुलट कर देखने लगा। उसकी आँखें एक नये प्रकाश से चमकने लगीं। हाथों में नोटों को तौलता हुआ बोला–पूरे पाँच हजार हैं ?

पत्नी–पूरे गिन लो !

जगत–पाँच हजार में दो टोकरी भर जायगी ! (हाथों से बता कर) इतने सारे हुए पाँच हजार !

सिनहा–क्या अब भी तुम्हें विश्वास नहीं आता ?

जगत–हैं-हैं, पूरे हैं पूरे पाँच हजार ! तो अब जाऊँ, भाग जाऊँ ?

यह कह कर वह पुलिंदा लिए कई कदम लड़खड़ाता हुआ चला, जैसे कोई शराबी, और तब धम से जमीन पर गिर पड़ा। मिस्टर सिनहा लपक कर उसे उठाने दौड़े तो देखा उसकी आँखें पथरा गयी हैं और मुख पीला पड़ गया है। बोलो—पाँडे-पाँडे क्या कहीं चोट आ गयी ?

पाँडे ने एक बार मुँह खोला जैसे मरती हुई चिड़िया सिर लटका कर चोंच खोल देती है। जीवन का अंतिम धागा भी टूट गया। ओंठ खुले हुए थे और नोटों का पुलिंदा छाती पर रखा हुआ था। इतने में पत्नी जी भी आ पहुँची और शव को देखकर चौंक पड़ीं !

पत्नी—इसे क्या हो गया ?

सिनहा—मर गया और क्या हो गया ?

पत्नी—(सिर पीट कर) मर गया ! हाय भगवान ! अब कहाँ जाऊँ ?

यह कह कर वह बँगले की ओर बड़ी तेजी से चलीं। मिस्टर सिनहा ने भी नोटों का पुलिंदा शव की छाती पर से उठा लिया और चले।

पत्नी—ये रुपये अब क्या होंगे ?

सिनहा—किसी धर्म-कार्य में दे दूँगा।

पत्नी—घर में मत रखना, खबरदार ! हाय भगवान् !

4

दूसरे दिन सारे शहर में खबहर मशहूर हो गयी—जगत पाँडे ने जंट साहब पर जान दे दी। उसका शव उठा तो हज़ारों आदमी साथ थे। मिस्टर सिनहा को खुल्लम-खुल्ला गालियाँ दी जा रही थीं।

संध्या समय मिस्टर सिनहा कचहरी से आ कर मन मारे बैठे थे कि नौकरों ने आ कर कहा—सरकार, हमको छुट्टी दी जाय ! हमारा हिसाब कर दीजिए। हमारी बिरादरी के लोग धमकाते हैं कि तुम जंट साहब की नौकरी करोगे तो हुक्का-पानी बन्द हो जायगा।

सिनहा ने झल्ला कर कहा—कौन धमकाता है ?

कहार—किसका नाम बतायें सरकार ! सभी तो कह रहे हैं।

रसोइया—हुजूर, मुझे तो लोग धमकाते हैं कि मन्दिर में न घुसने पाओगे।

सिनहा—एक महीने की नोटिस दिये बग़ैर तुम नहीं जा सकते।

साईस—हुजूर, बिरादरी से बिगाड़ करके हम लोग कहाँ जायँगे ? हमारा आज से इस्तीफ़ा है। हिसाब जब चाहे कर दीजिएगा।

मिस्टर सिनहा ने बहुत धमकाया, फिर दिलासा देने लगे; लेकिन नौकरों ने एक न सुनी। आध घन्टे के अंदर सबों ने अपना-अपना रास्ता लिया। मिस्टर सिनहा दाँत पीस कर रह गये; लेकिन हाकिमों का काम कब रुकता है ? उन्होंने उसी वक्त कोतवाल को खबर दी कि कई आदमी बेगार में पकड़ आये। काम चल निकला।

उसी दिन से मिस्टर सिनहा और हिन्दू समाज में खींचतान शुरू हुई। धोबी ने कपड़े धोना बन्द कर दिया। ग्वाले ने दूध लाने में आनाकानी की। नाई ने हजामत बनानी छोड़ी। इन विपत्तियों पर पत्नी जी का रोना-धोना और भी ग़ज़ब था। इन्हें रोज भयंकर स्वप्न दिखाई देते। रात को एक कमरे से दूसरे में जाते प्राण निकलते थे। किसी का ज़रा सिर भी दुखता तो नहों में जान समा जाती। सबसे बड़ी मुसीबत यह थी कि अपने सम्बन्धियों ने भी आना-जाना छोड़ दिया। एक दिन साले आये, मगर बिना पानी पिये चले गये। इसी तरह एक बहनोई का आगमन हुआ। उन्होंने पान तक न खाया। मिस्टर सिनहा बड़े धैर्य से यह सारा तिरस्कार सहते जाते थे। अब तक उनकी आर्थिक हानि न हुई थी। ग़रज के बावले झक मार कर आते ही थे और नज़र-नज़राना मिलता ही था। फिर विशेष चिंता का कोई कारण न था।

लेकिन बिरादरी से बैर करना पानी में रह कर मगर से बैर करना है। कोई-न-कोई ऐसा अवसर आ ही जाता है, जब हमको बिरादरी के सामने सिर झुकाना पड़ता है। मिस्टर सिनहा को भी साल के अन्दर ही ऐसा अवसर आ पड़ा। यह उनकी पुत्री का विवाह था। यही वह समस्या है जो बड़े-बड़े हेकड़ों का घमंड चूर-चूर कर देती है। आप किसी के आने-जाने की परवा न करें, हुक्का-पानी, भोज-भात, मेल-जोल किसी बात की परवा न करें; मगर लड़की का विवाह तो न टलनेवाली बला है। उससे बच कर आप कहाँ जायेंगे ! मिस्टर सिनहा को इस बात का दग़दग़ा तो पहिले ही था कि त्रिवेणी के विवाह में बाधाएँ पड़ेंगी; लेकिन उन्हें विश्वास था कि द्रव्य की अपार शक्ति इस मुश्किल को हल कर देगी। कुछ दिनों तक उन्होंने जान-बूझ कर टाला कि शायद इस आँधी का ज़ोर कुछ कम हो जाय; लेकिन जब त्रिवेणी का सोलहवाँ साल समाप्त हो गया तो टाल-मटोल की गुंजाइश न रही। संदेशे भेजने लगे; लेकिन जहाँ संदेशिया जाता वहीं जवाब मिलता—हमें मंजूर नहीं। जिन घरों में साल-भर पहले उनका संदेशा पा कर लोग अपने भाग्य को सराहते, वहाँ से अब सूखा जवाब मिलता था—हमें मंजूर नहीं। मिस्टर सिनहा धन का लोभ देते, जमीन नज़र करने को कहते, लड़के को विलायत भेज कर ऊँची शिक्षा दिलाने का प्रस्ताव करते किंतु उनकी सारी आयोजनाओं का एक ही जवाब मिलता था—हमें मंजूर नहीं। ऊँचे घराना का यह हाल देखकर मिस्टर सिनहा उन घरानों में संदेश भेजने लगे, जिनके साथ पहले बैठ कर भोजन करने में भी उन्हें संकोच होता था; लेकिन वहाँ भी वही जवाब मिला—हमें मंजूर नहीं। यहाँ तक कि कई जगह वह खुद दौड़-दौड़ कर गये। लोगों की मिन्नतें कीं, पर यही जवाब मिला—साहब, हमें मंजूर नहीं। शायद बहिष्कृत घरानों में उनका संदेश स्वीकार कर लिया जाता; पर मिस्टर सिनहा जानबूझ कर मक्खी न निगलना चाहते थे। ऐसे लोगों से सम्बन्ध न करना चाहते थे जिनका बिरादरी में कोई स्थान न था। इस तरह एक वर्ष बीत गया।

मिसेज़ सिनहा चारपाई पर पड़ी कराह रही थीं, त्रिवेणी भोजन बना रही थी और मिस्टर सिनहा पत्नी के पास चिंता में डूबे बैठे हुए थे। उनके हाथ में एक खत था,

बार-बार उसे देखते और कुछ सोचने लगते थे। बड़ी देर के बाद रोगिणी ने आँखें खोलीं और बोलीं–अब न बचूँगी। पाँडे मेरी जान ले कर छोड़ेगा। हाथ में कैसा कागज है ?

सिनहा–यशोदानंदन के पास से ख़त आया है। पाजी को यह ख़त लिखते हुए शर्म नहीं आती, मैंने इसकी नौकरी लगायी। इसकी शादी करवायी और आज उसका मिजाज इतना बढ़ गया है कि अपने छोटे भाई की शादी मेरी लड़की से करना पसंद नहीं करता। अभागे के भाग्य खुल जाते !

पत्नी–भगवान्, अब ले चलो। यह दुर्दशा नहीं देखी जाती। अंगूर खाने का जी चाहता है, मँगवाये हैं कि नहीं ?

सिनहा–मैं जा कर खुद लेता आया था।

यह कह कर उन्होंने तश्तरी में अंगूर भर कर पत्नी के पास रख दिये। वह उठा-उठा कर खाने लगीं। जब तश्तरी खाली हो गयी तो बोलीं–अब किसके यहाँ संदेशा भेजोगे ?

सिनहा–किसके यहाँ बताऊँ ! मेरी समझ में तो अब कोई ऐसा आदमी नहीं रह गया। ऐसी बिरादरी में रहने से तो यह हजार दरजा अच्छा है कि बिरादरी के बाहर रहूँ। मैंने एक ब्राह्मण से रिश्वत ली। इससे मुझे इनकार नहीं। लेकिन कौन रिश्वत नहीं लेता ? अपने गौं पर कोई नहीं चूकता। ब्राह्मण नहीं खुद ईश्वर ही क्यों न हों, रिश्वत खानेवाले उन्हें भी चूस लेंगे। रिश्वत देनेवाला अगर निराश हो कर अपने प्राण दे देता है तो मेरा क्या अपराध ! अगर कोई मेरे फैसले से नाराज हो कर जहर खा ले तो मैं क्या कर सकता हूँ। इस पर भी मैं प्रायश्चित्त करने को तैयार हूँ। बिरादरी जो दंड दे, उसे स्वीकार करने को तैयार हूँ। सब से कह चुका हूँ मुझसे जो प्रायश्चित्त चाहो करा लो पर कोई नहीं सुनता। दंड अपराध के अनुकूल होना चाहिए, नहीं तो यह अन्याय है। अगर किसी मुसलमान का छुआ भोजन खाने के लिए बिरादरी मुझे कालेपानी भेजना चाहे तो मैं उसे कभी न मानूँगा। फिर अपराध अगर है तो मेरा है। मेरी लड़की ने क्या अपराध किया है। मेरे अपराध के लिए लड़की को दंड देना सरासर न्याय-विरुद्ध है।

पत्नी–मगर करोगे क्या ? कोई पंचायत क्यों नहीं करते ?

सिनहा–पंचायत में भी तो वही बिरादरी के मुखिया लोग ही होंगे, उनसे मुझे न्याय की आशा नहीं। वास्तव में इस तिरस्कार का कारण ईर्ष्या है। मुझे देख कर सब जलते हैं और इसी बहाने से मुझे नीचा दिखाना चाहते हैं। मैं इन लोगों को खूब समझता हूँ।

पत्नी–मन की लालसा मन ही में रह गयी। यह अरमान लिये संसार से जाना पड़ेगा। भगवान् की जैसी इच्छा। तुम्हारी बातों से मुझे डर लगता है कि मेरी बच्ची की न-जाने क्या दशा होगी। मगर तुमसे मेरी अंतिम विनय यही है कि बिरादरी से बाहर न जाना, नहीं तो परलोक में भी मेरी आत्मा को शांति न मिलेगी। यह शोक मेरी जान ले रहा है। हाय, बच्ची पर न-जाने क्या विपत्ति आनेवाली है।

यह कहते मिसेज़ सिनहा की आँखों से आँसू बहने लगे। मिस्टर सिनहा ने उनको दिलासा देते हुए कहा—इसकी चिंता मत करो प्रिये, मेरा आशय केवल यह था कि ऐसे भाव मेरे मन में आया करते हैं। तुमसे सच कहता हूँ बिरादरी के अन्याय से कलेजा चलनी हो गया है।

पत्नी—बिरादरी को बुरा मत कहो। बिरादरी का डर न हो तो आदमी न जाने क्या-क्या उत्पात करे। बिरादरी को बुरा न कहो। (कलेजे पर हाथ रख कर) यहाँ बड़ा दर्द हो रहा है। यशोदानंदन ने भी कोरा जवाब दे दिया। किसी करवट चैन नहीं आता। क्या करूँ भगवान्।

सिनहा—डाक्टर को बुलाऊँ ?

पत्नी—तुम्हारा जी चाहे बुला लो, लेकिन मैं बचूँगी नहीं। ज़रा तिब्बो को बुला लो, प्यार कर लूँ। जी डूबा जाता है। मेरी बच्ची ! हाय मेरी बच्ची !!

धिक्कार

ईरान और यूनान में घोर संग्राम हो रहा था। ईरानी दिन-दिन बढ़ते जाते थे और यूनान के लिए संकट का सामना था। देश के सारे व्यवसाय बंद हो गये थे, हल की मुठिया पर हाथ रखनेवाले किसान तलवार की मुठिया पकड़ने के लिए मजबूर हो गये, डंडी तौलनेवाले भाले तौलते थे। सारा देश आत्मरक्षा के लिए तैयार हो गया था। फिर भी शत्रु के कदम दिन-दिन आगे ही बढ़ते जाते थे। जिस ईरान को यूनान कई बार कुचल चुका था, वही ईरान आज क्रोध के आवेग की भाँति सिर पर चढ़ा आता था। मर्द तो रणक्षेत्र में सिर कटा रहे थे और स्त्रियाँ दिन-दिन की निराशाजनक खबरें सुन कर सूखी जाती थीं। क्योंकर लाज की रक्षा होगी ? प्राण का भय न था, सम्पत्ति का भय न था, भय था मर्यादा का। विजेता गर्व से मतवाले हो कर यूनानी ललनाओं को घूरेंगे, उनके कोमल अंगों को स्पर्श करेंगे, उनको कैद कर ले जायेंगे ! उस विपत्ति की कल्पना ही से इन लोगों के रोयें खड़े हो जाते थे।

आखिर जब हालत बहुत नाजुक हो गयी तो कितने ही स्त्री-पुरुष मिल कर डेल्फ़ी मंदिर में गये और प्रश्न किया—देवी, हमारे ऊपर देवताओं की यह वक्र दृष्टि क्यों है ? हमसे ऐसा कौन-सा अपराध हुआ है ? क्या हमने नियमों का पालन नहीं किया, कुरबानियाँ नहीं कीं, व्रत नहीं रखे ? फिर देवताओं ने क्या हमारे सिरों से अपनी रक्षा का हाथ उठा लिया ?

पुजारिन ने कहा—देवताओं की असीम कृपा भी देश को द्रोही के हाथ से नहीं बचा सकती। इस देश में अवश्य कोई-न-कोई द्रोही है। जब तक उसका वध न किया जायगा, देश के सिर से यह संकट न टलेगा।

'देवी, वह द्रोही कौन है ?'

'जिस घर से रात को गाने की ध्वनि आती हो, जिस घर से दिन को सुगंध की लपटें आती हों, जिस पुरुष की आँखों में मद की लाली झलकती हो, वही देश का द्रोही है।'

लोगों ने द्रोही का परिचय पाने के लिए और भी कितने ही प्रश्न किये; पर देवी ने कोई उत्तर न दिया।

2

यूनानियों ने द्रोही की तलाश करनी शुरू की। जिनके घर में से रात को गाने की आवाजें आती हैं। सारे शहर में संध्या होते स्यापा-सा छा जाता था। अगर कहीं आवाजें सुनायी देती थीं तो रोने की; हँसी और गाने की आवाज़ कहीं न सुनायी देती थी।

दिन को सुगंध की लपटें किस घर से आती हैं ? लोग जिधर जाते थे, उधर से दुर्गंध आती थी। गलियों में कूड़े के ढेर-के-ढेर पड़े रहते थे, किसे इतनी फुरसत थी कि घर की सफाई करता, घर में सुगंध जलाता; धोबियों का अभाव था अधिकांश लड़ने के लिए चले गये थे, कपड़े तक न धुलते थे; इत्र-फुलेल कौन मलता !

किसकी आँखों में मद की लाली झलकती है ? लाल आँखें दिखाई देती थीं; लेकिन यह मद की लाली न थी, यह आँसुओं की लाली थी। मदिरा की दूकानों पर खाक उड़ रही थी। इस जीवन और मृत्यु के संग्राम में विलास की किसे सूझती ! लोगों ने सारा शहर छान मारा लेकिन एक भी आँख ऐसी नजर न आयी जो मद से लाल हो।

कई दिन गुजर गये। शहर में पल-पल भर पर रणक्षेत्र से भयानक खबरें आती थीं और लोगों के प्राण सूखे जाते थे।

आधी रात का समय था। शहर में अंधकार छाया हुआ था, मानो श्मशान हो। किसी की सूरत न दिखाई देती थी। जिन नाट्यशालाओं में तिल रखने की जगह न मिलती थी, वहाँ सियार बोल रहे थे। जिन बाजारों में मनचले जवान अस्त्र-शस्त्र सजाये ऐंठते फिरते थे, वहाँ उल्लू बोल रहे थे। मंदिरों में न गाना होता था न बजाना। प्रासादों में अंधकार छाया हुआ था।

एक बूढ़ा यूनानी जिसका इकलौता लड़का लड़ाई के मैदान में था, घर से निकला और न-जाने किन विचारों की तरंग में देवी के मंदिर की ओर चला। रास्ते में कहीं प्रकाश न था, क़दम-क़दम पर ठोकरें खाता था; पर आगे बढ़ता चला जाता। उसने निश्चय कर लिया था कि या तो आज देवी से विजय का वरदान लूँगा या उनके चरणों पर अपने को भेंट कर दूँगा।

3

सहसा वह चौंक पड़ा। देवी का मंदिर आ गया था। और उसके पीछे की ओर किसी

घर से मधुर संगीत की ध्वनि आ रही थी। उसको आश्चर्य हुआ। इस निर्जन स्थान में कौन इस वक्त रंगरेलियाँ मना रहा है। उसके पैरों में पर से लग गये, मंदिर के पिछवाड़े जा पहुँचा।

उसी घर से जिसमें मंदिर की पुजारिन रहती थी, गाने की आवाजें आती थीं ! वृद्ध विस्मित हो कर खिड़की के सामने खड़ा हो गया। चिराग तले अँधेरा ! देवी के मंदिर के पिछवाड़े यह अँधेर ?

बूढ़े ने द्वार से झाँका; एक सजे हुए कमरे में मोमबत्तियाँ झाड़ों में जल रही थीं, साफ-सुथरा फ़र्श बिछा हुआ था और एक आदमी मेज़ पर बैठा हुआ गा रहा था। मेज़ पर शराब की बोतल और प्यालियाँ रखी हुई थीं। दो गुलाम मेज़ के सामने हाथ में भोजन के थाल लिए खड़े थे, जिनमें से मनोहर सुगंध की लपटें आ रही थीं।

बूढ़े यूनानी ने चिल्ला कर कहा—यही देशद्रोही है, यही देशद्रोही है !

मंदिर की दीवारों ने दुहराया—द्रोही है !

बगीचे की तरफ से आवाज आयी—द्रोही है !

मंदिर की पुजारिन ने घर में से सिर निकाल कर कहा—हाँ, द्रोही है !

यह देशद्रोही उसी पुजारिन का बेटा पासोनियस था। देश में रक्षा के जो उपाय सोचे जाते, शत्रुओं का दमन करने के लिए जो निश्चय किये जाते, उनकी सूचना वह ईरानियों को दे दिया करता था। सेनाओं की प्रत्येक गति की खबर ईरानियों को मिल जाती थी और उन प्रयत्नों को विफल बनाने के लिए वे पहले से तैयार हो जाते थे। यही कारण था कि यूनानियों को जान लड़ा देने पर भी विजय न होती थी। इसी कपट से कमाये हुये धन से वह भोग-विलास करता था। उस समय जब कि देश में घोर संकट पड़ा हुआ था, उसने अपने स्वदेश को अपनी वासनाओं के लिए बेच दिया था। अपने विलास के सिवा उसे और किसी बात की चिंता न थी, कोई मरे या जिये, देश रहे या जाय, उसकी बला से। केवल अपने कुटिल स्वार्थ के लिए देश की गरदन में गुलामी की बेड़ियाँ डलवाने पर तैयार था। पुजारिन अपने बेटे के दुराचरण से अनभिज्ञ थी। वह अपनी अँधेरी कोठरी से बहुत कम निकलती, वहीं बैठी जप-तप किया करती थी। परलोक-चिंतन में उसे इहलोक की खबर न थी, मनेन्द्रियों ने बाहर की चेतना को शून्य-सा कर दिया था। वह इस समय भी कोठरी के द्वार बंद किये, देवी से अपने देश के कल्याण के लिए वन्दना कर रही थी कि सहसा उसके कानों में आवाज आयी—यही द्रोही है, यही द्रोही है !

उसने तुरंत द्वार खोल कर बाहर की ओर झाँका, पासोनियस के कमरे से प्रकाश की रेखाएँ निकल रही थीं और उन्हीं रेखाओं पर संगीत की लहरें नाच रही थीं। उसके पैर-तले से जमीन-सी निकल गयी, कलेजा धक्-से हो गया। ईश्वर ! क्या मेरा बेटा देशद्रोही है ?

आप-ही-आप, किसी अंतःप्रेरणा से पराभूत हो कर वह चिल्ला उठी—हाँ, यहाँ देशद्रोही है !

यूनानी स्त्री-पुरुष झुंड-के-झुंड उमड़ पड़े और पासोनियस के द्वार पर खड़े हो कर चिल्लाने लगे—यही देशद्रोही है !

पासोनियस के कमरे की रोशनी ठंडी हो गयी, संगीत भी बंद था; लेकिन द्वार पर प्रतिक्षण नगरवासियों का समूह बढ़ता जाता था और रह-रह कर सहस्त्रों कंठों से ध्वनि निकलती थी—यही देशद्रोही है !

लोगों ने मशाले जलायीं और अपने लाठी-डंडे सँभाल कर मकान में घुस पड़े। कोई कहता था—सिर उतार लो। कोई कहता था—देवी के चरणों पर बलिदान कर दो। कुछ लोग उसे कोठे से नीचे गिरा देने पर आग्रह कर रहे थे।

पासोनियस समझ गया कि अब मुसीबत की घड़ी सिर पर आ गयी। तुरंत जीने से उतर कर नीचे की ओर भागा। और कहीं शरण की आशा न देख कर देवी के मंदिर में जा घुसा।

अब क्या किया जाय ? देवी की शरण जानेवाले को अभय-दान मिल जाता था। परम्परा से यही प्रथा थी ? मंदिर में किसी की हत्या करना महापाप था।

लेकिन देशद्रोही को इतने सस्ते कौन छोड़ता ? भाँति-भाँति के प्रस्ताव होने लगे—

'सुअर का हाथ पकड़ कर बाहर खींच लो।'

'ऐसे देशद्रोही का वध करने के लिए देवी हमें क्षमा कर देंगी।'

'देवी, आप उसे क्यों नहीं निगल जातीं ?'

'पत्थरों से मारो, पत्थरों से; आप निकल कर भागेगा।'

'निकलता क्यों नहीं रे कायर ! वहाँ क्या मुँह में कालिख लगा कर बैठा हुआ है ?

रात भर यही शोर मचा रहा और पासोनियस न निकला। आखिर यह निश्चय हुआ कि मंदिर की छत खोद कर फेंक दी जाय और पासोनियस दोपहर की तेज धूप और रात की कड़ाके की सरदी से आप ही आप अकड़ जाय। बस फिर क्या था। आन की आन में लोगों ने मंदिर की छत और कलस ढा दिये।

अभागा पासोनियस दिन-भर तेज धूप में खड़ा रहा। उसे जोर की प्यास लगी; लेकिन पानी कहाँ ? भूख लगी, पर खाना कहाँ ? सारी जमीन तवे की भाँति जलने लगी; लेकिन छाँह कहाँ ? इतना कष्ट उसे जीवन भर में न हुआ था। मछली की भाँति तड़पता था और चिल्ला-चिल्ला कर लोगों को पुकारता था; मगर वहाँ कोई उसकी पुकार सुननेवाला न था। बार-बार कसमें खाता था कि अब फिर मुझसे ऐसा अपराध न होगा; लेकिन कोई उसके निकट न आता था। बार-बार चाहता था कि दीवार से टकरा कर प्राण दे दे; लेकिन यह आशा रोक देती थी कि शायद लोगों को मुझ पर दया आ जाय। वह पागलों की तरह जोर-जोर से कहने लगा—मुझे मार डालो, मार डालो, एक क्षण में

प्राण ले लो, इस भाँति जला-जला कर न मारो। ओ हत्यारों तुमको जरा भी दया नहीं।

दिन बीता और रात—भयंकर रात—आयी। ऊपर तारागण चमक रहे थे मानो उसकी विपत्ति पर हँस रहे हों। ज्यों-ज्यों रात भीगती थी देवी विकराल रूप धारण करती जाती थी। कभी वह उसकी ओर मुँह खोल कर लपकती, कभी उसे जलती हुई आँखों से देखती। उधर क्षण-क्षण सरदी बढ़ती जाती थी, पासोनियस के हाथ-पाँव अकड़ने लगे, कलेजा काँपने लगा। घुटनों में सिर रख कर बैठ गया और अपनी किस्मत को रोने लगा; कुरते को खींच कर कभी पैरों को छिपाता, कभी हाथों को, यहाँ तक कि इस खींचातानी में कुरता भी फट गया। आधीरात जाते-जाते बर्फ गिरने लगी। दोपहर को उसने सोचा गरमी ही सबसे कष्टदायक है। इस ठंड के सामने उसे गरमी की तकलीफ भूल गयी।

आखिर शरीर में गरमी लाने के लिए एक हिकमत सूझी। वह मंदिर में इधर-उधर दौड़ने लगा। लेकिन विलासी जीव था, जरा देर में हाँफ कर गिर पड़ा।

5

प्रातःकाल लोगों ने किवाड़ खोले तो पासोनियस को भूमि पर पड़े देखा। मालूम होता था, उसका शरीर अकड़ गया है। बहुत चीखने-चिल्लाने पर उसने आँखें खोलीं; पर जगह से हिल न सका। कितनी दयनीय दशा थी, किंतु किसी को उस पर दया न आयी। यूनान में देशद्रोह सबसे बड़ा अपराध था और द्रोही के लिए कहीं क्षमा न थी, कहीं दया न थी।

एक—अभी मरा नहीं है ?

दूसरा—द्रोहियों को मौत नहीं आती !

तीसरा—पड़ा रहने दो, मर जायगा !

चौथा—मक्र किये हुए है ?

पाँचवाँ—अपने किये की सजा पा चुका, अब छोड़ देना चाहिए !

सहसा पासोनियस उठ बैठा और उदण्ड भाव से बोला—कौन कहता है कि इसे छोड़ देना चाहिए ! नहीं, मुझे मत छोड़ना, वरना पछताओगे ! मैं स्वार्थी हूँ; विषय-भोगी हूँ, मुझ पर भूल कर भी विश्वास न करना। आह ! मेरे कारण तुम लोगों को क्या-क्या झेलना पड़ा, इसे सोच कर मेरा जी चाहता है कि अपनी इंद्रियों को जला कर भस्म कर दूँ। मैं अगर सौ जन्म ले कर इस पाप का प्रायश्चित्त करूँ, तो भी मेरा उद्धार न होगा। तुम भूल कर भी मेरा विश्वास न करो। मुझे स्वयं अपने ऊपर विश्वास नहीं। विलास के प्रेमी सत्य का पालन नहीं करते। मैं अब भी आपकी कुछ सेवा कर सकता हूँ, मुझे ऐसे-ऐसे गुप्त रहस्य मालूम हैं, जिन्हें जान कर आप ईरानियों का संहार कर सकते हैं; लेकिन मुझे अपने ऊपर विश्वास नहीं है और आपसे भी यह कहता हूँ कि मुझ पर विश्वास न कीजिए। आज रात को देवी की मैंने सच्चे दिल से वंदना की है और उन्होंने मुझे ऐसे यंत्र बताये हैं, जिनसे हम शत्रुओं को परास्त कर सकते हैं,

ईरानियों के बढ़ते हुए दल को आज भी आन की आन में उड़ा सकते हैं। लेकिन मुझे अपने ऊपर विश्वास नहीं है। मैं यहाँ से बाहर निकल कर इन बातों को भूल जाऊँगा। बहुत संशय है, कि फिर ईरानियों की गुप्त सहयता करने लगूँ, इसलिए मुझ पर विश्वास न कीजिए।

एक यूनानी–देखो-देखो क्या कहता है ?

दूसरा–सच्चा आदमी मालूम होता है।

तीसरा–अपने अपराधों को आप स्वीकार कर रहा है।

चौथा–इसे क्षमा कर देना चाहिए और यह सब बातें पूछ लेनी चाहिए।

पाँचवाँ–देखो, यह नहीं कहता कि मुझे छोड़ दो। हमको बार-बार याद दिलाता जाता है कि मुझ पर विश्वास न करो !

छठा–रात-भर के कष्ट ने होश ठंडे कर दिये, अब आँखें खुली हैं।

पासोनियस–क्या तुम लोग मुझे छोड़ने की बातचीत कर रहे हो ? मैं फिर कहता हूँ, कि मैं विश्वास के योग्य नहीं हूँ। मैं द्रोही हूँ। मुझे ईरानियों के बहुत-से भेद मालूम हैं, एक बार उनकी सेना में पहुँच जाऊँ तो उनका मित्र बन कर सर्वनाश कर दूँ; पर मुझे अपने ऊपर विश्वास नहीं है।

एक यूनानी–धोखेबाज इतनी सच्ची बात नहीं कह सकता !

दूसरा–पहले स्वार्थांध हो गया था; पर अब आँखें खुली हैं !

तीसरा–देशद्रोही से भी अपने मतलब की बातें मालूम कर लेने में कोई हानि नहीं है। अगर वह अपने वचन पूरे करे तो हमें इसे छोड़ देना चाहिए।

चौथा–देवी की प्रेरणा से इसकी कायापलट हुई है।

पाँचवाँ–पापियों में भी आत्मा का प्रकाश रहता है और कष्ट पा कर जाग्रत हो जाता है। यह समझना कि जिसने एक बार पाप किया, वह फिर कभी पुण्य कर ही नहीं सकता, मानव-चरित्र के एक प्रधान तत्व का अपवाद करना है।

छठा–हम इसको यहाँ से गाते-बजाते ले चलेंगे। जन-समूह को चकमा देना कितना आसान है। जनसत्तावाद का सबसे निर्बल अंग यही है। जनता तो नेक और बद की तमीज नहीं रखती। उस पर धूर्तों, रँगे-सियारों का जादू आसानी से चल जाता है। अभी एक दिन पहले जिस पासोनियस की गरदन पर तलवार चलायी जा रही थी, उसी को जुलूस के साथ मंदिर से निकालने की तैयारियाँ होने लगीं, क्योंकि वह धूर्त था कि जनता की कील क्योंकर घुमायी जा सकती है।

एक स्त्री–गाने-बजानेवालों को बुलाओ, पासोनियस शरीफ़ है।

दूसरी–हाँ-हाँ, पहले चल कर उससे क्षमा माँगो, हमने उसके साथ जरूरत से ज्यादा सख्ती की।

पासोनियस–आप लोगों ने पूछा होता तो मैं कल ही सारी बातें आपको बता देता, तब आपको मालूम होता कि मुझे मार डालना उचित है या जीता रखना।

कई स्त्री-पुरुष–हाय-हाय हमसे बड़ी भूल हुई। हमारे सच्चे पासोनियस !

सहसा एक वृद्धा स्त्री किसी तरफ से दौड़ी हुई आयी और मंदिर के सबसे ऊँचे जीने पर खड़ी हो कर बोली—तुम लोगों को क्या हो गया है ? यूनान के बेटे आज इतने ज्ञानशून्य हो गये हैं कि झूठे और सच्चे में विवेक नहीं कर सकते ? तुम पासोनियस पर विश्वास करते हो ? जिस पासोनियस ने सैकड़ों स्त्रियों और बालकों को अनाथ कर दिया, सैकड़ों घरों में कोई दिया जलाने वाला न छोड़ा, हमारे देवताओं का, हमारे पुरुषों का, घोर अपमान किया, उसकी दो-चार चिकनी-चुपड़ी बातों पर तुम इतने फूल उठे। याद रखो, अब की पासोनियस बाहर निकला तो फिर तुम्हारी कुशल नहीं। यूनान पर ईरान का राज्य होगा और यूनानी ललनाएँ ईरानियों की कुदृष्टि का शिकार बनेंगी। देवी की आज्ञा है कि पासोनियस फिर बाहर न निकलने पाये। अगर तुम्हें अपना देश प्यारा है, अपने पुरुषों का नाम प्यारा है, अपनी माताओं और बहूनों की आबरू प्यारी है तो मंदिर के द्वार को चुन दो। जिससे देशद्रोही को फिर बाहर निकलने और तुम लोगों को बहकाने का मौका न मिले। यह देखो, पहला पत्थर मैं अपने हाथों से रखती हूँ।

लोगों ने विस्मित हो कर देखा—यह मंदिर की पुजारिन और पासोनियस की माता थी।

दम के दम में पत्थरों के ढेर लग गये और मंदिर का द्वार चुन दिया गया। पासोनियस भीतर दाँत पीसता रह गया।

वीर माता, तुम्हें धन्य है ! ऐसी ही माताओं से देश का मुख उज्ज्वल होता है, जो देश-हित के सामने मातृ-स्नेह की धूल-बराबर परवाह नहीं करतीं ! उनके पुत्र देश के लिए होते हैं, देश पुत्र के लिए नहीं होता।

लैला

यह कोई न जानता था कि लैला कौन है, कहाँ से आयी है और क्या करती है। एक दिन लोगों ने एक अनुपम सुंदरी को तेहरान के चौक में अपने डफ पर हाफ़िज की यह गज़ल झूम-झूम कर गाते सुना—

> रसीद मुज़रा कि ऐयामे ग़म न ख्वाहद माँद,
> चुनाँ न माँद, चुनीं नीज़ हम न ख्वाहद माँद।

और सारा तेहरान उस पर फ़िदा हो गया। यही लैला थी।

लैला के रूप-लालित्य की कल्पना करनी हो तो ऊषा की प्रफुल्ल लालिमा की कल्पना कीजिए, जब नील गगन स्वर्ण-प्रकाश से रंजित हो जाता है; बहार की कल्पना कीजिए, जब बाग़ में रंग-रंग के फूल खिलते हैं और बुलबुलें गाती हैं।

लैला के स्वर-लालित्य की कल्पना करनी हो, तो उस घंटी की अनवरत ध्वनि की कल्पना कीजिए जो निशा की निस्तब्धता में ऊँटों की गरदनों में बजती हुई सुनायी

देती है; या उस बाँसुरी की ध्वनि की जो मध्याह्न की आलस्यमयी शांति में किसी वृक्ष की छाया में लेटे हुए चरवाहे के मुख से निकलती है।

जिस वक्त लैला मस्त हो कर गाती थी, उसके मुख पर एक स्वर्गीय आभा झलकने लगती थी। वह काव्य, संगीत, सौरभ और सुषमा की एक मनोहर प्रतिमा थी, जिसके सामने छोटे और बड़े, अमीर और ग़रीब सभी के सिर झुक जाते थे। सभी मंत्रमुग्ध हो जाते थे, सभी सिर धुनते थे। वह उस आनेवाले समय का संदेश सुनाती थी; जब देश में संतोष और प्रेम का साम्राज्य होगा, जब द्वंद्व और संग्राम का अंत हो जायगा। वह राजा को जगाती और कहती, यह विलासिता कब तक, यह ऐश्वर्य-भोग कब तक ? वह प्रजा की सोयी हुई अभिलाषाओं को जगाती, उनकी हृत्तंत्रियों को अपने स्वर से कम्पित कर देती। वह उन अमर वीरों की कीर्ति सुनाती जो दोनों की पुकार सुन कर विकल हो जाते थे; उन विदुषियों की महिमा गाती तो कुल-मर्यादा पर मर मिटी थीं। उसकी अनुरक्त ध्वनि सुन कर लोग दिलों को थाम लेते थे, तड़प जाते थे।

सारा तेहरान लैला पर फ़िदा था। दलितों के लिए वह आशा की दीपक थी, रसिकों के लिए जन्नत की हूर, धनियों के लिए आत्मा की जागृति और सत्ताधारियों के लिए दया और धर्म का संदेश। उसकी भौहों के इशारे पर जनता आग में कूद सकती थी। जैसे चैतन्य जड़ को आकर्षित कर देता है, उसी भाँति लैला ने जनता को आकर्षित कर लिया था।

और यह अनुपम सौंदर्य सुधा की भाँति पवित्र, हिम के समान निष्कलंक और नव कुसुम की भाँति अनिंद्य था। उसके लिए प्रेम कटाक्ष, एक भेदभरी मुस्कान, एक रसीली अदा पर क्या न हो जाता—कंचन के पर्वत खड़े हो जाते, ऐश्वर्य उपासना करता, रियासतें पैर की धूल चाटतीं, कवि कट जाते, विद्वान घुटने टेकते; लेकिन लैला किसी की ओर आँख उठा कर भी न देखती थी। वह एक वृक्ष की छाँह में रहती, भिक्षा माँग कर खाती और अपनी हृदयवीणा के राग अलापती थी। वह कवि की सूक्ति की भाँति केवल आनंद और प्रकाश की वस्तु थी, भोग की नहीं। वह ऋषियों के आशीर्वाद की प्रतिगा थी, कल्याण में डूबी हुई, शांति में रंगी हुई, कोई उसे स्पर्श न कर सकता था, उसे मोल न ले सकता था।

2

एक दिन संध्या समय तेहरान का शाहज़ादा नादिर घोड़े पर सवार उधर से निकला। लैला गा रही थी। नादिर ने घोड़े की बाग़ रोक ली और देर तक आत्म-विस्मृत की दशा में खड़ा सुनता रहा। ग़ज़ल का पहला शेर यह था—

> मरा दर्देस्त अंदर दिल, अगर गोयम जवाँ सोज़द;
> बगैर दम दरकशम, तरसन कि मगज़ो उस्तख्वाँ सोज़द।

फिर वह घोड़े से उतर कर वहीं जमीन पर बैठ गया और सिर झुकाये रोता रहा। तब वह उठा और लैला के पास जा कर उसके कदमों पर सिर रख दिया। लोग अदब

से इधर-उधर हट गये।

लैला ने पूछा—तुम कौन हो ?

नादिर—तुम्हारा गुलाम।

लैला—मुझसे क्या चाहते हो ?

नादिर—आपकी खिदमत करने का हुक्म। मेरे झोंपड़े को अपने कदमों से रोशन कीजिए।

लैला—यह मेरी आदत नहीं।

शाहज़ादा फिर वहीं बैठ गया और लैला फिर गाने लगी। लेकिन गला थर्राने लगा, मानो वीणा का कोई तार टूट गया हो। उसने नादिर की ओर करुण नेत्रों से देख कर कहा—तुम यहाँ मत बैठो।

कई आदमियों ने कहा—लैला, हमारे हुजूर शाहज़ादा नादिर हैं।

लैला बेपरवाही से बोली—बड़ी खुशी की बात है। लेकिन यहाँ शाहज़ादों का क्या काम ? उनके लिए महल है, महफिलें हैं और शराब के दौर हैं। मैं उनके लिए गाती हूँ, जिनके दिल में दर्द है; उनके लिए नहीं जिनके दिल में शौक़ है।

शाहज़ादा ने उन्मत्त भाव से कहा—लैला, तुम्हारी एक तान पर अपना सब-कुछ निसार कर सकता हूँ। मैं शौक़ का गुलाम था, लेकिन तुमने दर्द का मज़ा चखा दिया।

लैला फिर गाने लगी; लेकिन आवाज काबू में न थी, मानो वह उसका गला ही न था।

लैला ने डफ कंधे पर रख लिया और अपने डेरे की ओर चली। श्रोता अपने-अपने घर चले। कुछ लोग उसके पीछे-पीछे उस वृक्ष तक आये, जहाँ वह विश्राम करती थी। जब वह अपनी झोपड़ी के द्वार पर पहुँची, तब सभी आदमी विदा हो चुके थे। केवल एक आदमी झोपड़ी से कई हाथ पर चुपचाप खड़ा था।

लैला ने पूछा—तुम कौन हो ?

नादिर ने कहा—तुम्हारा गुलाम नादिर !

लैला—तुम्हें मालूम नहीं कि मैं अपने अमन के गोशे में किसी को नहीं आने देती ?

नादिर—यह तो देख ही रहा हूँ।

लैला—फिर क्यों बैठे हो ?

नादिर—उम्मीद दामन पकड़े हुए है।

लैला ने कुछ देर के बाद फिर पूछा—कुछ खा कर आये हो ?

नादिर—अब तो न भूख है, न प्यास।

लैला—आओ, आज तुम्हें गरीबों का खाना खिलाऊँ। इसका मजा भी चख लो।

नादिर इनकार न कर सका। आज उसे बाजरे की रोटियों में अभूतपूर्व स्वाद मिला। वह सोच रहा था कि विश्व के इस विशाल भवन में कितना आनंद है। उसे अपनी आत्मा में विकास का अनुभव हो रहा था।

जब वह खा चुका तब लैला ने कहा—अब जाओ। आधी रात से ज़्यादा गुजर गयी।

नादिर ने आँखों में आँसू भर कर कहा—नहीं लैला, अब मेरा आसन भी यहीं जमेगा।

नादिर दिन-भर लैला के नग़मे सुनता; गलियों में, सड़कों पर जहाँ वह जाती उसके पीछे-पीछे घूमता रहता। रात को उसी पेड़ के नीचे जा कर पड़ रहता। बादशाह ने समझाया, मलका ने समझाया, उमरा ने मिन्नतें कीं, लेकिन नादिर के सिर से लैला का सौदा न गया। जिन हालों लैला रहती थी उन हालों वह भी रहता था। मलका उसके लिए अच्छे से अच्छे खाने बना कर भेजती, लेकिन नादिर उनकी ओर देखता भी न था—

लेकिन लैला के संगीत में अब वह क्षुधा न थी। वह टूटे हुए तारों का राग था जिसमें न वह लोच था, न वह जादू, न वह असर। वह अब भी गाती थी, सुननेवाले अब भी आते थे; लेकिन अब वह अपना दिल खुश करने को नहीं, उनका दिल खुश करने को गाती थी और सुननेवाले विह्वल हो कर नहीं, उसको खुश करने के लिए आते थे।

इस तरह छः महीने गुज़र गये।

एक दिन लैला गाने न गयी। नादिर ने कहा—क्यों लैला, आज गाने न चलोगी ?

लैला ने कहा—अब कभी न जाऊँगी। सच कहना, तुम्हें अब भी मेरे गाने में पहले ही का-सा मजा आता है ?

नादिर बोला—पहले से कहीं ज़्यादा।

लैला—लेकिन और लोग तो अब नहीं पसंद करते।

नादिर—हाँ, मुझे इसका ताज़्जुब है।

लैला—ताज्जुब की बात नहीं। पहले मेरा दिल खुला हुआ था, उसमें सब के लिए जगह थी, वह सबके दिलों में पहुँचती थी। अब तुमने उसका दरवाज़ा बंद कर दिया। अब वहाँ सिर्फ़ तुम हो, इसीलिए उसकी आवाज तुम्हीं को पसंद आती है। यह दिल अब तुम्हारे सिवा और किसी के काम का नहीं रहा। चलो, आज तक तुम मेरे गुलाम थे; आज से मैं तुम्हारी लौंडी होती हूँ। चलो, मैं तुम्हारे पीछे-पीछे चलूँगी। आज से तुम मेरे मालिक हो। थोड़ी-सी आग ले कर इस झोपड़े में लगा दो। इस डफ को उसी में जला दूँगी।

3

तेहरान में घर-घर आनंदोत्सव हो रहा था। आज शाहज़ादा नादिर लैला को ब्याह कर लाया था। बहुत दिनों के बाद उसके दिल की मुराद पूरी हुई थी। सारा तेहरान शाहज़ादे पर जान देता था और उसकी खुशी में शरीक था। बादशाह ने तो अपनी तरफ से मुनादी करवा दी थी कि इस शुभ अवसर पर धन और समय का अपव्यय न किया जाय, केवल लोग मसज़िदों में जमा होकर खुदा से दुआ माँगें कि वर और वधू चिरंजीवी हों और

सुख से रहें। लेकिन अपने प्यारे शाहज़ादे की शादी में धन और धन से अधिक मूल्यवान् समय का मुँह देखना किसी को गवारा न था। रईसों ने महफ़िलें सजायीं, चिराग़ जलाये, बाजे बजवाये, गरीबों ने अपनी डफलियाँ सँभालीं और सड़कों पर घूम-घूम कर उछलते-कूदते फिरे।

संध्या के समय शहर के सारे अमीर और रईस शाहज़ादे को बधाई देने के लिए दीवाने-खास में जमा हुए। शाहज़ादा इत्रों से महकता, रत्नों से चमकता और मनोल्लास से खिलता हुआ आ कर खड़ा हो गया।

काज़ी ने अर्ज़ की–हुजूर पर खुदा की बरकत हो।

हजारों आदमियों ने कहा–आमीन !

शहर की ललनाएँ भी लैला को मुबारकबाद देने आयीं। लैला बिलकुल सादे कपड़े पहने थी। आभूषणों का कहीं नाम न था।

एक महिला ने कहा–आपका सोहाग सदा सलामत रहे।

हज़ारों कंठों से ध्वनि निकली–आमीन !

4

कई साल गुजर गये। नादिर अब बादशाह था और लैला उसकी मलका। ईरान का शासन इतने सुचारु रूप से कभी न हुआ था। दोनों ही प्रजा के हितैषी थे, दोनों ही उसे सुखी और सम्पन्न देखना चाहते थे। प्रेम ने वे सभी कठिनाइयाँ दूर कर दीं जो लैला को पहले शंकित करती रहती थीं। नादिर राजसत्ता का वकील था, लैला प्रजा-सत्ता की; लेकिन व्यावहारिक रूप से उनमें कोई भेद न पड़ता था; कभी यह दब जाता, कभी वह हट जाती। उनका दाम्पत्य-जीवन आदर्श था। नादिर लैला का रुख देखता था, लैला नादिर का। काम से अवकाश मिलता तो दोनों बैठ कर गाते-बजाते, कभी नदियों की सैर करते, कभी किसी वृक्ष की छाँह में बैठे हुए हाफ़िज की ग़जलें पढ़ते और झूमते। न लैला में अब उतनी सादगी थी, न नादिर में अब उतना तकल्लुफ था। नादिर का लैला पर एकाधिपत्य था जो साधारण बात थी। जहाँ बादशाहों की महलसरा में बेगमों के मुहल्ले बसते थे, दरजनों और कौड़ियों से उनकी गणना होती थी, वहाँ लैला अकेली थी। उन महलों में अब शफ़ाखाने, मदरसे और पुस्तकालय थे। जहाँ महलसरों का वार्षिक व्यय करोड़ों तक पहुँचता था, यहाँ अब हजारों से आगे न बढ़ता था। शेष रुपये प्रजा-हित के कामों में खर्च कर दिये जाते थे। यह सारी कतर-च्योंत लैला ने की थी। बादशाह नादिर था, पर अख्तियार लैला के हाथों में था।

सब-कुछ था, किंतु प्रजा संतुष्ट न थी। उसका असंतोष दिन-दिन बढ़ता जाता था। राजसत्तावादियों को भय था कि अगर यही हाल रहा तो बादशाहत के मिट जाने में संदेह नहीं। जमशेद का लगाया हुआ वृक्ष, जिसने हजारों सदियों से आँधी और तूफान का मुकाबिला किया, अब एक हसीना के नाजुक, पर कातिल हाथों जड़ से उखाड़ा जा रहा है। उधर प्रजा-सत्तावादियों को लैला से कितनी आशाएँ थीं, सभी

दुराशाएँ सिद्ध हो रही थीं। वे कहते, अगर ईरान इस चाल से तरक्की के रास्ते पर चलेगा तो इससे पहले कि वह मंजिले-मकसूद पर पहुँचे, क़यामत आ जायगी। दुनिया हवाई जहाज पर बैठी उड़ी जा रही है और हम अभी ठेलों पर बैठते भी डरते हैं कि कहीं इसकी हरकत से दुनिया में भूचाल न आ जाय। दोनों दलों में आये दिन लड़ाइयाँ होती रहती थीं। न नादिर के समझाने का असर अमीरों पर होता था, न लैला के समझाने का गरीबों पर। सामंत नादिर के खून के प्यासे हो गये, प्रजा लैला की जानी दुश्मन।

5

राज्य में तो यह अशांति फैली हुई थी, विद्रोह की आग दिलों में सुलग रही थी और राजभवन में प्रेम का शांतिमय राज्य था, बादशाह और मलका दोनों प्रजा-संतोष की कल्पना में मग्न थे।

रात का समय था। नादिर और लैला आरामगाह में बैठे हुए शतरंज की बाजी खेल रहे थे। कमरे में कोई सजावट न थी, केवल एक जाजिम बिछी हुई थी।

नादिर ने लैला का हाथ पकड़ कर कहा—बस, अब यह ज़्यादती नहीं, तुम्हारी चाल हो चुकी। यह देखो, तुम्हारा एक प्यादा पिट गया।

लैला—अच्छा यह शह ! आपके सारे पैदल रखे रह गये और बादशाह पर शह पड़ गयी। इसी पर दावा था।

नादिर—तुम्हारे साथ हारने में जो मजा है, वह जीतने में नहीं।

लैला—अच्छा, तो गोया आप दिल खुश कर रहे हैं ! शह बचाइए, नहीं दूसरी चाल में मात होती है।

नादिर—(अर्दब दे कर) अच्छा अब सँभल कर जाना, तुमने मेरे बादशाह की तौहीन की है। एक बार मेरा फर्जी उठा तो तुम्हारे प्यादों का सफाया कर देगा।

लैला—बसंत की भी खबर है ! यह शह, लाइए। फर्जी अब कहिए। अबकी मैं न मानूँगी, कहे देती हूँ। आपको दो बार छोड़ दिया, अबकी हर्गिज न छोड़ूँगी।

नादिर—जब तक मेरे दिलराम (घोड़ा) है, बादशाह को कोई ग़म नहीं।

लैला—अच्छा यह शह ? लाइए अपने दिलराम को ! कहिए, अब तो मात हुई ?

नादिर—हाँ जानेमन, अब मात हो गयी। जब मैं ही तुम्हारी अदाओं पर निसार हो गया, तब मेरा बादशाह कब बच सकता था।

लैला—बातें न बनाइए, चुपके से इस फरमान पर दस्तखत कर दीजिए। जैसा आपने वादा किया था।

यह कह कर लैला ने फरमान निकाला, जिसे उसने खुर्द अपने मोती के-से अक्षरों में लिखा था। इसमें अन्न का आयात-कर घटा कर आधा कर दिया गया था। लैला प्रजा को भूली न थी, वह अब भी उनकी हितकामना में संलग्न रहती थी। नादिर ने इस

शर्त पर फरमान पर दस्तखत करने का वचन दिया था कि लैला उसे शतरंज में तीन बार मात करे। वह सिद्धहस्त खिलाड़ी था इसे लैला जानती थी; पर यह शतरंज की बाजी न थी, केवल विनोद था। नादिर ने मुस्कराते हुए फरमान पर हस्ताक्षर कर दिये। कलम के एक चिह्न से प्रजा की पाँच करोड़ वार्षिक कर से मुक्ति हो गयी। लैला का मुख गर्व से आरक्त हो गया। जो काम बरसों से आन्दोलन से न हो सकता था, वह प्रेम कटाक्षों से कुछ ही दिनों में पूरा हो गया।

यह सोच कर वह फूली न समाती थी कि जिस वक्त यह फरमान सरकारी पत्रों में प्रकाशित हो जायगा और व्यवस्थापिका के लोगों को इसके दर्शन होंगे, उस वक्त प्रजावादियों को कितना आनंद होगा। लोग मेरा यश गायेंगे और मुझे आशीर्वाद देंगे।

नादिर प्रेममुग्ध होकर उसके चंद्रमुख की ओर देख रहा था, और मानो उसका वश होता तो सौन्दर्य की इस प्रतिमा को हृदय में बिठा लेता।

6

सहसा राज्य-भवन के द्वार पर शोर मचने लगा। एक क्षण में मालूम हुआ कि जनता की टीडी दल, अस्त्र-शस्त्र से सुसज्जित, राज द्वार पर खड़ा दीवारों को तोड़ने की कोशिश कर रहा है। प्रतिक्षण शोर बढ़ता जाता था और ऐसी आशंका होती थी कि क्रोधोन्मत्त जनता द्वारों को तोड़ कर भीतर घुस जायेगी। फिर ऐसा मालूम हुआ कि कुछ लोग सीढ़ियाँ लगा कर दीवार पर चढ़ रहे हैं। लैला लज्जा और ग्लानि से सिर झुकाये खड़ी थी। उसके मुख से एक शब्द भी न निकलता था। क्या यही वह जनता है, जिनके कष्टों की कथा कहते हुए उसकी वाणी उन्मत्त हो जाती थी ? यही वह अशक्त, दलित, क्षुधा-पीड़ित, अत्याचार की वेदना से तड़पती हुई जनता है, जिस पर वह अपने को अर्पण कर चुकी थी।

नादिर भी मौन खड़ा था; लेकिन लज्जा से नहीं, क्रोध से उसका मुख तमतमा उठा था, आँखों से चिनगारियाँ निकल रही थीं, बार-बार ओंठ चबाता और तलवार के कब्जे पर हाथ रख कर रह जाता था। वह बार-बार लैला की ओर संतप्त नेत्रों से देखता था। ज़रा से इशारे की देर थी। उसका हुक्म पाते ही उसकी सेना इस विद्रोही दल को यों भगा देगी जैसे आँधी पत्तों को उड़ा देती है; पर लैला से आँखें न मिलती थीं।

आखिर वह अधीर हो कर बोला—लैला, मैं राज-सेना को बुलाना चाहता हूँ। क्या कहती हो ?

लैला ने दीनतापूर्ण नेत्रों से देख कर कहा—ज़रा ठहर जाइए, पहले इन लोगों से पूछिए कि चाहते क्या हैं।

यह आदेश पाते ही नादिर छत पर चढ़ गया, लैला भी उसके पीछे-पीछे ऊपर आ पहुँची। दोनों अब जनता के सम्मुख आ कर खड़े हो गये। मशालों के प्रकाश में लोगों ने इन दोनों को छत पर खड़े देखा, मानो आकाश से देवता उतर आये हों; सहस्रों कंठों से ध्वनि निकली—वह खड़ी है, वह खड़ी है, लैला वह खड़ी है ! यह वह जनता

थी जो लैला के मधुर संगीत पर मस्त हो जाया करती थी।

नादिर ने उच्च स्वर से विद्रोहियों को सम्बोधित किया—ऐ ईरान की बदनसीब रिआया। तुमने शाही महल को क्यों घेर रखा है ? क्यों बगावत का झंडा खड़ा किया है ? क्या तुमको मेरा और अपने खुदा का बिलकुल खौफ नहीं ? क्या तुम नहीं जानते कि मैं अपनी आँखों के एक इशारे से तुम्हारी हस्ती खाक में मिला सकता हूँ ? मैं तुम्हें हुक्म देता हूँ कि एक लमूहे के अंदर यहाँ से चले जाओ, वरना कलामे-पाक की कसम, मैं तुम्हारी खून की नदी बहा दूँगा।

एक आदमी ने, जो विद्रोहियों का नेता मालूम होता था, सामने आ कर कहा—हम उस वक्त तक न जायँगे, जब तक शाही महल लैला से खाली न हो जायगा।

नादिर ने बिगड़ कर कहा—ओ नाशुक्रो, खुदा से डरो ! तुम्हें अपनी मलका की शान में ऐसी बेअदबी करते हुए शर्म नहीं आती ! जब से लैला तुम्हारी मलका हुई है, उसने तुम्हारे साथ कितनी रियायतें की हैं ! क्या उन्हें तुम बिलकुल भूल गये ? ज़ालिमों, वह मलका है; पर वही खाना खाती है, जो तुम कुत्तों को खिला देते हो; वही कपड़े पहनती है, जो तुम फ़कीरों को दे देते हो। आकर महलसरा में देखो, तुम इसे अपने झोपड़ों ही की तरह तकल्लुफ और सजावट से खाली पाओगे। लैला तुम्हारी मलका हो कर भी फ़कीरी की जिंदगी बसर करती है, तुम्हारी खिदमत में हमेशा मस्त रहती है। तुम्हें उसके कदमों की खाक माथे पर लगानी चाहिए, आँखों का सुरमा बनाना चाहिए। ईरान के तख्त पर कभी ऐसी गरीबों पर जान देनेवाली, उनके दर्द में शरीक होने वाली, ग़रीबों पर अपने को निसार करनेवाली मलका ने कदम नहीं रखे और उसकी शान में तुम ऐसी बेहूदा बातें करते हो ! अफ़सोस ! मुझे मालूम हो गया कि तुम जाहिल, इन्सानियत से खाली और कमीने हो ! तुम इसी क़ाबिल हो कि तुम्हारी गरदनें कुन्द छुरी से काटी जायँ, तुम्हें पैरों तले रौंदा जाय...

नादिर ने बात भी पूरी न कर पायी थी कि विद्रोहियों ने एक स्वर से चिल्ला कर कहा लैला, लैला हमारी दुश्मन है, हम उसे अपनी मलका की सूरत में नहीं देख सकते।

नादिर ने ज़ोर से चिल्लाकर कहा—ज़ालिमों, जरा ख़ामोश हो जाओ; यह देखो वह फरमान है, जिस पर लैला ने अभी-अभी मुझसे ज़बरदस्ती दस्तख़त कराये हैं। आज से गल्ले का महसूल घटाकर आधा कर दिया गया है और तुम्हारे सिर से महसूल का बोझ पाँच करोड़ कम हो गया है।

हजारों आदमियों ने शोर मचाया—यह महसूल बहुत पहले बिलकुल माफ़ हो जाना चाहिये था। हम एक कौड़ी नहीं दे सकते। लैला, लैला, हम उसे अपनी मलका की सूरत में नहीं देख सकते।

अब बादशाह क्रोध से काँपने लगा। लैला ने सजल नेत्र हो कर कहा—अगर रिआया की यही मरजी है कि मैं फिर डफ़ बजा-बजा कर गाती फिरूँ तो मुझे कोई

उज्र नहीं, मुझे यकीन है कि मैं अपने गाने से एक बार फिर इनके दिल पर हुकूमत कर सकती हूँ।

नादिर ने उत्तेजित होकर कहा—लैला, मैं रिआया की तुनुकमिजाजियों का गुलाम नहीं। इससे पहले कि मैं तुम्हें अपने पहलू से जुदा करूँ, तेहरान की गलियाँ खून से लाल हो जायँगी। मैं इन बदमाशों को इनकी शरारत का मज़ा चखाता हूँ।

नादिर ने मीनार पर चढ़ कर खतरे का घंटा बजाया। सारे तेहरान में उसकी आवाज गूँज उठी; पर शाही फौज का एक आदमी भी न नजर आया।

नादिर ने दोबारा घंटा बजाया, आकाश मंडल उसकी झंकार से कम्पित हो गया, तारागण काँप उठे; पर एक भी सैनिक न निकला।

नादिर ने तब तीसरी बार घंटा बजाया, पर उसका भी उत्तर केवल एक क्षीण प्रतिध्वनि ने दिया, मानो किसी मरनेवाले की अंतिम प्रार्थना के शब्द हों।

नादिर ने माथा पीट लिया। समझ गया कि बुरे दिन आ गये। अब भी लैला को जनता के दुराग्रह पर बलिदान करके वह अपने राजसत्ता की रक्षा कर सकता था, पर लैला उसे प्राणों से प्रिय थी। उसने छत पर आ कर लैला का हाथ पकड़ लिया और उसे लिये हुए सदर फाटक से निकला। विद्रोहियों ने एक विजय-ध्वनि के साथ उनका स्वागत किया; पर सब के सब किसी गुप्त प्रेरणा के वश रास्ते से हट गये।

दोनों चुपचाप तेहरान की गलियों में होते हुए चले जाते थे। चारों ओर अंधकार था। दूकानें बंद थीं। बाजारों में सन्नाटा छाया हुआ था। कोई घर से बाहर न निकलता था। फ़कीरों ने भी मसजिदों में पनाह ले ली थी। पर इन दोनों प्राणियों के लिए कोई आश्रय न था। नादिर की कमर में तलवार थी, लैला के हाथ में डफ़ था। यही उनके विशाल ऐश्वर्य का विलुप्त चिह्न था।

7

पूरा साल गुजर गया। लैला और नादिर देश-विदेश की खाक छानते फिरते थे। समरकंद और बुखारा, बगदाद और हलब, काहिरा और अदन ये सारे देश उन्होंने छान डाले। लैला की डफ़ फिर जादू करने लगी, उसकी आवाज सुनते ही शहर में हलचल मच जाती, आदमियों का मेला लग जाता, आवाभगत होने लगती; लेकिन ये दोनों यात्री कहीं एक दिन से अधिक न ठहरते थे। न किसी से कुछ माँगते, न किसी के द्वार पर जाते। केवल रूखा-सूखा भोजन कर लेते और कभी किसी वृक्ष के नीचे, कभी पर्वत की गुफा में और कभी सड़क के किनारे रात काट देते थे। संसार के कठोर व्यवहार ने उन्हें विरक्त कर दिया था उसके प्रलोभन से कोसों दूर भागते थे। उन्हें अनुभव हो गया था कि यहाँ जिसके लिए प्राण अर्पण कर दो, वही अपना शत्रु हो जाता है; जिसके साथ भलाई करो, वही बुराई पर कमर बाँधता है; यहाँ किसी से दिल न लगाना चाहिए। उनके पास बड़े-बड़े रईसों के निमंत्रण आते, उन्हें एक दिन अपना मेहमान बनाने के लिए लोग हजारों मिन्नतें करते, पर लैला किसी की न सुनती। नादिर को अब तक कभी-कभी

बादशाहत की सनक सवार हो जाती थी, वह चाहता था कि गुप्त रूप से शक्ति-संग्रह करके तेहरान पर चढ़ जाऊँ और बाग़ियों को परास्त करके अखंड राज्य करूँ; पर लैला की उदासीनता देख कर उसे किसी से मिलने-जुलने का साहस न होता था। लैला उसकी प्राणेश्वरी थी, वह उसी के इशारों पर चलता था।

उधर ईरान में भी अराजकता फैली हुई थी। जनसत्ता से तंग आकर रईसों ने भी फौजें जमा कर ली थीं और दोनों दलों में आये दिन संग्राम होता रहता था। पूरा साल गुजर गया और खेत न जुते, देश में भीषण अकाल पड़ा हुआ था; व्यापार शिथिल था, खजाना खाली। दिन-दिन जनता की शक्ति घटती जाती थी और रईसों का जोर बढ़ता जाता था। आखिर यहाँ तक नौबत पहुँची की जनता ने हथियार डाल दिये और रईसों ने राज-भवन पर अपना अधिकार जमा लिया। प्रजा के नेताओं को फाँसी दे दी गयी, कितने ही कैद कर लिये गये और जनसत्ता का अंत हो गया। शक्तिवादियों को अब नादिर की याद आयी। यह बात अनुभव से सिद्ध हो गयी थी कि देश में प्रजातंत्र स्थापित करने की क्षमता का अभाव है। प्रत्यक्ष के लिए प्रमाण की जरूरत न थी। इस अवसर पर राजसत्ता ही देश का उद्धार कर सकती थी। वह भी मानी हुई बात थी कि लैला और नादिर को जनमत से विशेष प्रेम न होगा। वे सिंहासन पर बैठ कर भी रईसों ही के हाथ में कठपुतली बने रहेंगे और रईसों को प्रजा पर मनमाने अत्याचार करने का अवसर मिलेगा। अतएव आपस में लोगों ने सलाह की और प्रतिनिधि नादिर को मना लाने के लिये रवाना हुए।

8

संध्या का समय था। लैला और नादिर दमिश्क में एक वृक्ष के नीचे बैठे हुए थे। आकाश पर लालिमा छायी हुई थी और उससे मिली हुई पर्वत-मालाओं की श्याम रेखा ऐसी मालूम हो रही थी मानो कमल-दल मुरझा गया हो। लैला उल्लसित नेत्रों से प्रकृति की यह शोभा देख रही थी। नादिर मलिन और चिंतित भाव से लेटा हुआ सामने के सुदूर प्रांत की ओर तृषित नेत्रों से देख रहा था, मानो इस जीवन से तंग आ गया है।

सहसा बहुत दूर गर्द उड़ती हुई दिखाई दी, और एक क्षण में ऐसा मालूम हुआ कि कुछ आदमी घोड़ों पर सवार चले आ रहे हैं। नादिर उठ बैठा और गौर से देखने लगा कि ये कौन आदमी हैं। अकस्मात् वह उठ कर खड़ा हो गया। उसका मुख-मंडल दीपक की भाँति चमक उठा, जर्जर शरीर में एक विचित्र स्फूर्ति दौड़ गयी। वह उत्सुकता से बोला—लैला, ये तो ईरान के आदमी, कलामे-पाक की कसम, ये ईरान के आदमी हैं। इनके लिबास से साफ जाहिर हो रहा है।

लैला ने भी उन यात्रियों की ओर देखा और सचेत हो कर बोली—अपनी तलवार सँभाल लो, शायद उसकी जरूरत पड़े।

नादिर—नहीं लैला, ईरान के लोग इतने कमीने नहीं हैं कि अपने बादशाह पर तलवार उठायें।

लैला—पहले मैं भी यही समझती थी।

सवारों ने समीप आ कर घोड़े रोक लिये और उतर कर बड़े अदब से नादिर को सलाम किया ! नादिर बहुत जब्त करने पर भी अपने मनोवेग को न रोक सका, दौड़ कर उनके गले से लिपट गया। वह अब बादशाह न था, ईरान का एक मुसाफिर था। बादशाहत मिट गयी थी; यह ईरानियत रोम-रोम में भरी हुई थी। वे तीनों आदमी इस समय ईरान के विधाता थे। इन्हें वह खूब पहचानता था। उनकी स्वामिभक्ति की वह कई बार परीक्षा ले चुका था। उन्हें ला कर अपने बोरिये पर बैठाना चाहा, लेकिन वे जमीन ही पर बैठे। उनकी दृष्टि से वह बोरिया उस समय सिंहासन था, जिस पर अपने स्वामी के सम्मुख वे कदम न रख सकते थे। बातें होने लगीं। ईरान की दशा अत्यंत शोचनीय थी। लूट-मार का बाजार गर्म था, न कोई व्यवस्था थी न व्यवस्थापक थे। अगर यही दशा रही तो शायद बहुत जल्द उसकी गरदन में पराधीनता का जुआ पड़ जाय। देश अब नादिर को ढूँढ़ रहा था। उसके सिवा कोई दूसरा उस डूबते हुए बेड़े को पार नहीं लगा सकता था। इसी आशा से ये लोग उसके पास आये थे।

नादिर ने विरक्त भाव से कहा—एक बार इज्ज़त ली, क्या अबकी जान लेने की सोची है ? मैं बड़े आराम से हूँ ! आप मुझे दिक़ न करें।

सरदारों ने आग्रह करना शुरू किया—हम हुजूर का दामन न छोड़ेंगे, यहाँ अपनी गरदनों पर छुरी फेर कर हुजूर के कदमों पर जान दे देंगे। जिन बदमाशों ने आपको परेशान किया था, अब उनका कहीं निशान भी न रहा, हम लोग उन्हें फिर कभी सिर न उठाने देंगे, सिर्फ हुजूर की आड़ चाहिए।

नादिर ने बात काट कर कहा—साहबो, अगर आप मुझे इस इरादे से ईरान का बादशाह बनाना चाहते हैं, तो माफ़ कीजिए। मैंने इस सफ़र में रिआया की हालत का गौर से मुलाहजा किया है और इस नतीजे पर पहुँचा हूँ कि सभी मुल्कों से उनकी हालत खराब है। वे रहम के काबिल हैं। ईरान में मुझे कभी ऐसे मौके न मिले थे। मैं रिआया को अपने दरबारियों की आँखों से देखता था। मुझसे आप लोग यह उम्मीद न रखें कि रिआया को लूट कर आपकी जेबें भरूँगा। यह अजाब अपनी गरदन पर नहीं ले सकता। मैं इन्साफ का मीजान बराबर रखूँगा और इसी शर्त पर ईरान चल सकता हूँ।

लैला ने मुस्करा कर कहा—तुम रिआया का क़सूर माफ़ कर सकते हो, क्योंकि उसकी तुमसे कोई दुश्मनी न थी। उसके दाँत तो मुझ पर थे। मैं उसे कैसे माफ़ कर सकती हूँ।

नादिर ने गम्भीर भाव से कहा—लैला, मुझे यक़ीन नहीं आता कि तुम्हारे मुँह से ऐसी बातें सुन रहा हूँ।

लोगों ने समझा, अभी उन्हें भड़काने की जरूरत ही क्या है। ईरान में चल कर देखा जायगा। दो-चार मुखबिरों से रिआया के नाम पर ऐसे उपद्रव खड़े करा देंगे कि इनके सारे खयाल पलट जायँगे। एक सरदार ने अर्ज की—माज़ल्लाह ! हुजूर यह क्या फ़रमाते हैं ? क्या हम इतने नादान हैं कि हुजूर को इन्साफ के रास्ते से हटाना चाहेंगे

? इन्साफ ही बादशाह का जौहर है और हमारी दिली आरजू है कि आपका इन्साफ नौशेवबाँ को भी शर्मिंदा कर दे। हमारी मंशा सिर्फ यह थी कि आइंदा से हम रिआया को कभी ऐसा मौका न देंगे कि वह हुजूर की शान में बेअदबी कर सके। हम अपनी जानें हुजूर पर निसार करने के लिए हाजिर रहेंगे।

सहसा ऐसा मालूम हुआ कि सारी प्रकृति संगीतमय हो गयी है। पर्वत और वृक्ष, तारे और चाँद, वायु और जल सभी एक स्वर से गाने लगे। चाँदनी की निर्मल छटा में, वायु के नीरव प्रहार में, संगीत की तरंगें उठने लगीं। लैला अपना डफ़ बजा-बजा कर गा रही थी। आज मालूम हुआ, ध्वनि ही सृष्टि का मूल है। पर्वतों पर देवियाँ निकल-निकल कर नाचने लगीं, आकाश पर देवता नृत्य करने लगे। संगीत ने एक नया संसार रच डाला।

उसी दिन से जब कि प्रजा ने राजभवन के द्वार पर उपद्रव मचाया था और लैला के निर्वासन पर आग्रह किया था, लैला के विचारों में क्रांति हो गयी थी। जन्म से ही उसने जनता के साथ सहानुभूति करना सीखा था। वह राजकर्मचारियों को प्रजा पर अत्याचार करते देखती थी और उसका कोमल हृदय तड़प उठता था। तब धन, ऐश्वर्य और विलास से उसे घृणा होने लगती थी। जिसके कारण प्रजा को इतने कष्ट भोगने पड़ते हैं। वह अपने में किसी ऐसी शक्ति का आह्वान करना चाहती थी जो आततायियों के हृदय में दया और प्रजा के हृदय में अभय का संचार करे। उसकी बाल कल्पना उसे एक सिंहासन पर बिठा देती, जहाँ वह अपनी न्याय-नीति से संसार में युगांतर उपस्थित कर देती। कितनी रातें उसने यही स्वप्न देखने में काटी थी। कितनी बार वह अन्याय-पीड़ितों के सिरहाने बैठ कर रोयी थी; लेकिन जब एक दिन ऐसा आया कि उसके स्वर्ण-स्वप्न आंशिक रीति से पूरे होने लगे, तब उसे एक नया और कठोर अनुभव हुआ। उसने देखा कि प्रजा इतनी सहनशील, इतनी दीन और दुर्बल नहीं है, जितना वह समझती थी। इसकी अपेक्षा उसमें ओछेपन, अविचार और अशिष्टता की मात्रा कहीं अधिक थी। वह सद्व्यवहार की कद्र करना नहीं जानती, शक्ति पा कर उसका सदुपयोग नहीं कर सकती। उसी दिन से उसका दिल जनता से फिर गया था।

जिस दिन नादिर और लैला ने फिर तेहरान में पदार्पण किया, सारा नगर उनका अभिवादन करने के लिए निकल पड़ा। शहर पर आतंक छाया हुआ था, चारों ओर करुण रुदन की ध्वनि सुनाई देती थी। अमीरों के मुहल्ले में श्री लोटती फिरती थी, गरीबों के मुहल्ले उजड़े हुए थे, उन्हें देख कर कलेजा फटा जाता था। नादिर रो पड़ा; लेकिन लैला के ओंठों पर निष्ठुर निर्दय हास्य अपनी छटा दिखा रहा था।

नादिर के सामने अब एक विकट समस्या थी। वह नित्य देखता कि मैं जो करना चाहता हूँ वह नहीं होता और जो नहीं करना चाहता, वह होता है, और इसका कारण लैला है; पर कुछ कह न सकता था। लैला उसके हर एक काम में हस्तक्षेप करती रहती थी। वह जनता के उपकार और उद्धार के लिए जो विधान करता लैला उसमें कोई न कोई विघ्न अवश्य डाल देती, और उसे चुप रह जाने के सिवा और कुछ न सूझता।

लैला के लिए उसने एक बार राज्य का त्याग कर दिया था। तब आपत्ति-काल ने लैला की परीक्षा ली थी। इतने दिनों की विपत्ति में उसे लैला के चरित्र का जो अनुभव प्राप्त हुआ था, वह इतना मनोहर, इतना सरस था कि वह लैला-मय हो गया था। लैला ही उसका स्वर्ग थी, उसके प्रेम में रत रहना ही उसकी परम अभिलाषा थी। इस लैला के लिए वह अब क्या कुछ न कर सकता था ? प्रजा की और साम्राज्य की उसके सामने क्या हस्ती थी।

इस भाँति तीन साल बीत गये, प्रजा की दशा दिन-दिन बिगड़ती ही गयी।

9

एक दिन नादिर शिकार खेलने गया। और साथियों से अलग हो कर जंगल में भटकता फिरा, यहाँ तक कि रात हो गयी और साथियों का पता न चला। घर लौटने का भी रास्ता न जानता था। आखिर खुदा का नाम ले कर एक तरफ चला कि कहीं तो कोई गाँव या बस्ती का नाम निशान मिलेगा ! वहाँ रात-भर पड़ा रहूँगा। सवेरे लौट जाऊँगा। चलते-चलते जंगल के दूसरे सिरे पर उसे एक गाँव नजर आया, जिसमें मुश्किल से तीन-चार घर होंगे। हाँ, एक मसजिद अलबत्ता बनी हुई थी। मसजिद में एक दीपक टिमटिमा रहा था; पर किसी आदमी या आदमज़ात का निशान न था। आधी रात से ज्यादा बीत चुकी थी, इसलिए किसी को कष्ट देना भी उचित न था। नादिर ने घोड़े को एक पेड़ से बाँध दिया और उसी मसजिद में रात काटने की ठानी। वहाँ एक फटी सी चटाई पड़ी हुई थी। उसी पर लेट गया। दिन भर का थका था, लेटते ही नींद आ गयी। मालूम नहीं, वह कितनी देर तक सोता रहा; पर किसी की आहट पा कर चौंका तो क्या देखता है कि एक बूढ़ा आदमी बैठा नमाज पढ़ रहा है। नादिर को आश्चर्य हआ कि इतनी रात गये कौन नमाज़ पढ़ रहा है। उसे यह खबर न थी कि रात गुज़र गयी और यह फ़जर की नमाज़ है। वह पड़ा-पड़ा देखता रहा। वृद्ध पुरुष ने नमाज़ अदा की, फिर वह छाती के सामने अंजलि फैला कर दुआ माँगने लगा। दुआ के शब्द सुन कर नादिर का खून सर्द हो गया। वह दुआ उसके राज्यकाल की ऐसी तीव्र, ऐसी वास्तविक, ऐसी शिक्षाप्रद आलोचना थी, जो आज तक किसी ने न की थी। उसे अपने जीवन में अपना अपयश सुनने का अवसर प्राप्त हुआ। वह यह तो जानता था कि मेरा शासन आदर्श नहीं है; लेकिन उसने कभी यह कल्पना न की थी कि विपत्ति इतनी असह्य हो गयी है। दुआ यह थी–

'ऐ खुदा ! तू ही गरीबों का मददगार और बेकसों का सहारा है। तू इस जालिम बादशाह के जुल्म देखता है और तेरा कहर उस पर नहीं गिरता। यह बेदीन काफ़िर एक हसीन औरत की मुहब्बत में अपने को इतना भूल गया है कि न आँखों से देखता है, न कानों से सुनता है। अगर देखता है तो उसी औरत की आँखों से, सुनता है तो उसी औरत के कानों से। अब यह मुसीबत नहीं सही जाती। या तो तू उस ज़ालिम को जहन्नुम पहुँचा दे; या हम बेकसों को दुनिया से उठा ले। ईरान उसके जुल्म से

तंग आ गया है और तू ही उसके सिर से इस बला को टाल सकता है।'

बूढ़े ने तो अपनी छड़ी सँभाली और चलता हुआ; लेकिन नादिर मृतक की भाँति वहीं पड़ा रहा, मानो उस पर बिजली गिर पड़ी हो।

10

एक सप्ताह तक नादिर दरबार में न आया, न किसी कर्मचारी को अपने पास आने की आज्ञा दी। दिन के दिन अंदर पड़ा सोचा करता कि क्या करूँ। नाममात्र को कुछ खा लेता। लैला बार-बार उसके पास जाती और कभी उसका सिर अपनी जाँघ पर रख कर, कभी उसके गले में बाँहें डाल कर पूछती–तुम क्यों इतने उदास और मलिन हो ! नादिर उसे देख कर रोने लगता; पर मुँह से कुछ न कहता। यश या लैला, यही उसके सामने कठिन समस्या थी। उसके हृदय में भीषण द्वन्द्व रहता और वह कुछ निश्चय न कर सकता था। यश प्यारा था; पर लैला उससे भी प्यारी थी। वह बदनाम होकर जिंदा रह सकता था; पर लैला के बिना वह जीवन की कल्पना ही न कर सकता था। लैला उसके रोम-रोम में व्याप्त थी।

अंत को उसने निश्चय कर लिया–लैला मेरी है, मैं लैला का हूँ। न मैं उससे अलग, न वह मुझसे जुदा। जो कुछ वह करती है मेरा है, जो कुछ मैं करता हूँ उसका है। यहाँ मेरा और तेरा का भेद ही कहाँ ? बादशाहत नश्वर है, प्रेम अमर। हम अनंत काल तक एक दूसरे के पहलू में बैठे हुए स्वर्ग के सुख भोगेंगे। हमारा प्रेम अनंत काल तक आकाश में तारे की भाँति चमकेगा।

नादिर प्रसन्न हो कर उठा। उसका मुख-मंडल विजय की लालिमा से रंजित हो रहा था। आँखों में शौर्य टपका पड़ता था। वह लैला के प्रेम का प्याला पीने जा रहा था। जिसे एक सप्ताह से उसने मुँह नहीं लगाया था। उसका हृदय उसी उमंग से उछला पड़ता था, जो आज से पाँच साल पहले उठा करती थी। प्रेम का फूल कभी नहीं मुरझाता, प्रेम की नींद कभी नहीं उतरती।

लेकिन लैला की आरामगाह के द्वार बंद थे और उसका डफ़ जो द्वार पर नित्य एक खूँटी से लटका रहता था, गायब था। नादिर का कलेजा सन्न-सा हो गया। द्वार बंद रहने का आशय तो यह हो सकता था कि लैला बाग़ में होगी; लेकिन डफ़ कहाँ गया ? सम्भव है, वह डफ़ ले कर बाग में गयी हो; लेकिन यह उदासी क्यों छायी है ? यह हसरत क्यों बरस रही है !

नादिर ने काँपते हुए हाथों से द्वार खोल दिया। लैला अंदर न थी। पलंग बिछा हुआ था, शमा जल रही थी, वजू का पानी रखा हुआ था। नादिर के पाँव थर्राने लगे। क्या लैला रात को भी नहीं सोयी ? कमरे की एक-एक वस्तु में लैला की याद थी, उसकी तस्वीर थी, उसकी महक थी, लेकिन लैला न थी। मकान सूना मालूम होता था, ज्योति-हीन नेत्र।

नादिर का दिल भर आया। उसकी हिम्मत न पड़ी कि किसी से कुछ पूछे। हृदय

इतना कातर हो गया कि हतबुद्धि की भाँति फ़र्श पर बैठ कर बिलख-बिलख कर रोने लगा। जब जरा आँसू थमे तब उसने बिस्तर को सूँघा कि शायद लैला के स्पर्श की कुछ गंध आये; लेकिन खस और गुलाब की महक के सिवा और कोई सुगंध न थी।

सहसा उसे तकिये के नीचे से बाहर निकला हुआ एक कागज का पुर्जा दिखायी दिया। उसने एक हाथ से कलेजे को सँभाल कर पुर्जा निकाल लिया और सहमी हुई आँखों से उसे देखा। एक निगाह में सब कुछ मालूम हो गया। वह नादिर की किस्मत का फैसला था। नादिर के मुँह से निकला, हाय लैला ! और वह मूर्छित हो कर जमीन पर गिर पड़ा। लैला ने पुर्जे में लिखा था–'मेरे प्यारे नादिर, तुम्हारी लैला तुमसे जुदा होती है–हमेशा के लिए। मेरी तलाश मत करना, तुम मेरा सुराग़ न पाओगे। मैं तुम्हारी मुहब्बत की लौंडी थी, तुम्हारी बादशाहत की भूखी नहीं। आज एक हफ़्ते से देख रही हूँ, तुम्हारी निगाह फिरी हुई है। तुम मुझसे नहीं बोलते, मेरी तरफ़ आँख उठा कर नहीं देखते। मुझसे बेजार रहते हो। मैं किन-किन अरमानों से तुम्हारे पास जाती हूँ और कितनी मायूस हो कर लौटती हूँ इसका तुम अंदाज नहीं कर सकते। मैंने इस सजा के लायक कोई काम नहीं किया। मैंने जो कुछ किया है, तुम्हारी ही भलाई के ख़याल से। एक हफ्ता मुझे रोते गुजर गया। मुझे मालूम हो रहा है कि अब मैं तुम्हारी नजरों से गिर गयी, तुम्हारे दिल से निकाल दी गयी। आह ! ये पाँच साल हमेशा याद रहेंगे, हमेशा तड़पाते रहेंगे ! यही डफ़ ले कर आयी थी, वही लेकर जाती हूँ। पाँच साल मुहब्बत के मजे उठा कर जिंदगी भर के लिए हसरत का दाग लिये जाती हूँ। लैला मुहब्बत की लौंडी थी; जब मुहब्बत न रही, तब लैला क्योंकर रहती ? रुखसत !'

मुक्तिधन

भारतवर्ष में जितने व्यवसाय हैं, उन सबमें लेन-देन का व्यवसाय सबसे लाभदायक है। आमतौर पर सूद की दर 25 रु. सैकड़ा सालाना है। प्रचुर स्थावर या जंगम सम्पत्ति पर 12 रु. सैकड़े सालाना सूद लिया जाता है, इससे कम ब्याज पर रुपया मिलना प्रायः असंभव है। बहुत कम ऐसे व्यवसाय हैं, जिनमें 15 रु. सैकड़े से अधिक लाभ हो और वह भी बिना किसी झंझट के। उस पर नजराने की रकम अलग, लिखायी, दलाली अलग, अदालत का खर्चा अलग। ये सब रकमें भी किसी न किसी तरह महाजन ही की जेब में जाती हैं। यही कारण है कि यहाँ लेन-देन का धंधा इतनी तरक्क़ी पर है। वकील, डॉक्टर, सरकारी कर्मचारी, जमींदार कोई भी जिसके पास कुछ फालतू धन हो, यह व्यवसाय कर सकता है। अपनी पूँजी का सदुपयोग का यह सर्वोत्तम साधन है। लाला दाऊदयाल भी इसी श्रेणी के महाजन थे। वह कचहरी में मुख़्तारगिरी करते थे और जो कुछ बचत होती थी, उसे 25-30 रुपये सैकड़ा वार्षिक ब्याज पर उठा देते थे। उनका व्यवहार अधिकतर निम्न श्रेणी के मनुष्यों से ही रहता था। उच्च वर्ण वालों से

वह चौकन्ने रहते थे, उन्हें अपने यहाँ फटकने ही न देते थे। उनका कहना था (और प्रत्येक व्यवसायी पुरुष उसका समर्थन करता है) कि ब्राह्मण, क्षत्रिय या कायस्थ को रुपये देने से यह कहीं अच्छा है कि रुपया कुएँ में डाल दिया जाय। इनके पास रुपये लेते समय तो बहुत सम्पत्ति होती है; लेकिन रुपये हाथ में आते ही वह सारी सम्पत्ति गायब हो जाती है। उस पर पत्नी, पुत्र या भाई का अधिकार हो जाता है अथवा यह प्रकट होता है कि उस सम्पत्ति का अस्तित्व ही न था। इनकी कानूनी व्यवस्थाओं के सामने बड़े-बड़े नीति-शास्त्र के विद्वान् भी मुँह की खा जाते हैं।

लाला दाऊदयाल एक दिन कचहरी से घर आ रहे थे। रास्ते में उन्होंने एक विचित्र घटना देखी। एक मुसलमान खड़ा अपनी गऊ बेच रहा था, और कई आदमी उसे घेरे खड़े थे। कोई उसके हाथ में रुपये रखे देता था, कोई उसके हाथ से गऊ की पगहिया छीनने की चेष्टा करता था; किंतु वह ग़रीब मुसलमान एक बार उन ग्राहकों के मुँह की ओर देखता था और कुछ सोच कर पगहिया को और भी मजबूत पकड़ लेता था। गऊ मोहनी-रूप थी। छोटी-सी गरदन, भारी पुट्ठे और दूध से भरे हुए थन थे। पास ही एक सुन्दर, बलिष्ठ बछड़ा गऊ की गर्दन से लगा हुआ खड़ा था। मुसलमान बहुत क्षुब्ध और दुखी मालूम होता था। वह करुण नेत्रों से गऊ को देखता और दिल मसोस कर रह जाता था। दाऊदयाल गऊ को देख कर रीझ गये। पूछा—क्यों जी, यह गऊ बेचते हो ? क्या नाम है तुम्हारा ?

मुसलमान ने दाऊदयाल को देखा तो, प्रसन्नमुख उनके समीप जा कर बोला—हाँ हुज़ूर, बेचता हूँ।

दाऊ.—कहाँ से लाये हो ? तुम्हारा नाम क्या है ?

मुस.—नाम तो है रहमान। पचौली में रहता हूँ।

दाऊ.—दूध देती है ?

मुस.—हाँ हजूर, एक बेला में तीन सेर दुह लीजिये। अभी दूसरा ही तो बेत है। इतनी सीधी है कि बच्चा भी दुह ले। बच्चे पैर के पास खेलते रहते हैं, पर क्या मज़ाल कि सिर भी हिलाये।

दाऊ.—कोई तुम्हें यहाँ पहचानता है।

मुख्तार साहब को शुबहा हुआ कि कहीं चोरी का माल न हो।

मुस.—नहीं, हजूर, ग़रीब आदमी हूँ, मेरी किसी से जान-पहचान नहीं है।

दाऊ.—क्या दाम माँगते हो ?

रहमान ने 50 रु. बतलाये। मुख्तार साहब को 30 रु. का माल जँचा। कुछ देर तक दोनों ओर से मोल-भाव होता रहा। एक को रुपयों की ग़रज थी और दूसरे को गऊ की चाह। सौदा पटने में कोई कठिनाई न हुई। 35 रु. पर सौदा तय हो गया।

रहमान ने सौदा तो चुका दिया; पर अब भी वह मोह के बंधन में पड़ा हुआ था। कुछ देर तक सोच में डूबा खड़ा रहा, फिर गऊ को लिये मंद गति से दाऊदयाल के पीछे-पीछे चला। तब एक आदमी ने कहा—अबे हम 36 रु. देते हैं। हमारे साथ चल।

रहमान—नहीं देते तुम्हें; क्या कुछ ज़बरदस्ती है ?

दूसरे आदमी ने कहा—हमसे 40 रु. ले ले, अब तो खुश हुआ ?

यह कह कर उसने रहमान के हाथ से गाय को ले लेना चाहा; मगर रहमान ने हामी न भरी। आखिर उन सबने निराश होकर अपनी राह ली।

रहमान जब जरा दूर निकाल गया, तो दाऊदयाल से बोला—हजूर, आप हिंदू हैं इसे लेकर आप पालेंगे, इसकी सेवा करेंगे। ये सब कसाई हैं, इनके हाथ मैं 50 रु. को भी कभी न बेचता। आप बड़े मौके से आ गये, नहीं तो ये सब ज़बरदस्ती से गऊ को छीन ले जाते। बड़ी विपत में पड़ गया हूँ, सरकार, तब यह गाय बेचने निकला हूँ। नहीं तो इस घर की लक्ष्मी को कभी न बेचता। इसे अपने हाथों से पाला-पोसा है। कसाइयों के हाथ कैसे बेच देता ? सरकार इसे जितनी ही खली देंगे, उतना ही यह दूध देगी। भैंस का दूध भी इतना मीठा और गाढ़ा नहीं होता। हजूर से एक अरज और है, अपने चरवाहे को डाँट दीजियेगा कि इसे मारे-पीटे नहीं।

दाऊदयाल ने चकित हो कर रहमान की ओर देखा। भगवान ! इस श्रेणी के मनुष्य में भी इतना सौजन्य, इतनी सहृदयता है ! यहाँ तो बड़े-बड़े तिलक त्रिपुंडधारी महात्मा कसाइयों के हाथ गउएँ बेच जाते हैं; एक पैसे का घाटा भी नहीं उठाना चाहते। और यह ग़रीब 5 रु. का घाटा सह कर इसलिए मेरे हाथ गऊ बेच रहा है कि यह किसी कसाई के हाथ न पड़ जाय। गरीबों में भी इतनी समझ हो सकती है !

उन्होंने घर आ कर रहमान को रुपये दिये। रहमान ने रुपये गाँठ में बाँधे, एक बार फिर गऊ को प्रेम-भरी आँखों से देखा और दाऊदयाल को सलाम करके चला गया।

रहमान एक ग़रीब किसान था और ग़रीब के सभी दुश्मन होते हैं। ज़मींदार ने इज़ाफा-लगान का दावा दायर किया था। उसी की जवाबदेही करने के लिए रुपयों की जरूरत थी। घर में बैलों के सिवा और कोई सम्पत्ति न थी। वह इस गऊ को प्राणों से भी प्रिय समझता था; पर रुपयों की कोई तदबीर न हो सकी, तो विवश हो कर गाय बेचनी पड़ी।

2

पचौली में मुसलमानों के कई घर थे। अबकी कई साल के बाद हज का रास्ता खुला था। पाश्चात्य महासमर के दिनों में राह बंद थी। गाँव के कितने ही स्त्री-पुरुष हज करने चले। रहमान की बूढ़ी माता भी हज के लिए तैयार हुई। रहमान से बोली—बेटा इतना सबाब करो। बस मेरे दिल में यही एक अरमान बाकी है। इस अरमान को लिए हुए क्यों दुनिया से जाऊँ; खुदा तुमको इस नेकी की सज़ा (फल) देगा। मातृभक्ति ग्रामीणों का विशिष्ट गुण है। रहमान के पास इतने रुपये कहाँ थे कि हज के लिए काफी होते; पर माता की आज्ञा कैसे टालता ? सोचने लगा, किसी से उधार ले लूँ। कुछ अबकी ऊख पेर कर दे दूँगा, कुछ अगले साल चुका दूँगा। अल्लाह के फ़ज़ल से ऊख ऐसी हुई कि कभी न हुई थी। यह माँ की दुआ ही का फल है। मगर किससे

लूँ ? कम से कम 200 रु. हों, तो काम चले। किसी महाजन से जान-पहचान भी तो नहीं है। यहाँ जो दो-एक बनिये लेन-देन करते हैं, वे तो असामियों की गरदन ही रेतते हैं। चलूँ, लाला दाऊदयाल के पास। इन सबसे तो वही अच्छे हैं। सुना है, वादे पर रुपये लेते हैं, किसी तरह नहीं छोड़ते, लोनी चाहे दीवार को छोड़ दे, दीमक चाहे लकड़ी को छोड़ दे पर वादे पर रुपये न मिले, तो वह असामियों को नहीं छोड़ते। बात पीछे करते हैं, नालिश पहले। हाँ, इतना है कि असामियों की आँख में धूल नहीं झोंकते, हिसाब-किताब साफ रखते हैं। कई दिन वह इसी सोच-विचार में पड़ा रहा कि उनके पास जाऊँ या न जाऊँ। अगर कहीं वादे पर रुपये न पहुँचे, तो ? बिना नालिश किये न मानेंगे। घर-बार, बैल-बधिया, सब नीलाम करा लेंगे। लेकिन जब कोई वश न चला, तो हार कर दाऊदयाल के ही पास गया और रुपये कर्ज़ माँगे।

दाऊ.–तुम्हीं ने तो मेरे हाथ गऊ बेची थी न ?

रहमान–हाँ हजूर !

दाऊ.–रुपये तो तुम्हें दे दूँगा, लेकिन मैं वादे पर रुपये लेता हूँ। अगर वादा पूरा न किया, तो तुम जानो। फिर मैं जरा भी रियायत न करूँगा। बताओ कब दोगे ?

रहमान ने मन में हिसाब लगा कर कहा–सरकार, दो साल की मियाद रख लें।

दाऊ.–अगर दो साल में न दोगे, तो ब्याज की दर 32 रु. सैकड़े हो जायगी। तुम्हारे साथ इतनी मुरौवत करूँगा कि नालिश न करूँगा ?

रहमान–जो चाहे कीजिएगा। हजूर के हाथ में ही तो हूँ।

रहमान को 200 रु. के 180 रु. मिले। कुछ लिखाई कट गई, कुछ नजराना निकल गया, कुछ दलाली में आ गया। घर आया, थोड़ा-सा गुड़ रखा हुआ था, उसे बेचा और स्त्री को समझा-बुझा कर माता के साथ हज को चा।

3

मियाद गुज़र जाने पर लाला दाऊदयाल ने तकाज़ा किया। एक आदमी रहमान के घर भेज कर उसे बुलाया और कठोर स्वर में बोले–क्या अभी दो साल नहीं पूरे हुए ! लाओ, रुपये कहाँ हैं ?

रहमान ने बड़े दीन भाव से कहा–हजूर बड़ी गर्दिश में हूँ। अम्माँ जब से हज करके आयी हैं, तभी से बीमार पड़ी हुई हैं। रात-दिन उन्हीं की दवा-दारू में दौड़ते गुज़रता है। जब तक जीती हैं हजूर कुछ सेवा कर लूँ, पेट का धंधा तो जिन्दगी-भर लगा रहेगा। अबकी कुछ फसिल नहीं हुई हजूर। ऊख पानी बिना सूख गयी। सन खेत में पड़े-पड़े सूख गया। ढोने की मुहलत न मिली। रबी के लिए खेत जोत न सका, परती पड़े हुए हैं। अल्लाह ही जानता है, किस मुसीबत से दिन कट रहे हैं। हजूर के रुपये कौड़ी-कौड़ी अदा करूँगा, साल-भर की और मुहलत दीजिए। अम्माँ अच्छी हुई. और मेरे सिर से बला टली।

दाऊदयाल ने कहा–32 रुपये सैकड़े ब्याज हो जायगा।

रहमान ने जवाब दिया—जैसी हजूर की मरज़ी।

रहमान यह वादा करके घर आया, तो देखा माँ का अंतिम समय आ पहुँचा है। प्राण-पीड़ा हो रही है, दर्शन बदे थे, सो हो गये। माँ ने बेटे को एक बार वात्सल्य दृष्टि से देखा, आशीर्वाद दिया और परलोक सिधारी। रहमान अब तक गरदन तक पानी में था, अब पानी सिर पर आ गया।

इस वक्त पड़ोसियों से कुछ उधार ले कर दफ़न-कफ़न का प्रबंध किया, किंतु मृत आत्मा की शांति और परितोष के लिए ज़कात और फ़ातिहे की जरूरत थी, कब्र बनवानी ज़रूरी थी, बिरादरी का खाना, ग़रीबों को खैरात, कुरान की तलावत और ऐसे कितने ही संस्कार करने परमावश्यक थे।

मातृ-सेवा का इसके सिवा अब और कौन-सा अवसर हाथ आ सकता था। माता के प्रति समस्त सांसारिक और धार्मिक कर्त्तव्यों का अन्त हो रहा था। फिर तो माता की स्मृति-मात्र रह जायगी, संकट के समय फ़रियाद सुनाने के लिए ? मुझे खुदा ने सामर्थ्य दी होती, तो इस वक्त क्या कुछ न करता; लेकिन अब क्या अपने पड़ोसियों से भी गया-गुजरा हूँ !

उसने सोचना शुरू किया, रुपये लाऊँ कहाँ से ? अब तो लाला दाऊदयाल भी न देंगे। एक बार उनके पास जा कर देखूँ तो सही, कौन जाने, मेरी विपत्ति का हाल सुन कर उन्हें दया आ जाय। बड़े आदमी हैं, कृपादृष्टि हो गयी, तो सौ-दो सौ उनके लिए कौन बड़ी बात है।

इस भाँति मन में सोच-विचार करता हुआ वह लाला दाऊदयाल के पास चला। रास्ते में एक-एक कदम मुश्किल से उठता था। कौन मुँह लेकर जाऊँ ? अभी तीन ही दिन हुए हैं, साल-भर में पिछले रुपये अदा करने का वादा करके आया हूँ। अब जो 200 रु. और माँगूगा, तो वह क्या कहेंगे। मैं ही उनकी जगह पर होता तो कभी न देता। उन्हें ज़रूर संदेह होगा कि यह आदमी नीयत का बुरा है। कहीं दुत्कार दिया, घुड़कियाँ दीं, तो ? पूछें, तेरे पास ऐसी कौन-सी बड़ी जायदाद है, जिस पर रुपये की थैली दे दूँ, तो क्या जवाब दूँगा ? जो कुछ जायदाद है, वह यही दोनों हाथ हैं। उसके सिवा यहाँ क्या है ? घर को कोई सेंत भी न पूछेगा। खेत हैं, तो ज़मींदार के, उन पर अपना कोई काबू ही नहीं। बेकार जा रहा हूँ वहाँ धक्के खाकर निकलना पड़ेगा, रही-सही आबरू भी मिट्टी में मिल जायगी।

परन्तु इन निराशाजनक शंकाओं के होने पर भी वह धीरे-धीरे आगे बढ़ा चला जाता था, जैसे कोई अनाथ विधवा थाने फरियाद करने जा रही हो।

लाला दाऊदयाल कचहरी से आ कर अपने स्वभाव के अनुसार नौकरों पर बिगड़ रहे थे—द्वार पर पानी क्यों नहीं छिड़का, बरामदे में कुर्सियाँ क्यों नहीं निकाल रखीं ? इतने में रहमान सामने जा कर खड़ा हो गया।

लाला साहब झल्लाये तो बैठे थे रुष्ट हो कर बोले—तुम क्या करने आये हो जी ? क्यों मेरे पीछे पड़े हो। मुझे इस वक्त बातचीत करने की फुरसत नहीं है।

रहमान कुछ न बोल सका। यह डाँट सुन कर इतना हताश हुआ कि उलटे पैरों लौट पड़ा। हुई न वही बात ! यही सुनने तो मैं आया था ? मेरी अकल पर पत्थर पड़ गये थे !

दाऊदयाल को कुछ दया आ गयी। जब रहमान बरामदे के नीचे उतर गया, तो बुलाया, जरा नर्म हो कर बोले—कैसे आये थे जी ! क्या कुछ काम था ?

रहमान—नहीं सरकार, यों ही सलाम करने चला आया था।

दाऊ.—एक कहावत है—सलामे रोस्ताई बेग़रज नेस्त—किसान बिना मतलब के सलाम नहीं करता। क्या मतलब है कहो।

रहमान फूट-फूट कर रोने लगा। दाऊदयाल ने अटकल से समझ लिया। इसकी माँ मर गयी। पूछा—क्यों रहमान, तुम्हारी माँ सिधार तो नहीं गयीं ?

रहमान—हाँ हजूर, आज तीसरा दिन है।

दाऊ.—रो न, रोने से क्या फायदा ? सब्र करो, ईश्वर को जो मंजूर था, वह हुआ। ऐसी मौत पर ग़म न करना चाहिए। तुम्हारे हाथों उनकी मिट्टी ठिकाने लग गयी। अब और क्या चाहिए।

रहमान—हजूर, कुछ अरज करने आया हूँ, मगर हिम्मत नहीं पड़ती। अभी पिछला ही पड़ा हुआ है, और अब किस मुँह से माँगूँ ? लेकिन अल्लाह जानता है, कहीं से एक पैसा मिलने की उम्मेद नहीं और काम ऐसा आ पड़ा है कि अगर न करूँ, तो जिंदगी-भर पछतावा रहेगा। आपसे कुछ कह नहीं सकता। आगे आप मालिक हैं। यह समझ कर दीजिए कि कुएँ में डाल रहा हूँ। जिंदा रहूँगा तो एक-एक कौड़ी मय सूद के अदा कर दूँगा। मगर इस घड़ी नहीं न कीजिएगा।

दाऊ.—तीन सौ तो हो गये। दो सौ फिर माँगते हो। दो साल में कोई सात सौ रुपये हो जायँगे। इसकी खबर है या नहीं ?

रहमान—ग़रीबपरवर ! अल्लाह दे, तो दो बीघे ऊख में पाँच सौ आ सकते हैं। अल्लाह ने चाहा, तो मियाद के अंदर आपकी कौड़ी-कौड़ी अदा कर दूँगा।

दाऊदयाल ने दो सौ रुपये फिर दे दिये। जो लोग उनके व्यवहार से परिचित थे, उन्हें उनकी इस रियायत पर बड़ा आश्चर्य हो रहा था।

4

खेती की हालत अनाथ बालक की-सी है। जल और वायु अनुकूल हुए तो अनाज के ढेर लग गये। इनकी कृपा न हुई, तो लहलहाते हुए खेत कपटी मित्र की भाँति दग़ा दे गये। ओला और पाल, सूखा और बाढ़, टिड्डी और लाही, दीमक और आँधी से प्राण बचे तो फ़सल खलिहान में आयी ? और खलिहान से आग और बिजली दोनों ही का बैर है। इतने दुश्मनों से बची तो फ़सल नहीं तो फैसला ! रहमान ने कलेजा तोड़ कर मेहनत की। दिन को दिन और रात को रात न समझा। बीबी-बच्चे दिलोजान से निपट गये। ऐसी ऊख लगी कि हाथी घुसे, तो समा जाय। सारा गाँव दाँतों तले उँगली दबाता

था। लोग रहमान से कहते–यार, अबकी तुम्हारे पौ-बारह हैं। हारे दर्जे सात सौ कहीं नहीं गये। अबकी बेड़ा पार है। रहमान सोचा करता अबकी ज्यों ही गुड़ के रुपये हाथ आये, सब के सब ले जा कर लाला दाऊदयाल के कदमों पर रख दूँगा। अगर वह उसमें से खुद दो-चार रुपये निकाल कर देंगे, तो ले लूँगा, नहीं तो अबकी साल और चूनी-चोकर खा कर काट दूँगा।

मगर भाग्य के लिखे को कौन मिटा सकता है। अगहन का महीना था; रहमान खेत की मेंठ पर बैठा रखवाली कर रहा था। ओढ़ने को केवल एक पुराने गाढ़े की चादर थी, इसलिए ऊख के पत्ते जला दिये थे। सहसा हवा का एक ऐसा झोंका आया कि जलते हुए पत्ते उड़ कर खेत में जा पहुँचे। आग लग गयी। गाँव के लोग आग बुझाने दौड़े; मगर आग की लपटें टूटते तारों की भाँति एक हिस्से से उड़ कर दूसरे सिर पर जा पहुँचती थी, सारे उपाय व्यर्थ हुए। पूरा खेत जल कर राख का ढेर हो गया और खेत के साथ रहमान की सारी अभिलाषाएँ नष्ट-भ्रष्ट हो गयीं। ग़रीब की कमर टूट गयी। दिल बैठ गया। हाथ-पाँव ढीले हो गये। परोसी हुई थाली सामने से छिन गयी। घर आया, तो दाऊदयाल के रुपयों की फिक्र सिर पर सवार हुई। अपनी कुछ फिक्र न थी। बाल-बच्चों की भी फ़िक्र न थी। भूखों मरना और नंगे रहना तो किसान का काम ही है। फ़िक्र क़र्ज़ की। दूसरा साल बीत रहा है। दो-चार दिन में लाला दाऊदयाल का आदमी आता होगा। उसे कौन मुँह दिखाऊँगा ? चल कर उन्हीं से चिरौरी करूँ कि साल-भर की मुहलत और दीजिए। लेकिन साल-भर में तो सात सौ के नौ सौ हो जायेंगे। कहीं नालिश कर दी, तो हजार ही समझो। साल-भर में ऐसी क्या हुन बरस जायगी। बेचारे कितने भले आदमी हैं, दो सौ रुपये उठा कर दे दिया। खेत भी तो ऐसे नहीं कि बै-रिहन करके आबरू बचाऊँ। बैल भी ऐसे कौन से तैयार हैं कि दो-चार सौ मिल जायँ। आधे भी तो नहीं रहे। अब इज्जत खुदा के हाथ है। मैं तो अपनी-सी करके देख चुका।

सुबह का वक्त था। वह अपने खेत की मेंठ पर खड़ा अपनी तबाही का दृश्य देख रहा था। देखा, दाऊदयाल का चपरासी कंधे पर लट्ठ रखे चला आ रहा है। प्राण सूख गये। खुदा, अब तू ही इस मुश्किल को आसान कर। कहीं आते-ही-आते गालियाँ न देने लगे। या अल्लाह कहाँ छिप जाऊँ ?

चपरासी ने समीप आ कर कहा–रुपये ले कर देना नहीं चाहते ? मियाद कल गुजर गयी। जानते हो न सरकार की ? एक दिन की भी देर हुई और उन्होंने नालिश ठोकी। बेभाव की पड़ेंगी।

रहमान काँप उठा। बोला–यहाँ का हाल तो देख रहे हो न ?

चपरासी–यहाँ हाल-हवाल सुनने का काम नहीं। ये चकमे किसी और को देना। सात सौ रुपये ले चलो और चुपके से गिन कर चले आओ।

रहमान–जमादार, सारी ऊख जल गयी। अल्लाह जानता है, अबकी कौड़ी-कौड़ी बेबाक कर देता।

चपरासी—मैं यह कुछ नहीं जानता। तुम्हारी ऊख का किसी ने ठेका नहीं लिया। अभी चलो सरकार बुला रहे हैं।

यह कह कर चपरासी उसका हाथ पकड़ कर घसीटता हुआ चला। गरीब को घर में जा कर पगड़ी बाँधने का मौका न दिया।

5

पाँच कोस का रास्ता कट गया, और रहमान ने एक बार भी सिर न उठाया। बस, रह-रह कर 'या अली मुश्किलकुशा !' उसके मुँह से निकल जाता था। उसे अब इस नाम का भरोसा था। यही जप हिम्मत को सँभाले हुए था, नहीं तो शायद वह वहीं गिर पड़ता। वह नैराश्य की उस दशा को पहुँच गया था, जब मनुष्य की चेतना नहीं उपचेतना शासन करती है।

दाऊदयाल द्वार पर टहल रहे थे। रहमान जा कर उनके कदमों पर गिर पड़ा और बोला—खुदाबंद, बड़ी विपत्त पड़ी हुई है। अल्लाह जानता है कहीं का नहीं रहा।

दाऊ.—क्या सब ऊख जल गयी ?

रहमान—हजूर सुन चुके हैं क्या ? सरकार जैसे किसी ने खेत में झाड़ू लगा दी हो। गाँव के ऊपर ऊख लगी हुई थी गरीबपरवर, यह दैवी आफ़त न पड़ी होती, तो और तो नहीं कह सकता। हजूर से उरिन हो जाता।

दाऊ.—अब क्या सलाह है ? देते हो या नालिश कर दूँ।

रहमान—हजूर मालिक हैं, जो चाहें करें। मैं तो इतना ही जानता हूँ कि हजूर के रुपये सिर पर हैं और मुझे कौड़ी-कौड़ी देनी है। अपनी सोची नहीं होती। दो बार वादे किये, दोनों बार झूठा पड़ा। अब वादा न करूँगा जब जो कुछ मिलेगा, ला कर हजूर के कदमों पर रख दूँगा। मिहनत-मजूरी से, पेट और तन काट कर, जिस तरह हो सकेगा आपके रुपये भरूँगा।

दाऊदयाल ने मुस्करा कर कहा—तुम्हारे मन में इस वक्त सबसे बड़ी कौन-सी आरजू है ?

रहमान—यही हजूर, कि आपके रुपये अदा हो जायँ। सच कहता हूँ हजूर अल्लाह जानता है।

दाऊ.—अच्छा तो समझ लो कि मेरे रुपये अदा हो गये।

रहमान—अरे हजूर, यह कैसे समझ लूँ यहाँ न दूँगा, तो वहाँ तो देने पड़ेंगे।

दाऊ.—नहीं रहमान, अब इसकी फिक्र मत करो। मैं तुम्हें आजमाता था।

रहमान—सरकार, ऐसा न कहें। इतना बोझ सिर पर ले कर न मरूँगा।

दाऊ.—कैसा बोझ जी, मेरा तुम्हारे ऊपर कुछ आता ही नहीं। अगर कुछ आता भी हो, तो मैंने माफ़ कर दिया; यहाँ भी, वहाँ भी। अब तुम मेरे एक पैसे के भी देनदार नहीं हो। असल में मैंने तुमसे जो कर्ज लिया था, वही अदा कर रहा हूँ। मैं तुम्हारा कर्ज़दार हूँ, तुम मेरे कर्जदार नहीं हो। तुम्हारी गऊ अब तक मेरे पास है। उसने मुझे

कम से कम आठ सौ रुपये का दूध दिया है ! दो बछड़े नफे में अलग। अगर तुमने यह गऊ कसाइयों को दे दी होती, तो मुझे इतना फ़ायदा क्योंकर होता ? तुमने उस वक्त पाँच रुपये का नुकसान उठा कर गऊ मेरे हाथ बेची थी। वह शराफत मुझे याद है। उस एहसान का बदला चुकाना मेरी ताकत से बाहर है। जब तुम इतने ग़रीब और नादान होकर एक गऊ की जान के लिए पाँच रुपये का नुकसान उठा सकते हो, तो मैं तुम्हारी सौगुनी हैसियत रख कर अगर चार-पाँच सौ रुपये माफ कर देता हूँ, तो कोई बड़ा काम नहीं कर रहा हूँ। तुमने भले ही जान कर मेरे ऊपर कोई एहसान न किया हो, पर असल में वह मेरे धर्म पर एहसान था। मैंने भी तो तुम्हें धर्म के काम ही के लिए रुपये दिये थे। बस हम-तुम दोनों बराबर हो गये। तुम्हारे दोनों बछड़े मेरे यहाँ हैं, जी चाहे लेते जाओ, तुम्हारी खेती में काम आयेंगे। तुम सच्चे और शरीफ़ आदमी हो, मैं तुम्हारी मदद करने को हमेशा तैयार रहूँगा। इस वक्त भी तुम्हें रुपयों की जरूरत हो, तो जितने चाहो, ले सकते हो।

रहमान को ऐसा मालूम हुआ कि उसके सामने कोई फ़रिश्ता बैठा हुआ है। मनुष्य उदार हो, तो फ़रिश्ता है; और नीच हो, तो शैतान। ये दोनों मानवी वृत्तियों ही के नाम हैं। रहमान के मुँह धन्यवाद के शब्द भी न निकल सके। बड़ी मुश्किल से आँसुओं को रोक कर बोला—हजूर को इस नेकी का बदला खुदा देगा। मैं तो आज से अपने को आपका गुलाम ही समझूँगा।

दाऊ.—नहीं जी तुम मेरे दोस्त हो।

रहमान—नहीं हजूर, गुलाम।

दाऊ.—गुलाम छुटकारा पाने के लिए जो रुपये देता है, उसे मुक्तिधन कहते हैं। तुम बहुत पहले 'मुक्तिधन' अदा कर चुके। अब भूल कर भी यह शब्द मुँह से न निकालना।

दीक्षा

जब मैं स्कूल में पढ़ता था, गेंद खेलता था और अध्यापक महोदयों की घुड़कियाँ खाता था, अर्थात् मेरी किशोरावस्था थी, न ज्ञान का उदय हुआ था और न बुद्धि का विकास, उस समय मैं टेंपरेंस एसोसिएशन (नशानिवारणी सभा) का उत्साहित सदस्य था। नित्य उसके जलसों में शरीक होता, उसके लिए चन्दा वसूल करता। इतना नहीं, व्रतधारी भी था और इस व्रत के पालन का अटल संकल्प कर चुका था। प्रधान महोदय ने मेरे दीक्षा लेते समय जब पूछा—'तुम्हें विश्वास है कि जीवन-पर्यंज इस व्रत पर अटल रहोगे ?' तो मैंने निश्शंक भाव से उत्तर दिया—'हाँ, मुझे पूर्ण विश्वास है।' प्रधान ने मुस्करा कर प्रतिज्ञा-पत्र मेरे सामने रख दिया। उस दिन मुझे कितना आनंद हुआ था ! गौरव से सिर उठाये घूमता-फिरता था। कई बार पिता जी से भी बे-अदबी कर बैठा, क्योंकि वह

संध्या समय थकान मिटाने के लिए एक गिलास पी लिया करते थे। मुझे यह असह्य था। कहूँगा ईमान की। पिताजी ऐब करते थे, पर हुनर के साथ। ज्योंही जरा-सा सरूर आ जाता, आँखों में सुर्खी की आभा झलकने लगती कि ब्यालू करने बैठ जाते—बहुत ही सूक्ष्माहारी थे—और फिर रात-भर के लिए माया-मोह के बंधनों से मुक्त हो जाते। मैं उन्हें उपदेश देता था। उनसे वाद-विवाद करने पर उतारू हो जाता था। एक बार तो मैंने गजब कर डाला था। उनकी बोतल और गिलास को पत्थर पर इतनी जोर से पटका कि भगवान् कृष्ण ने कंस को भी इतनी जोर से न पटका होगा। घर में काँच के टुकड़े फैल गये और कई दिनों तक नग्न चरणों से फिरनेवाली स्त्रियों के पैरों से खून बहा; पर मेरा उत्साह तो देखिए ! पिता की तीव्र दृष्टि की परवा न की। पिता जी ने आ कर अपनी संजीवनी-प्रदायिनी बोतल का यह शोक समाचार सुना तो सीधे बाजार गये और एक क्षण में ताक के शून्य-स्थान की फिर पूर्ति हो गयी। मैं देवासुर-संग्राम के लिए कमर कसे बैठा था; मगर पिताजी के मुख पर लेशमात्र भी मैल न आया। उन्होंने मेरी ओर उत्साहपूर्ण दृष्टि से देखा—अब मुझे मालूम होता है कि वह आत्मोल्लास, विशुद्ध सत्कामना और अलौकिक स्नेह से परिपूर्ण थी—और मुस्करा दिये। उसी तरह मुस्कराये, जैसे कई मास पहले प्रधान महोदय मुस्कराये थे। अब उनके मुस्कराने का आशय समझ रहा हूँ, उस समय न समझ सका। बस, इतनी ही ज्ञान की वृद्धि हुई है। उस मुस्कान में कितना व्यंग्य था, मेरे बाल-व्रत का कितना उपहास और मेरी सरलता पर कितनी दया थी, अब उसका मर्म समझा हूँ !

मैं अपने कालेज में अपने व्रत पर दृढ़ रहा। मेरे कितने ही मित्र संयमशील न थे। मैं आदर्श-चरित्र समझा जाता था। कालेज में उस संकीर्णता का निर्वाह कहाँ। बुद्धू बना दिया जाता, कोई मुल्ला की पदवी देता, कोई नासेह कह कर मजाक उड़ाता ! मित्रगण व्यंग्य-भाव में कहते—'हाय अफसोस, तूने पी ही नहीं !' सारांश यह कि यहाँ मुझे उदार बनना पड़ा। मित्रों को कमरे में चुसकियाँ लगाते देखता; और बैठा रहता। भंग घुटती और मैं देखा करता। लोग आग्रहपूर्वक कहते—'अजी, जरा लो भी।' तो विनीत भाव से कहता—'क्षमा कीजिए, यह मेरे सिस्टम को सूट नहीं करती। सिद्धांत के बदले अब मुझे शारीरिक असमर्थता का बहाना करना पड़ा। वह सत्याग्रह का जोश, जिसने पिता की बोतल पर हाथ साफ किया था, ग़ायब हो गया था। यहाँ तक कि एक बार जब कालेज के चौथे वर्ष में मेरे लड़का पैदा होने की खबर मिली, तो मेरी उदारता की हद हो गयी। मैंने मित्रों के आग्रह से मजबूर होकर उनकी दावत की और अपने हाथों से ढाल-ढाल कर उन्हें पिलायी। उस दिन साकी बनने में हार्दिक आनंद मिल रहा था। उदारता वास्तव में सिद्धान्त से गिर जाने, आदर्श से च्युत हो जाने का ही दूसरा नाम है। अपने मन को समझाने के लिए युक्तियों का अभाव कभी नहीं होता। संसार में सबसे आसान काम अपने को धोखा देना है मैंने खुद तो नहीं पी, पिला दी, इसमें मेरा क्या नुकसान ? दोस्तों की दिलशिकनी तो नहीं की ? मज़ा तो जभी है कि दूसरों को पिलाये और खुद न पिये।

खैर, कालेज से मैं बेदाग निकल आया। अपने शहर में वकालत शुरू की। सुबह से आधीरात तक चक्की में जुतना पड़ा। वे कालेज के सैर-सपाटे, आमोद-विनोद, सब स्वप्न हो गये। मित्रों की आमदपरत बंद हुई, यहाँ तक कि छुट्टियों में भी दम मारने की फुरसत न मिलती। जीवन-संग्राम कितना विकट है, इसका अनुभव हुआ। इसे संग्राम कहना ही भ्रम है। संग्राम की उमंग, उत्तेजना, वीरता और जय-ध्वनि यहाँ कहाँ ? यह संग्राम नहीं, ठेलम-ठेल, धक्का-पेल है। यहाँ 'चाहे धक्के खायँ, मगर तमाशा घुस कर देखें' की दशा है। माशूक का वस्ल कहाँ, उसकी चौखट को चूमना, दरबान की गालियाँ खाना और अपना-सा मुँह ले कर चले आना। दिन-भर बैठे-बैठे अरुचि हो जाती। मुश्किल से दो चपातियाँ खाता और मन में कहता—'क्या इन्हीं दो चपातियों के लिए यह सिर-मग्जन और यह दीदा-रेजी है ? मरो, खपो और व्यर्थ के लिए ! इसके साथ यह अरमान भी थी कि अपनी मोटर हो, विशाल भवन हो, थोड़ी-सी जमींदारी हो, कुछ रुपये बैंक में हों; पर यह सब हुआ भी, तो मुझे क्या ? संतान उनका सुख भोगेगी, मैं तो व्यर्थ ही मरा। मैं तो खजाने का साँप ही रहा। नहीं; यह नहीं हो सकता। मैं दूसरों के लिए ही प्राण न दूँगा, अपनी मिहनत का मजा खुद भी चखूँगा, क्या करूँ ? कहीं सैर करने चलूँ ? मुवक्किल सब तितर-बितर हो जायँगे ! ऐसा नामी वकील तो हूँ नहीं कि मेरे बगैर काम ही न चले और कतिपय नेताओं की भाँति असहयोग-व्रत धारण करने पर भी कोई बड़ा शिकार देखूँ, तो झपट पड़ूँ। यहाँ तो पिद्दी, बटेर, हारिल इन्हीं सब पर निशाना मारना है। फिर क्या रोज थियेटर जाया करूँ ? फिजूल है। कहीं दो बजे रात को सोना नसीब होगा, बिना मौत मर जाऊँगा। आखिर मेरे हम पेशा और भी तो हैं ? वे क्या करते हैं जो उन्हें बराबर खुश और मस्त देखता हूँ ? मालूम होता है, उन्हें कोई चिंता ही नहीं है। स्वार्थ-सेवा अंग्रेजी शिक्षा का प्राण है। पूर्व संतान के लिए, यश के लिए, धर्म के लिए मरता है, पश्चिम अपने लिए। पूर्व में घर का स्वामी सबका सेवक होता है, वह सबसे ज्यादा काम करता, दूसरों को खिला कर खाता, दूसरों को पहना कर पहनता है; किंतु पश्चिम में वह सबसे अच्छा खाना, अच्छा पहनना अपना अधिकार समझता है। यहाँ परिवार सर्वोपरि है, वहाँ व्यक्ति सर्वोपरि है। हम बाहर से पूर्व और भीतर से पश्चिम हैं। हमारे सत् आदर्श दिन-दिन लुप्त होते जा रहे हैं। मैंने सोचना शुरू किया, इतने दिनों की तपस्या से मुझे क्या मिल गया ? दिन-भर छाती फाड़ कर काम करता हूँ, आधीरात को मुँह ढाँप कर सो रहता हूँ। यह भी कोई जिंदगी है ? कोई सुख नहीं, मनोरंजन का कोई सामान नहीं; दिन-भर काम करने के बाद टेनिस क्या खाक खेलूँगा ? हवाखोरी के लिए भी तो पैरों में जूता चाहिए ! ऐसे जीवन को रसमय बनाने के लिए केवल एक ही उपाय है—आत्म-विस्मृति, जो एक क्षण के लिए मुझे संसार की चिंताओं से मुक्त कर दे। मैं अपनी परिस्थिति को भूल जाऊँ, अपने को भूल जाऊँ जरा हँसूँ, जरा कहकहा मारूँ जरा मन में स्फूर्ति आये। केवल एक ही बूटी है, जिसमें ये गुण हैं और वह मैं जानता हूँ। कहाँ की प्रतिज्ञा, कहाँ का व्रत, वे बचपन की बातें थीं। उस समय क्या जानता था कि मेरी यह हालत होगी ? नव

स्फूर्ति का बाहुल्य था, पैरों में शक्ति थी, घोड़े पर सवार होने की क्या जरूरत थी ? तब जवानी का नशा था। अब यह कहाँ ? यह भावना मेरे पूर्व संचित समय की जड़ों को हिलाने लगी। यह नित्य नयी-नयी युक्तियों से सशक्त हो कर आती थी। क्यों, क्या तुम्हीं सबसे अधिक बुद्धिमान् हो ? सब तो पीते हैं। जजों को देखो इजलास छोड़ कर जाते और पी आते हैं। प्राचीनकाल में ऐसे व्रत निभ जाते थे, जब जीविका इतनी प्राणघातक न थी। लोग हँसेंगे ही न कि बड़े व्रतधारी की दुम बने थे, आखिर आ गये न चक्कर में ! हँसने दो, मैंने नाहक व्रत लिया। उसी व्रत के कारण इतने दिनों की तपस्या करनी पड़ी। नहीं पी तो कौन-सा बड़ा आदमी हो गया, कौन सम्मान पा लिया ? पहले किताबों में पढ़ा करता था, यह हानि होती है, वह हानि होती है; मगर कहीं तो नुकसान होते नहीं देखता। हाँ पियक्कड़, मदमस्त हो जाने की बात और है। उस तरह तो अच्छी-से-अच्छी वस्तु का दुरुपयोग भी हानिप्रद होता है। ज्ञान भी जब सीमा से बाहर हो जाता है, तो नास्तिकता के क्षेत्र में पहुँचता है। पीना चाहिए एकान्त में, चेतना को जागृत करने के लिए, सुलाने के लिए नहीं; बस पहले दिन जरा-जरा झिझक होगी। फिर किसका डर है। ऐसी आयोजना करनी चाहिए कि लोग मुझे जबरदस्ती पिला दें, जिसमें अपनी शान बनी रहे। जब एक दिन प्रतिज्ञा टूट जायेगी, तो फिर मुझे अपनी सफाई पेश करने की जरूरत न रहेगी, घरवालों के सामने भी आँखें नीची न करनी पड़ेंगी।

2

मैंने निश्चय किया, यह अभिनय होली के दिन हो। इस दीक्षा के लिए इससे उत्तम मुहूर्त कौन होगा ? होली पीने-पिलाने का दिन है। उस दिन मस्त हो जाना क्षम्य है। पवित्र होली अगर हो सकती है, तो पवित्र चोरी, पवित्र रिश्वत-सितानी भी हो सकती है।

होली आयी, अबकी बहुत इंतजार के बाद आयी। मैंने दीक्षा लेने की तैयारी शुरू की। कई पीनेवालों को निमन्त्रित किया। केलनर की दूकान से ह्स्किी और शामपेन मँगवायी; लेमनेड, सोडा, बर्फ, गजक, खमीरा तम्बाकू वगैरह सब सामान मँगवा कर लैस कर दिया। कमरा बहुत बड़ा न था। कानूनी किताबों की आलमारियाँ हटवा दीं, फ़र्श बिछवा दिया और शाम को मित्रों का इंतजार करने लगा, जैसे चिड़िया पंख फैलाये बहेलियों को बुला रही हो।

मित्रगण एक-एक करके आने लगे। नौ बजते-बजते सब-के-सब आ बिराजे। उनमें कई तो ऐसे थे, चुल्लू में उल्लू हो जाते थे, पर कितने ही कुम्भज ऋषि के अनुयायी थे—पूरे समुद्र-सोख, बोतल-की-बोतल गटागट जायँ और आँखों में सुर्खी न आये ! मैंने बोतल, गिलास और गजक की तश्तरियाँ सामने ला कर रखीं।

एक महाशय बोले—यार, बर्फ और सोडे के बगैर लुत्फ़ न आयेगा।

मैंने उत्तर दिया—मँगवा रखा है, भूल गया था।

एक–तो फिर बिस्मिल्ला हो।

दूसरा–साकी कौन होगा ?

मैं–यह खिदमत मेरे सिपुर्द कीजिए।

मैंने प्यालियाँ भर-भर कर देनी शुरू की और यार लोग पीने लगे। हू-हक का बाजार गर्म हुआ; अश्लील हास-परिहास की आँधी-सी चलने लगी; पर मुझे कोई न पूछता था। खूब अच्छा उल्लू बना ! शायद मुझसे कहते हुए सकुचाते हैं। कोई मजाक से भी नहीं कहता, मानो मैं वैष्णव हूँ। इन्हें कैसे इशारा करूँ ? आखिर सोच कर बोला–मैंने तो कभी पी ही नहीं।

एक मित्र–क्यों नहीं पी ? ईश्वर के यहाँ आपको इसका जवाब देना पड़ेगा !

दूसरा–फरमाइए जनाब, फरमाइए, फरमाइए, क्या जवाब दीजिएगा। मैं ही उसकी तरफ से पूछता हूँ–क्यों नहीं पीते ?

मैं–अपनी तबीयत, नहीं जी चाहता।

दूसरा–यह तो कोई जवाब नहीं। कोदो दे कर वकालत पास की थी क्या ?

तीसरा–जवाब दीजिए, जवाब। दीजिए, दीजिए। आपने समझा क्या है, ईश्वर को आपने ऐसा-वैसा समझ लिया है क्या ?

दूसरा–क्या आपको कोई धार्मिक आपत्ति है ?

मैंने कहा–हो सकता है।

तीसरा–वाह रे धर्मात्मा ! क्यों न हो, आप बड़े धर्मात्मा हैं। जरा आपकी दुम देखूँ ?

मैं–क्या धर्मात्मा आदमियों के दुम होती है ?

चौथा–और क्या, किसी के हाथ की, किसी के दो हाथ की। आप हैं किस फेर में। दुमदारों के सिवा आज धर्मात्मा है ही कौन ? हम सब पापात्मा हैं।

तीसरा–धर्मात्मा वकील, ओ हो, धर्मात्मा वेश्या, ओ-हो !

दूसरा–धार्मिक आपत्ति तो आपको हो ही नहीं सकती। वकील होना धार्मिक विचारों से शून्य होने का चिह्न है।

मैं–भाई, मुझे सूट नहीं करती ?

तीसरा–अब मार लिया, मूजी को मार लिया, आपको सूट नहीं करती। मैं सूट करा दूँ ?

दूसरा–क्या किसी डॉक्टर ने मना किया है ?

मैं–नहीं।

तीसरा–वाह वाह ! आप खुद ही डॉक्टर बन गये। अमृत आपको सूट नहीं करता। अरे धर्मात्मा जी, एक बार पी के देखिए।

दूसरा–मुझे आपके मुँह से यह सुन कर आश्चर्य हुआ। भाई जी, यह दवा है, महौषधि है, यही सोम-रस है। कहीं आपने टेंपरेंस की प्रतिज्ञा तो नहीं ले ली है।

मैं–मान लीजिए, ली हो, तो ?

तीसरा–तो आप बुद्धू हैं, सीधे-सीधे कोरे बुद्धू !

चौथा–

जाम चलने को है सब, अहले-नजर बैठे हैं,
आँख साक़ी न चुराना, हम इधर बैठे हैं।

दूसरा–हम सभी टेंपरेंस के प्रतिज्ञाधारी हैं, पर जब वह हम ही नहीं रहे, तो वह प्रतिज्ञा कहाँ रही ? हमारे नाम वही हैं, पर हम वह नहीं हैं। जहाँ लड़कपन की बातें की गयीं, वहीं वह प्रतिज्ञा भी गयी।

मैं–आखिर इससे फायदा क्या है ?

दूसरा–यह तो पीने ही से मालूम हो सकता है। एक प्याली पीजिए, फ़ायदा न मालूम हो, तो फिर न पीजिएगा।

तीसरा–मारा, मारा अब मूजी को पिला कर छोड़ेंगे।

चौथा–

ऐसे में ख़्वार हैं दिन-रात पिया करते हैं,
हम तो सोते में तेरा नाम लिया करते हैं।

पहला–तुम लोगों से न बनेगा मैं पिलाना जानता हूँ।

यह महाशय मोटे-ताजे आदमी थे। मेरा टेटुआ दबाया और प्याली मुँह से लगा दी। मेरी प्रतिज्ञा टूट गयी, दीक्षा मिल गयी, मुराद पूरी हुई, किंतु बनावटी क्रोध से बोला–आप लोग अपने साथ मुझे भी ले डूबे।

दूसरा–मुबारक हो, मुबारक !

तीसरा–मुबारक, मुबारक, सौ बार मुबारक !

3

नवदीक्षित मनुष्य बड़ा धर्मपरायण होता है। मैं संध्या समय दिन-भर की वाग्वितंडा से छुटकारा पा कर जब एकांत में, अथवा दो-चार मित्रों के साथ बैठ कर प्याले-पर-प्याले चढ़ाता, तो चित्त उल्लसित हो उठता था। रात को निद्रा खूब आती थी, पर प्रातःकाल अंग-अंग में पीड़ा होती, अँगड़ाइयाँ आतीं, मस्तिष्क शिथिल हो जाता, यही जी चाहता कि आराम से पलंग पर लेटा रहूँ। मित्रों ने सलाह दी कि खुमारी उतारने के लिए सबेरे भी एक पेग पी लिया जाय, तो अति उत्तम है। मेरे मन में भी बात बैठ गयी। मुँह हाथ धो कर पहले संध्या किया करता था। अब मुँह-हाथ धो कर चट अपने कमरे के एकांत में बोतल लेकर बैठ जाता। मैं इतना जानता था कि नशीली चीजों का चसका बुरा होता है, आदमी धीरे-धीरे उनका दास हो जाता है। यहाँ तक कि वह उनके बगैर कुछ काम ही नहीं कर सकता; परंतु ये बातें जानते हुए भी मैं उनके वशीभूत होता जाता था। यहाँ तक नौबत पहुँची कि नशे के बगैर कुछ काम ही न कर सकता। जिसे आमोद के लिए मुँह लगाया था वह साल ही भर में मेरे लिए जल और वायु की भाँति अत्यंत आवश्यक हो गयी। अगर कभी किसी मुकदमे में बहस करते-करते देर हो जाती, तो

ऐसी थकावट चढ़ती थी, मानो मंजिलों चला हूँ। उस दशा में घर आता, तो अनायास ही बात-बात पर झुँझलाता। कहीं नौकर को डाँटता, कहीं बच्चों को पीटता, कहीं स्त्री पर गरम होता। यह सब कुछ था; पर मैं कतिपय अन्य शराबियों की भाँति नशा आते ही दून की न लेता था, अनर्गल बातें न करता था, हल्ला न मचाता था, न मेरे स्वास्थ्य पर ही मदिरा-सेवन का कुछ बुरा असर नजर आता था।

बरसात के दिन थे। नदी-नाले बढ़े हुए थे। हुक्काम बरसात में भी दौरे करते हैं। उन्हें अपने भत्ते से मतलब। प्रजा को कितना कष्ट होता है, इससे उन्हें कुछ सरोकार नहीं। मैं एक मुकदमे में दौरे पर गया। अनुमान किया था कि संध्या तक लौट आऊँगा; मगर नदियों का चढ़ाव-उतार पड़ा, दस बजे पहुँचने के बदले शाम को पहुँचा। जंट साहब मेरी प्रतीक्षा कर रहे थे। मुकदमा पेश हुआ; लेकिन बहस खतम होते-होते रात नौ बज गये। मैं अपनी हालत क्या कहूँ। जी चाहता था, जंट-साहब को नोच खाऊँ। कभी अपने प्रतिपक्षी वकील की दाढ़ी नोचने को जी चाहता था, जिसने बरबस बहस को इतना बढ़ाया। कभी जी चाहता था; अपना सिर पीट लूँ। मुझे सोच लेना चाहिए था कि आज रात को देर हो गयी, तो ? जंट मेरा गुलाम तो है नहीं कि जो मेरी इच्छा हो, वही करे। न खड़े रहा जाता, न बैठे। छोटे-मोटे पियक्कड़ मेरी दुर्दशा की कल्पना नहीं कर सकते।

खैर नौ बजते-बजते मुकदमा समाप्त हुआ; पर अब जाऊँ कहाँ ? बरसात की रात, कोसों तक आबादी का पता नहीं। घर लौटना कठिन ही नहीं, असम्भव। आस-पास भी कोई ऐसा गाँव नहीं, जहाँ संजीवनी मिल सके। गाँव हो भी तो वहाँ जाय कौन ? वकील कोई थानेदार नहीं कि किसी को बेगार में भेज दे। बड़े संकट में पड़ा हुआ था। मुवक्किल चले गये, दर्शक चले गये, बेगार चले गये। मेरा प्रतिद्वंद्वी मुसलमान चपरासी के दस्तरखान में शरीक हो कर डाकबँगले के बरामदे में पड़ा रहा; पर मैं क्या करूँ ? यहाँ तो प्राणान्त-सा हो रहा था। वहीं बरामदे में टाट पर बैठा हुआ अपनी किस्मत को रो रहा था, न नींद ही आती थी कि इस कष्ट को भूल जाऊँ, अपने को उसी की गोद में सौंप दूँ। गुस्सा अलबत्ते था कि वह दूसरा वकील कितनी मीठी नींद सो रहा है मानो ससुराल में सुख-सेज पर सोया हुआ है।

इधर तो मेरा यह बुरा हाल था, उधर डाक-बँगले में साहब बहादुर गिलास पर गिलास चढ़ा रहे थे। शराब के ढालने की मधुर ध्वनि मेरे कानों में आ कर चित्त को और भी व्याकुल कर देती। मुझसे बैठे न रहा गया। धीरे-धीरे चिक के पास गया और अंदर झाँकने लगा। आह ! कैसा जीवनप्रद दृश्य था। सफेद बिल्लौर के गिलास में बर्फ और सोडावाटर से अलंकृत अरुण-मुख कामिनी शोभायमान थी; मुँह में पानी भर आया। उस समय कोई मेरा चित्र उतारता तो लोलुपता के चित्रण में बाजी मार ले जाता। साहब की आँखों में सुर्खी थी, मुँह पर सुर्खी थी। एकांत में बैठा पीता और मानसिक उल्लास की लहर में एक अंग्रेजी गीत गाता था। कहाँ वह स्वर्ग का सुख और कहाँ यह मेरा नरकभोग ! कई बार प्रबल इच्छा हुई कि साहब के पास चल कर एक गिलास

माँगूँ; पर डर लगता था कि कहीं शराब के बदले ठोकर मिलने लगे तो यहाँ कोई फ़रियाद सुननेवाला भी नहीं है।

मैं वहाँ तब तक खड़ा रहा, जब तक साहब का भोजन समाप्त न हो गया। मनचाहे भोजन और सुरा-सेवन के उपरांत उसने खानसामा को मेज़ साफ करने के लिए बुलाया। खानसामा वहीं मेज़ के नीचे बैठा ऊँघ रहा था। उठा और प्लेट लेकर बाहर निकला, तो मुझे देख कर चौंक पड़ा। मैंने शीघ्र ही उसको आश्वासन दिया—डरो मत, डरो मत, मैं हूँ।

ख़ानसामा ने चकित हो कर कहा—आप हैं वकील साहब ! क्या हजूर यहाँ खड़े थे?

मैं—हाँ, जरा देखता था कि ये सब कैसे खाते-पीते हैं। बहुत शराब पीता है।

ख़ान.—अजी कुछ पूछिए मत। दो बोतल दिन-रात में साफ़ कर डालता है। 20. रु. रोज की शराब पी जाता है। दौरे पर चलता है, तो चार दर्जन बोतलों से कम साथ नहीं रखता।

मैं—मुझे भी कुछ आदत है; पर आज न मिली।

ख़ान.—तब तो आपको बड़ी तकलीफ़ हो रही होगी ?

मैं—क्या करूँ; यहाँ तो कोई दूकान भी नहीं। समझता था, जल्दी से मुकदमा हो जायगा, घर लौट जाऊँगा। इसीलिए कोई सामान साथ न लाया।

ख़ान—मुझे तो अफीम की आदत है। एक दिन न मिले तो बावला हो जाता हूँ। अमलवाले को चाहे कुछ न मिले, अमल मिल जाय तो उसे कोई फिक्र नहीं, खाना चाहे तीन दिन में मिले।

मैं—वही हाल है भाई भुगत रहा हूँ। ऐसा मालूम होता है, बदन में जान ही नहीं है।

ख़ान—हजूर को कम-से-कम एक बोतल साथ रख लेनी चाहिए थी। जेब में डाल लेते।

मैं—इतनी ही तो भूल हुई, नहीं रोना काहे का था।

ख़ान—नींद भी न आती होगी ?

मैं—कैसी नींद, दम लबों पर है, न जाने रात कैसे गुजरेगी।

मैं चाहता था, ख़ानसामा अपनी तरफ़ से मेरी अग्नि शांत करने का प्रस्ताव करे, जिसमें मुझे लज्जित न होना पड़े। पर ख़ानसामा भी चंट था। बोला—अल्लाह का नाम ले कर सो जाइए, नींद कब तक न आयेगी।

मैं—नींद तो न आयेगी। हाँ, मर भले ही जाऊँगा। क्या साहब बोतलें गिन कर रखते हैं ? गिनते तो क्या होंगे ?

ख़ान—अरे हुजूर, एक ही मूजी है। बोतल पूरी नहीं होती, तो उस पर निशान बना देता है। मजाल है कि एक बूँद भी कम हो जाय।

मैं—बड़ी मुसीबत है, मुझे तो एक गिलास चाहिए। बस, इतना ही चाहता हूँ कि

नींद आ जाय। जो इनाम कहो, वह दूँ।

ख़ान.–इनाम तो हुज़ूर देंगे ही; लेकिन ख़ौफ़ यही है कि कहीं भाँप गया, तो फिर मुझे जिंदा न छोड़ेगा।

मैं–यार, लाओ, अब ज्यादा सब्र की ताब नहीं है।

ख़ान.–आपके लिए जान हाजिर है; पर एक बोतल 10 रु. में आती है। मैं कल किसी बेगार से मँगा कर तादाद पूरी कर दूँगा।

मैं–एक बोतल थोड़े ही पी जाऊँगा।

ख़ान.–साथ लेते जाइएगा हुज़ूर ! आधी बोतल खाली मेरे पास रहेगी, तो उसे फौरन शुबहा हो जायगा। बड़ा शक्की है, मेरा मुँह सूँघा करता है कि इसने पी न ली हो।

मुझे 20 रु. मिहनताने के मिले थे। दिन-भर की कमाई का आधा देते हुए क़लक तो हुआ, पर दूसरा उपाय ही क्या था ? चुपके से 10 रु. निकाल कर ख़ानसामा के हवाले किये। उसने एक बोतल अँगरेजी शराब मुझे ला दी। बरफ और सोडा भी लेता आया। मैं वहीं अँधेरे में बोतल खोल कर अपनी परितप्त आत्मा को सुधा-जल से सिंचित करने लगा।

क्या जानता था कि विधना मेरे लिए कोई दूसरा ही षड्यंत्र रच रहा है, विष पिलाने की तैयारियाँ कर रहा है।

4

नशे की नींद का पूछना ही क्या ? उस पर ह्विसकी की आधी बोतल चढ़ा गया था। दिन चढ़े तक सोता रहा। कोई आठ बजे झाड़ू लगानेवाले मेहतर ने जगाया, तो नींद खुली। शराब की बोतल और गिलास सिरहाने रख कर छतरी से छिपा दिया था। ऊपर से अपना गाउन डाल दिया था। उठते ही उठते सिरहाने निगाह गयी। बोतल और गिलास का पता न था। कलेजा धक् से हो गया। ख़ानसामा को खोजने लगा कि पूछूँ, उसने तो नहीं उठा कर रख दिया। इस विचार से उठा और टहलता हुआ डाक-बँगले के पिछवाड़े गया, जहाँ नौकरों के लिए अलग कमरे बने हुए थे; पर वहाँ का भयंकर दृश्य देख कर आगे कदम बढ़ाने का साहस न हुआ।

साहब ख़ानसामा का कान पकड़े हुए थे। शराब की बोतलें अलग-अलग रखी हुई थीं, साहब एक, दो, तीन करके गिनते थे और ख़ानसामा से पूछते थे, एक बोतल और कहाँ गया ?–ख़ानसामा कहता था–हुज़ूर, खुदा मेरा मुँह काला करे, जो मैंने कुछ भी दगल-फसल की हो।

साहब–हम क्या झूठ बोलता है ? 29 बोतल नहीं था ?

ख़ान.–हुज़ूर, खुदा की क़सम मुझे नहीं मालूम, कितनी बोतलें थीं।

इस पर साहब ने ख़ानसामा के कई तमाचे लगाये। फिर कहा–तुम गिने, तुम न बतायेगा, तो हम तुमको जान से मार डालेगा। हमारा कुछ नहीं हो सकता। हम

हाकिम है, और हाकिम लोग हमारा दोस्त है। हम तुमको अभी-अभी मार डालेगा, नहीं तो बतला दे, एक बोतल कहाँ गया ?

मेरे प्राण सूख गये। बहुत दिनों के बाद ईश्वर की याद आयी। मन-ही-मन गोवर्द्धनधारी का स्मरण करने लगा। अब लाज तुम्हारे हाथ है ! भगवान् ! तुम्हीं बचाओ तो नैया बच सकती है, नहीं तो मझधार में डूबी जाती है ! अँग्रेज है, न जाने क्या मुसीबत ढा दे। भगवान् ! ख़ानसामा का मुँह बंद कर दो, उसकी वाणी हर लो, तुमने बड़े-बड़े द्रोहियों और दुष्टों की रक्षा की है। अजामिल को तुम्हीं ने तारा था। मैं भी द्रोही हूँ, द्रोहियों का द्रोही हूँ। मेरा संकट हरो। अबकी जान बची, तो शराब की ओर आँख न उठाऊँगा।

मार के आगे भूत भागता है ! मुझे प्रति क्षण यह शंका होती थी कि कहीं यह लोकोक्ति चरितार्थ न हो जाय। कहीं ख़ानसामा खुल न पड़े। नहीं तो फिर मेरी खैर नहीं ! सनद छीने जाने का, चोरी का मुकदमा चल जाने का, अथवा जज साहब से तिरस्कृत किये जाने का इतना भय न था; जितना साहब के पदाघात का लक्ष्य बनने का। जालिम हंटर लेकर दौड़ न पड़े। यों मैं इतना दुर्बल नहीं हूँ, हृष्ट-पुष्ट और साहसी मनुष्य हूँ। कालेज में खेल-कूद के लिए पारितोषिक पा चुका हूँ। अब भी बरसात में दो महीने मुग्दर फेर लेता हूँ; लेकिन उस समय भय के मारे बुरा हाल था। मेरे नैतिक बल का आधार पहले ही नष्ट हो चुका था। चोर में बल कहाँ—मेरा मान, मेरा भविष्य, मेरा जीवन ख़ानसामा के केवल एक शब्द पर निर्भर था—केवल एक शब्द पर ! किसका जीवन-सूत्र इतना क्षीण, इतना जीर्ण, इतना जर्जर होगा !

मैं मन-ही-मन प्रतिज्ञा कर रहा था—शराबियों की तोबा नहीं, सच्ची, दृढ़ प्रतिज्ञा—कि इस संकट से बचा तो फिर शराब न पीऊँगा। मैंने अपने मन को चारों ओर से बाँध रखने के लिए, उसके कुतर्कों का द्वार बंद करने के लिए एक भीषण शपथ खायी।

मगर हाय रे दुर्दैव ! कोई सहायक न हुआ। न गोवर्द्धनधारी ने सुध ली, न नृसिंह भगवान् ने। वे सब सत्ययुग में आया करते थे। न प्रतिज्ञा कुछ काम आयी; न शपथ का कुछ असर हुआ। मेरे भाग्य, या दुर्भाग्य में जो कुछ बदा था, वह हो कर रहा। विधना ने मेरी प्रतिज्ञा सुदृढ़ रखने के लिए शपथ को यथेष्ट न समझा।

ख़ानसामा बेचारा अपनी बात का धनी था। थप्पड़ खाये, ठोकर खायी, दाढ़ी नुचवायी, पर न खुला, न खुला। बड़ा सत्यवादी, वीर पुरुष था। मैं शायद ऐसी दशा में इतना अटल न रह सकता। शायद पहले ही थप्पड़ में उगल देता। उसकी ओर से मुझे जो घोर शंका हो रही थी, वह निर्मूल सिद्ध हुई। जब तक जिऊँगा, उस वीरात्मा का गुणानुवाद करता रहूँगा।

पर मेरे ऊपर दूसरी ही ओर से वज्रपात हुआ।

5

ख़ानसामा पर जब मार-धाड़ का कुछ असर न हुआ, तो साहब उसके कान पकड़े हुए डाक-बँगले की तरफ चले। मैंने उन्हें आते देखा चटपट सामने बरामदे में जा बैठा और ऐसा मुँह बना लिया मानो कुछ जानता ही नहीं। साहब ने ख़ानसामा को ला कर मेरे सामने खड़ा कर दिया। मैं भी उठ कर खड़ा हो गया। उस समय यदि कोई मेरे हृदय को चीरता, तो रक्त की एक बूँद भी न निकलती।

साहब ने मुझसे पूछा—वेल वकील साहब, तुम शराब पीता है ?

मैं इनकार न कर सका।

'तुमने रात शराब पी थी ?'

मैं इनकार न कर सका।

'तुमने मेरे इस ख़ानसामा से शराब ली थी ?'

मैं इनकार न कर सका।

'तुमने रात को शराब पी कर बोतल और गिलास अपने सिर के नीचे छिपा कर रखा था ?'

मैं इनकार न कर सका। मुझे भय था कि ख़ानसामा न कहीं खुल पड़े; पर उलटे मैं ही खुल पड़ा।

'तुम जानता है, यह चोरी है !

मैं इनकार न कर सका।

'हम तुमको मुअत्तल कर सकता है, तुम्हारा सनद छीन सकता है, तुमको जेल भेज सकता है।'

यथार्थ ही था।

'हम तुमको ठोकरों से मार कर गिरा सकता है। हमारा कुछ नहीं हो सकता !'

यथार्थ ही था।

'तुम काला आदमी वकील बनता है, हमारे ख़ानसामा से चोरी का शराब लेता है। तुम सुअर ! लेकिन हम तुमको वही सजा देगा, जो तुम पसंद करे। तुम क्या चाहता है।

मैंने काँपते हुए कहा—हुजूर, मुआफी चाहता हूँ।

'नहीं, हम सजा पूछता है !'

'जो हुजूर मुनासिब समझें।'

'अच्छा, यही होगा।'

यह कह कर उस निर्दयी, नरपिशाच ने दो सिपाहियों को बुलाया, और उनसे मेरे दोनों हाथ पकड़वा दिये। मैं मौन धारण किये इस तरह सिर झुकाए खड़ा रहा, जैसे कोई लड़का अध्यापक के सामने बेंत खाने को खड़ा होता है। इसने मुझे क्या दण्ड देने का विचारा है ? कहीं मेरी मुश्कें तो न कसवायेगा, या कान पकड़ कर उठा-बैठी तो न करवायेगा। देवताओं से सहायता मिलने की कोई आशा तो न थी, पर अदृश्य का आवाहन करने के अतिरिक्त और उपाय ही क्या था !

मुझे सिपाहियों के हाथ छोड़ कर साहब दफ्तर में गये और वहाँ से मोहर छापने की स्याही और ब्रश लिये हुए निकले। अब मेरी आँखों से अश्रुपात होने लगा। यह घोर अपमान और थोड़ी-सी शराब के लिए ! वह भी दुगने दाम देने पर !

साहब ब्रश से मेरे मुँह में कालिमा पोत रहे थे, वह कालिमा, जिसे धोने के लिए सेरों साबुन की जरूरत थी और मैं भीगी बिल्ली की भाँति खड़ा था। उन दोनों यमदूतों को भी मुझ पर दया न आती थी, दोनों हिन्दुस्तानी थे, पर उन्हीं के हाथों मेरी यह दुर्दशा हो रही थी। इस देश को स्वराज्य मिल चुका !

साहब कालिमा पोतते और हँसते जाते थे। यहाँ तक कि आँखों के सिवा तिल-भर भी जगह न बची ! थोड़ी-सी शराब के लिए आदमी से वनमानुष बनाया जा रहा था। दिल में सोच रहा था, यहाँ से जाते-ही-जाते बचा पर मानहानि की नालिश कर दूँगा, या किसी बदमाश से कह दूँगा, इजलास ही पर बचा की जूतों से खबर ले।

मुझे वनमानुष बना कर साहब ने मेरे हाथ छुड़वा दिये और ताली बजाता हुआ मेरे पीछे दौड़ा। नौ बजे का समय था। कर्मचारी, मुवक्किल, चपरासी सभी आ गये। सैकड़ों आदमी जमा थे, मुझे न जाने क्या शामत सूझी कि वहाँ से भागा। यह उस प्रहसन का सबसे करुणाजनक दृश्य था। आगे-आगे मैं दौड़ता जाता था, पीछे-पीछे साहब और अन्य सैकड़ों आदमी तालियाँ बजाते 'लेना लेना, जाने ना पावे' का गुल मचाते दौड़े जाते थे, मानो किसी बन्दर को भगा रहे हों।

लगभग एक मील तक यह दौड़ रही। वह तो कहो मैं कसरती आदमी हूँ, बच कर निकल आया, नहीं मेरी न जाने और क्या दुर्गति होती। शायद मुझे गधे पर बिठा कर घुमाना चाहते थे। जब सब पीछे रह गये तो मैं एक नाले के किनारे बेदम हो कर बैठा रहा। अब मुझे सूझी कि यहाँ कोई आया तो पत्थरों से मारे बिना न छोड़ूँगा, चाहे उलटी पड़े या सीधी; किन्तु मैंने नाले में मुँह धोने की चेष्टा नहीं की। जानता था, पानी से यह कालिमा न छूटेगी। यही सोचता रहा कि इस अँगरेज पर कैसे अभियोग चलाऊँ ? यह तो छिपाना ही पड़ेगा कि मैंने इसके ख़ानसामा से चोरी की शराब ली। अगर यह बात साबित हो गयी, उलटा मैं ही फँस जाऊँगा। क्या हरज है, इतना छिपा दूँगा। शत्रुता का कारण कुछ और ही दिखा दूँगा; पर मुकदमा जरूर चलाना चाहिए।

जाऊ कहाँ ? यह कालिमा-मंडित मुँह किसे दिखाऊँ ! हाय ! बदमाश को कालिख ही लगानी थी, तो क्या तवे में कालिख न थी, लैम्प में कालिख न थी ! कम-से-कम छूट तो जाती। जितना अपमान हुआ है, वहीं तक रहता। अब तो मैं मानो अपने कुकृत्य का स्वयं ढिंढोरा पीट रहा हूँ। दूसरा होता, तो इतनी दुर्गति पर डूब मरता !

गनीमत यही थी कि अभी तक रास्ते में किसी से मुलाकात नहीं हुई थी; नहीं तो उसे कालिमा सम्बन्धी प्रश्नों का क्या उत्तर देता ? जब ज़रा थकन कम हुई, तो मैंने सोचा, यहाँ कब तक बैठा रहूँगा। लाओ, एक बार यत्न करके देखूँ तो, शायद स्याही छूट जाय। मैंने बालू से मुँह रगड़ना शुरू किया। देखा तो स्याही छूट रही थी।

उस समय मुझे जितना आनन्द हुआ, उसकी कौन कल्पना कर सकता है। फिर तो मेरा हौसला बढ़ा। मैंने मुँह को इतना रगड़ा कि कई जगह चमड़ा तक छिल गया; किंतु वह कालिमा छुड़ाने के लिए मुझे इस समय बड़ी-से-बड़ी पीड़ा भी तुच्छ जान पड़ती थी। यद्यपि मैं नंगे सिर था, केवल कुर्ता और धोती पहने हुए था, पर यह कोई अपमान की बात नहीं। गाउन, अचकन, पगड़ी डाक-बँगले ही में रह गयी, इसकी मुझे चिंता न थी। कालिख तो छूट गयी।

लेकिन कालिमा छूट जाती है, पर उसका दाग़ दिल से कभी नहीं मिटता। इस घटना को आज बहुत दिन हो गये। पूरे पाँच साल हुए, मैंने शराब का नाम नहीं लिया, पीने की कौन कहे। कदाचित् मुझे सन्मार्ग पर लाने के लिए यह ईश्वरीय विधान था। कोई युक्ति, कोई तर्क, कोई चुटकी मुझ पर इतना स्थायी प्रभाव न डाल सकती थी। सुफल को देखते हुए तो मैं यही कहूँगा कि जो कुछ हुआ बहुत अच्छा हुआ। वही होना चाहिए था; पर उस समय दिल पर जो गुजरी थी, उसे याद करके आज भी नींद उचट जाती है।

अब विपत्ति-कथा को क्यों तूल दूँ। पाठक स्वयं अनुमान कर सकते हैं। खबर तो फैल गयी, किन्तु मैंने झेंपने और शरमाने के बदले बेहयाई से काम लेना अधिक अनुकूल समझा। अपनी बेवकूफी पर हँसता था और बेधड़क अपनी दुर्दशा की कथा कहता था। हाँ, चालाकी यह की कि उसमें कुछ थोड़ा-सा अपनी तरफ से बढ़ा दिया, अर्थात् रात को जब मुझे नशा चढ़ा तो मैं बोतल और गिलास लिये साहब के कमरे में घुस गया और उसे कुरसी से पटक कर खूब मारा। इस क्षेपक से मेरी दलित, अपमानित, मर्दित आत्मा को थोड़ी-सी तस्कीन होती थी। दिल पर तो जो कुछ गुजरी, वह दिल ही जानता है।

सबसे बड़ा भय मुझे यह था कि कहीं यह बात मेरी पत्नी के कानों तक न पहुँचे, नहीं तो उन्हें बड़ा दुःख होगा। मालूम नहीं उन्होंने सुना या नहीं; पर मुझसे इसकी चर्चा नहीं की।

क्षमा

मुसलमानों को स्पेन-देश पर राज्य करते कई शताब्दियाँ बीत चुकी थीं। कलीसाओं की जगह मसजिदें बनती जाती थीं, घंटों की जगह अजान की आवाजें सुनाई देती थीं। ग़रनाता और अलहमरा में वे समय की नश्वर गति पर हँसनेवाले प्रासाद बन चुके थे, जिनके खंडहर अब तक देखनेवालों को अपने पूर्व ऐश्वर्य की झलक दिखाते हैं। ईसाइयों के गण्यमान्य स्त्री और पुरुष मसीह की शरण छोड़ कर इस्लामी भ्रातृत्व में सम्मिलित होते जाते थे, और आज तक इतिहासकारों को यह आश्चर्य है कि ईसाइयों का निशान वहाँ क्योंकर बाकी रहा ! जो ईसाई-नेता अब तक मुसलमानों के सामने

सिर न झुकाते थे, और अपने देश में स्वराज्य स्थापित करने का स्वप्न देख रहे थे उनमें एक सौदागर दाऊद भी था। दाऊद विद्वान और साहसी था। वह अपने इलाके में इस्लाम को कदम न जमाने देता था। दीन और निर्धन ईसाई विद्रोही देश के अन्य प्रांतों से आ कर उसके शरणागत होते थे और वह बड़ी उदारता से उनका पालन-पोषण करता था। मुलसमान दाऊद से सशंक रहते थे। वे धर्म-बल से उस पर विजय न पा कर उसे अस्त्र-बल से परास्त करना चाहते थे; पर दाऊद कभी उनका सामना न करता। हाँ, जहाँ कहीं ईसाइयों के मुसलमान होने की खबर पाता, हवा की तरह पहुँच जाता और तर्क या विनय से उन्हें अपने धर्म पर अचल रहने की प्रेरणा देता। अंत में मुसलमानों ने चारों तरफ से घेर कर उसे गिरफ्तार करने की तैयारी की। सेनाओं ने उसके इलाके को घेर लिया। दाऊद को प्राण-रक्षा के लिए अपने सम्बन्धियों के साथ भागना पड़ा। वह घर से भाग कर ग़रनाता में आया, जहाँ उन दिनों इस्लामी राजधानी थी। वहाँ सबसे अलग रह कर वह अच्छे दिनों की प्रतीक्षा में जीवन व्यतीत करने लगा। मुसलमानों के गुप्तचर उसका पता लगाने के लिए बहुत सिर मारते थे, उसे पकड़ लाने के लिए बड़े-बड़े इनामों की विज्ञप्ति निकाली जाती थीं; पर दाऊद की टोह न मिलती थी।

2

एक दिन एकांतवास से उकता कर दाऊद ग़रनाता के एक बाग में सैर करने चला गया। संध्या हो गयी थी। मुसलमान नीची अबाएँ पहने, बड़े-बड़े अमामे सिर पर बाँधे, कमर से तलवार लटकाये रविशों में टहल रहे थे। स्त्रियाँ सफेद बुरके ओढ़े, जरी की जूतियाँ पहने बेंचों और कुरसियों पर बैठी हुई थीं। दाऊद सबसे अलग हरी-हरी घास पर लेटा हुआ सोच रहा था कि वह दिन कब आयेगा जब हमारी जन्मभूमि इन अत्याचारियों के पंजे से छूटेगी ! वह अतीत काल की कल्पना कर रहा था, जब ईसाई स्त्री और पुरुष इन रबिशों में टहलते होंगे, जब यह स्थान ईसाइयों के परस्पर वाग्विलास से ग़ुलजार होगा।

सहसा एक मुसलमान युवक आ कर दाऊद के पास बैठ गया। वह उसे सिर से पाँव तक अपमान सूचक दृष्टि से देख कर बोला—क्या अभी तक तुम्हारा हृदय इस्लाम की ज्योति से प्रकाशित नहीं हुआ ?

दाऊद ने गम्भीर भाव से कहा—इस्लाम की ज्योति पर्वत-शृंगों को प्रकाशित कर सकती है। अँधेरी घाटियों में उसका प्रवेश नहीं हो सकता।

उस मुसलमान अरब का नाम जमाल था। यह आक्षेप सुन कर तीखे स्वर में बोला—इससे तुम्हारा क्या मतलब है ?

दाऊद—इससे मेरा मतलब यही है कि ईसाइयों में जो लोग उच्च-श्रेणी के हैं, वे जागीरों और राज्याधिकारों के लोभ तथा राजदंड के भय से इस्लाम की शरण में आ सकते हैं; पर दुर्बल और दीन ईसाइयों के लिए इस्लाम में वह आसमान की बादशाहत

कहाँ है जो हजरत मसीह के दामन में उन्हें नसीब होगी ! इस्लाम का प्रचार तलवार के बल से हुआ है, सेवा के बल से नहीं।

जमाल अपने धर्म का अपमान सुन कर तिलमिला उठा। गरम हो कर बोला–यह सर्वथा मिथ्या है। इस्लाम की शक्ति उसका आंतरिक भ्रातृत्व और साम्य है, तलवार नहीं।

दाऊद–इस्लाम ने धर्म के नाम पर जितना रक्त बहाया है, उसमें उसकी सारी मसजिदें डूब जायँगी।

जमाल–तलवार ने सदा सत्य की रक्षा की है।

दाऊद ने अविचलित भाव से कहा–जिसको तलवार का आश्रय लेना पड़े, वह सत्य ही नहीं।

जमाल जातीय गर्व से उन्मत्त हो कर बोला–जब तक मिथ्या के भक्त रहेंगे, तब तक तलवार की जरूरत भी रहेगी।

दाऊद–तलवार का मुँह ताकनेवाला सत्य ही मिथ्या है।

अरब ने तलवार के कब्जे पर हाथ रख कर कहा–खुदा की कसम, अगर तुम निहत्थे न होते, तो तुम्हें इस्लाम की तौहीन करने का मजा चखा देता।

दाऊद ने अपनी छाती में छिपाई हुई कटार निकाल कर कहा–नहीं, मैं निहत्था नहीं हूँ। मुसलमानों पर जिस दिन इतना विश्वास करूँगा, उस दिन ईसाई न रहूँगा। तुम अपने दिल के अरमान निकाल लो।

दोनों ने तलवारें खींच लीं। एक दूसरे पर टूट पड़े। अरब की भारी तलवार ईसाई की हलकी कटार के सामने शिथिल हो गयी। एक सर्प की भाँति फन से चोट करती थी, दूसरी नागिन की भाँति उठती थी। लहरों की भाँति लपकती थी, दूसरी जल की मछलियों की भाँति चमकती थी। दोनों योद्धाओं में कुछ देर तक चोटें होती रहीं। सहसा एक बार नागिन उछल कर अरब के अंतस्तल में जा पहुँची। वह भूमि पर गिर पड़ा।

3

जमाल के गिरते ही चारों तरफ से लोग दौड़ पड़े। वे दाऊद को घेरने की चेष्टा करने लगे। दाऊद ने देखा, लोग तलवारें लिये दौड़े चले आ रहे हैं। प्राण लेकर भागा; पर जिधर जाता था, सामने बाग की दीवार रास्ता रोक लेती थी। दीवार ऊँची थी, उसे फाँदना मुश्किल था। यह जीवन और मृत्यु का संग्राम था। कहीं शरण की आशा नहीं, कहीं छिपने का स्थान नहीं। उधर अरबों की रक्त-पिपासा प्रतिक्षण तीव्र होती जाती थी। यह केवल एक अपराधी को दंड देने की चेष्टा न थी। जातीय अपमान का बदला था। एक विजित ईसाई की यह हिम्मत कि अरब पर हाथ उठाये ! ऐसा अनर्थ !

जिस तरह पीछा करनेवाले कुत्तों के सामने गिलहरी इधर-उधर दौड़ती है, किसी वृक्ष पर चढ़ने की बार-बार चेष्टा करती है, पर हाथ-पाँव फूल जाने के कारण बार-बार गिर पड़ती थी, वही दशा दाऊद की थी।

दौड़ते-दौड़ते उसका दम फूल गया; पैर मन-मन भर के हो गये। कई बार जी में आया; इन सब पर टूट पड़े और जितने महँगे प्राण बिक सकें, उतने महँगे बेचे; पर शत्रुओं की संख्या देख कर हतोत्साह हो जाता था।

लेना, दौड़ना, पकड़ना का शोर मचा हुआ था। कभी-कभी पीछा करनेवाले इतने निकट आ जाते थे कि मालूम होता था, अब संग्राम का अंत हुआ, वह तलवार पड़ी; पर पैरों की एक ही गति, एक कावा, एक कन्नी उसे खून की प्यासी तलवार से बाल-बाल बचा लेती थी।

दाऊद को अब इस संग्राम में खिलाड़ियों का-सा आनंद आने लगा। यह निश्चय था कि उसके प्राण नहीं बच सकते, मुसलमान दया करना नहीं जानते, इसलिए उसे अपने दाँव-पेंच में मजा आ रहा था। किसी वार से बचकर उसे अब इसकी खुशी न होती थी कि उसके प्राण बच गये, बल्कि इसका आनंद होता था कि उसने कातिल को कैसा ज़िच किया।

सहसा उसे अपनी दाहिनी ओर बाग की दीवार कुछ नीची नजर आयी। आह ! यह देखते ही उसके पैरों में एक नयी शक्ति का संचार हो गया, धमनियों में नया रक्त दौड़ने लगा। वह हिरन की तरह उस तरफ दौड़ा और एक छलाँग में बाग के उस पार पहुँच गया। जिन्दगी और मौत में सिर्फ एक कदम का फासला था। पीछे मृत्यु थी और आगे जीवन का विस्तृत क्षेत्र। जहाँ तक दृष्टि जाती थी, झाड़ियाँ ही झाड़ियाँ नजर आती थीं। जमीन पथरीली थी, कहीं ऊँची, कहीं, नीची। जगह-जगह पत्थर की शिलाएँ पड़ी हुई थीं। दाऊद एक शिला के नीचे छिप कर बैठ गया।

दम-भर में पीछे करनेवाले भी वहाँ आ पहुँचे और इधर-उधर झाड़ियों में, वृक्षों पर, गड्ढे में शिलाओं के नीचे तलाश करने लगे। एक अरब उस चट्टान पर आ कर खड़ा हो गया, जिसके नीचे दाऊद छिपा हुआ था। दाऊद का कलेजा धक्-धक् कर रहा था। अब जान गयी ! अरब ने जरा नीचे को झाँका और प्राणों का अंत हुआ ? संयोग—केवल संयोग पर अब उसका जीवन निर्भर था। दाऊद ने साँस रोक ली, सन्नाटा खींच लिया। एक निगाह पर उसकी जिंदगी का फैसला था, जिंदगी और मौत में कितना सामीप्य है !

मगर अरबों को इतना अवकाश कहाँ था कि वे सावधान हो कर शिला के नीचे देखते। वहाँ तो हत्यारे को पकड़ने की जल्दी थी। दाऊद के सिर से बला टल गयी। वे इधर-उधर ताक-झाँक कर आगे बढ़ गये।

4

अँधेरा हो गया। आकाश में तारागण निकल आये और तारों के साथ दाऊद भी शिला के नीचे से निकला। लेकिन देखा, उस समय भी चारों तरफ हलचल मची हुई है, शत्रुओं का दल मशालें लिये झाड़ियों में घूम रहा है; नाकों पर भी पहरा है, कहीं निकल भागने का रास्ता नहीं है। दाऊद एक वृक्ष के नीचे खड़ा हो कर सोचने लगा कि अब

क्योंकर जान बचे। उसे अपनी जान की वैसी परवा न थी। यह जीवन के सुख-दुख सब भोग चुका था। अगर उसे जीवन की लालसा थी, तो केवल यही देखने के लिए कि इस संग्राम का अंत क्या होगा ? मेरे देशवासी हतोत्साह हो जायेंगे, या अदम्य धैर्य के साथ संग्रामक्षेत्र में अटल रहेंगे।

जब रात अधिक बीत गयी और शत्रुओं की घातक चेष्टा कुछ कम न होती दीख पड़ी तो दाऊद खुदा का नाम लेकर झाड़ियों से निकला और दबे-पाँव, वृक्षों की आड़ में, आदमियों की नजर बचाता हुआ, एक तरफ को चला। वह इन झाड़ियों से निकल कर बस्ती में पहुँच जाना चाहता था। निर्जनता किसी की आड़ नहीं कर सकती। बस्ती का जनबाहुल्य स्वयं आड़ है।

कुछ दूर तक तो दाऊद के मार्ग में कोई बाधा न उपस्थित हुई। वन के वृक्षों ने उसकी रक्षा की, किन्तु जब वह असमतल भूमि से निकल कर समतल भूमि पर आया, तो एक अरब की निगाह उस पर पड़ गयी। उसने ललकारा। दाऊद भागा। 'कातिल भागा जाता है !' यह आवाज हवा में एक ही बार गूँजी और क्षण-भर में चारों तरफ से अरबों ने उसका पीछा किया। सामने बहुत दूर तक आदमी का नामोनिशान न था। बहुत दूर पर एक धुँधला-सा दीपक टिमटिमा रहा था। किसी तरह वहाँ तक पहुँच जाऊँ। वह उस दीपक की ओर इतनी तेजी से दौड़ रहा था, मानो वहाँ पहुँचते ही अभय पा जायगा। आशा उसे उड़ाये लिये जाती थी। अरबों का समूह पीछे छूट गया; मशालों की ज्योति निष्प्रभ हो गयी। केवल तारागण उसके साथ दौड़े चले आते थे। अंत को वह आशामय दीपक के सामने आ पहुँचा। एक छोटा-सा फूस का मकान था। एक बूढ़ा अरब ज़मीन पर बैठा हुआ रेहल पर कुरान रखे उसी दीपक के मंद प्रकाश से पढ़ रहा था। दाऊद आगे न जा सका। उसकी हिम्मत ने जवाब दे दिया। वह वहीं शिथिल हो कर गिर पड़ा। रास्ते की थकन घर पहुँचने पर मालूम होती है।

अरब ने उठ कर कहा–तू कौन है ?

दाऊद–एक ग़रीब ईसाई। मुसीबत में फँस गया हूँ। अब आप ही शरण दें, तो मेरे प्राण बच सकते हैं।

अरब–खुदा-पाक तेरी मदद करेगा। तुम पर क्या मुसीबत पड़ी हुई है ?

दाऊद–डरता हूँ कहीं कह दूँ तो आप भी मेरे खून के प्यासे न हो जायँ।

अरब–अब तू मेरी शरण में आ गया, तो तुझे मुझसे कोई शंका न होनी चाहिए। हम मुसलमान हैं, जिसे एक बार अपनी शरण में ले लेते हैं उसकी जिंदगी-भर रक्षा करते हैं।

दाऊद–मैंने एक मुसलमान युवक की हत्या कर डाली है।

वृद्ध अरब का मुख क्रोध से विकृत हो गया, बोला–उसका नाम ?

दाऊद–उसका नाम जमाल था।

अरब सिर पकड़ कर वहीं बैठ गया। उसकी आँखें सुर्ख हो गयीं; गरदन की नसें तन गयीं; मुख पर अलौकिक तेजस्विता की आभा दिखायी दी, नथुने फड़कने लगे।

ऐसा मालूम होता था कि उसके मन में भीषण द्वंद्व हो रहा है और वह समस्त विचार-शक्ति से अपने मनोभावों को दबा रहा है। दो-तीन मिनट तक वह इसी उग्र अवस्था में बैठा धरती की ओर ताकता रहा। अंत में अवरुद्ध कंठ से बोला—नहीं-नहीं, शरणागत की रक्षा करनी ही पड़ेगी। आह ! ज़ालिम ! तू जानता है, मैं कौन हूँ। मैं उसी युवक का अभागा पिता हूँ, जिसकी आज तूने इतनी निर्दयता से हत्या की है। तू जानता है, तूने मुझ पर कितना बड़ा अत्याचार किया है ? तूने मेरे खानदान का निशान मिटा दिया है ! मेरा चिराग़ गुल कर दिया ! आह जमाल मेरा इकलौता बेटा था। मेरी सारी अभिलाषाएँ उसी पर निर्भर थीं। वह मेरी आँखों का उजाला; मुझ अँधे का सहारा, मेरे जीवन का आधार, मेरे जर्जर शरीर का प्राण था। अभी-अभी उसे कब्र की गोद में लिटा आया हूँ। आह, मेरा शेर, आज खाक के नीचे सो रहा है। ऐसा दिलेर, ऐसा दीनदार, ऐसा सजीला जवान मेरी क़ौम में दूसरा न था। ज़ालिम, तुझे उस पर तलवार चलाते जरा भी दया न आयी। तेरा पत्थर का कलेजा जरा भी न पसीजा ! तू जानता है, मुझे इस वक्त तुझ पर कितना गुस्सा आ रहा है ? मेरा जी चाहता है कि अपने दोनों हाथों से तेरी गरदन पकड़ कर इस तरह दबाऊँ कि तेरी जबान बाहर निकल आये, तेरी आँखें कौड़ियों की तरह बाहर निकल पड़ें। पर नहीं, तूने मेरी शरण ली है, कर्तव्य मेरे हाथों को बाँधे हुए है, क्योंकि हमारे रसूल-पाक ने हिदायत की है, कि जो अपनी पनाह में आये, उस पर हाथ न उठाओ। मैं नहीं चाहता कि नबी के हुक्म को तोड़ कर दुनिया के साथ अपनी आक़बत भी बिगाड़ लूँ। दुनिया तूने बिगाड़ी, दीन अपने हाथों बिगाड़ूँ ? नहीं। सब्र करना मुश्किल है; पर सब्र करूँगा ताकि नबी के सामने आँखें नीची न करनी पड़ें। आ, घर में आ। तेरा पीछा करनेवाले दौड़े आ रहे हैं। तुझे देख लेंगे, तो फिर मेरी सारी मिन्नत-समाजत तेरी जान न बचा सकेगी। तू नहीं जानता कि अरब लोग खून कभी माफ नहीं करते।

यह कह कर अरब ने दाऊद का हाथ पकड़ लिया, और उसे घर में ले जा कर एक कोठरी में छिपा दिया। वह घर से बाहर निकला ही था कि अरबों का एक दल द्वार पर आ पहुँचा।

एक आदमी ने पूछा—क्यों शेख हसन, तुमने इधर से किसी को भागते देखा है ?'

'हां देखा है।'

'उसे पकड़ क्यों न लिया ? यही तो जमाल का कातिल था !'

'यह जान कर भी मैंने उसे छोड़ दिया।'

'ऐं ! ग़जब ख़ुदा का ! यह तुमने क्या किया ? जमाल हिसाब के दिन हमारा दामन पकड़ेगा तो हम क्या जवाब देंगे ?'

'तुम कह देना कि तेरे बाप ने तेरे क़ातिल को माफ कर दिया।'

'अरब ने कभी क़ातिल का खून नहीं माफ किया।'

'यह तुम्हारी जिम्मेदारी है, मैं उसे अपने सिर क्यों लूँ ?'

अरबों ने शेख हसन से ज्यादा हुज्जत न की, क़ातिल की तलाश में दौड़े। शेख हसन फिर चटाई पर बैठ कर कुरान पढ़ने लगा, लेकिन उसका मन पढ़ने में न लगता था। शत्रु से बदला लेने की प्रवृत्ति अरबों की प्रवृत्ति में बद्धमूल होती थी। खून का बदला खून था। इसके लिए खून की नदियाँ बह जाती थीं, क़बीले-के-क़बीले मर मिटते थे, शहर-के-शहर वीरान हो जाते थे। उस प्रवृत्ति पर विजय पाना शेख हसन को असाध्य-सा प्रतीत हो रहा था। बार-बार प्यारे पुत्र की सूरत उसकी आँखों के आगे फिरने लगती थी, बार-बार उसके मन में प्रबल उत्तेजना होती थी कि चल कर दाऊद के खून से अपने क्रोध की आग बुझाऊँ। अरब वीर होते थे। कटना-मरना उनके लिए कोई असाधारण बात न थी। मरनेवालों के लिए वे आँसुओं की कुछ बूँदें बहा कर फिर अपने काम में प्रवृत्त हो जाते थे। वे मृत व्यक्ति की स्मृति को केवल उसी दशा में जीवित रखते थे, जब उसके खून का बदला लेना होता था। अन्त को शेख हसन अधीर हो उठा। उसको भय हुआ कि अब मैं अपने ऊपर काबू नहीं रख सकता। उसने तलवार म्यान से निकाल ली और दबे पाँव उस कोठरी के द्वार पर आ कर खड़ा हो गया, जिसमें दाऊद छिपा हुआ था। तलवार को दामन में छिपा कर उसने धीरे से द्वार खोला। दाऊद टहल रहा था। बूढ़े अरब का रौद्र रूप देख कर दाऊद उसके मनोवेग को ताड़ गया। उसे बूढ़े से सहानुभूति हो गयी। उसने सोचा, यह धर्म का दोष नहीं, जाति का दोष नहीं। मेरे पुत्र की किसी ने हत्या की होती, तो कदाचित् मैं भी उसके खून का प्यासा हो जाता। यही मानव प्रकृति है।

अरब ने कहा—दाऊद, तुम्हें मालूम है बेटे की मौत का कितना गम होता है।

दाऊद—इसका अनुभव तो नहीं, पर अनुमान कर सकता हूँ। अगर मेरी जान से आपके उस ग़म का एक हिस्सा भी मिट सके, तो लीजिए, यह सिर हाजिर है। मैं इसे शौक़ से आपकी नज़र करता हूँ। आपने दाऊद का नाम सुना होगा।

अरब—क्या पीटर का बेटा ?

दाऊद—जी हाँ। मैं वही बदनसीब दाऊद हूँ। मैं केवल आपके बेटे का घातक ही नहीं, इस्लाम का दुश्मन हूँ। मेरी जान ले कर आप जमाल के खून का बदला ही न लेंगे, बल्कि अपने जाति और धर्म की सच्ची सेवा भी करेंगे।

शेख हसन ने गम्भीर भाव से कहा—दाऊद, मैंने तुम्हें माफ़ किया। मैं जानता हूँ, मुसलमानों के हाथ ईसाइयों को बहुत तकलीफें पहुँची हैं, मुसलमानों ने उन पर बड़े-बड़े अत्याचार किये हैं, उनकी स्वाधीनता हर ली है ! लेकिन यह इस्लाम का नहीं, मुसलमानों का कसूर है। विजय-गर्व ने मुसलमानों की मति हर ली है। हमारे पाक नबी ने यह शिक्षा नहीं दी थी, जिस पर आज हम चल रहे हैं। वह स्वयं क्षमा और दया का सर्वोच्च आदर्श है। मैं इस्लाम के नाम को बट्टा न लगाऊँगा। मेरी ऊँटनी ले लो और रातों-रात जहाँ तक भागा जाय, भागो। कहीं एक क्षण के लिए भी न ठहरना। अरबों को तुम्हारी बू भी मिल गयी, तो तुम्हारी जान की खैरियत नहीं। जाओ, तुम्हें खुदा-ए-पाक घर पहुँचावे। बूढ़े शेख हसन और उसके बेटे जमाल के लिए खुदा से दुआ

किया करना।

X X X

दाऊद खैरियत से घर पहुँच गया; किंतु अब वह दाऊद न था, जो इस्लाम को जड़ से खोद कर फेंक देना चाहता था। उसके विचारों में गहरा परिवर्तन हो गया था। अब वह मुलसमानों का आदर करता और इस्लाम का नाम इज्जत से लेता था।

मनुष्य का परम धर्म

होली का दिन है। लड्डू के भक्त और रसगुल्ले के प्रेमी पंडित मोटेराम शास्त्री अपने आँगन में एक टूटी खाट पर सिर झुकाये, चिंता और शोक की मूर्ति बने बैठे हैं। उनकी सहधर्मिणी उनके निकट बैठी हुई उनकी ओर सच्ची सहवेदना की दृष्टि से ताक रही है और अपनी मृदुवाणी से पति की चिंताग्नि को शांत करने की चेष्टा कर रही है।

पंडितजी बहुत देर तक चिंता में डूबे रहने के पश्चात् उदासीन भाव से बोले–नसीबा ससुरा ना जाने कहाँ जा कर सो गया। होली के दिन भी न जागा !

पंडिताइन–दिन ही बुरे आ गये हैं। इहाँ तो जौन ते तुम्हारा हुकुम पावा ओही घड़ी ते साँझ-सबेरे दोनों जून सूरजनरायन से ही बरदान माँगा करि हैं कि कहूँ से बुलौवा आवै सैकड़न दिया तुलसी माई का चढ़ावा, मुदा सब सोय गये। गाढ़ परे कोऊ काम नहीं आवत है।

मोटेराम–कुछ नहीं, ये देवी-देवता सब नाम के हैं। हमारे बखत पर काम आवें तब हम जानें कि कोई देवी-देवता। सेंत-मेंत में मालपुआ और हलुवा खानेवाले तो बहुत हैं।

पंडिताइन–का सहर-भर माँ अब कोई भल मनई नाहीं रहा ? सब मरि गये ?

मोटेराम–सब मर गये, बल्कि सड़ गये। दस-पाँच हैं तो साल-भर में दो एक बार जीते हैं। वह भी बहुत हिम्मत की तो रुपये की तीन सेर मिठाई खिला दी। मेरा बस चलता तो इन सबों को सीधे कालेपानी भिजवा देता, यह सब इसी अरियासमाज की करनी है।

पंडिताइन–तुमहूँ तो घर माँ बैठे रहत हो। अब ई जमाने में कोई ऐसन दानी नाहीं है कि घर बैठे नेवता भेज देय। कभूँ-कभूँ जुबान लड़ा दिया करौ।

मोटेराम–तुम कैसे जानती हो कि मैंने ज़बान नहीं लड़ाई ? ऐसा कौन रईस इस शहर में है, जिसके यहाँ जा कर मैंने आशीर्वाद न दिया हो; मगर कौन ससुरा सुनता है सब अपने-अपने रंग में मस्त हैं।

इतने में पंडित चिन्तामणि जी ने पदार्पण किया। यह पंडित मोटेराम जी के परम मित्र थे। हाँ, अवस्था कुछ कम थी और उसी के अनुकूल उनकी तोंद भी कुछ उतनी प्रतिभाशाली न थी।

मोटेराम–कहो मित्र, क्या समाचार लाये ? है कहीं डौल ?

चिंतामणि–डौल नहीं, अपना सिर है ! अब वह नसीब ही नहीं रहा।

मोटेराम–घर ही से आ रहे हो ?

चिंतामणि–भाई, हम तो साधू हो जायँगे। जब इस जीवन में कोई सुख ही नहीं रहा तो जी कर क्या करेंगे ? अब बताओ कि आज के दिन अब उत्तम पदार्थ न मिले तो कोई क्योंकर जिये।

मोटेराम–हाँ भाई बात तो यथार्थ कहते हो।

चिंतामणि–तो अब तुम्हारा किया कुछ न होगा ? साफ-साफ कहो, हम संन्यास ले लें।

मोटेराम–नहीं मित्र, घबराओ मत। जानते नहीं हो, बिना मरे स्वर्ग नहीं मिलता। तर माल खाने के लिए कठिन तपस्या करनी पड़ती है, हमारी राय है कि चलो, इसी समय गंगातट पर चलें और वहाँ व्याख्यान दें। कौन जाने किसी सज्जन की आत्मा जागृत हो जाय।

चिंतामणि–हाँ, बात तो अच्छी है; चलो चलें।

दोनों सज्जन उठ कर गंगाजी की ओर चले, प्रातःकाल था। सहस्रों मनुष्य स्नान कर रहे थे। कोई पाठ करता था। कितने ही लोग पंडों की चौकियों पर बैठे तिलक लगा रहे थे। कोई-कोई तो गीली धोती ही पहने घर जा रहे थे।

दोनों महात्माओं को देखते ही चारों तरफ से 'नमस्कार', 'प्रणाम' और 'पालागन' की आवाजें आने लगीं। दोनों मित्र इन अभिवादनों का उत्तर देते गंगातट पर जा पहुँचे और स्नानादि में प्रवृत्त हो गये। तत्पश्चात् एक पंडे की चौकी पर भजन गाने लगे। वह ऐसी विचित्र घटना थी कि सैकड़ों आदमी कौतूहलवश आ कर एकत्रित हो गये। जब श्रोताओं की संख्या कई सौ तक पहुँच गयी तो पंडित मोटेराम गौरवयुक्त भाव से बोले–सज्जनों, आपको ज्ञात है कि जब ब्रह्मा ने इस असार संसार की रचना की तो ब्राह्मणों को अपने मुख से निकाला। किसी को इस विषय में शंका तो नहीं है।

श्रोतागण–नहीं महाराज, आप सर्वथा सत्य कहते हो। आपको कौन काट सकता है।

मोटेराम–तो ब्राह्मण ब्रह्मा के मुख से निकले, यह निश्चय है। इसलिए मुख मानव शरीर का श्रेष्ठतम भाग है। अतएव मुख को सुख पहुँचाना, प्रत्येक प्राणी का परम कर्त्तव्य है। है या नहीं ? कोई काटता है हमारे वचन को ? सामने आये। हम उसे शास्त्र का प्रमाण दे सकते हैं।

श्रोतागण–महाराज, आप ज्ञानी पुरुष हो। आपको काटने का साहस कौन कर सका है ?

मोटेराम–अच्छा, तो जब यह निश्चय हो गया कि मुख को सुख देना प्रत्येक प्राणी का परम धर्म है, तो क्या यह देखना कठिन है कि जो लोग मुख से विमुख हैं, वे दुःख के भागी हैं। कोई काटता है इस वचन को ?

श्रोतागण—महाराज, आप धन्य हो, आप न्याय-शास्त्र के पंडित हो।

मोटेराम—अब प्रश्न यह होता है कि मुख को सुख कैसे दिया जाय ? हम कहते हैं—जैसी तुममें श्रद्धा हो, जैसा तुममें सामर्थ्य हो। इसके अनेक प्रकार हैं, देवताओं के गुण गाओ, ईश्वर-वंदना करो, सत्संग करो और कठोर वचन न बोलो। इन बातों से मुख को सुख प्राप्त होगा। किसी को विपत्ति में देखो तो उसे ढाढस दो। इससे मुख को सुख होगा; किंतु इन सब उपायों से श्रेष्ठ, सबसे उत्तम, सबसे उपयोगी एक और ही ढंग है। कोई आप में ऐसा है जो उसे बतला दे ? है कोई, बोले।

श्रोतागण—महाराज, आपके सम्मुख कौन मुँह खोल सकता है। आप ही बताने की कृपा कीजिए।

मोटेराम—अच्छा, तो हम चिल्ला कर, गला फाड़-फाड़ कर कहते हैं कि वह इन सब विधियों से श्रेष्ठ हैं। उसी भाँति जैसे चंद्रमा समस्त नक्षत्रों में श्रेष्ठ है।

श्रोतागण—महाराज, अब विलम्ब न कीजिए। यह कौन-सी विधि है ?

मोटेराम—अच्छा सुनिए, सावधान होकर सुनिए। वह विधि है मुख को उत्तम पदार्थों का भोजन करवाना, अच्छी-अच्छी वस्तु खिलाना। कोई काटता है हमारी बात को ? आये, हम उसे वेद-मंत्रों का प्रमाण दें।

एक मनुष्य ने शंका की—यह समझ में नहीं आता कि सत्यभाषण से मिष्ट-भक्षण क्योंकर मुख के लिए अधिक सुखकारी हो सकता है ?

कई मनुष्यों ने कहा—हाँ-हाँ, हमें भी यही शंका है। महाराज इस शंका का समाधान कीजिए।

मोटेराम—और किसी को कोई शंका है ? हम बहुत प्रसन्न हो कर उसका निवारण करेंगे। सज्जनो, आप पूछते हैं कि उत्तम पदार्थों का भोजन करना और कराना क्योंकर सत्यभाषण से अधिक सुखदायी है। मेरा उत्तर है कि पहला रूप प्रत्यक्ष है और दूसरा अप्रत्यक्ष। उदाहरणतः कल्पना कीजिए कि मैंने कोई अपराध किया। यदि हाकिम मुझे बुला कर नम्रतापूर्वक समझाये कि पंडित जी, आपने यह अच्छा काम नहीं किया, आपको ऐसा उचित नहीं था, तो उसका यह दंड मुझे सुमार्ग पर लाने में सफल न होगा। सज्जनों मैं ऋषि नहीं हूँ, मैं दीन-हीन मायाजाल में फँसा हुआ प्राणी हूँ। मुझ पर इस दंड का कोई प्रभाव न होगा। मैं हाकिम के सामने से हटते ही फिर उसी कुमार्ग पर चलने लगूँगा। मेरी बात समझ में आती है ? कोई इसे काटता है ?

श्रोतागण—महाराज ! आप विद्यासागर हो, आप पंडितों के भूषण हो। आपको धन्य है।

मोटेराम—अच्छा, अब उसी उदाहरण पर फिर विचार करो। हाकिम ने बुला कर तत्क्षण कारागार में डाल दिया और वहाँ मुझे नाना प्रकार के कष्ट दिये गये। अब जब मैं छुटूँगा, तो बरसों तक यातनाओं को याद करता रहूँगा और सम्भवतः कुमार्ग को त्याग दूँगा। आप पूछेंगे, ऐसा क्यों है ? दंड दोनों ही हैं, तो क्यों एक का प्रभाव पड़ता है और दूसरे का नहीं। इसका कारण यही है कि एक का रूप प्रत्यक्ष है और दूसरे का

गुप्त। समझे आप लोग ?

श्रोतागण—धन्य हो कृपानिधान ! आपको ईश्वर ने बड़ी बुद्धि-सामर्थ्य दी है।

मोटेराम—अच्छा, तो अब आपका प्रश्न होता है उत्तम पदार्थ किसे कहते हैं ? मैं इसकी विवेचना करता हूँ। जैसे भगवान् ने नाना प्रकार के रंग नेत्रों के विनोदार्थ बनाये, उसी प्रकार मुख के लिए भी अनेक रसों की रचना की; किंतु इन समस्त रसों में श्रेष्ठ कौन है ? यह अपनी-अपनी रुचि है; लेकिन वेदों और शास्त्रों के अनुसार मिष्ट रस माना जाता है। देवतागण इसी रस पर मुग्ध होते हैं, यहाँ तक कि सच्चिदानंद, सर्वशक्तिमान् भगवान् को भी मिष्ट पाकों ही से अधिक रुचि है। कोई ऐसे देवता का नाम बता सकता है जो नमकीन वस्तुओं को ग्रहण करता हो ? है कोई जो ऐसे एक भी दिव्य ज्योति का नाम बता सके। कोई नहीं है। इसी भाँति खट्टे, कड़ुवे और चरपरे, कसैले पदार्थों से भी देवताओं को प्रीति नहीं है।

श्रोतागण—महाराज, आपकी बुद्धि अपरम्पार है।

मोटेराम—तो यह सिद्ध हो गया कि मीठे पदार्थ सब पदार्थों में श्रेष्ठ है। अब आपका पुनः प्रश्न होता है कि क्या समग्र मीठी वस्तुओं से मुख को समान आनंद प्राप्त होता है। यदि मैं कह दूँ 'हाँ' तो आप चिल्ला उठोगे कि पंडितजी तुम बावले हो, इसलिए मैं कहूँगा, 'नहीं' और बारम्बार 'नहीं'। सब मीठे पदार्थ समान रोचकता नहीं रखते। गुड़ और चीनी में बहुत भेद है। इसलिए मुख को सुख देने के लिए हमारा परम कर्त्तव्य है कि हम उत्तम-से-उत्तम मिष्ट-पाकों का सेवन करें और करायें। मेरा अपना विचार है कि यदि आपके थाल में जौनपुर की अमृतियाँ, आगरे के मोतीचूर, मथुरा के पेड़े, बनारस की कलाकंद, लखनऊ के रसगुल्ले, अयोध्या के गुलाबजामुन और दिल्ली का हलुआ-सोहन हो तो यह ईश्वर-भोग के योग्य है। देवतागण उस पर मुग्ध हो जायँगे। और जो साहसी, पराक्रमी जीव ऐसे स्वादिष्ट थाल ब्राह्मणों को जिमायेगा, उसे सदेह स्वर्गधाम प्राप्त होगा। यदि आपको श्रद्धा है तो हम आपसे अनुरोध करेंगे कि अपना धर्म अवश्य पालन कीजिए, नहीं तो, मनुष्य बनने का नाम न लीजिए।

पंडित मोटेराम का भाषण समाप्त हो गया। तालियाँ बजने लगीं। कुछ सज्जनों ने इस ज्ञान-वर्षा और धर्मोपदेश से मुग्ध हो कर उन पर फूलों की वर्षा की। तब चिंतामणि ने अपनी वाणी को विभूषित किया—

'सज्जनो, आपने मेरे परम मित्र पंडित मोटेराम का प्रभावशाली व्याख्यान सुना और अब मेरे खड़े होने की आवश्यकता न थी; परन्तु जहाँ मैं उनसे और सभी विषयों में सहमत हूँ, वहाँ उनसे मुझे थोड़ा मतभेद भी है। मेरे विचार में यदि आपके हाथ में केवल जौनपुर की अमृतियाँ हों तो वह पंचमेल मिठाइयों से कहीं सुखवर्द्धक, कहीं स्वादपूर्ण और कहीं कल्याणकारी होगा। इसे मैं शास्त्रोक्त सिद्ध करता हूँ।

मोटेराम ने सरोष हो कर कहा—तुम्हारी यह कल्पना मिथ्या है। आगरे के मोतीचूर और दिल्ली के हलुवा-सोहन के सामने जौनपुर की अमृतियों की तो गणना ही नहीं है।

चिंता.–प्रमाण से सिद्ध कीजिए ?

मोटेराम–प्रत्यक्ष के लिए प्रमाण ?

चिंता.–यह तुम्हारी मूर्खता है।

मोटेराम–तुम जन्म-भर खाते ही रहे, किंतु खाना न आया।

इस पर चिंतामणि ने अपनी आसनी मोटेराम पर चलायी। शास्त्री जी ने वार खाली दिया और चिंतामणि की ओर मस्त हाथी के समान झपटे; किंतु उपस्थित सज्जनों ने दोनों महात्माओं को अलग-अलग कर दिया।

गुरु-मंत्र

घर के कलह और निमंत्रणों के अभाव से पंडित चिंतामणि जी के चित्त में वैराग्य उत्पन्न हुआ और उन्होंने संन्यास ले लिया तो उनके परम मित्र पंडित मोटेराम शास्त्रीजी ने उपदेश दिया–मित्र हमारा अच्छे-अच्छे साधु-महात्माओं से सत्संग रहा है। यह जब किसी भलेमानस के द्वार पर जाते हैं, तो गिड़-गिड़ा कर हाथ नहीं फैलाते और झूठ-मूठ आशीर्वाद नहीं देने लगते कि 'नारायण तुम्हारा चोला मस्त रखे, तुम सदा सुखी रहो।' यह तो भिखारियों का दस्तूर है। सन्त लोग द्वार पर जाते ही कड़क कर हाँक लगाते हैं, जिससे घर के लोग चौंक पड़ें और उत्सुक हो कर द्वार की ओर दौड़ें। मुझे दो-चार वाणियाँ मालूम हैं, जो चाहे ग्रहण कर लो। गुदड़ी बाबा कहा करते थे–'मरें तो पाँचों मरें।' यह ललकार सुनते ही लोग उनके पैरों पर गिर पड़ते थे। सिद्ध बाबा की हाँक बहुत उत्तम थी–'खाओ, पीओ, चैन करो, पहनो गहना, पर बाबा जी के सोटे से डरते रहना।' नंगा बाबा कहा करते थे–'दे तो दे, नहीं दिला दे, खिला दे, पिला दे, सुला दे।' यह समझ लो कि तुम्हारा आदर-सत्कार बहुत कुछ तुम्हारी हाँक के ऊपर है। और क्या कहूँ। भूलना मत। हम और तुम बहुत दिनों साथ रहे, सैकड़ों भोज साथ खाये। जिस नेवते में हम और तुम दोनों पहुँचते थे, तो लाग-डाँट से एक-दो पत्तल और उड़ा ले जाते थे। तुम्हारे बिना अब मेरा रंग न जमेगा, ईश्वर तुम्हें सदा सुगंधित वस्तु दिखाये।

चिंतामणि को इन वाणियों में एक भी पसंद न आयी। बोले–मेरे लिए कोई वाणी सोचो।

मोटेराम–अच्छा यह वाणी कैसी है कि, 'न दोगे तो हम चढ़ बैठेंगे।'

चिंतामणि–हाँ, यह मुझे पंसद है। तुम्हारी आज्ञा हो तो इसमें काट-छाँट करूँ।

मोटेराम–हाँ, हाँ, करो।

चिंता.–अच्छा, तो इसे इस भाँति रखो–न देगा तो हम चढ़ बैठेंगे।

मोटेराम–(उछलकर) नारायण जानता है, यह वाणी अपने रंग में निराली है। भक्ति ने तुम्हारी बुद्धि को चमका दिया है। भला एक बार ललकार कर कहो तो देखें कैसे

कहते हो।

चिंतामणि ने दोनों कान उँगलियों से बन्द कर लिये और अपनी पूरी शक्ति से चिल्ला कर बोले–न देगा तो चढ़ बैठूँगा। यह नाद ऐसा आकाशभेदी था कि मोटेराम भी सहसा चौंक पड़े। चमगादड़ घबरा कर वृक्षों से उड़ गये, कुत्ते भूँकने लगे।

मोटेराम–मित्र, तुम्हारी वाणी सुन कर मेरा तो कलेजा काँप उठा। ऐसी ललकार कहीं सुनने में न आयी, तुम सिंह की भाँति गरजते हो। वाणी तो निश्चित हो गयी, अब कुछ दूसरी बातें बताता हूँ, कान दे कर सुनो। साधुओं की भाषा हमारी बोलचाल से अलग होती है। हम किसी को आप कहते हैं, किसी को तुम। साधु लोग छोटे-बड़े, अमीर-गरीब, बूढ़े-जवान, सबको तू कह कर पुकारते हैं। माई और बाबा का सदैव उचित व्यवहार करते रहना। यह भी याद रखो कि सादी हिंदी कभी मंत बोलना; नहीं तो मरम खुल जायगा। टेढ़ी हिंदी बोलना; यह कहना कि, 'माई मुझको कुछ खिला दे' साधुजनों की भाषा में ठीक नहीं है। पक्का साधु इसी बात को यों कहेगा–माई मेरे को भोजन करा दे, तेरे को बड़ा धर्म होगा।

चिन्ता.–मित्र, हम तेरे को कहाँ तक जस गावें। तेरे न मेरे साथ बड़ा उपकार किया है।

यों उपदेश दे कर मोटेराम विदा हुए। चिन्तामणि जी आगे बढ़े तो क्या देखते हैं कि एक गाँजे-भाँग की दुकान के सामने कई जटाधारी महात्मा बैठे हुए गाँजे के दम लगा रहे हैं। चिन्तामणि को देख कर एक महात्मा ने अपनी जयकार सुनायी–चल-चल, जल्दी लेके चल, नहीं तो अभी करता हूँ बेकल।

एक दूसरे साधु ने कड़क कर कहा–अ-रा-रा-रा-धम, आय पहुँचे हम, अब क्या है ग़म।

अभी यह कड़ाका आकाश में गूँज ही रहा था कि तीसरे महात्मा ने गरज कर अपनी वाणी सुनायी–देस बंगाला, जिसको देखा न भाला, चटपट भर दे प्याला।

चिन्तामणि से अब न रहा गया। उन्होंने भी कड़क कर कहा–न देगा तो चढ़ बैठूँगा।

यह सुनते ही साधुजन ने चिंतामणि का सादर अभिवादन किया। तत्क्षण गाँजे की चिलम भरी गयी और उसे सुलगाने का भार पंडित जी पर पड़ा। बेचारे बड़े असमंजस में पड़े। सोचा, अगर चिलम नहीं लेता तो अभी सारी कलई खुल जायगी। विवश हो कर चिलम ले ली; किन्तु जिसने कभी गाँजा न पिया हो, वह बहुत चेष्टा करने पर भी दम नहीं लगा सकता। उन्होंने आँखें बन्द करके अपनी समझ में तो बड़े जोरों से दम लगाया। चिलम हाथ से छूट कर गिर पड़ी, आँखें निकल आयीं, मुँह से फिचकुर निकल आया, मगर न तो मुँह से धुएँ के बादल निकले, न चिलम ही सुलगी। उनका यह कच्चापन उन्हें साधु-समाज से च्युत करने के लिए काफी था। दो-तीन साधु झल्ला कर आगे बढ़े और बड़ी निर्दयता से उनका हाथ पकड़ कर उठा दिया।

एक महात्मा–तेरे को धिक्कार है !

दूसरे महात्मा–तेरे को लाज नहीं आती ? साधु बना है, मूर्ख !

पंडितजी लज्जित हो कर समीप के एक हलवाई की दुकान के सामने जा कर बैठे और साधु-समाज ने खँजड़ी बजा-बजा कर यह भजन गाना शुरू किया–

माया है संसार सँवलिया, माया है संसार;
धर्माधर्म सभी कुछ मिथ्या, यही ज्ञान व्यवहार;
सँवलिया, माया है संसार।
गाँजे, भंग को वर्जित करते, हैं उन पर धिक्कार;
सँवलिया, माया है संसार।

सौभाग्य के कोड़े

लड़के क्या अमीर के हों, क्या गरीब के, विनोदशील हुआ ही करते हैं। उनकी चंचलता बहुधा उनकी दशा और स्थिति की परवा नहीं करती। नथुवा के माँ-बाप दोनों मर चुके थे, अनाथों की भाँति वह राय भोलानाथ के द्वार पर पड़ा रहता था। रायसाहब दयाशील पुरुष थे। कभी-कभी एक-आधा पैसा दे देते, खाने को भी घर में इतना जूठा बचता था कि ऐसे-ऐसे कई अनाथ अफर सकते थे, पहनने को भी उनके लड़कों के उतारे मिल जाते थे, इसलिए नथुवा अनाथ होने पर भी दुखी नहीं था। रायसाहब ने उसे एक ईसाई के पंजे से छुड़ाया था। इन्हें इसकी परवा न हुई कि मिशन में उसकी शिक्षा होगी, आराम से रहेगा; उन्हें यह मंजूर था कि वह हिंदू रहे। अपने घर के जूठे भोजन को वह मिशन के भोजन से कहीं पवित्र समझते थे। उनके कमरों की सफ़ाई मिशन की पाठशाला की पढ़ाई से कहीं बढ़ कर थी। हिंदू रहे, चाहे जिस दशा में रहे। ईसा हुआ तो फिर सदा के लिए हाथ से निकल गया।

नथुवा को बस रायसाहब के बँगले में झाड़ू लगा देने के सिवाय और कोई काम न था। भोजन करके खेलता-फिरता था। कर्मानुसार ही उसकी वर्णव्यवस्था भी हो गयी। घर के अन्य नौकर-चाकर उसे भंगी कहते थे और नथुवा को इसमें कोई एतराज न होता था। नाम की स्थिति पर क्या असर पड़ सकता है, इसकी उस गरीब को कुछ खबर न थी। भंगी बनने में कुछ हानि भी न थी। उसे झाड़ू देते समय कभी पैसे पड़े मिल जाते, कभी और कोई चीज। इससे वह सिगरेट लिया करता था। नौकरों के साथ उठने-बैठने से उसे बचपन ही में तम्बाकू, सिगरेट और पान का चस्का पड़ गया।

रायसाहब के घर में यों तो बालकों और बालिकाओं की कमी न थी, दरजनों भाँजे-भतीजे पड़े रहते थे; पर उनकी निज की संतान केवल एक पुत्री थी, जिसका नाम रत्ना था। रत्ना को पढ़ाने को दो मास्टर थे, एक मेमसाहब अँग्रेजी पढ़ाने आया करती थीं। रायसाहब की यह हार्दिक अभिलाषा थी कि रत्ना सर्वगुण आगरी हो और जिस घर में जाय, उसकी लक्ष्मी बने। वह उसे अन्य बालकों के साथ न रहने देते। उसके

लिए अपने बँगले में दो कमरे अलग कर दिये थे; एक पढ़ने के लिए, दूसरा सोने के लिए। लोग कहते हैं, लाड़-प्यार से बच्चे जिद्दी और सरीर हो जाते हैं। रत्ना इतने लाड़-प्यार पर भी बड़ी सुशील बालिका थी। किसी नौकर को 'रे' न पुकारती, किसी भिखारी तक को न दुत्कारती। नथुवा को वह पैसे, मिठाइयाँ दे दिया करती थी। कभी-कभी उससे बातें भी किया करती थी। इससे वह लौंडा उसके मुँह लग गया था।

एक दिन नथुवा रत्ना के सोने के कमरे में झाड़ू लगा रहा था। रतना दूसरे कमरे में मेमसाहब से अँग्रेजी पढ़ रही थी। नथुवा की शामत जो आयी तो झाड़ू लगाते-लगाते उसके मन में यह इच्छा हुई कि रत्ना के पलंग पर सोऊँ; कैसी उजली चादर बिछी हुई है, गद्दा कितना नरम और मोटा है, कैसा सुन्दर दुशाला है ! रत्ना इस गद्दे पर कितने आराम से सोती है, जैसे चिड़िया के बच्चे घोंसले में। तभी तो रत्ना के हाथ इतने गोरे और कोमल हैं, मालूम होता है, देह में रुई भरी हुई है। यहाँ कौन देखता है। यह सोच कर उसने पैर फ़र्श से पोंछे और चटपट पलंग पर आ कर लेट गया और दुशाला ओढ़ लिया। गर्व और आनंद से उसका हृदय पुलकित हो गया। वह मारे खुशी के दो-तीन बार पलंग पर उछल पड़ा। उसे ऐसा मालूम हो रहा था, मानो मैं रुई में लेटा हूँ। जिधर करवट लेता था, देह अंगुल भर नीचे धँस जाती थी। यह स्वर्गीय सुख मुझे कहाँ नसीब ! मुझे भगवान् ने रायसाहब का बेटा क्यों न बनाया ? सुख का अनुभव होते ही उसे अपनी दशा का वास्तविक ज्ञान हुआ और चित्त क्षुब्ध हो गया। एकाएक रायसाहब किसी जरूरत से कमरे में आये तो नथुवा को रत्ना के पलंग पर लेटे देखा। मारे क्रोध के जल उठे। बोले—क्यों बे सुअर, तू यह क्या कर रहा है ?

नथुवा ऐसा घबराया मानो नदी में पैर फिसल पड़े हों। चारपाई से कूद कर अलग खड़ा हो गया और फिर झाड़ू हाथ में ले ली।

रायसाहब ने फिर पूछा—यह क्या कर रहा था, बे ?

नथुवा—कुछ तो नहीं सरकार !

रायसाहब—अब तेरी इतनी हिम्मत हो गयी है कि रत्ना की चारपाई पर सोये ? नमकहराम कहीं का ! लाना मेरा हंटर।

हंटर मँगवा कर रायसाहब ने नथुवा को खूब पीटा। बेचारा हाथ जोड़ता था, पैरों पड़ता था, मगर रायसाहब का क्रोध शांत होने का नाम न लेता था। सब नौकर जमा हो गये और नथुवा के जले पर नमक छिड़कने लगे। रायसाहब का क्रोध और भी बढ़ा। हंटर हाथ से फेंक कर ठोकरों से मारने लगे। रत्ना ने यह रोना सुना तो दौड़ी हुई आयी और समाचार सुन कर बोली—दादाजी बेचारा मर जायगा; अब इस पर दया कीजिए।

रायसाहब—मर जायगा, उठवा कर फेंकवा दूँगा। इस बदमाशी का मजा तो मिल जायगा।

रत्ना—मेरी ही चारपाई थी न, मैं उसे क्षमा करती हूँ।

रायसाहब—जरा देखो तो अपनी चारपाई की गत। पाजी के बदन की मैल भर गयी होगी। भला, इसे सूझी क्या ? क्यों बे, तुझे सूझी क्या ?

यह कर कर रायसाहब फिर लपके; मगर नथुवा आ कर रत्ना के पीछे दुबक गया। इसके सिवा और कहीं शरण न थी। रत्ना ने रोक कर कहा—दादाजी, मेरे कहने से अब इसका अपराध क्षमा कीजिए।

रायसाहब—क्या कहती हो रत्ना, ऐसे अपराधी कहीं क्षमा किये जाते हैं। खैर, तुम्हारे कहने पर छोड़ देता हूँ, नहीं तो आज जान ले कर छोड़ता। सुना बे, नथुवा, अपना भला चाहता है तो फिर यहाँ न आना, इसी दम निकल जा, सुअर, नालायक!

नथुवा प्राण छोड़ कर भागा। पीछे फिर कर न देखा। सड़क पर पहुँच कर वह खड़ा हो गया। यहाँ रायसाहब उसका कुछ नहीं कर सकते थे। यहाँ सब लोग उनकी मुँहदेखी तो न कहेंगे। कोई तो कहेगा कि लड़का था, भूल ही हो गयी तो क्या प्राण ले लीजिएगा ? यहाँ मारे तो देखूँ, गाली दे कर भागूँगा, फिर कौन मुझे पा सकता है। इस विचार से उसकी हिम्मत बँधी। बँगले की तरफ़ मुँह करके जोर से बोला—यहाँ आओ तो देखें, और फिर भागा कि कहीं रायसाहब ने सुन न लिया हो।

2

नथुवा थोड़ी ही दूर गया था कि रत्ना की मेम साहिबा अपने टमटम पर सवार आती हुई दिखायी दीं। उसने समझा, शायद मुझे पकड़ने आ रही हैं। फिर भागा, किंतु जब पैरों में दौड़ने की शक्ति न रही तो खड़ा हो गया। उसके मन ने कहा, वह मेरा क्या कर लेंगी, मैंने उनका कुछ बिगाड़ा है ? एक क्षण में मेम साहिबा आ पहुँची और टमटम रोक कर बोलीं—नाथू, कहाँ जा रहे हो ?

नथुवा—कहीं नहीं।

मेम.—रायसाहब के यहाँ फिर जायगा तो वह मारेंगे। क्यों नहीं मेरे साथ चलता। मिशन में आराम से रह। आदमी हो जायगा।

नथुवा—किरस्तान तो न बनाओगी ?

मेम.—किरस्तान क्या भंगी से भी बुरा है, पागल !

नथुवा—न भैया, किरस्तान न बनूँगा।

मेम.—तेरा जी चाहे न बनना, कोई जबरदस्ती थोड़े ही बना देगा। नथुवा थोड़ी देर तक टमटम के साथ चला; पर उसके मन में संशय बना हुआ था। सहसा वह उतर गया। मेम साहिबा ने पूछा—क्यों, चलता क्यों नहीं ?

नथुवा—मैंने सुना है, मिशन में जो कोई जाता है किरस्तान हो जाता है। मैं न जाऊँगा। आप झाँसा देती हैं।

मेम.—अरे पागल, वहाँ तुझे पढ़ाया जायगा, किसी की चाकरी न करनी पड़ेगी। शाम को खेलने को छुट्टी मिलेगी। कोट-पतलून पहनने को मिलेगी। चल के दो-चार दिन देख तो ले।

नथुवा ने इस प्रलोभन का उत्तर न दिया। एक गली से हो कर भागा। जब टमटम दूर निकल गया तो वह निश्चिंत हो कर सोचने लगा—जाऊँ ? कहीं कोई

सिपाही पकड़ कर थाने न ले जाय। मेरी बिरादरी के लोग तो वहाँ रहते हैं। क्या वह मुझे अपने घर रखेंगे। कौन बैठ कर खाऊँगा, काम तो करूँगा। बस, किसी की पीठ पर रहना चाहिए। आज कोई मेरी पीठ पर होता तो मजाल थी कि रायसाहब मुझे यों मारते। सारी बिरादरी जमा हो जाती घेर लेती, घर की सफाई बंद हो जाती, कोई द्वार पर झाड़ू तक न लगाता। सारी रायसाहबी निकल जाती। यह निश्चय करके वह घूमता-फिरता भंगियों के मुहल्ले में पहुँचा। शाम हो गयी थी, कई भंगी एक पेड़ के नीचे चटाइयों पर बैठे शहनाई और तबल बजा रहे थे। वह नित्य इसका अभ्यास करते थे। यह उनकी जीविका थी। गान-विद्या की यहाँ जितनी छीछालेदर हुई है, उतनी और कहीं न हुई होगी? नथुवा जा कर वहाँ खड़ा हो गया। उसे बहुत ध्यान से सुनते देख कर एक भंगी ने पूछा—कुछ गाता है ?

नथुवा—अभी तो नहीं गाता; पर सिखा दोगे तो गाने लगूँगा।

भंगी—बहाना मत कर, बैठ; कुछ गा कर सुना, मालूम तो हो कि तेरे गला भी है या नहीं, गला ही न होगा तो क्या कोई सिखायेगा।

नथुवा मामूली बाजार के लड़कों की तरह कुछ-न-कुछ गाना जानता ही था, रास्ता चलता तो कुछ-न-कुछ गाने लगता था। तुरंत गाने लगा। उस्ताद ने सुना। जौहरी था, समझ गया यह काँच का टुकड़ा नहीं। बोला—कहाँ रहता है ?

नथुवा ने अपनी रामकहानी सुनायी, परिचय हो गया। उसे आश्रय मिल गया और विकास का वह अवसर मिल गया, जिसने उसे भूमि से आकाश पर पहुँचा दिया।

3

तीन साल उड़ गये, नथुवा के गाने की सारे शहर में धूम मच गयी। और वह केवल एक गुणी नहीं, सर्वगुणी था; गाना, शहनाई बजाना, पखावज, सारंगी, तम्बूरा, सितार—सभी कलाओं में दक्ष हो गया। उस्तादों को भी उसकी चमत्कारिक बुद्धि पर आश्चर्य होता था। ऐसा मालूम होता था कि उसने पहले ही पढ़ी हुई विद्या दुहरा ली है। लोग दस-दस सालों तक सितार बजाना सीखते रहते हैं और नहीं आता, नथुवा को एक महीने में उसके तारों का ज्ञान हो गया। ऐसे कितने ही रत्न पड़े हुए हैं, जो किसी पारखी से भेंट न होने के कारण मिट्टी में मिल जाते हैं।

संयोग से इन्हीं दिनों ग्वालियर में एक संगीत-सम्मेलन हुआ। देश-देशांतरों से संगीत के आचार्य निमंत्रित हुए। उस्ताद घूरे को भी नेवता मिला। नथुवा इन्हीं का शिष्य था। उस्ताद ग्वालियर चले तो नाथू को भी साथ लेते गये। एक सप्ताह तक ग्वालियर में बड़ी धूमधाम रही। नाथूराम ने वहाँ खूब नाम कमाया। उसे सोने का तमग़ा इनाम मिला। ग्वालियर के संगीत-विद्यालय के अध्यक्ष ने उस्ताद घूरे से आग्रह किया कि नाथूराम को संगीत-विद्यालय में दाखिल करा दो। यहाँ संगीत के साथ उसकी शिक्षा भी हो जायगी। घूरे को मानना पड़ा। नाथूराम भी राजी हो गया।

नाथूराम ने पाँच वर्षों में विद्यालय की सर्वोच्च उपाधि प्राप्त कर ली। इसके

साथ-साथ भाषा, गणित और विज्ञान में उसकी बुद्धि ने अपनी प्रखरता का परिचय दिया। अब वह समाज का भूषण था। कोई उससे न पूछता था, कौन जाति हो। उसका रहन-सहन, तौर-तरीका अब गायकों का-सा नहीं, शिक्षित समुदाय का-सा था। अपने सम्मान की रक्षा के लिए वह ऊँचे वर्णवालों का-सा आचरण रखने लगा। मदिरा-मांस त्याग दिया, नियमित रूप से संध्योपासना करने लगा। कोई कुलीन ब्राह्मण भी इतना आचार-विचार न करता होगा। नाथूराम तो पहले ही उसका नाम हो चुका था। अब उसका कुछ और सुसंस्कार हुआ। वह ना. रा. आचार्य मशहूर हो गया। साधारणतः लोग 'आचार्य' ही कहा करते थे। राज्य-दरबार से उसे अच्छा वेतन मिलने लगा। 18 वर्ष की आयु में इतनी ख्याति बिरले ही किसी गुणी को नसीब होती है। लेकिन ख्याति-प्रेम वह प्यास है, जो कभी नहीं बुझती, वह अगस्त्य ऋषि की भाँति सागर को पी कर भी शांत नहीं होती। महाशय आचार्य ने योरोप को प्रस्थान किया। वह पाश्चात्य संगीत पर भी अधिकृत होना चाहते थे। जर्मनी के सबसे बड़े संगीत-विद्यालय में दाखिल हो गये और पाँच वर्षों के निरंतर परिश्रम और उद्योग के बाद आचार्य की पदवी ले कर इटली की सैर करते हुए ग्वालियर लौट आये और उसके एक ही सप्ताह के बाद मदन कम्पनी ने उन्हें तीन हजार रुपये मासिक वेतन पर अपनी शाखाओं का निरीक्षक नियुक्त किया। वह योरोप जाने के पहले ही हजारों रुपये जमा कर चुके थे। योरोप में भी ओपराओं और नाट्यशालाओं में उनकी खूब आवभगत हुई थी। कभी-कभी एक दिन में इतनी आमदनी हो जाती थी, जितनी यहाँ के बड़े-से-बड़े गवैयों को बरसों में भी नहीं होती। लखनऊ से विशेष प्रेम होने के कारण उन्होंने वहीं निवास करने का निश्चय किया।

4

आचार्य महाशय लखनऊ पहुँचे तो उनका चित्त गद्गद हो गया। यहीं उनका बचपन बीता था, यहीं एक दिन वह अनाथ थे, यहीं गलियों में कनकौए लूटते फिरते थे, यहीं बाजारों में पैसे माँगते-फिरते थे। आह ! यहीं उन पर हंटरों की मार पड़ी थी, जिसके निशान अब तक बने थे। अब वह दाग़ उन्हें सौभाग्य की रेखाओं से भी प्रिय लगते। यथार्थ में यह कोड़े की मार उनके लिए शिव का वरदान थी। रायसाहब के प्रति अब उनके दिल में क्रोध या प्रतिकार का लेशमात्र भी न था। उनकी बुराइयाँ भूल गयी थीं भलाइयाँ याद रह गयी थीं; और रत्ना तो उन्हें दया और वात्सल्य की मूर्ति-सी याद आती। विपत्ति पुराने घावों को बढ़ाती हैं, सम्पत्ति उन्हें भर देती है ! गाड़ी से उतरे तो छाती धड़क रही थी। 10 वर्ष का बालक 23 वर्ष का जवान, शिक्षित भद्र युवक हो गया था। उसकी मां भी उसे देख कर न कह सकती कि यही मेरा नथुवा है। लेकिन उनकी कायापलट की अपेक्षा नगर की कायापलट और भी विस्मयकारी थी। यह लखनऊ नहीं, कोई दूसरा ही नगर था।

स्टेशन से बाहर निकलते ही देखा कि शहर के कितने ही छोटे-बड़े आदमी

उनका स्वागत करने को खड़े हैं। उनमें एक युवती रमणी थी, जो रत्ना से बहुत मिलती थी। लोगों ने उससे हाथ मिलाया और रत्ना ने उनके गले में फूलों का हार डाल दिया। यह विदेश में भारत का नाम रोशन करने का पुरस्कार था। आचार्य के पैर डगमगाने लगे, ऐसा जान पड़ता था, अब नहीं खड़े रह सकते। यह वही रत्ना है। भोली-भाली बालिका ने सौंदर्य, लज्जा, गर्व और विनय की देवी का रूप धारण कर लिया है। उनकी हिम्मत न पड़ी कि रत्ना की तरफ सीधी आँखों देख सकें।

लोगों से हाथ मिलाने के बाद वह उस बँगले में आये जो उनके लिए पहले ही से सजाया गया था। उसको देख कर वे चौंक पड़े; यह वही बँगला था जहाँ रत्ना के साथ वह खेलते थे; सामान भी वही था, तसवीरें वही, कुर्सियाँ और मेजें वही, शीशे के आलात वही, यहाँ तक कि फर्श भी वही था। उसके अंदर क़दम रखते हुए आचार्य महाशय के हृदय में कुछ वही भाव जागृत हो रहे थे, जो किसी देवता के मंदिर में जा कर धर्मपरायण हिंदू के हृदय में होते हैं। वह रत्ना के शयनागार में पहुँचे तो उनके हृदय में ऐसी ऐंठन हुई कि आँसू बहने लगे–यह वही पलंग है, वही बिस्तर और वही फ़र्श ! उन्होंने अधीर हो कर पूछा–यह किसका बँगला है ?

कम्पनी का मैनेजर साथ था, बोला–एक राय भोलानाथ हैं, उन्हीं का है।

आचार्य–रायसाहब कहाँ गये ?

मैनेजर–खुदा जाने कहाँ चले गये। यह बँगला कर्ज़ की इल्लत में नीलाम हो रहा था। मैंने देखा हमारे थियेटर से करीब है। अधिकारियों से खतोकिताबत की और इसे कम्पनी के नाम खरीद लिया, 40 हजार में यह बँगला सामान समेत लिया गया।

आचार्य–मुफ्त मिल गया, तुम्हें रायसाहब की कुछ खबर नहीं ?

मैनेजर–सुना था कि कहीं तीर्थ करने गये थे, खुदा जाने लौटे या नहीं।

आचार्य महाशय जब शाम को सावधान हो कर बैठे तो एक आदमी से पूछा–क्यों जी, उस्ताद घूरे का भी हाल जानते हो, उनका नाम बहुत सुना है।

आदमी ने सकरुण भाव से कहा–खुदाबंद, उनका हाल कुछ न पूछिए, शराब पी कर घर आ रहे थे, रास्ते में बेहोश हो कर सड़क पर गिर पड़े। उधर से एक मोटर लारी आ रही थी। ड्राइवर ने देखा नहीं, लारी उनके ऊपर से निकल गयी। सुबह को लाश मिली। खुदाबंद, अपने फन में एक था, अब उसकी मौत से लखनऊ वीरान हो गया, अब ऐसा कोई नहीं रहा जिस पर लखनऊ को घमंड हो। नथुवा नाम के एक लड़के को उन्होंने कुछ सिखाया था और उससे हम लोगों को उम्मीद थी कि उस्ताद का नाम जिंदा रखेगा, पर वह यहाँ से ग्वालियर चला गया, फिर पता नहीं कि कहाँ गया।

आचार्य महाशय के प्राण सूखे जाते थे कि अब बात खुली, अब खुली, दम रुका हुआ था जैसे कोई तलवार लिये सिर पर खड़ा हो। बारे कुशल हुई, घड़ा चोट खा कर भी बच गया।

5

आचार्य महाशय उस घर में रहते थे, किन्तु उसी तरह जैसे कोई नयी बहू अपने ससुराल में रहे। उनके हृदय से पुराने संस्कार न मिटते थे। उनकी आत्मा इस यथार्थ को स्वीकार न करती कि अब यह मेरा घर है। वह जोर से हँसते तो सहसा चौंक पड़ते। मित्रगण आ कर शोर मचाते तो उन्हें एक अज्ञात शंका होती थी। लिखने-पढ़ने के कमरे में शायद वह सोते तो उन्हें रात-भर नींद न आती, यह खयाल दिल में जमा हुआ था कि यह पढ़ने-लिखने का कमरा है। बहुत अच्छा होने पर भी वह पुराने सामान को बदल न सकते थे। और रत्ना के शयनागार को तो उन्होंने फिर कभी नहीं खोला। वह ज्यों-का-त्यों बंद पड़ा रहता था। उसके अंदर जाते हुए उनके पैर थरथराने लगते थे। उस पलंग पर सोने का ध्यान ही उन्हें नहीं आया।

लखनऊ में कई बार उन्होंने विश्वविद्यालय में अपने संगीत-नैपुण्य का चमत्कार दिखाया। किसी राजा-रईस के घर अब वह गाने न जाते थे, चाहे कोई उन्हें लाखों रुपये ही क्यों न दे; यह उनका प्रण था। लोग उनका अलौकिक गान सुनकर अलौकिक आनंद उठाते थे।

एक दिन प्रातःकाल आचार्य महाशय संध्या से उठे थे कि राय भोलानाथ उनसे मिलने आये। रत्ना भी उनके साथ थी। आचार्य महाशय पर रोब छा गया। बड़े-बड़े योरोपी थियेटरों में भी उनका हृदय इतना भयभीत न हुआ था। उन्होंने जमीन तक झुक कर रायसाहब को सलाम किया। भोलानाथ उनकी नम्रता से कुछ विस्मति-से हो गये। बहुत दिन हुए जब लोग उन्हें सलाम किया करते थे। अब तो जहाँ जाते थे, हँसी उड़ाई जाती थी। रत्ना भी लज्जित हो गयी। रायसाहब ने कातर नेत्रों से इधर-उधर देख कर कहा—आपको यह जगह तो पसन्द आयी होगी ?

आचार्य—जी हाँ, इससे उत्तम स्थान की तो मैं कल्पना ही नहीं कर सकता।

भोलानाथ—यह मेरा ही बँगला है। मैंने ही इसे बनवाया और मैंने ही इसे बिगाड़ भी दिया।

रत्ना ने झेंपते हुए कहा—दादाजी, इन बातों से क्या फ़ायदा ?

भोला.—फ़ायदा नहीं है बेटी, नुकसान भी नहीं। सज्जनों से अपनी विपत्ति कह कर चित्त शांत होता है। महाशय, यह मेरा ही बँगला है, या यों कहिए कि था। 50 हजार सालाना इलाके से मिलते थे। कुछ आदमियों की संगत में मुझे सट्टे का चस्का पड़ गया। दो-तीन बार ताबड़-तोड़ बाजी हाथ आयी, हिम्मत खुल गयी, लाखों के वारे-न्यारे होने लगे, किंतु एक ही घाटे में सारी कसर निकल गयी। बधिया बैठ गयी। सारी जायदाद खो बैठा। सोचिए, पचीस लाख का सौदा था। कौड़ी चित्त पड़ती तो आज इस बँगले का कुछ और ही ठाठ होता, नहीं तो अब पिछले दिनों को याद कर-करके हाथ मलता हूँ। मेरी रत्ना को आपके गाने से बड़ा प्रेम है। जब देखो आप ही की चर्चा किया करती है। इसे मैंने बी.ए. तक पढ़ाया...

रत्ना का चेहरा शर्म से लाल हो गया। बोली—दादा जी, आचार्य महाशय मेरा हाल जानते हैं उनको मेरे परिचय की जरूरत नहीं। महाशय, क्षमा कीजिएगा, पिता जी उस घाटे के कारण कुछ अव्यवस्थित चित्त-से हो गये हैं। वह आपसे यह प्रार्थना करने आये हैं कि यदि आपको कोई आपत्ति न हो तो वह कभी-कभी इस बँगले को देखने आया करें। इससे उनके आँसू पुछ जायेंगे। उन्हें इस विचार से सन्तोष होगा कि मेरा कोई मित्र इसका स्वामी है। बस, यही कहने के लिए यह आपकी सेवा में आये हैं ?

आचार्य ने विनयपूर्ण शब्दों में कहा—इसके पूछने की जरूरत नहीं है। घर आपका है, जिस वक्त जी चाहे शौक से आयें, बल्कि आपकी इच्छा हो तो आप इसमें रह सकते हैं; मैं अपने लिए कोई दूसरा स्थान ठीक कर लूँगा।

रायसाहब ने धन्यवाद दिया और चले गये। वह दूसरे-तीसरे यहाँ जरूर आते और घंटों बैठे रहते। रत्ना भी उनके साथ अवश्य आती, फिर वह एक बार प्रतिदिन आने लगे।

एक दिन उन्होंने आचार्य महाशय को एकांत में ले जा कर पूछा—क्षमा कीजिएगा, आप अपने बाल बच्चों को क्यों नहीं बुला लेते ? अकेले तो आपको बहुत कष्ट होता होगा।

आचार्य—मेरा तो अभी विवाह नहीं हुआ और न करना चाहता हूँ।

यह कहते ही आचार्य महाशय ने आँखें नीची कर लीं।

भोलानाथ—यह क्यों, विवाह से आपको क्यों द्वेष है ?

आचार्य—कोई विशेष कारण तो नहीं बता सकता, इच्छा ही तो है।

भोला.—आप ब्राह्मण हैं ?

आचार्य जी का रंग उड़ गया। सशंक होकर बोले—योरोप की यात्रा के बाद वर्णभेद नहीं रहता। जन्म से चाहे जो कुछ हूँ, कर्म से तो शूद्र ही हूँ।

भोलानाथ—आपकी नम्रता को धन्य है, संसार में ऐसे सज्जन लोग भी पड़े हुए हैं, मैं भी कर्मों ही से वर्ण मानता हूँ। नम्रता, शील, विनय, आचार, धर्मनिष्ठा, विद्याप्रेम, यह सब ब्राह्मणों के गुण हैं और मैं आपको ब्राह्मण ही समझता हूँ। जिसमें यह गुण नहीं, वह ब्राह्मण नहीं; कदापि नहीं। रत्ना को आपसे बड़ा प्रेम है। आज तक कोई पुरुष उसकी आँखों में नहीं जँचा, किंतु आपने उसे वशीभूत कर लिया इस धृष्टता को क्षमा कीजिएगा, आपके माता-पिता...

आचार्य—मेरे माता-पिता तो आप ही हैं। जन्म किसने दिया, यह मैं स्वयं नहीं जानता। मैं बहुत छोटा था तभी उनका स्वर्गवास हो गया।

रायसाहब—आह ! वह आज जीवित होते तो आपको देख कर उनकी गज-भर की छाती होती। ऐसे सपूत बेटे कहाँ होते हैं।

इतने में रत्ना एक कागज लिये हुए आयी और रायसाहब से बोली—दादाजी, आचार्य महाशय काव्य-रचना भी करते हैं, मैं इनकी मेज़ पर से यह उठा लायी हूँ। सरोजिनी नायडू के सिवा ऐसी कविता मैंने और कहीं नहीं देखी।

आचार्य ने छिपी हुई निगाहों से एक बार रत्ना को देखा और झेंपते हुए बोले—यों ही कुछ लिख लिया था। मैं काव्य-रचना क्या जानूँ ?

6

प्रेम से दोनों विह्वल हो रहे थे। रत्ना गुणों पर मोहित थी, आचार्य उसके मोह के वशीभूत थे। अगर रत्ना उनके रास्ते में न आती तो कदाचित् वह उससे परिचित भी न होते ! किंतु प्रेम की फैली हुई बाहों का आकर्षण किस पर न होगा ? ऐसा हृदय कहाँ है, जिसे प्रेम जीत न सके ?

आचार्य महाशय बड़ी दुविधा में पड़े हुए थे। उनका दिल कहता था, जिस क्षण रत्ना पर मेरी असलियत खुल जायगी, उसी क्षण वह मुझसे सदैव के लिये मुँह फेर लेगी। वह कितनी ही उदार हो, जाति के बंध को कितना ही कष्टमय समझती हो, किंतु उस घृणा से मुक्त नहीं हो सकती जो स्वभावतः मेरे प्रति उत्पन्न होगी। मगर इस बात को जानते हुए भी उनकी हिम्मत न पड़ती थी कि अपना वास्तविक स्वरूप खोल कर दिखा दें। आह ! यदि घृणा ही तक होती तो कोई बात न थी, मगर उसे दुःख होगा, पीड़ा होगी, उसका हृदय विदीर्ण हो जायगा उस दशा में न जाने क्या कर बैठे। उसे इस अज्ञात दशा में रखते हुए प्रणय-पाश को दृढ़ करना उन्हें परले सिरे की नीचता प्रतीत होती थी। यह कपट है, दग़ा है, धूर्तता है जो प्रेमाचरण में सर्वथा निषिद्ध है। इस संकट में पड़े हुए वह कुछ निश्चय न कर सकते थे कि क्या करना चाहिए। उधर रायसाहब की आमदोरफ़्त दिनोंदिन बढ़ती जाती थी। उनके मन की बात एक-एक शब्द से झलकती थी। रत्ना का आना-जाना बंद होता जाता था जो उनके आशय को और भी प्रकट करता था। इस प्रकार तीन-चार महीने व्यतीत हो गये। आचार्य महाशय सोचते, यह वही रायसाहब हैं, जिन्होंने केवल रत्ना की चारपाई पर जरा देर लेट रहने के लिए मुझे मारकर घर से निकाल दिया था। जब उन्हें मालूम होगा कि मैं वही अनाथ, अछूत, आश्रयहीन बालक हूँ तो उन्हें कितनी आत्मवेदना, कितनी अपमान-पीड़ा, कितनी लज्जा, कितनी दुराशा, कितना पश्चात्ताप होगा!

एक दिन रायसाहब ने कहा—विवाह की तिथि निश्चित कर लेनी चाहिए। इस लग्न में मैं इस ऋण से उऋण हो जाना चाहता हूँ।

आचार्य महाशय ने बात का मतलब समझ कर भी प्रश्न किया—कैसी तिथि ?

रायसाहब—यही रत्ना के विवाह की। मैं कुंडली का तो कायल नहीं, पर विवाह तो शुभ मुहूर्त में ही होगा।

आचार्य भूमि की ओर ताकते रहे, कुछ न बोले।

रायसाहब—मेरी अवस्था तो आपको मालूम ही है। कुश-कन्या के सिवा और किसी योग्य नहीं हूँ। रत्ना के सिवा और कौन है, जिसके लिए उठा रखता।

आचार्य महाशय विचारों में मग्न थे।

रायसाहब—रत्ना को आप स्वयं जानते हैं। आपसे उसकी प्रशंसा करनी व्यर्थ है।

वह अच्छी है या बुरी है, उसे आपको स्वीकार करना पड़ेगा।

आचार्य महाशय की आँखों से आँसू बह रहे थे।

रायसाहब–मुझे पूरा विश्वास है कि आपको ईश्वर ने उसी के लिए यहाँ भेजा है। मेरी ईश्वर से यही याचना है कि तुम दोनों का जीवन सुख से कटे। मेरे लिए इससे ज्यादा खुशी की और कोई बात नहीं हो सकती। इस कर्त्तव्य से मुक्त हो कर इरादा है कुछ दिन भगवत्-भजन करूँ। गौण रूप से आप ही उस फल के भी अधिकारी होंगे।

आचार्य ने अवरुद्ध-कंठ से कहा–महाशय, आप मेरे पिता तुल्य हैं, पर मैं इस योग्य कदापि नहीं हूँ।

रायसाहब ने उन्हें गले लगाते हुए कहा–बेटा, तुम सर्वगुण-सम्पन्न हो। तुम समाज के भूषण हो। मेरे लिए यह महान गौरव की बात है कि तुम-जैसा दामाद पाऊँ। मैं आज तिथि आदि ठीक करके कल आपको सूचना दूँगा।

यह कह कर रायसाहब उठ खड़े हुए। आचार्य कुछ कहना चाहते थे, पर मौका न मिला, या यों कहो हिम्मत न पड़ी। इतना मनोबल न था, घृणा सहन करने की इतनी शक्ति न थी।

7

विवाह हुए महीना-भर हो गया। रत्ना के आने से पतिगृह उजाला हो गया है और पति-हृदय पवित्र। सागर में कमल खिल गया। रात का समय था। आचार्य महाशय भोजन करके लेटे हुए थे, उसी पलँग पर जिसने किसी दिन उन्हें घर से निकलवाया था, जिसने उनके भाग्यचक्र को परिवर्तित कर दिया था।

महीना-भर से वह अवसर ढूँढ़ रहे हैं कि वह रहस्य रत्ना को बतला दूँ। उनका संस्कारों से दबा हुआ हृदय यह नहीं मानता कि मेरा सौभाग्य मेरे गुणों ही का अनुग्रह है। वह अपने रुपये को भट्ठी में पिघला कर उसका मूल्य जानने की चेष्टा कर रहे हैं। किन्तु अवसर नहीं मिलता। रत्ना ज्यों ही सामने आ जाती है, वह मंत्रमुग्ध से हो जाते हैं। बाग में रोने कौन जाता है, रोने के लिए तो अँधेरी कोठरी ही चाहिए।

इतने में रत्ना मुस्कराती हुई कमरे में आयी। दीपक की ज्योति मंद पड़ गयी।

आचार्य ने मुस्करा कर कहा–अब चिराग गुल कर दूँ न ?

रत्ना बोली–क्यों, क्या मुझसे शर्म आती है ?

आचार्य–हाँ, वास्तव में शर्म आती है।

रत्ना–इसलिए कि मैंने तुम्हें जीत लिया ?

आचार्य–नहीं इसलिए कि मैंने तुम्हें धोखा दिया।

रत्ना–तुममें धोखा देने की शक्ति नहीं है।

आचार्य–तुम नहीं जानती। मैंने तुम्हें बहुत बड़ा धोखा दिया है।

रत्ना–सब जानती हूँ।

आचार्य–जानती हो मैं कौन हूँ ?

रत्ना–खूब जानती हूँ। बहुत दिनों से जानती हूँ। जब हम तुम दोनों इसी बगीचे में खेला करते थे, मैं तुमको मारती थी और तुम रोते थे, मैं तुमको अपनी जूठी मिठाइयाँ देती थी और तुम दौड़ कर लेते थे, तब भी मुझे तुमसे प्रेम था; हाँ, वह दया के रूप में व्यक्त होता था।

आचार्य ने चकित हो कहा–रत्ना यह जान कर भी तुमने...

रत्ना–हाँ, जान कर ही। न जानती तो शायद न करती।

आचार्य–यह वही चारपाई है।

रत्ना–और मैं घाते में।

आचार्य ने उसे गले लगा कर कहा–तुम क्षमा की देवी हो।

रत्ना ने उत्तर दिया–मैं तुम्हारी चेरी हूँ।

आचार्य–रायसाहब भी जानते हैं ?

रत्ना–नहीं, उन्हें नहीं मालूम है। उनसे भूल कर भी न कहना, नहीं तो वह आत्मघात कर लेंगे।

आचार्य–वह कोड़े अभी तक याद हैं।

रत्ना–अब पिताजी के पास उसका प्रायश्चित करने के लिए कुछ नहीं रह गया। क्या अब भी तुम्हें संतोष नहीं हुआ ?

विचित्र होली

होली का दिन था; मिस्टर ए.बी. क्रास शिकार खेलने गये हुए थे। साईस, अर्दली, मेहतर, भिश्ती, ग्वाला, धोबी सब होली मना रहे थे। सबों ने साहब के जाते ही खूब गहरी भंग चढ़ायी थी और इस समय बगीचे में बैठे हुए होली, फाग गा रहे थे। पर रह-रह कर बँगले के फाटक की तरफ झाँक लेते थे कि साहब आ तो नहीं रहे हैं। इतने में शेख नूरअली आ कर सामने खड़े हो गये।

साईस ने पूछा–कहो खानसामाजी, साहब कब आयेंगे ?

नूरआली बोला–उसका जब जी चाहे आये, मेरा आज इस्तीफा है। अब इसकी नौकरी न करूँगा।

अर्दली ने कहा–ऐसी नौकरी फिर न पाओगे। चार पैसे ऊपर की आमदनी है। नाहक छोड़ते हो।

नूरअली–अजी, लानत भेजो ! अब मुझसे गुलामी न होगी। यह हमें जूतों से ठुकरायें और हम इनकी गुलामीं करें ! आज यहाँ से डेरा कूच है। आओ, तुम लोगों की दावत करूँ। चले आओ कमरे में आराम से मेज पर डट जाओ, वह बोतलें पिलाऊं कि जिगर ठंडा हो जाय।

साईस–और जो कहीं साहब आ जायँ ?

नूरअली—वह अभी नहीं आने का। चले आओ।

साहबों के नौकर प्रायः शराबी होते हैं। जिस दिन से साहब के यहाँ गुलामी लिखायी, उसी दिन से यह बला उनके सिर पड़ जाती है। जब मालिक स्वयं बोतल-की-बोतल उँड़ेल जाता हो, तो भला नौकर क्यों चूकने लगे। यह निमंत्रण पा कर सब-के-सब खिल उठे। भंग का नशा चढ़ा ही हुआ था। ढोल-मंजीरे छोड़-छाड़ कर नूरअली के साथ चले और साहब के खाने के कमरे में कुर्सियों पर आ बैठे। नूरअली ने ह्स्किी की बोतल खोलकर ग्लास भरे और चारों ने चढ़ाना शुरू कर दिया। ठर्रा पीनेवाले ने जब यह मजेदार चीजें पायीं तो ग्लास लुढ़काने लगे। खानसामा भी उत्तेजित करता जाता था। जरा देर में सबों के सिर फिर गये। भय जाता रहा। एक ने होली छेड़ी, दूसरे ने सुर मिलाया। गाना होने लगा। नूरअली ने ढोल-मजीरा ला कर रख दिया। वहीं मजलिस जम गयी। गाते-गाते एक उठ कर नाचने लगा। दूसरा उठा। यहाँ तक कि सब-के-सब कमरे में चौकड़ियाँ भरने लगे। हू-हक मचने लगा। कबीर, फाग, चौताल, गाली-गलौज, मार-पीट बारी-बारी सबका नम्बर आया। सब ऐसे निडर हो गये थे, मानो अपने घर में हैं। कुर्सियाँ उलट गयीं। दीवारों पर की तसवीरें टूट गयीं। एक ने मेज उलट दी। दूसरे ने रिकाबियों को गेंद बना कर उछालना शुरू किया।

यहाँ यही हंगामा मचा हुआ था कि शहर के रईस लाला उजागरमल का आगमन हुआ। उन्होंने यह कौतुक देखा तो चकराये। खानसामा से पूछा—यह क्या गोलमाल है शेखजी, साहब देखेंगे तो क्या कहेंगे ?

नूरअली—साहब का हुक्म ही ऐसा है तो क्या करें। आज उन्होंने अपने नौकरों की दावत की है, उनसे होली खेलने को भी कहा है। सुनते हैं, लाट साहब के यहाँ से हुक्म आया है कि रिआया के साथ खूब रब्त-जब्त रखो, उनके त्योहारों में शरीक हो। तभी तो यह हुक्म दिया है, नहीं तो इनके मिज़ाज ही न मिलते थे। आइए, तशरीफ रखिए। निकालूँ कोई मजेदार चीज ! अभी हाल में विलायत से पारसल आया है।

राय उजागरमल बड़े उदार विचारों के मनुष्य थे। अँग्रेजी दावतों में बेधड़क शरीक होते थे, रहन-सहन भी अंग्रेजी ही था और यूनियन क्लब के तो वह एकमात्र कर्त्ता ही थे, अँग्रेजों से उनकी खूब छनती है और मिस्टर क्रास तो उनके परम मित्र ही थे। जिलाधीश से, चाहे वह कोई हो, सदैव उनकी घनिष्ठता रहती थी। नूरअली की बातें सुनते ही एक कुर्सी पर बैठ गये और बोले—अच्छा ! यह बात है ? हाँ, तो फिर निकालो कोई मजेदार चीज़ ! कुछ ग़जल भी हो।

नूरअली—हजूर, आपके लिए सब-कुछ हाजिर है।

लाला साहब कुछ तो घर ही से पीकर चले थे, यहाँ कई ग्लास चढ़ाये तो ज़बान लड़खड़ाते हुए बोले—क्यों नूरअली, आज साहब होली खेलेंगे ?

नूरअली—जी हाँ।

उजागर.—लेकिन मैं रंग-वंग तो लाया नहीं। भेजो चटपट किसी को मेरी कोठी

से रंग-पिचकारी वगैरह लाये। (साईस से) क्यों घसीटे, आज तो बड़ी बहार है।

घसीटे—बड़ी बहार है, बहार है, होली है !

उजागर.—(गाते हुए) आज साहब के साथ मेरी होली मचेगी, आज साहब के साथ मेरी होली मचेगी, खूब पिचकारी चलाऊँगा।

घसीटे—खूब अबीर लगाऊँ।

ग्वाला—खूब गुलाल उड़ाऊँगा।

धोबी—बोतल-पर-बोतल चढ़ाऊँगा।

अरदली—खूब कबीरे सुनाऊँगा।

उजागर.—आज साहब के साथ मेरी होली मचेगी।

नूरअली—अच्छा, सब लोग सँभल जाओ। साहब का मोटर आ रहा है। सेठजी, यह लीजिए मैं दौड़ कर रंग-पिचकारी लाया, बस एक चौताल छेड़ दीजिए और जैसे ही साहब कमरे में आयें, उन पर पिचकारी छोड़िए और (दूसरे से) तुम लोग भी उनके मुँह में गुलाल मलो साहब मारे खुशी के फूल जायेंगे। वह लो, मोटर हाते में आ गया। होशियार !

2

मिस्टर क्रास अपनी बंदूक हाथ में लिये मोटर से उतरे और लगे आदमियों को बुलाने; पर वहाँ तो ज़ोरों से चौताल हो रहा था, सुनता कौन है। चकराये, यह मामला क्या है। क्या सब मेरे बँगले में गा रहे हैं ? क्रोध से भरे हुए बँगले में दाखिल हुए तो डाइनिंगरूम (भोजन करने के कमरे में) से गाने की आवाज आ रही थी। अब क्या था ? जामे से बाहर बाहर हो गये। चेहरा विकृत हो गया। हंटर उतार लिया और डाइनिंगरूम की ओर चले; लेकिन अभी तक एक कदम दरवाजे के बाहर ही था कि सेठ उजागरमल ने पिचकारी छोड़ी। सारे कपड़े तर हो गये। आँखों में भी रंग घुस गया। आँखें पोंछ ही रहे थे कि साईस, ग्वाला सब-के-सब दौड़े और साहब को पकड़ कर उनके मुँह में रंग मलने लगे। धोबी ने तेल और कालिख का पाउडर लगा दिया ! साहब के क्रोध की सीमा न रही, हंटर लेकर सबों को अंधाधुंध पीटने लगा। बेचारे सोचे हुए थे कि साहब खुश हो कर इनाम देंगे। हंटर पड़े तो नशा हिरन हो गया। कोई इधर भाग, कोई उधर। सेठ उजागरमल ने यह रंग देखा तो ताड़ गये कि नूरअली ने झाँसा दिया। एक कोने में दबक रहे। जब कमरा नौकरों से खाली हो गया, तो साहब उनकी ओर बढ़े। लाला साहब के होश उड़ गये। तेज़ी से कमरे के बाहर निकले और सिर पर पैर रख कर बेतहाशा भागे। साहब उनके पीछे दौड़े। सेठजी की फिटन फाटक पर खड़ी थी। घोड़े ने धम-धम खटपट सुनी तो चौंका। कनौतियाँ खड़ी कीं और फिटन ले भागा। विचित्र दृश्य था। आगे-आगे फिटन, उसके पीछे सेठ उजागरमल, उनके पीछे हंटरधारी मिस्टर क्रास। तीनों बगटुट दौड़े चले जाते थे। सेठजी एक बार ठोकर खा कर गिरे, पर साहब के पहुँचते-पहुँचते सँभलकर उठे। हाते के बाहर सड़क तक घुड़दौड़

रही। अंत में साहब रुक गये। मुँह में कालिख लगाये अब और आगे जाना हास्यजन मालूम हुआ। यह विचार भी हुआ कि सेठजी को काफ़ी सजा मिल चुकी। अपने नौकरों की खबर लेना भी जरूरी था। लौट गये। सेठ उजागरमल के जान में जान आयी। बैठ कर हाँफने लगे। घोड़ा भी ठिठक गया। कोचवान ने उतर कर उन्हें सँभाला और गोद में उठा कर गाड़ी पर बैठा दिया।

3

लाला उजागरमल शहर सहयोगी समाज के नेता थे। उन्हें अँग्रेजों की भावी शुभकामनाओं पर पूर्णविश्वास था। अँग्रेजी राज्य की तामीली, माली और मुल्की तरक्की के राग गाते रहते थे। अपनी वक्तृताओं में सहयोगियों को खूब फटकारा करते थे। अँग्रेजों में इधर उनका आदर-सम्मान विशेष रूप से होने लगा था। कई बड़े-बड़े ठेके, जो पहले अंग्रेज ठेकेदारों ही को मिला करते थे उन्हें दिये गये थे। सहयोग ने उनके मान और धन को खूब बढ़ाया था, अतएव मुँह से चाहे वह असहयोग की कितनी ही निन्दा करें, पर मन में उसकी उन्नति चाहते थे। उन्हें य़क़ीन था कि असहयोग एक हवा है, जब तक चलती रहे उसमें अपने गीले कपड़े सुखा लें। वह असहयोगियों के कृत्यों का खूब बढ़ा-बढ़ा कर बयान किया करते थे, और अधिकारियों के कृत्यों को इन गढ़ी हुई बातों पर विश्वास करते देख कर दिल में उन पर खूब हँसते थे। ज्यों-ज्यों सम्मान बढ़ता था, उनका आत्माभिमान भी बढ़ता था। वह अब पहले की भाँति भीरु न थे। गाड़ी पर बैठे और ज़रा साँस फूलना बंद हुआ, तो इस घटना की विवेचना करने लगे। अवश्य नूरअली ने मुझे धोखा दिया, उसकी असहयोगियों से भी मिली भगत है। यह लोग होली नहीं खेलते तो इनका इतना क्रोधोन्मत्त होना इसके सिवाय और क्या बतलाता है कि हमें यह लोग कुत्तों से बेहतर नहीं समझते। इनको अपने प्रभुत्व का कितना घमंड है ! यह मेरे पीछे हंटर लेकर दौड़े ! अब विदित हुआ कि यह जो मेरा थोड़ा-बहुत सम्मान करते थे, वह केवल धोखा था। मन में यह हमें अब नीच और कमीना समझते हैं, लाल रंग कोई बाण नहीं था। हम बड़े दिनों में गिरजे जाते हैं, इन्हें डालियाँ देते हैं। वह हमारा त्योहार नहीं है। पर, यह जरा-सा रंग छोड़ देने पर इतना बिगड़ उठा ! हा ! इतना अपमान ! मुझे उसके सामने ताल ठोक कर खड़ा हो जाना चाहिए था। भागना कायरता थी। इसी से यह सब शेर हो जाते हैं। कोई संदेह नहीं कि यह सब हमें मिला कर असहयोगियों को दबाना चाहते हैं। इनकी यह विनयशीलता और सज्जनता केवल अपना मतलब गाँठने के लिए है। इनकी निरंकुशता, इतना गर्व वही है, जरा भी अंतर नहीं।

सेठ जी के हृद्‌गत भावों ने उग्र रूप धारण किया। मेरी यह अधोगति ! अपने अपमान की याद रह-रह कर उनके चित्त को विह्वल कर रही थी। यह मेरे सहयोग का फल है। मैं इसी योग्य हूँ। मैं उनकी सौहार्दपूर्ण बातें सुन-सुन फूला न समाता था। मेरी मंदबुद्धि को इतना भी न सूझता था कि स्वाधीन और पराधीन में कोई मेल नहीं

हो सकता। मैं असहयोगियों की उदासीनता पर हँसता था। अब मालूम हुआ कि वे हास्यास्पद नहीं हैं, मैं स्वयं निंदनीय हूँ।

वह अपने घर न जाकर सीधे कांग्रेस कमेटी के कार्यालय की ओर लपके। वहाँ पहुँचे तो एक विराट सभा देखी। कमेटी ने शहर में छूत-अछूत, छोटे-बड़े, सबको होली का आनंद मनाने के लिए निमंत्रित किया। हिंदू-मुसलमान साथ-साथ बैठे हुए प्रेम से होली खेल रहे थे। फल-भोज का भी प्रबंध किया गया था। इस समय व्याख्यान हो रहा था। सेठ जी गाड़ी से तो उतरे, पर सभा स्थल में जाते संकोच होता था। ठिठकते हुए धीरे से जा कर एक ओर खड़े हो गये। उन्हें देख कर लोग चौंक पड़े। सब-के-सब विस्मित हो कर उनकी ओर ताकने लगे। यह खुशामदियों के आचार्य आज यहाँ कैसे भूल पड़े ? इन्हें तो किसी सहयोगी सभा में राज-भक्ति का प्रस्ताव पास करना चाहिए था। शायद भेद लेने आये हैं कि ये लोग क्या कर रहे हैं। उन्हें चिढ़ाने के लिए लोगों ने कहा—कांग्रेस की जय !

उजागरमल ने उच्च स्वर से कहा—असहयोग की जय !

फिर ध्वनि हुई—खुशामदियों की क्षय !

सेठ जी ने उच्च स्वर से कहा—जी हुजूरों की क्षय !

यह कह कर वह समस्त उपस्थित जनों को विस्मय में डालते हुए मंच पर जा पहुँचे और गम्भीर भाव से बोले—सज्जनो, मित्रों ! मैंने अब तक आपसे असहयोग किया था उसे क्षमा कीजिए। सच्चे दिल से आपसे क्षमा माँगता हूँ। मुझे घर का भेदी, जासूस या विभीषण न समझिए। आज मेरी आँखों के सामने से परदा हट गया। आज इस पवित्र प्रेममयी होली के दिन मैं आपसे प्रेमालिंगन करने आया हूँ। अपनी विशाल उदारता का आचरण कीजिए। आपसे द्रोह करने का आज मुझे दंड मिल गया। जिलाधीश ने आज मेरा घोर अपमान किया। मैं वहाँ से हंटरों की मार खा कर आपकी शरण आया हूँ। मैं देश का द्रोही था, जाति का शत्रु था। मैंने अपने स्वार्थ के वश, अपने अविश्वास के वश देश का बड़ा अहित किया, खूब काँटे बोये। उनका स्मरण करके ऐसा जी चाहता है कि हृदय के टुकड़े-टुकड़े कर दूँ। [एक आवाज—हाँ, अवश्य कर दीजिये, आपसे न बने तो मैं तैयार हूँ (प्रधान की आवाज)—यह कटु वाक्यों का अवसर नहीं है।] नहीं, आपको यह कष्ट उठाने की जरूरत नहीं, मैं स्वयं यह काम भली भाँति कर सकता हूँ; पर अभी मुझे बहुत कुछ प्रायश्चित करना है, जाने कितने पापों की पूर्ति करनी है। आशा करता हूँ कि जीवन के बचे हुए दिन इसी प्रायश्चित करने में, यही मुँह की कालिमा धोने में काटूँ। आपसे केवल इतनी ही प्रार्थना है कि मुझे आत्मसुधार का अवसर दीजिए। मुझ पर विश्वास कीजिए और मुझे अपना दीन सेवक समझिए। मैं आज से अपना तन, मन, धन सब आप पर अर्पण करता हूँ।

मुक्ति-मार्ग

सिपाही को अपनी लाल पगड़ी पर, सुन्दरी को अपने गहनों पर और वैद्य को अपने सामने बैठे हुए रोगियों पर जो घमंड होता है, वही किसान को अपने खेतों को लहराते हुए देख कर होता है। झींगुर अपने ऊख के खेतों को देखता, तो उस पर नशा-सा छा जाता। तीन बीघे ऊख थी। इसके 600 रु. तो अनायास ही मिल जायेंगे। और जो कहीं भगवान् ने डाड़ी तेज कर दी तो फिर क्या पूछना ! दोनों बैल बुड्ढे हो गये। अबकी नयी गोई बटेसर के मेले से ले आयेगा। कहीं दो बीघे खेत और मिल गये, तो लिखा लेगा। रुपये की क्या चिंता। बनिये अभी से उसकी खुशामद करने लगे थे। ऐसा कोई न था जिससे उसने गाँव में लड़ाई न की हो। वह अपने आगे किसी को कुछ समझता ही न था।

एक दिन संध्या के समय वह अपने बेटे को गोद में लिए मटर की फलियाँ तोड़ रहा था। इतने में उसे भेड़ों का एक झुंड अपनी तरफ आता दिखायी दिया। वह अपने मन में कहने लगा—इधर से भेड़ों के निकलने का रास्ता न था। क्या खेत की मेंड़ पर से भेड़ों का झुंड नहीं जा सकता था ? भेड़ों को इधर से लाने की क्या जरूरत ? ये खेत को कुचलेंगी, चरेंगी। इसका डाँड़ कौन देगा ? मालूम होता है, बुद्धू गडेरिया है। बचा को घमंड हो गया है; तभी तो खेतों के बीच से भेड़ें लिये चला आता है। जरा इसकी ढिठाई तो देखो। देख रहा है कि मैं खड़ा हूँ, फिर भी भेड़ों को लौटाता नहीं। कौन मेरे साथ कभी रियायत की है कि मैं इसकी मुरौवत करूँ ? अभी एक भेड़ा मोल माँगूँ तो पाँच ही रुपये सुनावेगा। सारी दुनिया में चार रुपये के कम्बल बिकते हैं, पर यह पाँच रुपये से नीचे की बात नहीं करता।

इतने में भेड़ें खेत के पास आ गयीं। झींगुर ने ललकार कर कहा—अरे, ये भेड़ कहाँ लिये आते हो ?

बुद्धू नम्र भाव से बोला—महतो, डाँड़ पर से निकल जायेंगी। घूम कर जाऊँगा तो कोस-भर का चक्कर पड़ेगा।

झींगुर—तो तुम्हारा चक्कर बचाने के लिए मैं अपने खेत क्यों कुचलवाऊँ ? डाँड़ ही पर से ले जाना है, तो और खेतों के डाँड़ से क्यों नहीं ले गये ? क्या मुझे कोई चूहड़-चमार समझ लिया है ? या धन का घमंड हो गया है ? लौटाओ इनको !

बुद्धू—महतो, आज निकल जाने दो। फिर कभी इधर से आऊँ तो जो सजा चाहे देना।

झींगुर—कह दिया कि लौटाओ इन्हें ! अगर एक भेड़ भी मेड़ पर आयी तो समझ लो, तुम्हारी खैर नहीं।

बुद्धू—महतो, अगर तुम्हारी एक बेल भी किसी भेड़ के पैरों-तले आ जाय, तो मुझे बैठा कर सौ गालियाँ देना।

बुद्धू बातें तो बड़ी नम्रता से कर रहा था, किंतु लौटाने में अपनी हेठी समझता

था। उसने मन में सोचा, इसी तरह ज़रा-ज़रा धमकियों पर भेड़ों को लौटाने लगा, तो फिर मैं भेड़ें चरा चुका। आज लौट जाऊँ, तो कल को कहीं निकलने का रास्ता ही न मिलेगा। सभी रोब जमाने लगेंगे।

बुद्धू भी पोढ़ा आदमी था। 12 कोड़ी भेड़ें थीं। उन्हें खेतों में बिठाने के लिए फ़ी रात ।।) कोड़ी मज़दूरी मिलती थी, इसके उपरान्त दूध बेचता था; ऊन के कम्बल बनाता था। सोचने लगा–इतने गरम हो रहे हैं, मेरा कर ही क्या लेंगे ? कुछ इनका दबैल तो हूँ नहीं। भेड़ों ने जो हरी-हरी पत्तियाँ देखीं, तो अधीर हो गयीं। खेत में घुस पड़ीं। बुद्धू उन्हें डंडों से मार-मार कर खेत के किनारे हटाता था और वे इधर-उधर से निकल कर खेत में जा पड़ती थीं। झींगुर ने आग हो कर कहा–तुम मुझसे हेकड़ी जताने चले हो, तुम्हारी सारी हेकड़ी निकाल दूँगा !

बुद्धू–तुम्हें देख कर चौंकती हैं। तुम हट जाओ, तो मैं सबको निकाल ले जाऊँ।

झींगुर ने लड़के को तो गोद से उतार दिया और अपना डंडा सँभाल कर भेड़ों पर पिल पड़ा। धोबी भी इतनी निर्दयता से अपने गधे को न पीटता होगा। किसी भेड़ की टाँग टूटी, किसी की कमर टूटी। सबने बें-बें का शोर मचाना शुरू किया। बुद्धू चुपचाप खड़ा अपनी सेना का विध्वंस अपनी आँखों से देखता रहा। वह न भेड़ों को हांकता था, न झींगुर से कुछ कहता था, बस खड़ा तमाशा देखता रहा। दो मिनट में झींगुर ने इस सेना को अपने अमानुषिक पराक्रम से मार भगाया। मेष-दल का संहार करके विजय-गर्व से बोला–अब सीधे चले जाओ ! फिर इधर से आने का नाम न लेना।

बुद्धू ने आहत भेड़ों की ओर देखते हुए कहा–झींगुर, तुमने यह अच्छा काम नहीं किया। पछताओगे।

2

केले को काटना भी इतना आसान नहीं, जितना किसान से बदला लेना ! उसकी सारी कमाई खेतों में रहती है, या खलिहानों में। कितनी ही दैविक और भौतिक आपदाओं के बाद कहीं अनाज घर में आता है। और जो कहीं इन आपदाओं के साथ विद्रोह ने भी संधि कर ली तो बेचारा किसान कहीं का नहीं रहता। झींगुर ने घर आ कर दूसरों से इस संग्राम का वृत्तांत कहा, तो लोग समझाने लगे–झींगुर, तुमने बड़ा अनर्थ किया। जान कर अनजान बनते हो। बुद्धू को जानते नहीं, कितना झगड़ालू आदमी है। अब भी कुछ नहीं बिगड़ा। जा कर उसे मना लो। नहीं तो तुम्हारे साथ सारे गाँव पर आफत आ जायगी। झींगुर की समझ में बात आयी। पछताने लगा कि मैंने कहाँसे-कहाँ उसे रोका। अगर भेड़ें थोड़ा-बहुत चर ही जातीं, तो कौन मैं उजड़ा जाता था। वास्तव में हम किसानों का कल्याण दबे रहने में ही है। ईश्वर को भी हमारा सिर उठा कर चलना अच्छा नहीं लगता। जी तो बुद्धू के घर जाने को न चाहता था, किंतु दूसरों के आग्रह से मजबूर हो कर चला। अगहन

का महीना था, कुहरा पड़ रहा था, चारों ओर अंधकार छाया हुआ था। गाँव से बाहर निकला ही था कि सहसा अपने ऊख के खेत की ओर अग्नि की ज्वाला देख कर चौंक पड़ा। छाती धड़कने लगी। खेत में आग लगी हुई थी। बेतहाशा दौड़ा। मनाता जाता था कि मेरे खेत में न हो। पर ज्यों-ज्यों समीप पहुँचता था, यह आशामय भ्रम शांत होता जाता था। वह अनर्थ हो ही गया, जिसके निवारण के लिए वह घर से चला था। हत्यारे ने आग लगा ही दी, और मेरे पीछे सारे गाँव को चौपट किया। उसे ऐसा जान पड़ता था कि वह खेत आज बहुत समीप आ गया है, मानों बीच के परती खेतों का अस्तित्व ही नहीं रहा ! अंत में जब वह खेत पर पहुँचा, तो आग प्रचंड रूप धारण कर चुकी थी। झींगुर ने 'हाय-हाय' मचाना शुरू किया। गाँव के लोग दौड़ पड़े और खेतों से अरहर के पौधे उखाड़ कर आग को पीटने लगे। अग्नि-मानव-संग्राम का भीषण दृश्य उपस्थित हो गया। एक पहर तक हाहाकार मचा रहा। कभी एक प्रबल होता था, कभी दूसरा। अग्नि-पक्ष के योद्धा मर-मर कर जी उठते थे और द्विगुण शक्ति से, रणोन्मत्त हो कर शस्त्र-प्रहार करने लगते थे। मानव-पक्ष में जिस योद्धा की कीर्ति सबसे उज्ज्वल थी, वह बुद्धू था। बुद्धू कमर तक धोती चढ़ाये, प्राण हथेली पर लिये, अग्निराशि में कूद पड़ता था, और शत्रुओं को परास्त करके, बाल-बाल बच कर, निकल आता था। अन्त में मानव-दल की विजय हुई; किन्तु ऐसी विजय जिस पर हार भी हँसती। गाँव भर की ऊख जल कर भस्म हो गयी, और ऊख के साथ सारी अभिलाषाएँ भी भस्म हो गयीं।

3

आग किसने लगायी यह खुला हुआ भेद था; पर किसी को कहने का साहस न था। कोई सबूत नहीं। प्रमाणहीन तर्क का मूल्य ही क्या ? झींगुर को घर से निकलना मुश्किल हो गया। जिधर जाता, ताने सुनने पड़ते। लोक प्रत्यक्ष कहते थे—यह आग तुमने लगवायी। तुम्हीं ने हमारा सर्वनाश किया। तुम्हीं मारे घमंड के धरती पर पैर न रखते थे। आप-के-आप गये, अपने साथ गाँव-भर को डुबो दिया। बुद्धू को न छेड़ते तो आज क्यों यह दिन देखना पड़ता ? झींगुर को अपनी बरबादी का इतना दुःख न था, जितना इन जली-कटी बातों का ? दिन-भर घर में बैठा रहता। पूस का महीना आया। जहाँ सारी रात कोल्हू चला करते थे, गुड़ की सुगंध उड़ती रहती थी, भट्ठियाँ जलती रहती थीं और लोग भट्ठियों के सामने बैठे हुक्का पिया करते थे, वहाँ सन्नाटा छाया हुआ था। ठंड के मारे लोग साँझ ही से किवाड़ें बंद करके पड़ रहते और झींगुर को कोसते। माघ और भी कष्टदायक था। ऊख केवल धनदाता ही नहीं, किसानों का जीवनदाता भी है। उसी के सहारे किसानों का जाड़ा कटता है। गरम रस पीते हैं, ऊख की पत्तियाँ तापते हैं, उसके अगोड़े पशुओं को खिलाते हैं। गाँव के सारे कुत्ते जो रात को भट्ठियों की राख में सोया करते थे ठंड से मर गये। कितने ही जानवर चारे के अभाव से चल बसे। शीत का प्रकोप हुआ और सारा गाँव

खाँसी-बुखार में ग्रस्त हो गया। और यह सारी विपत्ति झींगुर की करनी थी–अभागे, हत्यारे झींगुर की !

झींगुर ने सोचते-सोचते निश्चय किया कि बुद्धू की दशा भी अपनी ही सी बनाऊँगा। उसके कारण मेरा सर्वनाश हो गया और चैन की बंशी बजा रहा है ! मैं भी उसका सर्वनाश करूँगा।

जिस दिन इस घातक कलह का बीजारोपण हुआ, उसी दिन से बुद्धू ने इधर आना छोड़ दिया था। झींगुर ने उससे रब्त-जब्त बढ़ाना शुरू किया। वह बुद्धू को दिखाना चाहता था कि तुम्हारे ऊपर मुझे बिलकुल सन्देह नहीं है। एक दिन कम्बल लेने के बहाने गया। फिर दूध लेने के बहाने गया। बुद्धू उसका खूब आदर-सत्कार करता। चिलम तो आदमी दुश्मन को भी पिला देता है, वह उसे बिना दूध और शरबत पिलाये न आने देता। झींगुर आजकल एक सन लपेटनेवाली कल में मजदूरी करने जाया करता था। बहुधा कई-कई दिनों की मजदूरी इकट्ठी मिलती थी। बुद्धू ही की तत्परता से झींगुर का रोजाना खर्च चलता था। अतएव झींगुर ने खूब रब्त-जब्त बढ़ा लिया। एक दिन बुद्धू ने पूछा–क्यों झींगुर, अगर अपनी ऊख जलानेवाले को पा जाओ, तो क्या करो ? सच कहना।

झींगुर ने गम्भीर भाव से कहा–मैं उससे कहूँ, भैया तुमने जो कुछ किया, बहुत अच्छा किया। मेरा घमंड तोड़ दिया; मुझे आदमी बना दिया।

बूद्धू–मैं जो तुम्हारी जगह होता, तो बिना उसका घर जलाये न मानता।

झींगुर–चार दिन की जिंदगानी में बैर-विरोध बढ़ाने से क्या फायदा है ? मैं तो बरबाद हुआ ही, अब उसे बरबाद करके क्या पाऊँगा ?

बुद्धू–बस, यही आदमी का धर्म है। पर भाई क्रोध के बस में हो कर बुद्धि उलटी हो जाती है।

4

फागुन का महीना था। किसान ऊख बोने के लिए खेतों को तैयार कर रहे थे। बुद्धू का बाजार गरम था। भेड़ों की लूट मची हुई थी। दो-चार आदमी नित्य द्वार पर खड़े खुशामदें किया करते। बुद्धू किसी से सीधे मुँह बात न करता। भेड़ रखने की फीस दूनी कर दी थी। अगर कोई एतराज करता तो बेलाग कहता–तो भैया, भेड़ें तुम्हारे गले तो नहीं लगाता हूँ। जी न चाहे, मत रखो। लेकिन मैंने जो कह दिया है, उससे एक कौड़ी भी कम नहीं हो सकती ! ग़रज थी, लोग इस रुखाई पर भी उसे घेरे ही रहते थे, मानो पंडे किसी यात्री के पीछे हों।

लक्ष्मी का आकार तो बहुत बड़ा नहीं, और वह भी समयानुसार छोटा-बड़ा होता रहता है। यहाँ तक कि कभी वह अपना विराट् आकार समेट कर उसे कागज़ के चंद अक्षरों में छिपा लेती है। कभी-कभी मनुष्य की जिह्वा पर जा बैठती है; आकार का लोप हो जाता है। किंतु उनके रहने को बहुत स्थान की जरूरत होती है। वह

आयी, और घर बढ़ने लगा। छोटे घर में उनसे नहीं रहा जाता। बुद्धू का घर भी बढ़ने लगा। द्वार पर बरामदा डाला गया, दो की जगह छः कोठरियाँ बनवायी गयीं। यों कहिए कि मकान नये सिरे से बनने लगा। किसी किसान से लकड़ी माँगी, किसी के खपरों का आँवा लगाने के लिए उपले, किसी से बाँस और किसी से सरकंडे। दीवार की उठवायी देनी पड़ी। वह भी नकद नहीं; भेड़ों के बच्चों के रूप में। लक्ष्मी का यह प्रताप है। सारा काम बेगार में हो गया। मुफ्त में अच्छा-खासा घर तैयार हो गया। गृह-प्रवेश के उत्सव की तैयारियाँ होने लगीं।

इधर झींगुर दिन-भर मजदूरी करता, तो कहीं आधा पेट अन्न मिलता। बुद्धू के घर कंचन बरस रहा था। झींगुर जलता था, तो क्या बुरा करता था ? यह अन्याय किससे सहा जायगा ?

एक दिन वह टहलता हुआ चमारों के टोले की तरफ चला गया। हरिहर को पुकारा। हरिहर ने आकर 'राम-राम' की, और चिलम भरी। दोनों पीने लगे। यह चमारों का मुखिया बड़ा दुष्ट आदमी था। सब किसान इससे थर-थर काँपते थे।

झींगुर ने चिलम पीते-पीते कहा—आजकल फाग-वाग नहीं होता क्या ? सुनायी नहीं देता।

हरिहर—फाग क्या हो, पेट के धंधे से छुट्टी ही नहीं मिलती। कहो, तुम्हारी आजकल कैसी निभती है ?

झींगुर—क्या निभती है। नकटा जिया बुरे हवाल ! दिन-भर कल में मजदूरी करते हैं, तो चूल्हा जलता है। चाँदी तो आजकल बुद्धू की है। रखने को ठौर नहीं मिलता। नया घर बना, भेड़ें और ली हैं ! अब गृहपरबेस की धूम है। सातों गाँव में सुपारी जायगी !

हरिहर—लच्छिमी मैया आती है, तो आदमी की आँखों में सील आ जाता है। पर उसको देखो, धरती पर पैर नहीं रखता। बोलता है, तो ऐंठ ही कर बोलता है।

झींगुर—क्यों न ऐंठे, इस गाँव में कौन है उसकी टक्कर का ! पर यार, यह अनीति तो नहीं देखी जाती। भगवान् दे, तो सिर झुका कर चलना चाहिए। यह नहीं कि अपने बराबर किसी को समझे ही नहीं। उसकी डींग सुनता हूँ, तो बदन में आग लग जाती है। कल का बानी आज का सेठ। चला है हमीं से अकड़ने। अभी कल लँगोटी लगाये खेतों में कौए हँकाया करता था आज उसका आसमान में दिया जलता है।

हरिहर—कहो, तो कुछ उतजोग करूँ ?

झींगुर—क्या करोगे ! इसी डर से तो वह गाय-भैंस नहीं पालता।

हरिहर—भेड़ें तो हैं।

झींगुर—क्या, बगला मारे पखना हाथ।

हरिहर—फिर तुम्हीं सोचो।

झींगुर—ऐसी जुगुत निकालो कि फिर पनपने न पावे।

इसके बाद फुस-फुस करके बातें होने लगीं। वह एक रहस्य है कि भलाइयों में जितना द्वेष होता है, बुराइयों में उतना ही प्रेम। विद्वान् विद्वान् को देख कर, साधु साधु को देख कर और कवि कवि को देख कर जलता है। एक दूसरे की सूरत नहीं देखना चाहता। पर जुआरी जुआरी को देख कर, शराबी शराबी को देख कर, चोर चोर को देख कर सहानुभूति दिखाता है, सहायता करता है। एक पंडितजी अगर अँधेरे में ठोकर खा कर गिर पड़ें, तो दूसरे पंडितजी उन्हें उठाने के बदले दो ठोकरें और लगायेंगे कि वह फिर उठ ही न सकें। पर एक चोर पर आफ़त आयी देख दूसरा चोर उसकी मदद करता है। बुराई से सब घृणा करते हैं, इसलिए बुरों में परस्पर प्रेम होता है। भलाई की सारा संसार प्रशंसा करता है, इसलिए भलों से विरोध होता है। चोर को मार कर चोर क्या पायेगा ? घृणा। विद्वान् का अपमान करके विद्वान् क्या पायेगा ? यश।

झींगुर और हरिहर ने सलाह कर ली। षड्यंत्र रचने की विधि सोची गयी। उसका स्वरूप, समय और क्रम ठीक किया गया। झींगुर चला, तो अकड़ा जाता था। मार लिया दुश्मन को, अब कहाँ जाता है !

दूसरे दिन झींगुर काम पर जाने लगा, तो पहले बुद्धू के घर पहुँचा। बुद्धू ने पूछा—क्यों, आज नहीं गये क्या ?

झींगुर—जा तो रहा हूँ। तुमसे यही कहने आया था कि मेरी बछिया को अपनी भेड़ों के साथ क्यों नहीं चरा दिया करते। बेचारी खूँटे से बँधी-बँधी मरी जाती है। न घास, न चारा, क्या खिलायें ?

बुद्धू—भैया, मैं गाय-भैंस नहीं रखता। चमारों को जानते हो, एक ही हत्यारे होते हैं। इसी हरिहर ने मेरी दो गउएँ मार डालीं। न जाने क्या खिला देता है। तब से कान पकड़े कि अब गाय-भैंस न पालूँगा। लेकिन तुम्हारी एक ही बछिया है, उसका कोई क्या करेगा। जब चाहो, पहुँचा दो।

यह कह कर बुद्धू अपने गृहोत्सव का सामान उसे दिखाने लगे। घी, शक्कर, मैदा, तरकारी सब मँगा रखा था। केवल सत्यनारायण की कथा की देर थी। झींगुर की आँखें ख़ुल गयीं। ऐसी तैयारी न उसने स्वयं कभी की थी और न किसी को करते देखी थी। मजदूरी करके घर लौटा, तो सबसे पहला काम जो उसने किया वह अपनी बछिया को बुद्धू के घर पहुँचाया था। उसी रात को बुद्धू के यहाँ सत्यनारायण की कथा हुई। ब्रह्मभोज भी किया गया। सारी रात विप्रों का आगत-स्वागत करते गुजरी। भेड़ों के झुंड में जाने का अवकाश ही न मिला। प्रातःकाल भोजन करके उठा ही था (क्योंकि रात का भोजन सबेरे मिला) कि एक आदमी ने आ कर खबर दी—बुद्धू, तुम यहाँ बैठे हो, उधर भेड़ों में बछिया मरी पड़ी है ! भले आदमी, उसकी पगहिया भी नहीं खोली थी !

बुद्धू ने सुना, और मानो ठोकर लग गयी। झींगुर भी भोजन करके वहीं बैठा था। बोला—हाय-हाय, मेरी बछिया ! चलो, जरा देखूँ तो। मैंने तो पगहिया नहीं लगायी थी। उसे भेड़ों में पहुँचा कर अपने घर चला गया। तुमने यह पगहिया कब लगा दी ?

बुद्धू–भगवान् जाने जो मैंने उसकी पगहिया देखी भी हो। मैं तो तब से भेड़ों में गया ही नहीं।

झींगुर–जाते न तो पगहिया कौन लगा देता ? गये होगे, याद न आती होगी।

एक ब्राह्मण–मरी तो भेड़ों में ही न ? दुनिया तो यही कहेगी कि बुद्धू की असावधानी से उसकी मृत्यु हुई, पगहिया किसी की हो।

हरिहर–मैंने कल साँझ को इन्हें भेड़ों में बछिया को बाँधते देखा था।

बुद्धू–मुझे ?

हरिहर–तुम नहीं लाठी कंधे पर रखे बछिया को बाँध रहे थे ?

बुद्धू–बड़ा सच्चा है तू ! तूने मुझे बछिया को बाँधते देखा था ?

हरिहर–तो मुझ पर काहे बिगड़ते हो भाई ? तुमने नहीं बाँधी, नहीं सही।

ब्राह्मण–इसका निश्चय करना होगा। गोहत्या का प्रायश्चित करना पड़ेगा। कुछ हँसी ठट्ठा है।

झींगुर–महाराज, कुछ जान-बूझ कर तो बाँधी नहीं।

ब्राह्मण–इससे क्या होता है ? हत्या इसी तरह लगती है; कोई गऊ को मारने नहीं जाता।

झींगुर–हाँ, गऊओं को खोलना-बाँधना है तो जोखिम का काम।

ब्राह्मण–शास्त्रों में इसे महापाप कहा है। गऊ की हत्या ब्राह्मण की हत्या से कम नहीं।

झींगुर–हाँ, फिर गऊ तो ठहरी ही। इसी से न इनका मान होता है। जो माता, सो गऊ। लेकिन महाराज, चूक हो गयी। कुछ ऐसा कीजिए कि थोड़े में बेचारा निपट जाय?

बुद्धू खड़ा सुन रहा था कि अनायास मेरे सिर हत्या मढ़ी जा रही है। झींगुर की कूटनीति भी समझ रहा था। मैं लाख कहूँ, मैंने बछिया नहीं बाँधी, मानेगा कौन ? लोग यही कहेंगे कि प्रायश्चित से बचने के लिए ऐसा कह रहा है।

ब्राह्मण देवता का भी उसका प्रायश्चित कराने में कल्याण होता था। भला ऐसे अवसर पर कब चूकने वाले थे। फल यह हुआ कि बुद्धू को हत्या लग गयी। ब्राह्मण भी उससे जले हुए थे। कसर निकालने की घात मिली। तीन मास का भिक्षा दंड दिया, फिर सात तीर्थस्थानों की यात्रा; उस पर 500 विप्रों का भोजन और 5 गउओं का दान। बुद्धू ने सुना, तो बधिया बैठ गयी। रोने लगा, तो डंड घटा कर दो मास कर दिया। इसके सिवा कोई रियायत नहीं हो सकी। न कहीं अपील, न कहीं फ़रियाद ! बेचारे को यह दंड स्वीकार करना पड़ा।

बूद्धू ने भेड़ें ईश्वर को सौंपी। लड़के छोटे थे। स्त्री अकेली क्या-क्या करती। ग़रीब जा कर द्वारों पर खड़ा होता और मुँह छिपाये हुए कहता–गाय की बाछी दिया बनवास। भिक्षा तो मिल जाती, किंतु भिक्षा के साथ दो-चार कठोर अपमानजनक शब्द भी सुनने पड़ते। दिन को जो-कुछ पाता, वही शाम को किसी पेड़ के नीचे बना कर

खा लेता और वहीं पड़ रहता। कष्ट की तो उसे परवा न थी, भेड़ों के साथ दिन-भर चलता ही था, पेड़ के नीचे सोता ही था, भोजन भी इससे कुछ ही अच्छा मिलता था पर लज्जा थी भिक्षा माँगने की। विशेष करके जब कोई कर्कशा यह व्यंग्य कर देती थी कि रोटी कमाने का अच्छा ढंग निकाला है, तो उसे हार्दिक वेदना होती थी। पर करे क्या ?

दो महीने के बाद वह घर लौटा। बाल बढ़े हुए थे। दुर्बल इतना, मानो 60 वर्ष का बूढ़ा हो। तीर्थयात्रा के लिए रुपयों का प्रबन्ध करना था, गडरियों को कौन महाजन कर्ज़ दे ! भेड़ों का भरोसा क्या ? कभी-कभी रोग फैलता है, तो रात भर में दल-का-दल साफ़ हो जाता है। उस पर जेठ का महीना, जब भेड़ों से कोई आदमनी होने की आशा नहीं। एक तेली राजी भी हुआ, तो दो रुपये ब्याज पर। आठ महीने में ब्याज मूल के बराबर हो जायगा। यहाँ कर्ज़ लेने की हिम्मत न पड़ी। इधर दो महीनों में कितनी ही भेड़ें चोरी चली गयी थीं। लड़के चराने ले जाते थे। दूसरे गाँव वाले चुपके से एक-दो भेड़ें किसी खेत या घर में छिपा देते और पीछे मार कर खा जाते। लड़के बेचारे एक तो पकड़ न सकते, और जो देख भी लेते तो लड़े क्योंकर। सारा गाँव एक हो जाता। एक महीने में तो भेड़ें आधी भी न रहेंगी। बड़ी विकट समस्या थी। विवश हो कर बुद्धू ने एक बूचड़ को बुलाया और सब भेड़ें उसके हाथ बेच डालीं। 500 रु. हाथ लगे। उसमें से 200 रु. ले कर तीर्थयात्रा करने गया। शेष रुपये ब्रह्मभोज आदि के लिए छोड़ गया।

बुद्धू के जाने पर उसके घर में दो बार सेंध लगी। पर यह कुशल हुई कि जगहट हो जाने के कारण रुपये बच गये।

5

सावन का महीना था। चारों ओर हरियाली छायी हुई थी। झींगुर के बैल न थे। खेत बटाई पर दे दिये थे। बुद्धू प्रायश्चित से निवृत्त हो गया था और उसके साथ ही माया के फन्दे से भी। न झींगुर के पास कुछ था, न बुद्धू के पास। कौन किससे जलता और किस लिए जलता ?

सन की कल बन्द हो जाने के कारण झींगुर अब बेलदारी का काम करता था। शहर में एक विशाल धर्मशाला बन रही थी। हजारों मजदूर काम करते थे। झींगुर भी उन्हीं में था। सातवें दिन मजदूरी के पैसे ले कर घर आता था और रात-भर रह कर सबेरे फिर चला जाता था।

बुद्धू भी मजदूरी की टोह में यहीं पहुँचा। जमादार ने देखा दुर्बल आदमी है, कठिन काम तो इससे हो न सकेगा, कारीगरों को गारा देने के लिए रख लिया। बुद्धू सिर पर तसला रखे गारा लेने गया, तो झींगुर को देखा। 'राम-राम' हुई, झींगुर ने गारा भर दिया, बुद्धू उठा लाया। दिन-भर दोनों चुपचाप अपना-अपना काम करते रहे।

संध्या समय झींगुर ने पूछा—कुछ बनाओगे न ?

बुद्धू—नहीं तो खाऊँगा क्या ?

झींगुर—मैं तो एक जून चबेना कर लेता हूँ। इस जून सत्तू पर काट देता हूँ। कौन झंझट करे।

बुद्धू—इधर-उधर लकड़ियाँ पड़ी हुई हैं बटोर लाओ। आटा मैं घर से लेता आया हूँ। घर ही पिसवा लिया था। यहाँ तो बड़ा महँगा मिलता है। इसी पत्थर की चट्टान् पर आटा गूँधे लेता हूँ। तुम तो मेरा बनाया खाओगे नहीं, इसलिए तुम्हीं रोटियाँ सेंको, मैं बना दूँगा।

झींगुर—तवा भी तो नहीं है ?

बुद्धू—तवे बहुत हैं। यही गारे का तसला माँजे लेता हूँ।

आग जली, आटा गूँथा गया। झींगुर ने कच्ची-पक्की रोटियाँ बनायीं। बुद्धू पानी लाया। दोनों ने लाल मिर्च और नमक से रोटियाँ खायीं। फिर चिलम भरी गयी। दोनों आदमी पत्थर की सिलों पर लेटे, और चिलम पीने लगे।

बुद्धू ने कहा—तुम्हारी ऊख में आग मैंने लगायी थी।

झींगुर ने विनोद के भाव से कहा—जानता हूँ।

थोड़ी देर बाद झींगुर बोला—बछिया मैंने ही बाँधी थी और हरिहर ने उसे कुछ खिला दिया था।

बुद्धू ने भी वैसे ही भाव से कहा—जानता हूँ।

फिर दोनों सो गये।

डिक्री के रुपये

नईम और कैलास में इतनी शारीरिक, मानसिक, नैतिक और सामाजिक अभिन्नता थी, जितनी दो प्राणियों में हो सकती है। नईम दीर्घकाय विशाल वृक्ष था, कैलास बाग का कोमल पौधा; नईम को क्रिकेट और फुटबाल, सैर और शिकार का व्यसन था, कैलास को पुस्तकावलोकन का; नईम एक विनोदशील, वाक्चतुर, निर्द्वन्द्व, हास्यप्रिय, विलासी युवक था; उसे कल की चिंता कभी न सताती थी। विद्यालय उसके लिए क्रीड़ा का स्थान था; और कभी-कभी बेंच पर खड़े होने का। इसके प्रतिकूल कैलास एक एकांतप्रिय, आलसी, व्यायाम से कोसों भागनेवाला, आमोद-प्रमोद से दूर रहनेवाला, चिंताशील, आदर्शवादी जीव था। वह भविष्य की कल्पनाओं से विकल रहता था। नईम एक सुखसम्पन्न, उच्च पदाधिकारी पिता का एकमात्र पुत्र था। कैलास एक साधारण व्यवसायी के कई पुत्रों में से एक। उसे पुस्तकों के लिए काफ़ी धन न मिलता था, माँग-जाँच कर काम निकाला करता था। एक के लिए जीवन आनंद का स्वप्न था, और दूसरे के लिए विपत्तियों का बोझ। पर इतनी विषमताओं के होते हुए भी उन दोनों में घनिष्ट मैत्री और निःस्वार्थ विशुद्ध प्रेम था। कैलास

मर जाता, पर नईम का अनुग्रह-पात्र न बनता; और नईम मर जाता, पर कैलास से बेअदबी न करता। नईम की खातिर से कैलास कभी-कभी स्वच्छ निर्मल वायु का सुख उठा लिया करता। कैलास की खातिर से नईम भी कभी-कभी भविष्य के स्वप्न देख लिया करता था। नईम के लिए राज्यपद का द्वार खुला हुआ था, भविष्य कोई अपार सागर न था। कैलास को अपने हाथों कुआँ खोद कर पानी पीना था; भविष्य एक भीषण संग्राम था, जिसके स्मरणमात्र से उसका चित्त अशांत हो उठता था।

2

कालेज से निकलने के बाद नईम को शासन विभाग में एक उच्च पद प्राप्त हो गया; यद्यपि वह तीसरी श्रेणी में पास हुआ था। कैलास प्रथम श्रेणी में पास हुआ था; किंतु उसे बरसों एड़ियाँ रगड़ने, खाक छानने और कुएँ झाँकने पर भी कोई काम न मिला। यहाँ तक कि विवश हो कर उसे अपनी कलम का आश्रय लेना पड़ा। उसने एक समाचार-पत्र निकाला। एक ने राज्याधिकार का रास्ता लिया, जिसका लक्ष्य धन था और दूसरे ने सेवा-मार्ग का सहारा लिया जिसका परिणाम ख्याति और कष्ट और कभी-कभी कारागार होता है। नईम को उसके दफ़्तर के बाहर कोई न जानता था, किन्तु वह बँगले में रहता, हवा-गाड़ी पर हवा खाता, थिएटर देखता और गर्मियों में नैनीताल की सैर करता था। कैलास को सारा संसार जानता था, पर उसके रहने का मकान कच्चा था, सवारी के लिए अपने पाँव। बच्चों के लिए दूध भी मुश्किल से मिलता। साग-भाजी में काट-कपट करना पड़ता था। नईम के लिए सबसे बड़े सौभाग्य की बात यह थी कि उसके केवल एक पुत्र था; पर कैलास के लिए सबसे बड़ी दुर्भाग्य की बात उसकी संतान-वृद्धि थी, जो उसे पनपने न देती थी। दोनों मित्रों में पत्र-व्यवहार होता रहता था। कभी-कभी दोनों में मुलाकत भी हो जाती थी। नईम कहता था—यार, तुम्हीं मज़े में हो देश और जाति की कुछ सेवा तो कर रहे हो। यहाँ तो पेट-पूजा के सिवा और किसी काम के न हुए। पर यह 'पेट-पूजा' उसने कई दिनों की कठिन तपस्या से हृदयंगम कर पायी थी, और उसके प्रयोग के लिए अवसर ढूँढ़ता रहता था।

कैलास खूब समझता था कि यह केवल नईम की विनयशीलता है। यह मेरी कुदशा से दुःखी हो कर मुझे इस उपाय से सांत्वना देना चाहता है। इसलिए यह अपनी वास्तविक स्थिति को उससे छिपाने का विफल प्रयत्न किया करता था।

विष्णुपुर की रियासत में हाहाकार मचा हुआ था। रियासत का मैनेजर अपने बँगले में, ठीक दोपहर के समय सैकड़ों आदमियों के सामने क़त्ल कर दिया गया था। यद्यपि खूनी भाग गया था, पर अधिकारियों को संदेह था कि कुँवर साहब की दुष्प्रेरणा से ही यह हत्याभिनय हुआ है। कुँवर साहब अभी बालिग न हुए थे। रियासत का प्रबंध कोर्ट आफ़ वार्ड द्वारा होता था। मैनेजर पर कुँवर साहब की देख-रेख का भार भी था। विलासप्रिय कुँवर को मैनेजर का हस्तक्षेप बहुत ही बुरा मालूम होता था। दोनों में बरसों से मनमुटाव था। यहाँ तक कि कई बार प्रत्यक्ष कटु वाक्यों की नौबत भी आ पहुँची

थी। अतएव कुँवर साहब पर संदेह होना स्वाभाविक ही था। इस घटना का अनुसंधान करने के लिये जिले के हाकिम ने मिरज़ा नईम को नियुक्त किया। किसी पुलिस कर्मचारी द्वारा तहक़ीकात कराने में कुँवर साहब के अपमान का भय था।

नईम को अपने भाग्य निर्माण का स्वर्ण सुयोग प्राप्त हुआ। वह न त्यागी था, न ज्ञानी। सभी उसके चरित्र की दुर्बलता से परिचित थे, अगर कोई न जानता था, तो हुक्काम लोग। कुँवर साहब ने मुँहमाँगी मुराद पायी। नईम जब विष्णुपुर पहुँचा, तो उसका असामान्य आदर-सत्कार हुआ। भेंटें चढ़ने लगीं; अरदली के चपरासी, पेशकार, साईस, बाबरची, खिदमतगार, सभी के मुँह तर और मुट्ठियाँ गरम होने लगीं। कुँवर साहब के हवाली-मवाली रात-दिन घेरे रहते, मानो दामाद ससुराल आया हो।

एक दिन प्रातःकाल कुँवर साहब की माता आ कर नईम के सामने अपना हाथ बाँध कर खड़ी हो गयीं। नईम लेटा हुआ हुक्का पी रहा था। तप, संयम और वैधव्य की यह तेजस्वी प्रतिमा देख कर उठ बैठा।

रानी उसकी ओर वात्सल्यपूर्ण लोचनों से देखती हुई बोलीं—हुजूर; मेरे बेटे का जीवन आपके हाथ में है। आप ही उसके भाग्यविधाता हैं। आपकी उसी माता की सौगंध है, जिसके आप सुयोग्य पुत्र हैं; मेरे लाल की रक्षा कीजिएगा। मैं तन, मन, धन आपके चरणों पर अर्पण करती हूँ।

स्वार्थ ने दया के संयोग से नईम को पूर्ण रीति से वशीभूत कर लिया।

3

उन्हीं दिनों कैलास नईम से मिलने आया। दोनों मित्र बड़े तपाक से गले मिले। नईम ने बातों-बातों में यह सम्पूर्ण वृत्तांत कह सुनाया, और कैलास पर अपने कृत्य का औचित्य सिद्ध करना चाहा।

कैलास ने कहा—मेरे विचार में पाप सदैव पाप है, चाहे वह किसी आवरण में मंडित हो।

नईम—और मेरा विचार है कि अगर गुनाह से किसी की जान बचती हो, तो वह ऐन सबाब है। कुँवर साहब अभी नौजवान आदमी हैं। बहुत ही होनहार, बुद्धिमान, उदार और सहृदय हैं। आप उनसे मिलें, तो खुश हो जायँ। उनका स्वभाव अत्यन्त विनम्र है। मैनेजर, जो यथार्थ में दुष्ट प्रकृति का मनुष्य था, बरबस कुँवर साहब को दिक़ किया करता था। यहाँ तक कि एक मोटर कार के लिए रुपये न स्वीकार किये, न सिफ़ारिश की। मैं यह नहीं कहता कि कुँवर साहब का यह कार्य स्तुत्य है, लेकिन बहस यह है कि उनको अपराधी सिद्ध करके उन्हें कालेपानी की हवा खिलाई जाय, या निरपराध सिद्ध करके उनकी प्राण-रक्षा की जाय। और भाई, तुमसे तो कोई परदा नहीं है, पूरे 20 हजार रु. की थैली है। बस, मुझे अपनी रिपोर्ट में यह लिख देना होगा कि व्यक्तिगत वैमनस्य के कारण यह दुर्घटना हुई है, राजा साहब का इससे कोई सम्पर्क नहीं। जो शहादतें मिल सकीं; उन्हें मैंने ग़ायब कर दिया। मुझे इस कार्य के लिए

नियुक्त करने में अधिकारियों की एक मसलहत थी। कुँवर साहब हिन्दू हैं इसलिए किसी हिन्दू कर्मचारी को नियुक्त न करके जिलाधीश ने यह भार मेरे सिर रखा। यह साम्प्रदायिक विरोध मुझे निस्पृह सिद्ध करने के लिए काफ़ी है। मैंने दो-चार अवसरों पर कुछ तो हुक्काम की प्रेरणा से और कुछ स्वेच्छा से मुसलमानों के साथ पक्षपात किया, जिससे यह मशहूर हो गया है कि मैं हिंदुओं का कट्टर दुश्मन हूँ। हिंदू लोग तो मुझे पक्षपात का पुतला समझते हैं। यह भ्रम मुझे आक्षेपों से बचाने के लिए काफ़ी है। बताओं तक़दीरवर हूँ कि नहीं ?

कैलास–अगर कहीं बात खुल गयी तो ?

नईम–तो यह मेरी समझ का फेर, मेरे अनुसंधान का दोष, मानव प्रकृति के एक अटल नियम का उज्ज्वल उदाहरण होगा। मैं कोई सर्वज्ञ तो हूँ नहीं। मेरी नीयत पर आँच न आने पायेगी। मुझ पर रिश्वत लेने का संदेह न हो सकेगा। आप इससे व्यावहारिक कोण पर न जाइए, केवल इसके नैतिक कोण पर निग़ाह रखिए। यह कार्य नीति के अनुकूल है या नहीं ? आध्यात्मिक सिद्धान्तों को न खींच लाइएगा, केवल नीति के सिद्धांतों से इसकी विवेचना कीजिए।

कैलास–इसका एक अनिवार्य फल यह होगा कि दूसरे रईसों को भी ऐसे दुष्कृत्यों की उत्तेजना मिलेगी। धन से बड़े-से-बड़े पापों पर परदा पड़ सकता है, इस विचार के फैलने का फल कितना भयंकर होगा, इसका आप स्वयं अनुमान कर सकते हैं।

नईम–जी नहीं, मैं यह अनुमान नहीं कर सकता। रिश्वत अब भी 90 फ़ीसदी अभियोगों पर परदा डालती है। फिर भी पाप का भय प्रत्येक हृदय में है।

दोनों मित्रों में देर तक इस विषय पर तर्क-वितर्क होता रहा, लेकिन कैलास का न्याय-विचार नईम के हास्य और व्यंग्य से पेश न पा सका।

4

विष्णुपुर के हत्याकांड पर समाचार-पत्रों में आलोचना होने लगी। सभी पत्र एक स्वर से रायसाहब को ही लांछित करते और गवर्नमेंट को राजा साहब से अनुचित पक्षपात करने का दोष लगाते थे; लेकिन इसके साथ यह भी लिख देते थे कि अभी यह अभियोग विचाराधीन है, इसलिए इस पर टीका नहीं की जा सकती।

मिरज़ा नईम ने अपनी खोज को सत्य का रूप देने के लिए पूरा एक महीना व्यतीत किया। जब उनकी रिपोर्ट प्रकाशित हुई, तो राजनीति क्षेत्र में विप्लव मच गया। जनता के संदेह की पुष्टि हो गयी।

कैलास के सामने अब एक जटिल समस्या उपस्थित हुई। अभी तक उसने इस विषय पर एकमात्र मौन धारण कर रखा था। वह यह निश्चय न कर सकता था कि क्या लिखूँ ? गवर्नमेंट का पक्ष लेना अपनी अंतरात्मा को पददलित करना था, आत्मस्वातंत्र्य का बलिदान करना था। पर मौन रहना और भी अपमानजनक था। अंत

में जब सहयोगियों में दो-चार ने उसके ऊपर सांकेतिक रूप से आक्षेप करना शुरू किया कि उनका मौन निरर्थक नहीं है, तब उसके लिए तटस्थ रहना असह्य हो गया। उसके वैयक्तिक तथा जातीय कर्तव्य में घोर संग्राम होने लगा। उस मैत्री, को जिसके अंकुर पचीस वर्ष पहले हृदय में अंकुरित हुए थे, और अब जो एक सघन, विशाल वृक्ष का रूप धारण कर चुकी थी, हृदय से निकलना, हृदय को चीरना था। वह मित्र, जो उसके दुःख में दुःखी और सुख में सुखी होता था, जिसका हृदय नित्य उसकी सहायता के लिए तत्पर रहता था, जिसके घर में जा कर वह अपनी चिंताओं को भूल जाता था, जिसके दर्शनमात्र ही से उसे आश्वासन, दृढ़ता तथा मनोबल प्राप्त होता था, उसी मित्र की जड़ खोदनी पड़ेगी ! वह बुरी सायत थी, जब मैंने सम्पादकीय क्षेत्र में पदार्पण किया, नहीं तो आज इस धर्म-संकट में क्यों पड़ता ? कितना घोर विश्वासघात होगा। विश्वास मैत्री का मुख्य अंग है। नईम ने मुझे अपना विश्वासपात्र बनाया है, मुझसे कभी परदा नहीं रखा। उसके उन गुप्त रहस्यों को प्रकाश में लाना उसके प्रति घोर अन्याय होगा ! नहीं मैं मैत्री को कलंकित न करूँगा, उसकी निर्मल कीर्ति पर धब्बा न लगाऊँगा, मैत्री पर वज्रघात न करूँगा। ईश्वर वह दिन न लाये कि मेरे हाथों नईम का अहित हो। मुझे पूर्ण विश्वास है कि यदि मुझ पर कोई संकट पड़े, तो नईम मेरे लिए प्राण तक दे देने को तैयार हो जायगा, उसी मित्र को मैं संसार के सामने अपमानित करूँ, उसकी गरदन पर कुठार चलाऊँ। भगवान् मुझे वह दिन न दिखाना !

लेकिन जातीय कर्तव्य का पक्ष भी निरस्त्र न था। पत्र का सम्पादक परम्परागत नियमों के अनुसार जाति का सेवक है। वह जो कुछ देखता है, जाति की विराट् दृष्टि से देखता है। वह जो कुछ विचार करता है उस पर भी जातीयता की छाप लगी होती है। नित्य जाति के विस्तृत विचार-क्षेत्र में विचरण करते रहने से व्यक्ति का महत्त्व दृष्टि में अत्यन्त संकीर्ण हो जाता है; वह व्यक्ति को क्षुद्र, तुच्छ, नगण्य कहने लगता है। व्यक्ति को जाति पर बलि देना उसकी नीति का प्रथम अंग है। यहाँ तक कि बहुधा अपने स्वार्थ को भी जाति पर वार देता है। उसके जीवन का लक्ष्य महान् आत्माओं का अनुगामी होता है जिन्होंने राष्ट्रों का निर्माण किया है; उनकी कीर्ति अमर हो गयी है, जो दलित राष्ट्रों की उद्धारक हो गयी है। यह यथाशक्ति कोई काम ऐसा नहीं कर सकता, जिससे उसके पूर्वजों की उज्ज्वल विरदावली में कालिमा लगने का भय हो। कैलास राजनीतिक क्षेत्र में बहुत कुछ यश और गौरव प्राप्त कर चुका था। उसकी सम्मति आदर की दृष्टि से देखी जाती थी; उसके निर्भीक विचारों ने, उसकी निष्पक्ष टीकाओं ने उसे सम्पादक-मंडली का प्रमुख नेता बना दिया था। अतएव इस अवसर पर मैत्री का निर्वाह केवल उसकी नीति और आदर्श ही के विरुद्ध नहीं, उसके मनोगत भावों के भी विरुद्ध था। इसमें उसका अपमान था, आत्मपतन था, भीरुता थी। यह कर्तव्यपथ से विमुख होना और राजनीतिक क्षेत्र में सदैव के लिए बहिष्कृत हो जाना था। एक व्यक्ति की, चाहे वह मेरा कितना ही आत्मीय क्यों न हो, राष्ट्र के सामने क्या हस्ती है ! नईम के बनने या बिगड़ने से राष्ट्र पर कोई असर न पड़ेगा। लेकिन

शासन की निरंकुशता और अत्याचार पर परदा डालना राष्ट्र के लिए भयंकर सिद्ध हो सकता है। उसे इसकी परवा न थी कि मेरी आलोचना का प्रत्यक्ष कोई असर होगा या नहीं। सम्पादक की दृष्टि में अपनी सम्मति सिंहनाद के समान प्रतीत होती है कि मेरी लेखनी शासन को कम्पायमान कर देगी, विश्व को हिला देगी। शायद सारा संसार मेरी कलम की सरसराहट से थर्रा उठेगा, मेरे विचार प्रकट होते ही युगांतर उपस्थित कर देंगे। नईम मेरा मित्र है, किन्तु राष्ट्र मेरा इष्ट है। मित्र के पद की रक्षा के लिए क्या अपने इष्ट पर प्राण-घातक आघात करूँ ?

कई दिनों तक कैलास के व्यक्तिगत और सम्पादक के कर्तव्यों में संघर्ष होता रहा। अन्त को जाति ने व्यक्ति को परास्त कर दिया। उसने निश्चय किया कि मैं इस रहस्य का यथार्थ स्वरूप दिखा दूँगा; शासन के अनुत्तरदायित्व को जनता के सामने खोल कर रख दूँगा; शासन-विभाग के कर्मचारियों की स्वार्थ-लोलुपता का नमूना दिखा दूँ; दुनिया को दिखा दूँगा कि सरकार किनकी आँखों से देखती है, किनके कानों से सुनती है। उसकी अक्षमता, उसकी अयोग्यता और उसकी दुर्बलता को प्रमाणित करने का इससे बढ़ कर और कौन-सा उदाहरण मिल सकता है ? नईम मेरा मित्र है, तो हो, जाति के सामने वह कोई चीज नहीं है। उसकी हानि के भय से मैं राष्ट्रीय कर्तव्य से क्यों मुँह फेरूँ, अपनी आत्मा को क्यों दूषित करूँ, अपनी स्वाधीनता को क्यों कलंकित करूँ ? आह प्राणों से प्रिय नईम ! मुझे क्षमा करना, आज तुम जैसे मित्ररत्न को मैं अपने कर्तव्य की वेदी पर बलि चढ़ाता हूँ। मगर तुम्हारी जगह अगर मेरा पुत्र होता, तो उसे भी इसी कर्तव्य की बलिवेदी पर भेंट कर देता।

दूसरे दिन कैलास ने इस घटना की मीमांसा शुरू की। जो कुछ उसने नईम से सुना था, वह सब एक लेखमाला के रूप में प्रकाशित करने लगा। घर का भेदी लंका ढाहे ! अन्य सम्पादकों को जहाँ अनुमान, तर्क और युक्ति के आधार पर अपना मत स्थिर करना पड़ता था और इसलिए वे कितनी ही अनर्गल, अपवादपूर्ण बातें लिख डालते थे, वहाँ कैलास की टिप्पणियाँ प्रत्यक्ष प्रमाणों से युक्त होती थीं। वह पते-पते की बातें कहता था और उस निर्भीकता के साथ, जो दिव्य अनुभव का निर्देश करती थीं। उसके लेखों में विस्तार कम, पर सार अधिक होता था। उसने नईम को भी न छोड़ा, उसकी स्वार्थ-लिप्सा का खूब खाका उड़ाया। यहाँ तक कि वह धन की संख्या भी लिख दी जो इस कुत्सित व्यापार पर परदा डालने के लिए उसे दी गयी थी। सबसे मजे की बात यह थी कि उसने नईम से एक राष्ट्रीय गुप्तचर की मुलाकात का भी उल्लेख किया, जिसने नईम को रुपये लेते हुए देखा था। अंत में गवर्नमेंट को भी चैलेंज दिया कि जो उसमें साहस हो, तो मेरे प्रमाणों को झूठा साबित कर दे। इतना ही नहीं, उसने वह वार्तालाप भी अक्षरशः प्रकाशित कर दिया जो उसके और नईम के बीच हुआ था। रानी का नईम के पास आना, उसके पैरों पर गिरना, कुँवर साहब का नईम के पास नाना प्रकार के तोहफे ले कर आना, इन सभी प्रसंगों ने उसके लेखों में एक जासूसी उपन्यास का मजा पैदा कर दिया।

इन लेखों ने राजनीतिक क्षेत्र में हलचल मचा दी। पत्र सम्पादकों को अधिकारियों पर निशाने लगाने के ऐसे अवसर बड़े सौभाग्य से मिलते हैं। जगह-जगह शासन की इस करतूत की निंदा करने के लिए सभाएँ होने लगीं। कई सदस्यों ने व्यवस्थापक-सभा में इस विषय पर प्रश्न करने की घोषणा की। शासकों को कभी ऐसी मुँह की न खानी पड़ी थी। आखिर उन्हें अपनी मान-रक्षा के लिए इसके सिवा और कोई उपाय न सूझा कि वे मिरज़ा नईम को कैलास पर मानहानि का अभियोग चलाने के लिए विवश करें।

5

कैलास पर इस्तग़ासा दायर हुआ। मिरज़ा नईम की ओर से सरकार पैरवी करती थी। कैलास स्वयं अपनी पैरवी कर रहा था। न्याय के प्रमुख संरक्षकों (वकील-बैरिस्टरों) ने किसी अज्ञात कारण से उसकी पैरवी करना अस्वीकार किया। न्यायाधीश को हार कर कैलास को, कानून की सनद न रखते हुए भी, अपने मुकदमे की पैरवी करने की आज्ञा देनी पड़ी। महीनों अभियोग चलता रहा। जनता में सनसनी फैल गयी। रोज़ हज़ारों आदमी अदालत में एकत्र होते थे। बाजारों में अभियोग की रिपोर्ट पढ़ने के लिए समाचार-पत्रों की लूट होती थी। चतुर पाठक पढ़े हुए पत्रों से घड़ी रात जाते-जाते दुगने पैसे खड़े कर लेते थे; क्योंकि उस समय तक पत्र-विक्रेताओं के पास कोई पत्र न बचने पाता था। जिन बातों का ज्ञान पहले गिने-गिनाये पत्र-ग्राहकों का था, उन पर अब जनता की टिप्पणियाँ होने लगीं। नईम की मिट्टी कभी इतनी खराब न हुई थी; गली-गली, घर-घर उसी की चर्चा थी। जनता का क्रोध उसी पर केन्द्रित हो गया था। वह दिन भी स्मरणीय रहेगा जब दोनों सच्चे, एक-दूसरे पर प्राण देनेवाले मित्र अदालत में आमने-सामने खड़े हुए और कैलास ने मिरज़ा नईम से जिरह करनी शुरू की। कैलास को ऐसा मानसिक कष्ट हो रहा था, मानो वह नईम की गरदन पर तलवार चलाने जा रहा है। और नईम के लिए तो अग्नि-परीक्षा थी। दोनों के मुख उदास थे; एक का आत्मग्लानि से, दूसरे का भय से। नईम प्रसन्न बनने की चेष्टा करता था, कभी-कभी सूखी हँसी भी हँसता था, लेकिन कैलास–आह, उस ग़रीब के दिल पर जो गुजर रही थी, उसे कौन जान सकता है !

कैलास ने पूछा–आप और मैं साथ पढ़ते थे, इसे आप स्वीकार करते हैं ?

नईम–अवश्य स्वीकार करता हूँ।

कैलास–हम दोनों में इतनी घनिष्ठता थी कि हम आपस में कोई परदा न रखते थे, इसे आप स्वीकार करते हैं ?

नईम–अवश्य स्वीकार करता हूँ।

कैलास–क्या उस समय आपने मुझसे यह नहीं कहा था कि कुँवर साहब की प्रेरणा से यह हत्या हुई है ?

नईम–कदापि नहीं।

कैलास–आपके मुख से ये शब्द नहीं निकले थे कि बीस हजार रु. की थैली

है ?

नईम जरा भी न झिझका, जरा भी संकुचित न हुआ। उसकी जबान में लेशमात्र भी लुक़नत न हुई, वाणी में ज़रा भी थरथराहट न आयी। उसके मुख पर अशांति, अस्थिरता या असमंजस का कोई भी चिह्न न दिखाई दिया। वह अविचल खड़ा रहा। कैलास ने बहुत डरते-डरते यह प्रश्न किया था। उसको भय था कि नईम इसका कुछ जवाब न दे सकेगा। कदाचित रोने लगेगा। लेकिन नईम ने निश्शंक भाव से कहा—सम्भव है, आपने स्वप्न में मुझसे ये बातें सुनी हों।

कैलास एक क्षण के लिए दंग हो गया। फिर उसने विस्मय से नईम की ओर नजर डाल कर पूछा—क्या आपने यह नहीं फरमाया कि मैंने दो-चार अवसरों पर मुसलमानों के साथ पक्षपात किया है और इसलिए मुझे हिन्दू-विरोधी समझ कर इस अनुसंधान का भार सौंपा गया है।

नईम जरा भी न झिझका। अविचल, स्थिर और शांत भाव से बोला—आपकी कल्पना-शक्ति वास्तव में आश्चर्यजनक है। बरसों तक आपके साथ रहने पर भी मुझे यह विदित नहीं हुआ था कि आप में घटनाओं का आविष्कार करने की ऐसी चमत्कारपूर्ण शक्ति है।

कैलास ने और कोई प्रश्न नहीं किया। उसे अपने पराभव का दुःख न था, दुःख था नईम की आत्मा के पतन का। वह कल्पना भी न कर सकता था कि कोई मनुष्य अपने मुँह से निकली हुई बात को इतनी ढिठाई से अस्वीकार कर सकता है; और वह भी उस आदमी के मुँह पर, जिससे वह बात कही गयी हो। यह मानवी दुर्बलता की पराकाष्ठा है। वह नईम, जिसका अंदर और बाहर एक था, जिसके विचार और व्यवहार में भेद न था, जिसकी वाणी आंतरिक भावों का दर्पण थी, वह नईम, वह सरल, आत्माभिमानी, सत्यभक्त नईम, इतना धूर्त, ऐसा मक्कार हो सकता है ! क्या दासता के साँचे में ढल कर मनुष्य अपने मनुष्यत्व खो बैठता है ? क्या यह दिव्य गुणों के रूपांतर करने का यंत्र है।

अदालत ने नईम को 20 हजार रुपयों की डिक्री दे दी। कैलास पर वज्रपात हो गया।

6

इस निश्चय पर राजनीतिक संसार में फिर कुहराम मचा। सरकारी पक्ष के पत्रों ने कैलास को धूर्त कहा; जन-पक्षवालों ने नईम को शैतान बताया। नईम के दुस्साहस ने न्याय की दृष्टि में चाहे उसे निरपराध सिद्ध कर दिया हो पर जनता की दृष्टि में तो उसे और भी गिरा दिया। कैलास के पास सहानुभूति के पत्र और तार आने लगे। पत्रों में उसकी निर्भीकता और सत्यनिष्ठा की प्रशंसा होने लगी। जगह-जगह सभाएँ और जलसे हुए, और न्यायालय के निश्चय पर असंतोष प्रकट किया गया; किंतु सूखे बादलों से पृथ्वी की तृप्ति तो नहीं होती ? रुपये कहाँ से आवें और वह भी एकदम से 20

हजार ! आदर्शपालन का यही मूल्य है, राष्ट्र-सेवा महँगा सौदा है। 20 हजार ! इतने रुपये तो कैलाश ने शायद स्वप्न में भी न देखे हों और जब देने पड़ेंगे ! कहाँ से देगा ? इतने रुपयों के सूद से ही वह जीविका की चिन्ता से मुक्त हो सकता था। उसे अपने पत्र में अपनी विपत्ति का रोना रो कर चंदा एकत्र करने से घृणा थी। मैंने अपने ग्राहकों की अनुमति ले कर इस शेर से मोरचा नहीं लिया था। मैनेजर की वकालत करने के लिए किसी ने मेरी गरदन नहीं दबायी थी। मैंने अपना कर्तव्य समझ कर ही शासकों को चुनौती दी। जिस काम के लिए मैं अकेला जिम्मेदार हूँ, उसका भार अपने ग्राहकों पर क्यों डालूँ। यह अन्याय है। सम्भव है, जनता में आंदोलन करने से दो-चार हजार रुपये हाथ आ जायँ; लेकिन यह सम्पादकीय आदर्श के विरुद्ध है। इससे मेरी शान में बट्टा लगता है। दूसरों को यह कहने का अवसर दूँ कि और के मत्थे फुलौड़ियाँ खायीं, तो क्या बड़ा जग जीत लिया ! सब जानते कि अपने बल-बूते पर गरजते ! निर्भीक आलोचना का सेहरा तो मेरे सिर बँधा, उसका मूल्य दूसरों से क्यों वसूल करूँ ? मेरा पत्र बंद हो जाय, मैं पकड़ कर कैद किया जाऊँ, मेरा मकान कुर्क कर लिया जाय, बरतन-भाँडे नीलाम हो जायँ, यह सब मुझे मंजूर है। जो कुछ रिर पड़ेगी भुगत लूँगा, पर किसी के सामने हाथ न फैलाऊँगा।

सूर्योदय का समय था। पूर्व दिशा में प्रकाश की छटा ऐसे दौड़ी चली आती थी, जैसे आँख से आँसुओं की धारा। ठंडी हवा कलेजे पर यों लगती थी, जैसे किसी के करुणा-क्रंदन की ध्वनि। सामने का मैदान दुःखी हृदय की भाँति ज्योति के बाणों से बिंध रहा था। घर में वह निस्तब्धता छायी थी, जो गृह-स्वामी के गुप्त रोदन की सूचना देती है। न बालकों का शोरगुल और न माता की शान्तिप्रसारिणि शब्द-ताड़ना। जब दीपक बुझ रहा हो, तो घर में प्रकाश कहाँ से आये ? यह आशा का प्रभाव नहीं, शोक का प्रभाव था; क्योंकि आज ही कुर्क-जमीन कैलास की सम्पत्ति को नीलाम करने के लिए आनेवाला था।

उसने अंतर्वेदना से विकल हो कर कहा—आह ! आज मेरे सार्वजनिक जीवन का अन्त हो जायगा। जिस भवन का निर्माण करने में अपने जीवन के 25 वर्ष लगा दिये वह आज नष्ट-भ्रष्ट हो जायगा। पत्र की गरदन पर छुरी फिर जायगी, मेरे पैरों में उपहास और अपमान की बेड़ियाँ पड़ जायँगी, मुख में कालिम लग जायगी, यह शांति-कुटीर उजड़ जायगी, यह शोकाकुल परिवार किसी मुरझाये हुए फूल की पँखड़ियों की भाँति बिखर जायगा। संसार में उसके लिए कहीं आश्रय नहीं है। जनता की स्मृति चिरस्थायी नहीं होती; अल्पकाल में मेरी सेवाएँ विस्मृति के अंधकार में लीन हो जायँगी। किसी को मेरी सुध भी न रहेगी, कोई मेरी विपत्ति पर आँसू बहानेवाला भी न होगा।

सहसा उसे याद आया कि आज के लिए अभी अग्रलेख लिखना है। आज अपने सुहृद् पाठकों को सूचना दूँ कि यह इस पत्र के जीवन का अंतिम दिवस है, उसे फिर आपकी सेवा में पहुँचने का सौभाग्य न प्राप्त होगा। हमसे अनेक भूल हुई होंगी, आज हम उनके लिए आपसे क्षमा माँगते हैं। आपने हमारे प्रति जो सहवेदना और सुहृदयता

प्रकट की है, उसके लिए हम सदैव आपके कृतज्ञ रहेंगे। हमें किसी से कोई शिकायत नहीं है। हमें इस अकाल मृत्यु का दुःख नहीं है; क्योंकि वह सौभाग्य उन्हीं को प्राप्त होता है, जो अपने कर्तव्यपथ पर अविचल रहते हैं। दुःख यही है कि हम जाति के लिए इससे अधिक बलिदान करने में समर्थ न हुए। इस लेख को आदि से अन्त तक सोच कर वह कुर्सी से उठा ही था कि किसी के पैरों की आहट मालूम हुई। गरदन उठा कर देखा, तो मिरज़ा नईम था। वही हँसमुख चेहरा, वही मृदु मुस्कान, वही क्रीड़ामय नेत्र। आते ही कैलास के गले से लिपट गया।

कैलास ने गरदन छुड़ाते हुए कहा—क्या मेरे घाव पर नमक छिड़कने, मेरी लाश को ठुकराने आये हो ?

नईम ने उसकी गरदन को और जोर से दबा कर कहा—और क्या, मुहब्बत के यही तो मजे हैं !

कैलास—मुझसे दिल्लगी न करो। भरा बैठा हूँ, मार बैठूँगा।

नईम की आँखें सजल हो गयीं। बोला—आह जालिम; मैं तेरी जबान से यही कटु वाक्य सुनने के लिए तो विकल हो रहा था। जितना चाहे कोसो, खूब गालियाँ दो, मुझे इसमें मधुर संगीत का आनंद आ रहा है।

कैलास—और, अभी जब अदालत का कुर्क-अमीन मेरा घर-बार नीलाम करने आयेगा, तो क्या होगा ? बोलो, अपनी जान बचा कर तो अलग हो गये !

नईम—हम दोनों मिल कर खूब तालियाँ बजायेंगे, और उसे बंदर की तरह नचायेंगे ?

कैलास—तुम अब पिटोगे मेरे हाथों से जालिम, तुझे मेरे बच्चों पर भी दया न आयी ?

नईम—तुम भी चले मुझी से जोर आजमाने। कोई समय था, जब बाजी तुम्हारे हाथ रहती थी। अब मेरी बारी है। तुमने मौका-महल तो देखा नहीं, मुझ पर पिल पड़े।

कैलास—सरासर सत्य की उपेक्षा करना मेरे सिद्धांत के विरुद्ध था।

नईम—और सत्य का गला घोंटना मेरे सिद्धांत के अनुकूल।

कैलास—अभी एक पूरा परिवार तुम्हारे गले मढ़ दूँगा, तो अपनी किस्मत को रोओगे। देखने में तुम्हारा आधा भी नहीं हूँ; लेकिन संतानोत्पत्ति में तुम जैसे तीन पर भारी हूँ। पूरे सात हैं, कम न वेश !

नईम—अच्छा लाओ, कुछ खिलाते-पिलाते हो या तकदीर का मरसिया ही गाये जाओगे ? तुम्हारे सिर की कसम बहुत भूखा हूँ। घर से बिना खाये ही चल पड़ा।

कैलास—यहाँ आज सोलहो दंड एकादशी। सब-के-सब शोक में बैठे उसी अदालत के जल्लाद की राह देख रहे हैं। खाने-पीने का क्या जिक्र ? तुम्हारी बेग में कुछ हो, तो निकालो; आज साथ बैठ कर खा लें, फिर तो जिंदगी भर का रोना है ही।

नईम—फिर तो ऐसी शरारत न करोगे ?

कैलास—वाह, यह तो अपने रोम-रोम में व्याप्त हो गयी है। जब तक सरकार

पशुबल से हमारे ऊपर शासन करती रहेगी, हम उसका विरोध करते रहेंगे। खेद यही है कि अब मुझे इसका अवसर ही न मिलेगा। किंतु तुम्हें 20,000 रु. में से 20 रु. भी न मिलेंगे। यहाँ रद्दियों के ढेर के सिवा और कुछ नहीं है।

नईम–अजी, मैं तुमसे 20 हजार रुपये की जगह उसका पँचगुना वसूल कर लूँगा। तुम हो किस फेर में ?

कैलास–मुँह धो रखिए !

नईम–मुझे रुपयों की जरूरत है। आओ कोई समझौता कर लो।

कैलास–कुँवर साहब के 20 हजार रुपये डकार गये, फिर भी अभी संतोष नहीं हुआ ! सरकारी कर्मचारियों द्वारा मामला करने में और भी जेरबारी होगी।

कैलास–अरे तो क्या मामला कर लूँ ? यहाँ कागजों के सिवा और कुछ हो भी तो!

नईम–मेरा ऋण चुकाने-भर को बहुत है। अच्छा, इसी बात पर समझौता कर लो कि मैं जो चीज चाहूँ, ले लूँ। फिर रोना मत।

कैलास–अजी, तुम सारा दफ्तर सिर पर उठा ले जाओ, घर उठा ले जाओ, मुझे पकड़ ले जाओ, और मीठे टुकड़े खिलाओ। कसम ले लो, जो ज़रा भी चूँ करूँ।

नईम–नहीं, मैं सिर्फ एक चीज़ चाहता हूँ, सिर्फ एक चीज़ !

कैलास के कौतूहल की कोई सीमा न रही। सोचने लगा, मेरे पास ऐसी कौन-सी बहुमूल्य वस्तु है ? कहीं मुझसे मुसलमान होने को तो न कहेगा। यही एक धर्म एक चीज़ है, जिसका मूल्य एक से ले कर असंख्य तक रखा जा सकता है। जरा देखूँ तो हजरत क्या कहते हैं ?

उसने पूछा–क्या चीज़ ?

नईम–मिसेज कैलास से एक मिनट तक एकांत में बातचीत करने की आज्ञा।

कैलास ने नईम के सिर पर एक चपत जमा कर कहा–फिर वही शरारत ! सैकड़ों बार तो देख चुके हो, ऐसी कौन-सी इंद्र की अप्सरा है !

नईम–वह कुछ भी हो, मामला करते हो, तो करो; मगर याद रखना, एकांत की शर्त।

कैलास–मंजूर है। फिर जो डिक्री के रुपये माँगे गये, तो नोंच ही खाऊँगा।

नईम–हाँ, मंजूर है।

कैलास–(धीरे से) मगर यार, नाजुक-मिजाज स्त्री है, कोई बेहूदा मजाक न कर बैठना।

नईम–जी, इन बातों में मुझे आपके उपदेश की जरूरत नहीं। मुझे उनके कमरे मे ले तो चलिए !

कैलास–सिर नीचे किये रहना।

नईम–अजी, आँखों में पट्टी बाँध दो।

कैलास के घर में परदा न था। उमा चिंता-मग्न बैठी हुई थी। सहसा नईम और

कैलास को देख कर चौंक पड़ी। बोली, आइए मिरज़ाजी। अब की तो बहुत दिनों में याद किया।

कैलास नईम को वहीं छोड़ कर कमरे से बाहर निकल आया; लेकिन परदे की आड़ से छिप कर देखने लगा कि इनमें क्या बातें होती हैं। उसे कुछ बुरा खयाल न था, केवल कौतूहल था।

नईम—हम सरकारी आदमियों को इतनी फुरसत कहाँ ? डिक्री के रुपये वसूल करने थे, इसीलिए चला आया हूँ।

उमा कहाँ तो मुस्करा रही थी, कहाँ रुपये का नाम सुनते ही उसका चेहरा फ़क हो गया। गम्भीर स्वर में बोली—हम लोग स्वयं इसी चिंता में पड़े हुए हैं। कहीं रुपये मिलने की आशा नहीं है; और उन्हें जनता से अपील करते संकोच होता है।

नईम—अजी, आप कहती क्या हैं ? मैंने सब रुपये पाई-पाई वसूल कर लिये।

उमा ने चकित हो कर कहा—सच ! उनके पास रुपये कहाँ थे ?

नईम—उनकी हमेशा से यही आदत है। आपसे कह रखा होगा, मेरे पास कौड़ी नहीं है। लेकिन मैंने चुटकियों में वसूल कर लिया ! आप उठिए, खाने का इंतजाम कीजिए।

उमा—रुपये भला क्या दिये होंगे। मुझे एतबार नहीं आता।

नईम—आप सरल हैं और वह एक ही काइयाँ। उसे तो मैं ही खूब जानता हूँ। अपनी दरिद्रता के दुखड़े गा-गा कर आपको चकमा दिया करता होगा।

कैलास मुस्कराते हुए कमरे में आये और बोले—अच्छा, अब निकलिए बाहर ! यहाँ भी अपनी शैतानी से बाज न आये ?

नईम—रुपये की रसीद तो लिख दूँ ?

उमा—तुमने रुपये दे दिये ? कहाँ मिले ?

कैलास—फिर कभी बतला दूँगा। उठिए हजरत !

उमा—बताते क्यों नहीं, कहाँ मिले ? मिरज़ा जी से कौन परदा है ?

कैलास—नईम, तुम उमा के सामने मेरी तौहीन करना चाहते हो ?

नईम—तुमने सारी दुनिया के सामने मेरी तौहीन नहीं की ?

कैलास—तुम्हारी तौहीन की, तो उसके लिए 20 हजार रुपये नहीं देने पड़े।

नईम—मैं भी उसी टकसाल के रुपये दे दूँगा। उमा, मैं रुपये पा गया। इन बेचारे का परदा ढका रहने दो।

शतरंज के खिलाड़ी

वाजिदअली शाह का समय था। लखनऊ विलासिता के रंग में डूबा हुआ था। छोटे-बड़े, ग़रीब-अमीर सभी विलासिता में डूबे हुए थे। कोई नृत्य और गान की मजलिस सजाता

था, तो कोई अफ़ीम की पीनक ही में मजे लेता था। जीवन के प्रत्येक विभाग में आमोद-प्रमोद का प्राधान्य था। शासन-विभाग मे, साहित्य-क्षेत्र में, सामाजिक अवस्था में, कला-कौशल में, उद्योग-धंधों में, आहार-व्यवहार में सर्वत्र विलासिता व्याप्त हो रही थी। राजकर्मचारी विषय-वासना में, कविगण प्रेम और विरह के वर्णन में, कारीगर कलाबत्तू और चिकन बनाने में, व्यवसायी सुरमे, इत्र, मिस्सी और उबटन का रोजगार करने में लिप्त थे। सभी की आँखों में विलासिता का मद छाया हुआ था। संसार में क्या हो रहा है, इसकी किसी को खबर न थी। बटेर लड़ रहे हैं। तीतरों की लड़ाई के लिए पाली बदी जा रही है। कहीं चौसर बिछी हुई है; पौ-बारह का शोर मचा हुआ है। कही शतरंज का घोर संग्राम छिड़ा हुआ है। राजा से ले कर रंक तक इसी धुन में मस्त थे। यहाँ तक कि फकीरों को पैसे मिलते तो वे रोटियाँ न ले कर अफ़ीम खाते या मदक पीते। शतरंज, ताश, गंजीफ़ा खेलने से बुद्धि तीव्र होती है, विचार-शक्ति का विकास होता है, पेचीदा मसलों को सुलझाने की आदत पड़ती थी। ये दलीलें जोरों के साथ पेश की जाती थीं (इस सम्प्रदाय के लोगों से दुनिया अब भी खाली नहीं है)। इसलिए अगर मिरज़ा सज्जाद अली और मीर रौशनअली अपना अधिकांश समय बुद्धि तीव्र करने में व्यतीत करते थे, तो किसी विचारशील पुरुष को क्या आपत्ति हो सकती थी ? दोनों के पास मौरूसी जागीरें थीं; जीविका की कोई चिंता न थी; घर में बैठे चखौतियाँ करते थे। आखिर और करते ही क्या ? प्रातःकाल दोनों मित्र नाश्ता करके बिसात बिछा कर बैठ जाते, मुहरे सज जाते, और लड़ाई के दाव-पेंच होने लगते। फिर खबर न होती थी कि कब दोपहर हुई, कब तीसरा पहर, कब शाम ! घर के भीतर से बार-बार बुलावा आता कि खाना तैयार है। यहाँ से जवाब मिलता–चलो, आते हैं, दस्तरख्वान बिछाओ। यहाँ तक कि बावरची विवश हो कि कमरे ही में खाना रख जाता था, और दोनों मित्र दोनों काम साथ-साथ करते थे। मिरज़ा सज्जाद अली के घर में कोई बड़ा-बूढ़ा न था, इसलिए उन्हीं के दीवानखाने में बाजियाँ होती थीं। मगर यह बात न थी मिरज़ा के घर के और लोग उनसे इस व्यवहार से खुश हों। घरवालों का तो कहना ही क्या, मुहल्लेवाले, घर के नौकर-चाकर तक नित्य द्वेषपूर्ण टिप्पणियाँ किया करते थे–बड़ा मनहूस खेल है। घर को तबाह कर देता है। खुदा न करे, किसी को इसकी चाट पड़े, आदमी दीन-दुनिया किसी के काम का नहीं रहता, न घर का, न घाट का। बुरा रोग है। यहाँ तक कि मिरज़ा की बेगम साहबा को इससे इतना द्वेष था कि अवसर खोज-खोज कर पति को लताड़ती थीं। पर उन्हें इसका अवसर मुश्किल से मिलता था। वह सोती रहती थीं, तब तक बाज़ी बिछ जाती थी। और रात को जब सो जाती थीं, तब कही मिरज़ा जी घर में आते थे। हाँ, नौकरों पर वह अपना गुस्सा उतारती रहती थीं–क्या पान माँगे हैं ? कह दो, आ कर ले जायँ। खाने की फुरसत नहीं है ? ले जा कर खाना सिर पर पटक दो, खायँ चाहे कुत्ते को खिलायें। पर रूबरू वह भी कुछ न कह सकती थीं। उनको अपने पति से उतना मलाल न था, जितना मीर साहब से। उन्होंने उनका, नाम मीर बिगाड़ू रख छोड़ा था। शायद मिरज़ा जी अपनी सफाई देने

के लिए सारा इलजाम मीर साहब ही के सर थोप देते थे।

एक दिन बेगम साहबा के सिर में दर्द होने लगा। उन्होंने लौंडी से कहा—जा कर मिरज़ा साहब को बुला लो। किसी हकीम के यहाँ से दवा लायें। दौड़, जल्दी कर। लौंडी गयी तो मिरज़ा जी ने कहा—चल, अभी आते हैं। बेगम साहबा का मिजाज गरम था। इतनी ताब कहाँ कि उनके सिर में दर्द हो और पति शतरंज खेलता रहे। चेहरा सुर्ख हो गया। लौंडी से कहा—जा कर कह, अभी चलिए, नहीं तो वह आप ही हकीम के यहाँ चली जायेंगी। मिरज़ाजी बड़ी दिलचस्प बाजी खेल रहे थे, दो ही किस्तों में मीर साहब की मात हुई जाती थी। झुँझला कर बोले—क्या ऐसा दम लबों पर है ? ज़रा सब्र नहीं होता ?

मीर—अरे, तो जा कर सुन ही आइए न। औरतें नाजुक-मिजाज होती ही हैं।

मिरज़ा—जी हाँ, चला क्यों न जाऊँ ! दो किस्तों में आपकी मात होती है।

मीर—जनाब, इस भरोसे न रहिएगा। वह चाल सोची है कि आपके मुहरे धरे रहें और मात हो जाय। पर जाइए, सुन आइए। क्यों खामख्वाह उनका दिल दुखाइएगा ?

मिरज़ा—इसी बात पर मात ही करके जाऊँगा।

मीर—मैं खेलूँगा ही नहीं। आप जा कर सुन आइए।

मिरज़ा—अरे यार, जाना पड़ेगा हकीम के यहाँ। सिर-दर्द खाक नहीं है, मुझे परेशान करने का बहाना है।

मीर—कुछ भी हो, उनकी खातिर तो करनी ही पड़ेगी।

मिरज़ा—अच्छा, एक चाल और चल लूँ।

मीर—हरगिज़ नहीं, जब तक आप सुन न आयेंगे, मैं मुहरे में हाथ ही न लगाऊँगा।

मिरज़ा साहब मजबूर हो कर अंदर गये तो बेगम साहबा ने त्योरियाँ बदल कर, लेकिन कराहते हुए कहा—तुम्हें निगोड़ी शतरंज इतनी प्यारी है। चाहे कोई मर ही जाय, पर उठने का नाम नहीं लेते ! नौज, कोई तुम-जैसा आदमी हो !

मिरज़ा—क्या कहूँ मीर साहबा मानते ही न थे। बड़ी मुश्किल से पीछा छुड़ा कर आया हूँ।

बेगम—क्या जैसे वह खुद निखट्टू हैं, वैसे ही सबको समझते हैं। उनके भी तो बाल-बच्चे हैं; या सबका सफ़ाया कर डाला ?

मिरज़ा—बड़ा लती आदमी है। जब आ जाता है, तब मजबूर हो कर मुझे भी खेलना पड़ता है।

बेगम—दुत्कार क्यों नहीं देते ?

मिरज़ा—बराबर के आदमी हैं; उम्र में, दर्जे में मुझसे दो अंगुल ऊँचे। मुलाहिज़ा करना ही पड़ता है।

बेगम—तो मैं ही दुत्कारे देती हूँ। नाराज हो जायँगे, हो जायँ। कौन किसी की रोटियाँ चला देता है। रानी रूठेंगी, अपना सुहाग लेंगी। हरिया; जा बाहर से शतरंज

उठा ला। मीर साहब से कहना, मियाँ अब न खेलेंगे; आप तशरीफ़ ले जाइए।

मिरज़ा–हाँ-हाँ, कहीं ऐसा गज़ब भी न करना ! ज़लील करना चाहती हो क्या ? ठहर हरिया, कहाँ जाती है।

बेगम–जाने क्यों नहीं देते ? मेरा ही खून पिये, जो उसे रोके। अच्छा, उसे रोका, मुझे रोको, तो जानूँ ?

यह कह कर बेगम साहबा झल्लाई हुई दीवानखाने की तरफ चली। मिरज़ा बेचारे का रंग उड़ गया। बीबी की मिन्नतें करने लगे–खुदा के लिए, तुम्हें हजरत हुसेन की कसम है। मेरी ही मैयत देखे, जो उधर जाय। लेकिन बेगम ने एक न मानी। दीवानखाने के द्वार तक गयीं, पर एकाएक पर-पुरुष के सामने जाते हुए पाँव बँध-से गये। भीतर झाँका, संयोग से कमरा खाली था। मीर साहब ने दो-एक मुहरे इधर-उधर कर दिये थे, और अपनी सफाई जताने के लिए बाहर टहल रहे थे। फिर क्या था, बेगम ने अंदर पहुँच कर बाजी उलट दी, मुहरे कुछ तख्त के नीचे फेंक दिये, कुछ बाहर और किवाड़ अंदर से बंद करके कुंडी लगा दी। मीर साहब दरवाज़े पर तो थे ही, मुहरे बाहर फेंके जाते देखे, चूड़ियों की झनक भी कान में पड़ीं। फिर दरवाजा बंद हुआ, तो समझ गये, बेगम साहबा बिगड़ गयीं। चुपके से घर की राह ली।

मिरज़ा ने कहा–तुमने ग़जब किया।

बेगम–अब मीर साहब इधर आये, तो खड़े-खड़े निकलवा दूँगी। इतनी लौ खुदा से लगाते, तो वली हो जाते ! आप तो शतरंज खेलें, और मैं यहाँ चूल्हे-चक्की की फिक्र में सिर खपाऊँ ! जाते हो हकीम साहब के यहाँ कि अब भी ताम्मुल है।

मिरज़ा घर से निकले, तो हकीम के घर जाने के बदले मीर साहब के घर पहुँचे और सारा वृत्तांत कहा। मीर साहब बोले–मैंने तो जब मुहरे बाहर आते देखे, तभी ताड़ गया। फौरन भागा। बड़ी गुस्सेवर मालूम होती हैं। मगर आपने उन्हें यों सिर चढ़ा रखा है, यह मुनासिब नहीं। उन्हें इससे क्या मतलब कि आप बाहर क्या करते हैं। घर का इंतजाम करना उनका काम है; दूसरी बातों से उन्हें क्या सरोकार ?

मिरज़ा–खैर, यह तो बताइए, अब कहाँ जमाव होगा ?

मीर–इसका क्या ग़म है। इतना बड़ा घर पड़ा हुआ है। बस यहीं जमे।

मिरज़ा–लेकिन बेगम साहबा को कैसे मनाऊँगा ? घर पर बैठा रहता था, तब तो वह इतना बिगड़ती थीं; यहाँ बैठक होगी, तो शायद जिंदा न छोड़ेंगी।

मीर–अजी बकने भी दीजिए, दो-चार रोज में आप ही ठीक हो जायेंगी। हाँ, आप इतना कीजिए कि आज से ज़रा तन जाइए।

2

मीर साहब की बेगम किसी अज्ञात कारण से मीर साहब का घर से दूर रहना ही उपयुक्त समझती थीं। इसलिए वह उनके शतरंज-प्रेम की कभी आलोचना न करती थीं; बल्कि कभी-कभी मीर साहब को देर हो जाती, तो याद दिला देती थीं। इन कारणों से मीर

साहब को भ्रम हो गया था कि मेरी स्त्री अत्यन्त विनयशील और गंभीर है। लेकिन जब दीवानखाने में बिसात बिछने लगी, और मीर साहब दिन-भर घर में रहने लगे, तो बेगम साहबा को बड़ा कष्ट होने लगा। उनकी स्वाधीनता में बाधा पड़ गयी। दिन-भर दरवाजे पर झाँकने को तरस जातीं।

उधर नौकरों में भी कानाफूसी होने लगी। अब तक दिन-भर पड़े-पड़े मक्खियाँ मारा करते थे। घर में कोई आये, कोई जाये, उनसे कुछ मतलब न था। अब आठों पहर की धौंस हो गयी। पान लाने का हुक्म होता, कभी मिठाई का। और हुक्का तो किसी प्रेमी के हृदय की भाँति नित्य जलता ही रहता था। वे बेगम साहबा से जा-जा कर कहते—हुजूर, मियाँ की शतरंज तो हमारे जी का जंजाल हो गयी। दिन-भर दौड़ते-दौड़ते पैरों में छाले पड़ गये। यह भी कोई खेल कि सुबह को बैठे तो शाम कर दी। घड़ी आध घड़ी दिल-बहलाव के लिए खेल खेलना बहुत है। खैर, हमें तो कोई शिकायत नहीं; हुजूर के गुलाम हैं, जो हुक्म होगा, बज़ा ही लायेंगे; मगर यह खेल मनहूस है। इसका खेलनेवाला कभी पनपता नहीं; घर पर कोई न कोई आफ़त जरूर आती है। यहाँ तक कि एक के पीछे महल्ले-के-महल्ले तबाह होते देखे गये हैं। सारे महल्ले में यही चरचा रहती है। हुजूर का नमक खाते हैं, अपने आक़ा की बुराई सुन-सुन कर रंज होता है ? मगर क्या करें ? इस पर बेगम साहबा कहती हैं—मैं तो खुद इसको पसंद नहीं करती। पर वह किसी की सुनते ही नहीं, क्या किया जाय।

मुहल्ले में भी जो दो-चार पुराने जमाने के लोग थे, आपस में भाँति-भाँति की अमंगल कल्पनाएँ करने लगे—अब खैरियत नहीं। जब हमारे रईसों का यह हाल है, तो मुल्क का खुदा ही हाफ़िज है। यह बादशाहत शतरंज के हाथों तबाह होगी। आसार बुरे हैं।

राज्य में हाहाकार मचा हुआ था। प्रजा दिन-दहाड़े लूटी जाती थी। कोई फ़रियाद सुननेवाला न था। देहातों की सारी दौलत लखनऊ में खिंची आती थी और वह वेश्याओं में, भाँडों में और विलासिता के अन्य अंगों की पूर्ति में उड़ जाती थी। अंग्रेज कम्पनी का ऋण दिन-दिन बढ़ता जाता था। कमली दिन-दिन भीग कर भारी होती जाती थी। देश में सुव्यवस्था न होने के कारण वार्षिक कर भी वसूल न होता था। रेजीडेंट बार-बार चेतावनी देता था, पर यहाँ तो लोग विलासिता के नशे में चूर थे, किसी के कानों पर जूँ न रेंगती थी।

खैर मीर साहब के दीवानखाने में शतरंज होते कई महीने गुजर गये। नये-नये नक्शे हल किये जाते; नये-नये किले बनाये जाते; नित्य नयी व्यूह-रचना होती; कभी-कभी खेलते-खेलते झौड़ हो जाती; तू-तू मैं-मैं तक की नौबत आ जाती; पर शीघ्र ही दोनों मित्रों में मेल हो जाता। कभी-कभी ऐसा भी होता कि बाजी उठा दी जाती; मिरज़ा जी रूठ कर अपने घर चले जाते। मीर साहब अपने घर में जा बैठते। पर रात भर की निद्रा के साथ सारा मनोमालिन्य शांत हो जाता था। प्रातःकाल दोनों मित्र दीवानखाने में आ पहुँचते थे।

एक दिन दोनों मित्र बैठे हुए शतरंज की दल-दल में गोते खा रहे थे कि इतने में घोड़े पर सवार एक बादशाही फ़ौज का अफसर मीर साहब का नाम पूछता हुआ आ पहुँचा। मीर साहब के होश उड़ गये। यह क्या बला सिर पर आयी ! यह तलबी किस लिए हुई है ? अब खैरियत नहीं नजर आती। घर के दरवाजे बंद कर लिये। नौकरों से बोले–कह दो, घर में नहीं हैं।

सवार–घर में नहीं, तो कहाँ हैं ?

नौकर–यह मैं नहीं जानता। क्या काम है ?

सवार–काम तुझे क्या बताऊँगा ? हुजूर में तलबी है। शायद फौज के लिए कुछ सिपाही माँगे गये हैं। जागीरदार हैं कि दिल्लगी ! मोरचे पर जाना पड़ेगा, तो आटे-दाल का भाव मालूम हो जायगा !

नौकर–अच्छा, तो जाइए, कह दिया जायगा ?

सवार–कहने की बात नहीं है। मैं कल खुद आऊँगा, साथ ले जाने का हुक्म हुआ है।

सवार चला गया। मीर साहब की आत्मा काँप उठी। मिरज़ा जी से बोले–कहिए जनाब, अब क्या होगा ?

मिरज़ा–बड़ी मुसीबत है। कहीं मेरी तलबी भी न हो।

मीर–कम्बख्त कल फिर आने को कह गया है।

मिरज़ा–आफ़त है, और क्या। कहीं मोरचे पर जाना पड़ा, तो बेमौत मरे।

मीर–बस, यही एक तदबीर है कि घर पर मिलो ही नहीं। कल से गोमती पर कहीं वीराने में नख्शा जमे। वहाँ किसे खबर होगी। हजरत आ कर आप लौट जायँगे।

मिरज़ा–वल्लाह, आपको खूब सूझी ! इसके सिवाय और कोई तदबीर ही नहीं है।

इधर मीर साहब की बेगम उस सवार से कह रही थी, तुमने खूब धता बताया।

उसने जवाब दिया–ऐसे गावदियों को तो चुटकियों पर नचाता हूँ। इनकी सारी अक्ल और हिम्मत तो शतरंज ने चर ली। अब भूल कर भी घर पर न रहेंगे।

3

दूसरे दिन से दोनों मित्र मुँह अँधेरे घर से निकल खड़े होते। बगल में एक छोटी-सी दरी दबाये, डिब्बे में गिलौरियाँ भरे, गोमती पार की एक पुरानी वीरान मसजिद में चले जाते, जिसे शायद नवाब आसफ़उद्दौला ने बनवाया था। रास्ते में तम्बाकू, चिलम और मदरिया ले लेते, और मसज़िद में पहुँच, दरी बिछा, हुक्का भर कर शतरंज खेलने बैठ जाते थे। फिर उन्हें दीन-दुनिया की फ़िक्र न रहती थी। किश्त, शह आदि दो-एक शब्दों के सिवा उनके मुँह से और कोई वाक्य नहीं निकलता था। कोई योगी भी समाधि में इतना एकाग्र न होता होगा। दोपहर को जब भूख मालूम होती तो दोनों मित्र किसी नानबाई की दूकान पर जा कर खाना खाते, और एक चिलम हुक्का पी कर फिर

संग्राम-क्षेत्र में डट जाते। कभी-कभी तो उन्हें भोजन का भी ख्याल न रहता था।

इधर देश की राजनीतिक दशा भयंकर होती जा रही थी। कम्पनी की फ़ौजें लखनऊ की तरफ़ बढ़ी चली आती थीं। शहर में हलचल मची हुई थी। लोग बाल-बच्चों को ले कर देहातों में भाग रहे थे। पर हमारे दोनों खिलाड़ियों को इनकी ज़रा भी फ़िक्र न थी। वे घर से आते तो गलियों में हो कर। डर था कि कहीं किसी बादशाही मुलाजिम की निगाह न पड़ जाय, जो बेकार में पकड़ जायँ। हजारों रुपये सालाना की जागीर मुफ्त ही हजम करना चाहते थे।

एक दिन दोनों मित्र मसज़िद के खंडहर में बैठे हुए शतरंज खेल रहे थे। मिरज़ा की बाजी कुछ कमजोर थी। मीर साहब उन्हें किश्त-पर-किश्त दे रहे थे। इतने में कम्पनी के सैनिक आते हुए दिखायी दिये। वह गोरों की फ़ौज थी, जो लखनऊ पर अधिकार जमाने के लिए आ रही थी।

मीर साहब बोले–अंग्रेजी फ़ौज आ रही है; खुदा खैर करे।

मिरज़ा–आने दीजिए, किश्त बचाइए। यह किश्त।

मीर–जरा देखना चाहिए, यहीं आड़ में खड़े हो जायँ !

मिरज़ा–देख लीजिएगा, जल्दी क्या है, फिर किश्त !

मीर–तोपखाना भी है। कोई पाँच हजार आदमी होंगे कैसे-कैसे जवान हैं। लाल बन्दरों के से मुँह। सूरत देख कर खौफ मालूम होता है।

मिरज़ा–जनाब, हीले न कीजिए। ये चकमे किसी और को दीजिएगा। यह किश्त !

मीर–आप भी अजीब आदमी हैं। यहाँ तो शहर पर आफत आयी हुई है और आपको किश्त की सूझी है ! कुछ इसकी भी खबर है कि शहर घिर गया, तो घर कैसे चलेंगे?

मिरज़ा–जब घर चलने का वक्त आयेगा, तो देखा जायगा–यह किश्त ! बस, अब की शह में मात है।

फ़ौज निकल गयी। दस बजे का समय था। फिर बाजी बिछ गयी।

मिरज़ा–आज खाने की कैसे ठहरेगी ?

मीर–अजी, आज तो रोज़ा है। क्या आपको ज्यादा भूख मालूम होती है ?

मिरज़ा–जी नहीं। शहर में न जाने क्या हो रहा है !

मीर–शहर में कुछ न हो रहा होगा। लोग खाना खा-खा कर आराम से सो रहे होंगे। हुजूर नवाब साहब भी ऐशगाह में होंगे।

दोनों सज्जन फिर जो खेलने बैठे, तो तीन बज गये। अब की मिरज़ा जी की बाजी कमजोर थी। चार का गजर बज ही रहा था। कि फ़ौज की वापसी की आहट मिली। नवाब वाजिदअली पकड़ लिये गये थे, और सेना उन्हें किसी अज्ञात स्थान को लिये जा रही थी। शहर में न कोई हलचल थी, न मार-काट। एक बूँद भी खून नहीं गिरा था। आज तक किसी स्वाधीन देश के राजा की पराजय इतनी शांति से, इस तरह

खून बहे बिना न हुई होगी। यह वह अहिंसा न थी, जिस पर देवगण प्रसन्न होते हैं। यह वह कायरपन था, जिस पर बड़े-बड़े कायर भी आँसू बहाते हैं। अवध के विशाल देश का नवाब बन्दी चला जाता था, और लखनऊ ऐश की नींद में मस्त था। यह राजनीतिक अधःपतन की चरम सीमा थी।

मिरज़ा ने कहा–हुजूर नवाब साहब को जालिमों ने कैद कर लिया है।

मीर–होगा, यह लीजिए शह।

मिरज़ा–जनाब ज़रा ठहरिए। इस वक्त इधर तबीयत नहीं लगती। बेचारे नवाब साहब इस वक्त खून के आँसू रो रहे होंगे।

मीर–रोया ही चाहें। यह ऐश वहाँ कहाँ नसीब होगा। यह किश्त !

मिरज़ा–किसी के दिन बराबर नहीं जाते। कितनी दर्दनाक हालत है।

मीर–हाँ; सो तो है ही–यह लो, फिर किश्त ! बस, अब की किश्त में मात है, बच नहीं सकते।

मिरज़ा–खुदा की क़सम, आप बड़े बेदर्द हैं। इतना बड़ा हादसा देख कर भी आपको दुःख नहीं होता। हाय, ग़रीब वाजिदअली शाह !

मीर–पहले अपने बादशाह को तो बचाइए फिर नवाब साहब का मातम कीजिएगा। यह किश्त और यह मात ! लाना हाथ !

बादशाह को लिये हुए सेना सामने से निकल गयी। उनके जाते ही मिरज़ा ने फिर बाजी बिछा दी। हार की चोट बुरी होती है। मीर ने कहा–आइए, नवाब साहब के मातम में एक मरसिया कह डालें। लेकिन मिरज़ा की राजभक्ति अपनी हार के साथ लुप्त हो चुकी थी। वह हार का बदला चुकाने के लिए अधीर हो रहे थे।

4

शाम हो गयी। खंडहर में चमगादड़ों ने चीखना शुरू किया। अबाबीलें आ-आ कर अपने-अपने घोसलों में चिमटीं। पर दोनों खिलाड़ी डटे हुए थे, मानो दो खून के प्यासे सूरमा आपस में लड़ रहे हों। मिरज़ा जी तीन बाजियाँ लगातार हार चुके थे; इस चौथी बाजी का रंग भी अच्छा न था। वह बार-बार जीतने का दृढ़ निश्चय करने सँभल कर खेलते थे लेकिन एक-न-एक चाल ऐसी बेढ़ब आ पड़ती थी, जिससे बाज़ी खराब हो जाती थी। हर बार हार के साथ प्रतिकार की भावना और भी उग्र होती थी। उधर मीर साहब मारे उमंग के गजलें गाते थे, चुटकियाँ लेते थे, मानो कोई गुप्त धन पा गये हों। मिरज़ा जी सुन-सुन कर झुँझलाते और हार की झेंप को मिटाने के लिए उनकी दाद देते थे। पर ज्यों-ज्यों बाजी कमजोर पड़ती थी, धैर्य हाथ से निकला जाता था। यहाँ तक कि वह बात-बात पर झुँझलाने लगे–जनाब, आप चाल बदला न कीजिए। यह क्या कि एक चाल चले, और फिर उसे बदल दिया। जो कुछ चलना हो एक बार चल दीजिए; यह आप मुहरे पर हाथ क्यों रखते हैं ? मुहरे को छोड़ दीजिए। जब तक आपको चाल न सूझे, मुहरा छुइये ही नहीं। आप एक-एक चाल आध घंटे में चलते

हैं। इसकी सनद नहीं। जिसे एक चाल चलने में पाँच मिनट से ज्यादा लगे, उसकी मात समझी जाय। फिर आपने चाल बदली ! चुपके से मुहरा वहीं रख दीजिए।

मीर साहब का फ़रजी पिटता था। बोले—मैंने चाल चली ही कब थी ?

मिरज़ा—आप चाल चल चुके हैं। मुहरा वहीं रख दीजिए—उसी घर में !

मीर—उस घर में क्यों रखूँ ? मैंने हाथ से मुहरा छोड़ा ही कब था ?

मिरज़ा—मुहरा आप कयामत तक न छोड़ें, तो क्या चाल ही न होगी ? फरजी पिटते देखा तो धाँधली करने लगे।

मीर—धाँधली आप करते हैं। हार-जीत तकदीर से होती है, धाँधली करने से कोई नहीं जीतता ?

मिरज़ा—तो इस बाजी में तो आपकी मात हो गयी।

मीर—मुझे क्यों मात होने लगी ?

मिरज़ा—तो आप मुहरा उसी घर में रख दीजिए, जहाँ पहले रक्खा था।

मीर—वहाँ क्यों रखूँ ? नहीं रखता।

मिरज़ा—क्यों न रखिएगा ? आपको रखना होगा।

तकरार बढ़ने लगी। दोनों अपनी-अपनी टेक पर अड़े थे। न यह दबता था न वह। अप्रासंगिक बातें होने लगीं, मिरज़ा बोले—किसी ने खानदान में शतरंज खेली होती, तब तो इसके कायदे जानते। वे तो हमेशा, घास छीला करते, आप शतरंज क्या खेलिएगा। रियासत और ही चीज है। जागीर मिल जाने से ही कोई रईस नहीं हो जाता।

मीर—क्या ? घास आपके अब्बाजान छीलते होंगे। यहाँ तो पीढ़ियों से शतरंज खेलते चले आ रहे हैं।

मिरज़ा—अजी, जाइए भी, गाजीउद्दीन हैदर के यहाँ बावरची का काम करते-करते उम्र गुजर गयी आज रईस बनने चले हैं। रईस बनना कुछ दिल्लगी नहीं है।

मीर—क्यों अपने बुजुर्गों के मुँह में कालिख लगाते हो—वे ही बावरची का काम करते होंगे। यहाँ तो हमेशा बादशाह के दस्तरख्वान पर खाना खाते चले आये हैं।

मिरज़ा—अरे चल चरकटे, बहुत बढ़ बढ़ कर बातें न कर।

मीर—जबान सँभालिये, वरना बुरा होगा। मैं ऐसी बातें सुनने का आदी नहीं हूँ। यहाँ तो किसी ने आँखें दिखायीं कि उसकी आँखें निकालीं। है हौसला ?

मिरज़ा—आप मेरा हौसला देखना चाहते हैं, तो फिर, आइए। आज दो-दो हाथ हो जायँ, इधर या उधर।

मीर—तो यहाँ तुमसे दबनेवाला कौन ?

दोनों दोस्तों ने कमर से तलवारें निकाल लीं। नवाबी जमाना था; सभी तलवार, पेशकब्ज, कटार वगैरह बाँधते थे। दोनों विलासी थे, पर कायर न थे। उनमें राजनीतिक भावों का अधःपतन हो गया था—बादशाह के लिए, बादशाहत के लिए क्यों मरें; पर व्यक्तिगत वीरता का अभाव न था। दोनों जख्म खा कर गिरे, और दोनों ने वहीं

तड़प-तड़प कर जानें दे दीं। अपने बादशाह के लिए जिनकी आँखों से एक बूँद आँसू न निकला, उन्हीं दोनों प्राणियों ने शतरंज के वजीर की रक्षा में प्राण दे दिये।

अँधेरा हो चला था। बाजी बिछी हुई थी। दोनों बादशाह अपने-अपने सिंहासनों पर बैठे हुए मानो इन दोनों वीरों की मृत्यु पर रो रहे थे !

चारों तरफ सन्नाटा छाया हुआ था। खंडहर की टूटी हुई मेहराबें, गिरी हुई दीवारें और धूलि-धूसरित मीनारें इन लाशों को देखतीं और सिर धुनती थीं।

वज्रपात

दिल्ली की गलियाँ दिल्ली-निवासियों के रुधिर से प्लावित हो रही हैं। नादिरशाह की सेना ने सारे नगर में आतंक जमा रखा है। जो कोई सामने आ जाता है, उसे उनकी तलवार से घाट उतरना पड़ता है। नादिरशाह का प्रचंड क्रोध किसी भाँति शांत ही नहीं होता। रक्त की वर्षा भी उसके कोप की आग को बुझा नहीं सकती।

नादिरशाह दरबार-आम में तख्त पर बैठा हुआ है। उसकी आँखों से जैसे ज्वालाएँ निकल रही हैं। दिल्लीवालों की इतनी हिम्मत कि उसके सिपाहियों का अपमान करें ! उन कापुरुषों की यह मजाल। वह काफिर तो उसकी सेना की एक ललकार पर रणक्षेत्र से निकल भागे थे ! नगर-निवासियों का आर्तनाद सुन-सुन कर स्वयं सेना के दिल काँप जाते हैं; मगर नादिरशाह की क्रोधाग्नि शांत नहीं होती। यहाँ तक कि उसका सेनापति भी उसके सम्मुख जाने का साहस नहीं कर सकता। वीर पुरुष दयालु होते हैं। असहायों पर, दुर्बलों पर, स्त्रियों पर उन्हें क्रोध नहीं आता। इन पर क्रोध करना वे अपनी शान के खिलाफ समझते हैं; किंतु निष्ठुर नादिरशाह की वीरता दया शून्य थी।

दिल्ली का बादशाह सिर झुकाये नादिरशाह के पास बैठा हआ था। हरमसरा में विलास करनेवाला बादशाह नादिरशाह की अविनयपूर्ण बातें सुन रहा था; पर मजाल न थी कि जबान खोल सके। उसे अपनी ही जान के लाले पड़े हुए थे, पीड़ित प्रजा की रक्षा कौन करे ? वह सोचता था, मेरे मुँह से कुछ निकले और वह मुझी को डाँट बैठते थे !

अंत में जब सेना की पैशाचिक क्रूरता पराकाष्ठा को पहुँच गयी, तो मुहम्मदशाह के वजीर से न रहा गया। वह कविता का मर्मज्ञ था, खुद भी कवि था। जान पर खेल कर नादिरशाह के सामने पहुँचा और यह शेर पढ़ा–

कसे न मांद कि दीगर व तेको नजा कुशी;
मगर कि ज़िन्दा कुनी खल्करा व बाज़ कुशी।

अर्थात् तेरी निगाहों की तलवार से कोई नहीं बचा। अब यही उपाय है कि मुर्दों को फिर जिला कर कत्ल कर।

शेर ने दिल पर चोट किया। पत्थर में भी सुराख होते हैं; पहाड़ों में भी हरियाली होती है; पाषाण हृदयों में भी रस होता है। इस शेर ने पत्थर को पिंघला दिया। नादिरशाह ने सेनापति को बुला कर कत्लेआम बंद करने का हुक्म दिया। एकदम तलवारें म्यान में चली गयीं। कातिलों के उठे हुए हाथ उठे ही रह गये। जो सिपाही जहाँ था; वहीं बुत बन गया।

शाम हो गयी थी। नादिरशाह शाही बाग़ में सैर कर रहा था। बार-बार वही शेर पढ़ता और झूमता–

कसे न माँद कि दीगर व तेदो नाज कुशी;
मगर कि ज़िंदा कुनी खल्करा व बाज़ कुशी।

2

दिल्ली का खजाना लुट रहा है। शाही महल पर पहरा है। कोई अंदर से बाहर या बाहर से अंदर आ-जा नहीं सकता। बेगमें भी अपने महलों से बाहर बाग में निकलने की हिम्मत नहीं कर सकतीं। महज खजाने पर ही आफत नहीं आयी हुई है, सोने-चाँदी के बरतनों, बेशकीमत तसवीरों और आराइश की अन्य सामग्रियों पर भी हाथ साफ किया जा रहा है। नादिरशाह तख्त पर बैठा हुआ हीरे और जवाहरात के ढेरों को गौर से देख रहा है; पर वह चीज नजर नहीं आती, जिसके लिए मुद्दत से उनका चित्त लालायित हो रहा था। उसने मुगलआजम नाम के हीरे की प्रशंसा, उसकी करामातों की चरचा सुनी थी–उसको धारण करनेवाला मनुष्य दीर्घजीवी होता है, कोई रोग उसके निकट नहीं आता, उस रत्न में पुत्रदायिनी शक्ति है, इत्यादि। दिल्ली पर आक्रमण करने के जहाँ और अनेक कारण थे, वहाँ इस रत्न को प्राप्त करना भी एक कारण था। सोने-चाँदी के ढेरों और बहुमूल्य रत्नों की चमक-दमक से उनकी आँखें भले ही चौंधिया जायँ, पर हृदय उल्लसित न होता था। उसे तो मुगलआजम की धुन थी और मुगलआजम का वहाँ कहीं पता न था। वह क्रोध से उन्मत्त हो कर शाही मंत्रियों की ओर देखता और अपने अफसरों को झिड़कियाँ देता था। पर अपना अभिप्राय खोल कर न कह सकता था। किसी की समझ में न आता था कि वह इतना आतुर क्यों हो रहा है। यह तो खुशी से फूले न समाने का अवसर है। अतुल सम्पत्ति सामने पड़ी हुई है, संख्या में इतनी सामर्थ्य नहीं कि उसकी गणना कर सके ! संसार का कोई भी महीपति इस विपुल धन का एक अंश भी पा कर अपने को भाग्यशाली समझता; परंतु यह पुरुष जिसने इस धनराशि का शतांश भी पहले कभी आँखों से न देखा होगा, जिसकी उम्र भेड़ें चराने में ही गुजरी, क्यों इतना उदासीन है ? आखिर जब रात हुई, बादशाह का खज़ाना खाली हो गया और उस रत्न के दर्शन न हुए, तो नादिरशाह की क्रोधाग्नि फिर भड़क उठी। उसने बादशाह के मंत्री को–उसी मंत्री को, जिसकी काव्य-मर्मज्ञता ने प्रजा के प्राण बचाये थे–एकांत में बुलाया और कहा–मेरा गुस्सा तुम देख चुके हो ! अगर फिर उसे नहीं देखना चाहते तो लाजिम है कि मेरे साथ कामिल सफाई का बरताव

करो। वरना दोबारा यह शोला भड़का, तो दिल्ली की खैरियत नहीं।

वजीर–जहाँपनाह, गुलामों से तो कोई खता सरजद नहीं हुई। खजाने की सब कुंजियाँ जनाबेआली के सिपहसालार के हवाले कर दी गयी हैं।

नादिर–तुमने मेरे साथ दगा की है।

वज़ीर–(त्योरी चढ़ा कर) आपके हाथ में तलवार है और हम कमजोर हैं, जो चाहे फरमावें; पर इल्जाम के तसलीम करने में मुझे उज्र है।

नादिर–क्या उसके सबूत की जरूरत है ?

वजीर–जी हाँ, क्योंकि दगा की सजा कत्ल है और कोई बिला सबब अपने कत्ल पर रजामंद न होगा।

नादिर–इसका सबूत मेरे पास है, हालाँकि नादिर ने कभी किसी को सबूत नहीं दिया। वह अपनी मरजी का बादशाह है और किसी को सबूत देना अपनी शान के खिलाफ समझता है। पर यहाँ जाती मुआमिला है। तुमने मुगलआजम हीरा क्यों छिपा दिया ?

वज़ीर के चेहरे का रंग उड़ गया। वह सोचने लगा–यह हीरा बादशाह की जान से भी ज्यादा अजीज है। वह इसे एक क्षण भी अपने पास से जुदा नहीं करते। उनसे क्योंकर कहूँ ? उन्हें कितना सदमा होगा ! मुल्क गया, खजाना गया, इज्जत गयी। बादशाही की यही एक निशानी उनके पास रह गयी है। उनसे कैसे कहूँ ? मुमकिन है वह गुस्से में आ कर इसे कहीं फेंक दें, या तुड़वा डालें। इन्सान की आदत है कि वह अपनी चीज दुश्मन को देने की अपेक्षा उसे नष्ट कर देना अच्छा समझता है। बादशाह, बादशाह हैं मुल्क न सही, अधिकार न सही, सेना न सही; पर जिंदगी भर की स्वेच्छाचारिता एक दिन में नहीं मिट सकती। यदि नादिर को हीरा न मिला, तो वह न जाने दिल्ली पर क्या सितम ढाये। आह ! उसकी कल्पना ही से रोमांच हो जाता है। खुदा न करे, दिल्ली को फिर यह दिन देखना पड़े।

सहसा–नादिर ने पूछा–मैं तुम्हारे जवाब का मुंतजिर हूँ ? क्या यह तुम्हारी दगा का काफी सबूत नहीं है।

वज़ीर–जहाँपनाह, वह हीरा बादशाह सलामत को जान से ज्यादा अजीज है। वह हमेशा अपने पास रखते हैं।

नादिर–झूठ मत बोलो, हीरा बादशाह के लिए है, बादशाह हीरे के लिए नहीं। बादशाह को हीरा जान से ज्यादा अजीज है–का मतलब सिर्फ इतना है कि वह बादशाह का बहुत अजीज है, और यह कोई वजह नहीं कि मैं उस हीरे को उनसे न लूँ। अगर बादशाह यों न देंगे, तो मैं जानता हूँ कि मुझे क्या करना होगा। तुम जाकर इस मुआमिले में नाजुकफ़हमी से काम लो, जो तुमने कल दिखाई थी। आह, कितना ला-जवाब शेर था–

> कसे न माँद कि दीगर व तेग्रे नाज कुशी;
> मगर कि ज़िंदा कुनी खल्करा व बाज़ कुशी।

3

मंत्री सोचता हुआ चला कि यह समस्या क्योंकर हल करूँ ? बादशाह के दीवानखाने में पहुँचा तो देखा, बादशाह उसी हीरे को हाथ में लिये चिंता में मग्न बैठे हुए हैं।

बादशाह को इस वक्त इसी हीरे की फिक्र थी। लुटे हुए पथिक की भाँति वह अपनी वह लकड़ी हाथ से न देना चाहता था। वह जानता था कि नादिर को इस हीरे की खबर है। वह यह भी जानता था कि खजाने में इसे न पा कर उनके क्रोध की सीमा न रहेगी। लेकिन सब कुछ जानते हुए भी, वह हीरे को हाथ से न जाने देना चाहता था। अंत को उसने निश्चय किया, मैं इसे न दूँगा, चाहे मेरी जान ही पर क्यों न बन जाय। रोगी की इस अंतिम साँस को न निकलने दूँगा। हाय कहाँ छिपाऊँ ? इतना बड़ा मकान है कि उसमें एक नगर समा सकता है, पर इस नन्हीं-सी चीज के लिए कहीं जगह नहीं, जैसे किसी अभागे को इतनी बड़ी दुनिया में भी कहीं पनाह नहीं मिलती। किसी सुरक्षित स्थान में न रख कर क्यों न इसे किसी ऐसी जगह रख दूँ, जहाँ किसी का खयाल ही न पहुँचे। कौन अनुमान कर सकता है कि मैंने हीरे को अपनी सुराही में रखा होगा ? अच्छा, हुक्के की फर्शी में क्यों न डाल दूँ ? फरिश्तों को भी खबर न होगी।

यह निश्चय करके उसने हीरे को फर्शी में डाल दिया। पर तुरंत ही शंका हुई कि ऐसे बहुमूल्य रत्न को इस जगह रखना उचित नहीं। कौन जाने, जालिम को मेरी यह गुड़गुड़ी ही पसंद आ जाय। उसने तुरंत गुड़गुड़ी का पानी तश्तरी में उँडेल दिया और हीरे को निकाल लिया। पानी की दुर्गन्ध उड़ी पर इतनी हिम्मत न पड़ती थी कि खिदमतगार को बुला कर पानी फिकवा दे। भय होता था, कहीं वह ताड़ न जाय।

वह इसी दुविधा में पड़ा हुआ था कि मंत्री ने आ कर बंदगी की। बादशाह को उस पर पूरा विश्वास था; किंतु उसे अपनी क्षुद्रता पर इतनी लज्जा आयी कि वह इस रहस्य को उस पर भी प्रकट न कर सका। गुमशुम हो कर उसकी ओर ताकने लगा।

मंत्री ने बात छेड़ी–आज खजाने में हीरा न मिला, तो नादिर बहुत झल्लाया। कहने लगा, तुमने मेरे साथ दगा की है; मैं शहर लुटवा दूँगा, कत्लेआम कर दूँगा, सारे शहर को खाक सियाह कर डालूँगा। मैंने कहा, जनाबेआली को अख्तियार है, जो चाहे करें। पर हमने खजाने की सब कुंजियाँ आपके सिपहसालार को दे दी हैं। वह कुछ साफ़-साफ़ तो कहता न था, बस कनायों में बातें कर रहा था और भूले गीदड़ की तरह इधर-उधर बौखलाया फिरता था कि किसे पाये, और नोच खाये।

मुहम्मदशाह–मुझे तो उसके सामने बैठते हुए ऐसा खौफ मालूम होता है, गोया किसी शेर का सामना हो। जालिम की आँखें कितनी तुंद्र और गजबनाक है। आदमी क्या है, शैतान है। खैर मैं भी उधेड़बुन में पड़ा हुआ हूँ फिर इसे क्योंकर छिपाऊँ। सल्तनत जाय गम नहीं; पर इस हीरे को मैं उस वक्त तक न दूँगा, जब तक कोई गरदन पर सवार हो कर इसे छीन न ले।

वज़ीर–खुदा न करे कि हुजूर के दुश्मनों को यह जिल्लत उठानी पड़े। मैं एक तरकीब बतलाऊँ। हुजूर इसे अपने अमामे (पगड़ी) में रख लें। वहाँ तक उसके फरिश्तों का भी खयाल न पहुँचेगा।

मुहम्मदशाह–(उछल कर) वल्लाह, तुमने खूब सोचा; वाकई तुम्हें खूब सूझी। हजरत इधर-उधर टटोलने के बाद अपना-सा मुँह ले कर रह जायँगे। मेरे अमामे को कौन देखेगा ? इसी से तो मैंने तुम्हें लुकमान का खिताब दिया है। बस, यही तय रहा। कहीं तुम जरा देर पहले आ जाते, तो मुझे इतना दर्द-सर न उठाना पड़ता।

4

दूसरे ही दिन दोनों बादशाहों में सुलह हो गयी। वजीर नादिरशाह के कदमों पर गिर पड़ा और अर्ज की–अब इस डूबती हुई किश्ती को आप ही पार लगा सकते हैं; वरना इसका अल्लाह ही वली है ! हिंदुओं ने सिर उठाना शुरू कर दिया है; मरहठे, राजपूत, सिख सभी अपनी-अपनी ताकतों को मुकम्मिल कर रहे हैं। जिस दिन उनमें मेल-मिलाप हुआ उसी दिन यह नाव भँवर में पड़ जायगी, और दो-चार चक्कर खा कर हमेशा के लिए नीचे बैठ जायगी।

नादिरशाह को ईरान से चले अरसा हो गया था। वहाँ से रोजाना बागियों की बगावत की खबरें आ रही थीं। नादिरशाह जल्द वहाँ लौट जाना चाहता था। इस समय उसे दिल्ली में अपनी सल्तनत कायम करने का अवकाश न था। सुलह पर राजी हो गया। संधि-पत्र पर दोनों बादशाहों ने हस्ताक्षर कर दिये।

दोनों बादशाहों ने एक ही साथ नमाज पढ़ी, एक ही दस्तरख्वान पर खाना खाया एक ही हुक्का पिया, और एक-दूसरे से गले मिल कर अपने-अपने स्थान को चले।

मुहम्मदशाह खुश था। राज्य बच जाने की उतनी खुशी न थी, जितनी हीरे के बच जाने की।

मगर नादिरशाह हीरा न पा कर भी दुःखी न था। सबसे हँस-हँस कर बातें करता था, मानो शील और विनय का साक्षात् अवतार हो।

5

प्रातःकाल; दिल्ली में नौबतें बज रही हैं। खुशी की महफिलें सजाई जा रही हैं। तीन दिन पहले यहाँ रक्त की नदी बही थी। आज आनंद की लहरें उठ रही हैं। आज नादिरशाह दिल्ली से रुखसत हो रहा है।

अशर्फियों से लदे हुए ऊँटों की कतार शाही महल के सामने रवाना होने को तैयार खड़ी हैं। बहुमूल्य वस्तुएँ गाड़ियों में लदी हुई हैं। दोनों तरफ की फौजें गले मिल रही हैं। अभी कल दोनों पक्ष एक-दूसरे के खून के प्यासे थे। आज भाई-भाई हो रहे हैं।

नादिरशाह तख्त पर बैठा हुआ है। मुहम्मदशाह भी उसी तख्त पर उसकी बगल में बैठे हुए हैं। यहाँ भी परस्पर प्रेम का व्यवहार है। नादिरशाह ने मुस्करा कर कहा—खुदा करे, यह सुलह हमेशा कायम रहे और लोगों के दिलों से इन खूनी दिनों की याद मिट जाय।

मुहम्मदशाह—मेरी तरफ़ से ऐसी कोई बात न होगी जो सुलह को खतरे में डाले। मैं खुदा से यह दोस्ती क़ायम रखने के लिए हमेशा दुआ करता रहूँगा।

नादिरशाह—सुलह की जितनी शर्तें थीं, सब पूरी हो चुकीं। सिर्फ एक बात बाकी है ! मेरे यहाँ दस्तूर है कि सुलह के वक्त अमामे बदल दिये जाते हैं। इसके बगैर सुलह की कारवाई पूरी नहीं होती। आइए, हम लोग भी अपने-अपने अमामे बदल लें। लीजिए, यह मेरा अमामा हाज़िर है।

यह कह कर नादिर ने अपना अमामा उतार कर मुहम्मदशाह की तरफ़ बढ़ाया। बादशाह के हाथों के तोते उड़ गये। समझ गया, मुझसे दगा की गयी, दोनों तरफ के शूर-सामंत सामने खड़े थे। न कुछ कहते बनता था न सुनते। बचने का कोई उपाय न था और न कोई उपाय सोच निकालने का अवसर ही। कोई जवाब न सूझा। इनकार की गुंजाइश न थी। मन मसोस कर रह गया। चुपके से अमामा सिर से उतारा, और नादिरशाह की तरफ़ बढ़ा दिया। हाथ काँप रहे थे, आँखों में क्रोध और विषाद के आँसू भरे हुए थे। मुख पर हलकी-सी मुस्कराहट झलक रही थी—वह मुस्कराहट, जो अश्रुपात से भी कहीं अधिक करुण और व्यथा-पूर्ण होती है। कदाचित् अपने प्राण निकाल कर देने में भी उसे इससे अधिक पीड़ा न होती।

6

नादिरशाह पहाड़ों और नदियों को लाँघता हुआ ईरान को चला जा रहा था। 77 ऊँटों और इतनी ही बैलगाड़ियों की कतार देख-देख कर उसका हृदय बाँसों उछल रहा था। वह बार-बार खुदा को धन्यवाद देता था, जिसकी असीम कृपा ने आज उसकी कीर्ति को उज्ज्वल बनाया था। अब वह केवल ईरान ही का बादशाह नहीं, हिंदुस्तान जैसे विस्तृत प्रदेश का भी स्वामी था। पर सबसे ज्यादा खुशी उसे मुगलआजम हीरा पाने की थी, जिसे बार-बार देख कर भी उसकी आँखें तृप्त न होती थीं। सोचता था, जिस समय मैं दरबार में यह रत्न धारण करके आऊँगा सबकी आँखें झपक जायेंगी, लोग आश्चर्य से चकित रह जायेंगे।

उसकी सेना अन्न-जल के कठिन कष्ट भोग रही थी। सरहदों की विद्रोही सेनाएँ पीछे से उसको दिक कर रही थीं। नित्य दस-बीस आदमी मर जाते या मारे जाते थे, पर नादिरशाह को ठहरने की फुरसत न थी। वह भागा-भागा चला जा रहा था।

ईरान की स्थिति बड़ी भयंकर थी। शाहजादा खुद विद्रोह शांत करने के लिए गया हुआ था; पर विद्रोह दिन-दिन उग्र रूप धारण करता जाता था। शाही सेना कई युद्धों में परास्त हो चुकी थी। हर घड़ी यही भय होता था कि कहीं वह स्वयं शत्रुओं के बीच

घिर न जाय।

पर वाह रे प्रताप ! शत्रुओं ने ज्योंही सुना कि नादिरशाह ईरान आ पहुँचा, त्योंही उनके हौसले पस्त हो गये। उसका सिंहनाद सुनते ही उनके हाथ-पाँव फूल गये। इधर नादिरशाह ने तेहरान में प्रवेश किया उधर विद्रोहियों ने शाहजादे से सुलह की प्रार्थना की, शरण में आ गये। नादिरशाह ने यह शुभ समाचार सुना, तो उसे निश्चय हो गया कि सब उसी हीरे की करामात है। यह उसी का चमत्कार है, जिसने शत्रुओं का सिर झुका दिया, हारी हुई बाजी जिता दी।

शाहजादा विजयी हो कर घर लौटा, तो प्रजा ने बड़े समारोह से उसका स्वागत और अभिवादन किया। सारा तेहरान दीपावली की ज्योति से जगमगा उठा। मंगलगान की ध्वनि से सब गली और कूचे गूँज उठे।

दरबार सजाया गया। शायरों ने कसीदे सुनाये। नादिरशाह ने गर्व से उठ कर शाहजादे के ताज को मुगलआजम हीरे से अलंकृत कर दिया। चारों ओर महरबा ! महरबा ! की आवाजें बुलंद हुईं। शाहजादे के मुख की कांति हीरे के प्रकाश से दूनी चमक उठी। पितृस्नेह से हृदय पुलकित हो उठा। नादिर—वह नादिर, जिसने दिल्ली में खून की नदी बहायी थी—पुत्र प्रेम से फूला न समाता था। उसकी आँखों से गर्व और हार्दिक उल्लास के आँसू बह रहे थे।

7

सहसा बंदूक की आवाज आयी—धाँय ! धाँय ! दरबार हिल उठा। लोगों के कलेजे धड़क उठे। हाय ! वज्रपात हो गया ! हाय रे दुर्भाग्य ! बंदूक की आवाजें कानों में गूँज ही रही थी कि शाहजादा कटे हुए पेड़ की तरह गिर पड़ा। साथ ही वह रत्नजटित मुकुट भी नादिरशाह के पैरों के पास आ गिरा।

नादिरशाह ने उन्मत्त की भाँति हाथ उठा कर कहा—कातिलों को पकड़ो ! साथ ही शोक से विह्वल हो कर वह शाहजादे के प्राण-हीन शरीर पर गिर पड़ा। जीवन की सारी अभिलाषाओं का अंत हो गया।

लोग कातिलों की तरफ दौड़े। फिर धाँय-धाँय की आवाज आयी और दोनों कातिल गिर पड़े। उन्होंने आत्महत्या कर ली। दोनों विद्रोही-पक्ष के नेता थे।

हाय रे मनुष्य के मनोरथ, तेरी भित्ति कितनी अस्थिर है ! बालू पर की दीवार तो वर्षा में गिरती है। पर तेरी दीवार बिना पानी-बूँद के ढह जाती है। आँधी में दीपक का कुछ भरोसा किया जा सकता है, पर तेरा नहीं। तेरी अस्थिरता के आगे बालकों का घरौंदा अचल पर्वत है, वेश्या का प्रेम सती की प्रतिज्ञा की भाँति अटल !

नादिरशाह को लोगों ने लाश पर से उठाया। उसका करुण क्रंदन हृदयों को हिलाये देता था। सभी की आँखों से आँसू बह रहे थे। होनहार कितना प्रबल, कितना निष्ठुर, कितना निर्दय और कितना निर्मम है !

नादिरशाह ने हीरे को जमीन से उठा लिया। एक बार उसे विषादपूर्ण नेत्रों से

देखा। फिर मुकुट को शाहजादे के सिर पर रख दिया और वजीर से कहा–यह हीरा इसी लाश के साथ दफन होगा।

रात का समय था। तेहरान में मातम छाया हआ था। कहीं दीपक या अग्नि का प्रकाश न था। न किसी ने दिया जलाया, और न भोजन बनाया। अफीमचियों की चिलमें भी आज ठंडी हो रही थीं। मगर कब्रिस्तान में मशाले रोशन थीं–शाहजादे की अंतिम क्रिया हो रही थी।

जब फातिहा ख़तम हुआ, नादिरशाह ने अपने हाथों से मुकुट को लाश के साथ कब्र में रख दिया। राज और संगतराश हाजिर थे। उसी वक्त कब्र पर ईंट-पत्थर और चूने का मजार बनने लगा।

नादिर एक महीने तक एक क्षण के लिए भी वहाँ से न हटा। वहीं सोता, वहीं राज्य करता। उसके दिल में यह बात बैठ गयी थी कि मेरा अहित इसी हीरे के कारण हुआ। यही मेरे सर्वनाश और अचानक वज्रपात का कारण है।

सत्याग्रह

हिज एक्सेलेंसी वाइसराय बनारस आ रहे थे। सरकारी कर्मचारी, छोटे से बड़े तक उनके स्वागत की तैयारियाँ कर रहे थे। इधर काँग्रेस ने शहर में हड़ताल मनाने की सूचना दे दी थी। इससे कर्मचारियों में बड़ी हलचल थी। एक ओर सड़कों पर झंडियाँ लगायी जा रही थीं, सफाई हो रही थी; पंडाल बन रहा था; दूसरी ओर फौज और पुलिस के सिपाही संगीनें चढ़ाये शहर की गलियों में और सड़कों पर कवायद करते फिरते थे। कर्मचारियों की सिरतोड़ कोशिश थी कि हड़ताल न होने पाये, मगर काँग्रेसियों की धुन थी कि हड़ताल हो और जरूर हो। अगर कर्मचारियों को पशुबल का जोर है तो हमें नैतिक बल का भरोसा, इस बार दोनों की परीक्षा हो जाय कि मैदान किसके हाथ रहता है।

घोड़े पर सवार मैजिस्ट्रेट सुबह से शाम तक दूकानदारों को धमकियां देता फिरता कि एक-एक को जेल भिजवा दूँगा, बाजार लुटवा दूँगा, यह करूँगा और वह करूँगा! दूकानदार हाथ बाँध कर कहते–हुजूर बादशाह हैं, विधाता हैं; जो चाहें कर सकते हैं। पर हम क्या करें ? काँग्रेसवाले हमें जीता न छोड़ेंगे। हमारी दूकानों पर धरने देंगे, हमारे ऊपर बाल बढ़ायेंगे, कुएँ में गिरेंगे, उपवास करेंगे। कौन जाने, दो-चार प्राण ही दे दें तो हमारे मुँह पर सदैव के लिए कालिख पुत जायगी। हुजूर उन्हीं काँग्रेसवालों को समझायें, तो हमारे ऊपर बड़ा एहसान करें। हड़ताल न करने से हमारी कुछ हानि थोड़े ही होगी। देश के बड़े-बड़े आदमी आवेंगे, हमारी दूकानें खुली रहेंगी, तो एक के दो लेंगे, महँगे सौदे बेचेंगे, पर करें क्या, इन शैतानों से कोई बस नहीं चलता।

राय हरनंदन साहब, राजा लालचंद और खाँबहादुर, मौलवी महमूदअली तो

कर्मचारियों से भी ज्यादा बेचैन थे। मैजिस्ट्रेट के साथ-साथ और अकेले भी बड़ी कोशिश करते थे। अपने मकान पर बुला कर दूकानदारों को समझाते, अनुनय-विनय करते, आँखें दिखाते, इक्के-बग्गीवालों को धमकाते, मजदूरों की खुशामद करते; पर काँग्रेस के मुट्ठी-भर आदमियों का कुछ ऐसा आतंक छाया हुआ था कि कोई इनकी सुनता ही न था। यहाँ तक कि पड़ोस की कुँजड़िन ने भी निर्भय हो कर कह दिया—हुजूर, चाहे मार डालो पर दूकान न खुलेगी। नाक न कटवाऊँगी। सबसे बड़ी चिंता यह थी कि कहीं पंडाल बनाने वाले मजदूर, बढ़ई, लोहार वगैरह काम न छोड़ दें; नहीं तो अनर्थ ही हो जायगा। रायसाहब ने कहा—हुजूर, दूसरे शहरों से दूकानदार बुलवायें और एक बाजार अलग खोलें।

खाँ साहब ने फरमाया—वक्त इतना कम रह गया है कि दूसरा बाजार तैयार नहीं हो सकता। हुजूर काँग्रेसवालों को गिरफ्तार कर लें, या उनकी जायदाद जब्त कर लें, फिर देखिए कैसे काबू में नहीं आते !

राजा साहब बोले—पकड़-धकड़ से तो लोग और झल्लायेंगे। काँग्रेस से हुजूर कहें कि तुम हड़ताल बंद कर दो, तो सबको सरकारी नौकरी दे दी जायगी। उसमें अधिकांश बेकार लोग पड़े हैं, यह प्रलोभन पाते ही फूल उठेंगे।

मगर मैजिस्ट्रेट को कोई राय न जँची। यहाँ तक कि वायसराय के आने में तीन दिन और रह गये।

2

आखिर राजा साहब को एक युक्ति सूझी। क्यों न हम लोग भी नैतिक बल का प्रयोग करें? आखिर काँग्रेसवाले धर्म और नीति के नाम पर ही तो यह तूमार बाँधते हैं। हम लोग भी उन्हीं का अनुकरण करें, शेर को उनके माँद में पछाड़ें। कोई ऐसा आदमी पैदा करना चाहिये, जो व्रत करे कि दूकानें न खुलीं, तो मैं प्राण दे दूँगा। यह जरूरी है कि वह ब्राह्मण हो और ऐसा जिसको शहर के लोग मानते हों, आदर करते हों। अन्य सहयोगियों के मन में भी यह बात बैठ गयी। उछल पड़े। रायसाहब ने कहा—बस, अब पड़ाव मार लिया। अच्छा, ऐसा कौन पंडित है, पण्डित गदाधर शर्मा ?

राजा—जी नहीं, उसे कौन मानता है ? खाली समाचार-पत्रों में लिखा करता है। शहर के लोग उसे क्या जानें ?

रायसाहब—दमड़ी ओझा तो है इस ढंग का।

राजा—जी नहीं, कालेज के विद्यार्थियों के सिवा उसे और कौन जानता है ?

रायसाहब—पंडित मोटेराम शास्त्री ?

राजा—बस, बस। आपने खूब सोचा। बेशक वह है इस ढंग का। उसी को बुलाना चाहिए। विद्वान् है, धर्म-कर्म से रहता है। चतुर भी है। वह अगर हाथ में आ जाय तो फिर बाजी हमारी है।

रायसाहब ने तुरंत पंडित मोटेराम के घर संदेश भेजा। उस समय शास्त्रीजी पूजा

पर थे। यह पैगाम सुनते ही जल्दी से पूजा समाप्त की और चले। राजा साहब ने बुलाया है, धन्य भाग ! धर्मपत्नी से बोले–आज चंद्रमा कुछ बली मालूम होते हैं। कपड़े लाओ, देखूँ, क्यों बुलाया है ?

स्त्री ने कहा–भोजन तैयार है करते जाओ; न जाने कब लौटने का अवसर मिले।

किंतु शास्त्रीजी ने आदमी को इतनी देर खड़ा रखना उचित न समझा। जाड़े के दिन थे। हरी बनात की अचकन पहनी, जिस पर लाल शंजाफ लगी हुई थी। गले में एक जरी का दुपट्टा डाला। फिर सिर पर बनारसी साफ़ा बाँधा। लाल चौड़े किनारे की रेशमी धोती पहनी, और खड़ाऊँ पर चले। उनके मुख से ब्रह्मतेज टपकता था। दूर ही से मालूम होता था कि कोई महात्मा आ रहे हैं। रास्ते में जो मिलता, सिर झुकाता; कितने ही दूकानदारों ने खड़े हो कर पैलगी की। आज काशी का नाम इन्हीं की बदौलत चल रहा है, नहीं तो और कौन रह गया है। कितना नम्र स्वभाव है। बालकों से हँस कर बातें करते हैं। इस ठाट से पंडितजी राजा साहब के मकान पर पहुँचे। तीनों मित्रों ने खड़े हो कर उनका सम्मान किया। खाँ बहादुर बोले–कहिए पंडितजी, मिजाज तो अच्छे हैं ? वल्लाह, आप नुमाइश में रखने के काबिल आदमी हैं। आपका वजन तो दस मन से कम न होगा।

रायसाहब–एक मन इल्म के लिए दस मन अक्ल चाहिए। उसी कायदे से एक मन अक्ल के लिए दस मन का जिस्म जरूरी है, नहीं तो उसका बोझ कौन उठाये?

राजा साहब–आप लोग इसका मतलब नहीं समझ सकते। बुद्धि एक प्रकार का नजला है, जब दिमाग में नहीं समाती, जिस्म में आ जाती है।

खाँ साहब–मैंने तो बुजुर्गों की जबानी सुना है कि मोटे आदमी अक्ल के दुश्मन होते हैं।

रायसाहब–आपका हिसाब कमजोर था, वरना आपकी समझ में इतनी बात जरूर आ जाती कि जब अक्ल और जिस्म में एक और दस की निस्बत है, तो जितना ही मोटा आदमी होगा, उतना ही उसकी अक्ल का वजन भी ज्यादा होगा।

राजा साहब–इससे यह साबित हुआ कि जितना मोटा आदमी, उतनी ही मोटी उसकी अक्ल।

मोटेराम–जब मोटी अक्ल की बदौलत राज-दरबार में पूछ होती है तो मुझे पतली अक्ल ले कर क्या करना है !

हास-परिहास के बाद राजा साहब ने वर्तमान समस्या पंडितजी के सामने उपस्थित की और उसके निवारण का जो उपाय सोचा था, वह भी प्रकट किया ! बोले–बस, यह समझ लीजिए कि इस साल आपका भविष्य पूर्णतया अपने हाथों में है। शायद किसी आदमी को अपने भाग्य-निर्णय का ऐसा महत्त्वपूर्ण अवसर न मिला होगा। हड़ताल न हुई, तो और तो कुछ नहीं कह सकते, आपको जीवन-भर किसी के दरवाजे जाने की जरूरत न होगी। बस, ऐसा कोई व्रत ठानिए कि शहरवाले थर्रा उठें। काँग्रेसवालों ने धर्म की आड़ ले कर इतनी शक्ति बढ़ायी है। बस, ऐसी कोई युक्ति

निकालिए कि जनता के धार्मिक भावों को चोट पहुँचे।

मोटेराम ने गम्भीर भाव से उत्तर दिया—यह तो कोई ऐसा कठिन काम नहीं है। मैं तो ऐसे-ऐसे अनुष्ठान कर सकता हूँ कि आकाश से जल की वर्षा कर दूँ; मरी के प्रकोप को भी शांत कर दूँ; अन्न का भाव घटा-बढ़ा दूँ। काँग्रेसवालों को परास्त कर देना तो कोई बड़ी बात नहीं। अंग्रेजी पढ़े-लिखे महानुभाव समझते हैं कि जो काम हम कर सकते हैं, वह कोई नहीं कर सकता। पर गुप्त विद्याओं का उन्हें ज्ञान ही नहीं।

खाँ साहब—तब तो जनाब, यह कहना चाहिए कि आप दूसरे खुदा हैं। हमें क्या मालूम था कि आप में कुदरत है; नहीं तो इतने दिनों तक क्यों परेशान होते ?

मोटेराम—साहब, मैं गुप्त-धन का पता लगा सकता हूँ। पितरों को बुला सकता हूँ, केवल गुण-ग्राहक चाहिए। संसार में गुणियों का अभाव नहीं, गुणज्ञों का ही अभाव है—गुन ना हिरानो गुन-गाहक हिरानो है।

राजा—भला इस अनुष्ठान के लिए आपको क्या भेंट करना होगा ?

मोटेराम—जो कुछ आपकी श्रद्धा हो।

राजा—कुछ बतला सकते हैं कि यह कौन-सा अनुष्ठान होगा ?

मोटेराम—अनशन-व्रत के साथ मंत्रों का जप होगा। सारे शहर में हलचल न मचा दूँ तो मोटेराम नाम नहीं !

राजा—तो फिर कब से।

मोटेराम—आज ही हो सकता है। हाँ, पहले देवताओं के आवाहन के निमित्त थोड़े से रुपये दिला दीजिए।

रुपये की कमी ही क्या थी। पंडितजी को रुपये मिल गये और वह खुश-खुश घर आये। धर्म पत्नी से सारा समाचार कहा। उसने चिंतित हो कर कहा—तुमने नाहक यह रोग अपने सिर लिया ! भूख न बरदाश्त हुई, तो ? सारे शहर में भद्द हो जायगी, लोग हँसी उड़ावेंगे। रुपये लौटा दो।

मोटेराम ने आश्वासन देते हुए कहा—भूख कैसे न बरदाश्त होगी ? मैं ऐसा मूर्ख थोड़े ही हूँ कि यों ही जा बैठूँगा। पहले मेरे भोजन का प्रबंध करो अमृतियाँ, लड्डू, रसगुल्ले मँगाओ। पेट-भर भोजन कर लूँ। फिर आध सेर मलाई खाऊँगा, उसके ऊपर आध सेर बादाम की तह जमाऊँगा। बची-खुची कसर मलाईवाले दही से पूरी कर दूँगा। फिर देखूँगा, भूख क्योंकर पास फटकती है। तीन दिन तक तो साँस ही न ली जायगी, भूख की कौन चलावे। इतने में तो सारे शहर में खलबली मच जायगी। भाग्य-सूर्य उदय हुआ है, इस समय आगा-पीछा करने से पछताना पड़ेगा। बाजार न बंद हुआ, तो समझ लो मालामाल हो जाऊँगा, नहीं तो यहाँ गाँठ से क्या जाता है ! सौ रुपये तो हाथ लग ही गये।

इधर तो भोजन का प्रबंध हुआ उधर पंडित मोटेराम ने डौंडी पिटवा दी कि संध्या-समय टाउनहाल मैदान में पंडित मोटेराम देश की राजनीतिक समस्या पर व्याख्यान देंगे, लोग अवश्य आयें। पंडितजी सदैव राजनीतिक विषयों से अलग रहते थे। आज वह इस विषय पर कुछ बोलेंगे, सुनना चाहिये। लोगों को उत्सुकता हुई, पंडित

जी का शहर में बड़ा मान था। नियत समय पर कई हजार आदमियों की भीड़ लग गयी। पंडित जी घर से अच्छी तरह तैयार हो कर पहुँचे। पेट इतना भरा हुआ था कि चलना कठिन था। ज्यों ही यह वहाँ पहुँचे, दर्शकों ने खड़े हो कर इन्हें साष्टांग दंडवत्-प्रमाण किया।

मोटेराम बोले—नगरवासियों, व्यापारियों, सेठों और महाजनों ! मैंने सुना है तुम लोगों ने काँग्रेस वालों के कहने में आ कर बड़े लाट साहब के शुभागमन के अवसर पर हड़ताल करने का निश्चय किया है। यह कितनी बड़ी कृतघ्नता है ? वह चाहें, तो आज तुम लोगों को तोप के मुँह पर उड़वा दें, सारे शहर को खुदवा डालें। राजा हैं, हँसी-ठट्टा नहीं। वह तरह देते जाते हैं, तुम्हारी दीनता पर दया करते हैं और तुम गउओं की तरह हत्या के बल खेत चरने को तैयार हो ! लाट साहब चाहें तो आज रेल बंद कर दें। डाक बंद कर दें, माल का आना-जाना बंद कर दें। तब बताओ, क्या करोगे वह चाहें तो आज सारे शहर वालों को जेल में डाल दें। बताओं क्या करोगे ? तुम उनसे भाग कर कहाँ जा सकते हो ? है कहीं ठिकाना ! इसलिए जब इस देश में और उन्हीं के अधीन रहना है, तो इतना उपद्रव क्यों मचाते हो ? याद रखो, तुम्हारी जान उनकी मुट्ठी में है ! ताऊन के कीड़े फैला दें तो सारे नगर में हाहाकार मच जाय। तुम झाड़ू से आँधी को रोकने चले हो ? खबरदार जो किसी ने बाजार बंद किया; नहीं तो कहे देता हूँ, यहीं अन्न-जल बिना प्राण दे दूँगा।

एक आदमी ने शंका की—महाराज, आपके प्राण निकलते-निकलते महीने भर से कम न लगेगा। तीन दिनों में क्या होगा ?

मोटेराम ने गरज कर कहा—प्राण शरीर में नहीं रहता, ब्रह्मांड में रहता है। मैं चाहूँ तो योगबल से अभी प्राण त्याग कर सकता हूँ। मैंने तुम्हें चेतावनी दे दी, अब तुम जानो, तुम्हारा काम जाने। मेरा कहना मानोगे, तो तुम्हारा कल्याण होगा। न मानोगे, हत्या लगेगी, संसार में कहीं मुँह न दिखला सकोगे। बस, यह लो, मैं यहीं आसन जमाता हूँ।

3

शहर में यह समाचार फैला, तो लोगों के होश उड़ गये। अधिकारियों की इस नयी चाल ने उन्हें हतबुद्धि-सा कर दिया। काँग्रेस के कर्मचारी तो अब भी कहते थे कि यह सब पाखंड है। राजभक्तों ने पंडित को कुछ दे दिला कर यह स्वांग खड़ा किया है। जब और कोई बस न चला, फौज, पुलिस, कानून सभी युक्तियों से हार गये, तो यह नयी माया रची है। यह और कुछ नहीं, राजनीति का दिवाला है। नहीं पंडितजी ऐसे कहाँ देश-सेवक थे जो देश की दशा से दुःखी हो कर व्रत ठानते। इन्हें भूखा मरने दो, दो दिन में बोल जायेंगे। इस नयी चाल की जड़ अभी से काट देनी चाहिए ! कहीं यह चाल सफल हो गयी, तो समझ लो, अधिकारियों के हाथ में एक नया अस्त्र आ जायगा और वह सदैव इसका प्रयोग करेंगे। जनता इतनी समझदार तो है नहीं कि इन रहस्यों

को समझे। गीदड़-भभकी में आ जायगी।

लेकिन नगर के बनिये-महाजन, जो प्रायः धर्मभीरु होते हैं ऐसे घबरा गये कि उन पर इन बातों का कुछ असर ही न होता था। वे कहते थे—साहब, आप लोगों के कहने से सरकार से बुरे बने, नुकसान उठाने को तैयार हुए, रोजगार छोड़ा, कितनों के दिवाले हो गये, अफसरों को मुँह दिखाने लायक नहीं रहे। पहले जाते थे, अधिकारी लोग 'आइए आइए सेठजी' कह कर सम्मान करते थे; अब रेलगाड़ियों में धक्के खाते हैं, पर कोई नहीं सुनता; आमदनी चाहे कुछ हो न हो, बहियों की तौल देख कर कर (टैक्स) बढ़ा दिया जाता है। यह सब सहा, और सहेंगे, लेकिन धर्म के मामले में हम आप लोगों का नेतृत्व नहीं स्वीकार कर सकते। जब एक विद्वान्, कुलीन, धर्मनिष्ठ ब्राह्मण हमारे ऊपर अन्न-जल त्याग कर रहा है, तब हम क्योंकर भोजन करके टाँगें फैला कर सोयें ? कहीं मर गया, तो भगवान् के सामने क्या जवाब देंगे ?

सारांश यह है कि काँग्रेसवालों की एक न चली। व्यापारियों का एक डेपुटेशन नौ बजे रात पंडित जी की सेवा में उपस्थित हुआ। पंडित जी ने आज भोजन तो खूब डट कर किया था, लेकिन डट कर भोजन करना उनके लिए कोई असाधारण बात न थी। महीने में प्रायः बीस दिन वह अवश्य ही न्योता पाते थे और निमंत्रण में डट कर भोजन करना एक स्वाभाविक बात है। अपने सहभोजियों की देखा-देखी, लाग-डाँट की धुन में, या गृह-स्वामी के सविनय आग्रह से और सबसे बढ़ कर पदार्थों की उत्कृष्टता के कारण, भोजन मात्रा से अधिक हो ही जाता है। पंडित जी की जठराग्नि ऐसी परीक्षाओं में उत्तीर्ण होती रहती थी। अतएव इस समय भोजन का समय आ जाने से उनकी नीयत कुछ डावाँडोल हो रही थी। यह बात नहीं कि वह भूख से व्याकुल थे। लेकिन भोजन का समय आ जाने पर अगर पेट अफरा हुआ न हो, अजीर्ण न हो गया हो तो मन में एक प्रकार की भोजन की चाह होने लगती है। शास्त्री जी की इस समय यही दशा हो रही थी। जी चाहता था, किसी खोंचेवाले को पुकार कर कुछ ले लेते, किंतु अधिकारियों ने उनकी शरीर-रक्षा के लिए वहाँ कई सिपाहियों को तैनात कर दिया था। वे सब हटने का नाम न लेते थे। पंडित जी की विशाल बुद्धि इस समय यही समस्या हल कर रही थी कि इन यमदूतों को कैसे टालूँ ? खामख्वाह इन पाजियों को यहाँ खड़ा कर दिया ! मैं कोई कैदी तो हूँ नहीं कि भाग जाऊँगा।

अधिकारियों ने शायद वह व्यवस्था इसलिए कर रखी थी काँग्रेसवाले जबरदस्ती पंडित जी को वहाँ से भगाने की चेष्टा न कर सकें। कौन जाने, वे क्या चाल चलें। ऐसे अनुचित और अपमानजनक व्यवहारों से पंडितजी की रक्षा करना अधिकारियों का कर्त्तव्य था।

वह अभी इस चिंता में थे कि व्यापारियों का डेपुटेशन आ पहुँचा। पंडितजी कुहनियों के बल लेटे हुए थे, सँभल बैठे। नेताओं ने उनके चरण छू कर कहा—महाराज, हमारे ऊपर आपने क्यों यह कोप किया है ? आपकी जो आज्ञा हो, वह हम शिरोधार्य करें। आप उठिए, अन्न-जल ग्रहण कीजिए। हमें नहीं मालूम था कि आप सचमुच यह

व्रत ठाननेवाले हैं, नहीं तो हम पहले ही आपसे विनती करते। आप कृपा कीजिए, दस बजने का समय है। हम आपका वचन कभी न टालेंगे।

मोटेराम–ये काँग्रेसवाले तुम्हें मटियामेट करके छोड़ेंगे ! आप तो डूबते ही हैं; तुम्हें भी अपने साथ ले डूबेंगे ! बाजार बन्द रहेगा, तो इससे तुम्हारा ही टोटा होगा; सरकार को क्या ? तुम नौकरी छोड़ दोगे, आप भूखों मरोगे; सरकार को क्या ? तुम जेल जाओगे, आप चक्की पीसोगे, सरकार को क्या ? न जाने इन सबको क्या सनक सवार हो गयी है कि अपनी नाक काट कर दूसरों का असगुन मानते हैं। तुम इन कुपंथियों के कहने में न आओ। क्यों दूकानें खुली रखोगे ?

सेठ–महाराज, जब तक शहर-भर के आदमियों की पंचायत न हो जाय, तब तक हम इसका बीमा कैसे ले सकते हैं। काँग्रेसवालों ने कहीं लूट मचवा दी, तो कौन हमारी मदद करेगा ? आप उठिए, भोजन पाइए, हम कल पंचायत करके आपकी सेवा में जैसा कुछ होगा, हाल देंगे।

मोटेराम–तो फिर पंचायत करके आना।

डेपुटेशन जब निराश हो कर लौटने लगा, तो पंडितजी ने कहा–किसी के पास सुँघनी तो नहीं है ?

एक महाशय ने डिबिया निकाल कर दे दी।

लोगों के जाने के बाद मोटेराम ने पुलिसवालों से पूछा–तुम यहाँ क्यों खड़े हो?

सिपाहियों ने कहा–साहब का हुक्म है, क्या करें ?

मोटेराम–यहाँ से चले जाओ।

सिपाही–आपके कहने से चले जायँ ? कल नौकरी छूट जाएगी, तो आप खाने को देंगे ?

मोटेराम–हम कहते हैं, चले जाओ; नहीं तो हम ही यहाँ से चले जायँगे। हम कोई कैदी हैं, जो तुम घेरे खड़े हो ?

सिपाही–चले क्या जाइएगा, मजाल है।

मोटेराम मजाल क्यों नहीं है बे ! कोई जुर्म किया है ?

सिपाही–अच्छा, जाओ तो देखें ?

पंडितजी–ब्रह्म-तेज में आ कर उठे और एक सिपाही को इतनी जोर से धक्का दिया कि वह कई कदम पर जा गिरा। दूसरे सिपाहियों की हिम्मत छूट गयी। पंडित जी को उन सब ने थल-थल समझ लिया था, पराक्रम देखा, तो चुपके से सटक गये।

मोटेराम अब लगे इधर-उधर नजरें दौड़ाने कि कोई खोंचेवाला नजर आ जाय, उससे कुछ लें। किन्तु ध्यान आ गया, कहीं उसने किसी से कह दिया, तो लोग तालियाँ बजाने लगेंगे। नहीं, ऐसी चतुराई से काम करना चाहिये कि किसी को कानोंकान खबर न हो। ऐसे ही संकटों में तो बुद्धिबल का परिचय मिलता है। एक क्षण में उन्होंने इस कठिन प्रश्न को हल कर लिया।

दैवयोग से उसी समय एक खोंचेवाला जाता दिखायी दिया। ग्यारह बज चुके थे,

चारों तरफ सन्नाटा छा गया था। पंडितजी ने बुलाया–खोंचेवाले, ओ खोंचेवाले !

खोंचेवाला–कहिए क्या दूँ ? भूख लग आयी न ? अन्न-जल छोड़ना साधुओं का काम है, हमारा-आपका नहीं।

मोटेराम–अबे क्या कहता है ? यहाँ क्या किसी साधु से कम हैं ? चाहें तो महीनों पड़े रहें और भूख-प्यास न लगे। तुझे तो केवल इसलिए बुलाया है कि जरा अपनी कुप्पी मुझे दे। देखूँ तो वहाँ क्या रेंग रहा है। मुझे भय होता है कि साँप न हो।

खोंचेवाले ने कुप्पी उतार कर दे दी। पंडितजी उसे ले कर इधर-उधर जमीन पर कुछ खोजने लगे। इतने में कुप्पी उनके हाथ से छूट कर गिर पड़ी, और बुझ गयी। सारा तेल बह गया। पंडितजी ने उसमें एक ठोकर और लगायी कि बचा खुचा तेल भी बह जाय।

खोंचेवाला–(कुप्पी को हिला कर) महाराज, इसमें तो जरा भी तेल नहीं बचा। अब तक चार पैसे का सौदा बेचता, आपने यह खटराग बढ़ा दिया।

मोटेराम–भैया, हाथ ही तो है, छूट गिरी, तो अब क्या हाथ काट डालूँ ? यह लो पैसे, जा कर कहीं से तेल भरा लो।

खोंचेवाला–(पैसे ले कर) तो अब तेल भरवा कर मैं यहाँ थोड़े ही आऊँगा।

मोटेराम–खोंचा रखे जाओ, लपक कर थोड़ा तेल ले लो; नहीं मुझे कोई साँप काट लेगा तो तुम्हीं पर हत्या पड़ेगी। कोई जानवर है जरूर। देखो, वह रेंगता है। गायब हो गया। दौड़ जाओ पट्ठे, तेल लेते आओ, मैं तुम्हारा खोंचा देखता रहूँगा। डरते हो तो अपने रुपये-पैसे लेते जाओ।

खोंचेवाला बड़े धर्म-संकट में पड़ा। खोंचे से पैसे निकालता है तो भय है, कि पंडितजी अपने दिल में बुरा न मानें। सोचें मुझे बेईमान समझ रहा है। छोड़ कर जाता है तो कौन जाने, इनकी नीयत क्या हो। किसी की नीयत सदा ठीक नहीं रहती। अंत को उसने यही निश्चय किया कि खोंचा यहीं छोड़ दूँ, जो कुछ तकदीर में होगा, वह होगा। वह उधर बाजार की तरफ चला, इधर पंडितजी ने खोंचे पर निगाह दौड़ायी, तो बहुत हताश हुए। मिठाई बहुत कम बच रही थी। पाँच-छः चीजें थीं, मगर किसी में दो अदद से ज्यादा निकालने की गुंजाइश न थी। भंडा फूट जाने का खटका था। पंडितजी ने सोचा–इतने से क्या होगा ? केवल क्षुधा और प्रबल हो जायगी, शेर के मुँह खून लग जायगा ? गुनाह बेलज्जत है। अपनी जगह पर जा बैठे। लेकिन दम-भर के बाद प्यास ने फिर जोर किया। सोचे–कुछ तो ढारस हो ही जायगा। आहार कितना ही सूक्ष्म हो, फिर भी आहार ही है। उठे, मिठाई निकाली; पर पहला ही लड्डू मुंह में रखा था कि देखा, खोंचेवाला तेल की कुप्पी जलाये कदम बढ़ाता चला आ रहा है, उसके पहुँचने के पहले मिठाई का समाप्त हो जाना अनिवार्य था। एक साथ दो चीज मुँह में रखीं। अभी चुबला ही रहे थे कि वह निशाचर दस कदम और आगे बढ़ आया। एक साथ चार चीजें मुंह में डालीं और अधकुचली ही निगल गये। अभी 6 अदद और

थीं, और खोंचेवाला फाटक तक आ चुका था। सारी की सारी मिठाई मुँह में डाल ली अब न चबाते बनता है, न उगलते। वह शैतान मोटर कार की तरह कुप्पी चमकाता हुआ चला ही आता था। जब वह बिलकुल सामने आ गया, तो पंडित जी ने जल्दी से सारी मिठाई निगल ली। आखिर आदमी ही थे, कोई मगर तो थे नहीं। आँखों में पानी भर आया, गला फँस गया, शरीर में रोमांच हो आया, जोर से खाँसने लगे। खोंचेवाले ने तेल की कुप्पी बढ़ाते हुए कहा यह लीजिए देख लीजिए, चले तो हैं आप उपवास करने पर प्राणों का इतना डर है। आपको क्या चिंता, प्राण भी निकल जायँगे, तो सरकार बाल-बच्चों की परवस्ती करेगी।

पंडितजी को क्रोध तो ऐसा आया कि इस पाजी को खोटी-खरी सुनाऊँ, लेकिन गले से आवाज न निकली। कुप्पी चुपके से ले ली और झूठ-मूठ इधर-उधर देख कर लौटा दी।

खोंचेवाला–आपको क्या पड़ी जो चले सरकार का पच्छ करने ? कहीं कल दिन-भर पंचायत होगी, तो रात तक कुछ तय होगा। तब तक तो आपकी आँखों में तितलियाँ उड़ने लगेंगी।

यह कह कर वह चला गया और पंडितजी भी थोड़ी देर तक खाँसने के बाद सो रहे।

4

दूसरे दिन सबेरे ही से व्यापारियों ने मिसकौट करनी शुरू की। उधर काँग्रेसवालों में भी हलचल मची। अमन-सभा के अधिकारियों ने भी कान खड़े किये। यह तो इन भोले-भाले बनियों को धमकाने की अच्छी तरकीब हाथ आयी। पंडित-समाज ने अलग एक सभा की और उसमें यह निश्चय किया कि पंडित मोटेराम को राजनीतिक मामलों में पड़ने का कोई अधिकार नहीं। हमारा राजनीति से क्या संबंध ? ग़रज़ सारा दिन इसी वाद-विवाद में कट गया और किसी ने पंडितजी की खबर न ली। लोग खुल्लमखुल्ला कहते थे कि पंडितजी ने एक हजार रुपये सरकार से ले कर यह अनुष्ठान किया है। बेचारे पंडितजी ने रात तो लोट-पोट कर काटी, पर उठे तो शरीर मुरदा-सा जान पड़ता था। खड़े होते थे, आँखें तिलमिलाने लगती थीं, सिर में चक्कर आ जाता था। पेट में जैसे कोई बैठा हुआ कुरेद रहा हो। सड़क की तरफ आँखें लगी हुई थीं कि लोग मनाने तो नहीं आ रहे हैं। संध्योपासना का समय इसी प्रतीक्षा में गया। इस समय पूजन के पश्चात् नित्य नाश्ता किया करते थे। आज अभी मुँह में पानी भी न गया। न-जाने वह शुभ घड़ी कब आयेगी। फिर पंडिताइन पर बड़ा क्रोध आने लगा। आप तो रात को भर-पेट खा कर सोयी होंगी, इस वक्त भी जलपान कर ही चुकी होंगी, पर इधर भूल कर भी न झाँका कि मरे या जीते हैं। कुछ बात करने के बहाने से क्या थोड़ा-सा मोहनभोग बना कर न ला सकती थीं ? पर किसे इतनी चिंता है ? रुपये ले कर रख लिये, फिर जो कुछ मिलेगा, वह भी रख लेंगी। मुझे उल्लू बनाया।

किस्सा-कोताह पंडितजी ने दिन-भर इंतजार किया, पर कोई मनानेवाला नजर न आया। लोगों के दिल में जो यह संदेह पैदा हुआ था कि पंडितजी ने कुछ ले-दे कर वह स्वाँग रचा है, स्वार्थ के वशीभूत हो कर यह पाखंड खड़ा किया है, वही उनको मनाने में बाधक होता था।

5

रात को नौ बज गये थे। सेठ भोंदूमल ने जो व्यापारी-समाज के नेता थे निश्चयात्मक भाव से कहा—मान लिया, पंडितजी ने स्वार्थवश ही यह अनुष्ठान किया है; पर इससे वह कष्ट तो कम नहीं हो सकता, जो अन्न-जल के बिना प्राणी-मात्र को होता है। यह धर्म-विरुद्ध है कि एक ब्राह्मण हमारे ऊपर दाना-पानी त्याग दे और हम पेट भर-भर कर चैन की नींद सोयें। अगर उन्होंने धर्म के विरुद्ध आचरण किया है, तो उसका दंड उन्हें भोगना पड़ेगा। हम क्यों अपने कर्त्तव्य से मुँह फेरें ?

काँग्रेस के मंत्री ने दबी हुई आवाज से कहा—मुझे तो जो कहना था, वह मैं कह चुका। आप लोग समाज के अगुआ हैं, जो फैसला कीजिए, हमें मंजूर है। चलिए मैं अभी आपके साथ चलूँगा। धर्म का कुछ अंश मुझे भी मिल जायगा; पर एक विनती सुन लीजिये—आप लोग पहले मुझे वहाँ जाने दीजिए। मैं एकांत में उनसे दस मिनट बातें करना चाहता हूँ। आप लोग फाटक पर खड़े रहिएगा। जब मैं वहाँ से लौट आऊँ तो फिर जाइएगा। इसमें किसी को क्या आपत्ति हो सकती थी ? प्रार्थना स्वीकृत हो गयी।

मंत्रीजी पुलिस-विभाग में बहुत दिनों तक रह चुके थे, मानव-चरित्र की कमजोरियों को जानते थे। वह सीधे बाजार गये और पांच रु. की मिठाई ली। उसमें मात्रा से अधिक सुगंध डालने का प्रयत्न किया, चाँदी के वरक लगवाये और एक दोने में लिये रूठे हुए ब्रह्मदेव की पूजा करने चले। एक झझ्झर में ठंडा पानी लिया और उसमें केवड़े का जल मिलाया। दोनों ही चीजों से खुशबू की लपटें उड़ रही थीं। सुगंध में इतनी उत्तेजित शक्ति है, कौन नहीं जानता। इससे बिना भूख की भूख लग जाती है, भूखे आदमी की तो बात ही क्या ?

पंडित जी इस समय भूमि पर अचेत पड़े हुए थे। रात को कुछ नहीं मिला। दस-पाँच छोटी-छोटी मिठाइयों का क्या जिक्र ! दोपहर को कुछ नहीं मिला। और इस वक्त भी भोजन की बेला टल गयी थी। भूख में अब आशा की व्याकुलता नहीं; निराशा की शिथिलता थी। सारे अंग ढीले पड़ गये थे। यहाँ तक कि आँखें भी न खुलती थीं। उन्हें खोलने की बार-बार चेष्टा करते; पर वे आप-ही-आप बंद हो जातीं। ओठ सूख गये थे। जिंदगी का कोई चिह्न था, तो बस, उनका धीरे-धीरे कराहना। ऐसा संकट उनके ऊपर कभी न पड़ा था। अजीर्ण की शिकायत तो उन्हें महीने में दो-चार बार हो जाती थी, जिसे वह हड़ आदि की फंकियों से शांत कर लिया करते थे; पर अजीर्णावस्था में ऐसा कभी न हुआ था कि उन्होंने भोजन छोड़ दिया हो। नगर-निवासियों को,

अमन-सभा को, सरकार को, ईश्वर को, काँग्रेस को और धर्म-पत्नी को जी-भर कर कोस चुके थे। किसी से कोई आशा न थी। अब इतनी शक्ति भी न रही थी कि स्वयं खड़े हो कर बाजार जा सकें। निश्चय हो गया था कि आज रात को अवश्य प्राण-पखेरू उड़ जायँगे। जीवन-सूत्र कोई रस्सी तो है ही नहीं कि चाहे जितने झटके दो, टूटने का नाम न ले !

मंत्रीजी ने पुकारा–शास्त्री जी !

मोटेराम ने पड़े-पड़े आँखें खोल दीं। उनमें ऐसी करुण वेदना भरी हुई थी, जैसे किसी बालक के हाथ से कौआ मिठाई छीन ले गया हो।

मंत्रीजी ने दोने की मिठाई सामने रख दी और झझ्झर पर कुल्हड़ औंधा दिया। इस काम से सुचित हो कर बोले–यहाँ कब तक पड़े रहिएगा ?

सुगंध ने पंडित जी की इंद्रियों पर संजीवनी का काम किया। पंडित जी उठ बैठे और बोले–देखो, कब तक निश्चय होता है।

मंत्री–यहाँ कुछ निश्चय-विश्चय न होगा। आज दिन-भर पंचायत हुई थी, कुछ तय न हुआ। कल कहीं शाम को लाट साहब आयेंगे। तब तक तो आपकी न जाने क्या दशा होगी ? आपका चेहरा बिल्कुल पीला पड़ गया है !

मोटेराम–यहीं मरना बदा होगा, तो कौन टाल सकता है ? इस दोने में कलाकंद है क्या ?

मंत्री–हाँ, तरह-तरह की मिठाइयाँ हैं। एक नातेदार के यहाँ बैना भेजने के लिए विशेष रीति से बनवायी हैं।

मोटेराम–जभी इनमें इतनी सुगंध है। जरा दोना खोलिए तो ?

मंत्रीजी ने मुस्करा कर दोना खोल दिया और पंडितजी नेत्रों से मिठाइयाँ खाने लगे। अंधा आँखें पा कर भी संसार को ऐसे तृष्णापूर्ण नेत्रों से न देखेगा। मुँह में पानी भर आया। मंत्रीजी ने कहा–आपका व्रत न होता, तो दो-चार मिठाइयाँ आपको चखाता। 5 रु. सेर के दाम दिये हैं।

मोटेराम–तब तो बहुत ही श्रेष्ठ होंगी। मैंने बहुत दिन हुए कलाकंद नहीं खाया।

मंत्री–आपने भी तो बैठे-बैठाये झंझट मोल ले लिया। प्राण ही न रहेंगे, तो धन किस काम आयेगा ?

मोटेराम–क्या करूँ, फँस गया, मैं इतनी मिठाइयों का जलपान कर जाता था। (हाथ से मिठाइयों को टटोल कर) भोला की दूकान की होंगी ?

मंत्री–चखिए दो-चार ?

मोटेराम–क्या चखूँ ? धर्म-संकट में पड़ा हूँ।

मंत्री–अजी चखिए भी ! इस समय जो आनंद प्राप्त होगा, वह लाख रुपये से भी नहीं मिल सकता। कोई किसी से कहने जाता है क्या ?

मोटेराम–मुझे भय किसका है। मैं यहाँ दाना-पानी बिना मर रहा हूँ, और किसी को परवा ही नहीं। तो फिर मुझे क्या डर ? लाओ, इधर दोना बढ़ाओ। जाओ, सबसे

कह देना शास्त्रीजी ने व्रत तोड़ दिया। भाड़ में जाय बाजार और व्यापार ! यहाँ किसी की चिंता नहीं। जब धर्म नहीं रहा, तो मैंने ही धर्म का बीड़ा थोड़े ही उठाया है !

यह कह कर पंडितजी ने दोना अपनी तरफ खींच लिया और लगे बढ़-बढ़ कर हाथ मारने। यहाँ तक कि एक पल-भर में आधा दोना समाप्त हो गया। सेठ लोग आ कर फाटक पर खड़े थे, मंत्री ने जा कर कहा—जरा चल कर तमाशा देखिए। आप लोगों को न बाजार खोलना पड़ेगा; न खुशामद करनी पड़ेगी। मैंने सारी समस्याएँ हल कर दीं। यह काँग्रेस का प्रताप है।

चाँदनी छिटकी हुई थी। लोगों ने आ कर देखा, पंडितजी मिठाई ठिकाने लगाने में वैसे ही तन्मय हो रहे हैं, जैसे कोई महात्मा समाधि में मग्न हो।

भोंदूमल ने कहा—पंडितजी के चरण छूता हूँ। हम लोग तो आ ही रहे थे, आपने क्यों जल्दी की ? ऐसी जुगुत बताते कि आपकी प्रतीज्ञा भी न टूटती और कार्य भी सिद्ध हो जाता।

मोटेराम—मेरा काम सिद्ध हो गया। यह अलौकिक आनंद है, जो धन के ढेरों से नहीं प्राप्त हो सकता। अगर कुछ श्रद्धा हो, तो इसी दूकान की इतनी ही मिठाई और मँगवा दो। (हम यह कहना भूल गए कि मंत्रीजी को मिठाई लेकर मैदान में आते समय पुलिस के सिपाही को चार आने पैसे देने पड़े थे। यह नियम-विरुद्ध था; लेकिन मंत्रीजी ने इस बात पर अड़ना उचित न समझा—लेखक।)

भाड़े का टट्टू

आगरा कालेज के मैदान में संध्या-समय दो युवक हाथ से हाथ मिलाये टहल रहे थे। एक का नाम यशवंत था, दूसरे का रमेश। यशवंत डीलडौल का ऊँचा और बलिष्ठ था। उसके मुख पर संयम और स्वास्थ्य की कांति झलकती थी। रमेश छोटे कद और इकहरे बदन का, तेज-हीन और दुर्बल आदमी था। दोनों में किसी विषय पर बहस हो रही थी।

यशवंत ने कहा—मैं आत्मा के आगे धन का कुछ मूल्य नहीं समझता।

रमेश बोला—बड़ी खुशी की बात है।

यशवंत—हाँ देख लेना। तुम ताना मार रहे हो, लेकिन मैं दिखला दूँगा कि धन को कितना तुच्छ समझता हूँ।

रमेश—खैर, दिखला देना। मैं तो धन को तुच्छ नहीं समझता। धन के लिए 15 वर्षों से किताब चाट रहा हूँ, धन के लिए माँ-बाप, भाई-बंद सबसे अलग यहाँ पड़ा हूँ, न जाने अभी कितनी सलामियाँ देनी पड़ेंगी, कितनी खुशामद करनी पड़ेगी। क्या इसमें आत्मा का पतन न होगा ? मैं तो इतने ऊँचे आदर्श का पालन नहीं कर सकता। यहाँ तो अगर किसी मुकदमे में अच्छी रिश्वत पा जायँ तो शायद छोड़ न सकें। क्या

तुम छोड़ दोगे ?

यशवंत–मैं उसकी ओर आँख उठा कर भी न देखूँगा और मुझे विश्वास है कि तुम जितने नीच बनते हो, उतने नहीं हो।

रमेश–मैं उससे कहीं नीच हूँ, जितना कहता हूँ।

यशवंत–मुझे तो यकीन नहीं आता कि स्वार्थ के लिए तुम किसी को नुकसान पहुँचा सकोगे ?

रमेश–भाई, संसार में आदर्श का निर्वाह केवल संन्यासी ही कर सकता है; मैं तो नहीं कर सकता। मैं तो समझता हूँ कि अगर तुम्हें धक्का दे कर तुमसे बाजी जीत सकूँ, तो तुम्हें जरूर गिरा दूँगा। और, बुरा न मानो तो कह दूँ, तुम भी मुझे जरूर गिरा दोगे। स्वार्थ का त्याग करना कठिन है।

यशवंत–तो मैं कहूँगा कि तुम भाड़े के टट्टू हो।

रमेश–और मैं कहूँगा कि तुम काठ के उल्लू हो।

2

यशवंत और रमेश साथ-साथ स्कूल में दाख़िल हुए और साथ-ही-साथ उपाधियाँ ले कर कालेज से निकले। यशवंत कुछ मंदबुद्धि, पर बला का मिहनती था। जिस काम को हाथ में लेता, उससे चिमट जाता और उसे पूरा करके ही छोड़ता। रमेश तेज था, पर आलसी। घंटे-भर भी जम कर बैठना उसके लिए मुश्किल था। एम. ए. तक तो वह आगे रहा और यशवंत पीछे, मेहनत बुद्धि-बल से परास्त होती रही; लेकिन सिविल-सर्विस में पाँसा पलट गया। यशवंत सब धंधे छोड़ कर किताबों पर पिल पड़ा; घूमना-फिरना, सैर-सपाटा, सरकस-थिएटर, यार-दोस्त, सबसे मुँह मोड़ कर अपनी एकांत कुटीर में जा बैठा। रमेश दोस्तों के साथ गप-शप उड़ाता, क्रिकेट खेलता रहा। कभी-कभी मनोरंजन के तौर पर किताब देख लेता। कदाचित् उसे विश्वास था कि अब की भी मेरी तेज़ी बाजी ले जायगी। अक्सर जा कर यशवंत को दिक करता। उसकी किताब बंद कर देता; कहता, क्यों प्राण दे रहे हो ? सिविल-सर्विस कोई मुक्ति तो नहीं है, जिसके लिए दुनिया से नाता तोड़ लिया जाय ! यहाँ तक कि यशवंत उसे आते देखता, तो किवाड़ें बंद कर लेता।

आखिर परीक्षा का दिन आ पहुँचा। यशवंत ने सब-कुछ याद किया था, पर किसी प्रश्न का उत्तर सोचने लगता, तो उसे मालूम होता, मैंने जितना पढ़ा था, सब भूल गया।वह बहुत घबराया हुआ था। रमेश पहले से कुछ सोचने का आदी न था। सोचता, जब परचा सामने आयेगा, उस वक्त देखा जायगा। वह आत्मविश्वास से फूला-फूला फिरता था।

परीक्षा का फल निकला, तो सुस्त कछुआ तेज खरगोश से बाजी मार ले गया था।

अब रमेश की आँखें खुलीं पर वह हताश न हुआ। योग्य आदमी के लिए यश

और धन की कमी नहीं, यह उसका विश्वास था। उसने कानून की परीक्षा की तैयारी शुरू की और यद्यपि उसने बहुत ज्यादा मिहनत न की, लेकिन अव्वल दरजे में पास हुआ। यशवंत ने उसको बधाई का तार भेजा। अब एक जिले का अफसर हो गया था।

3

दस साल गुजर गये। यशवंत दिलोजान से काम करता था और उसके अफसर उससे बहुत प्रसन्न थे। पर अफसर जितने प्रसन्न थे, मातहत उतने ही अप्रसन्न रहते थे। वह खुद जितनी मिहनत करता था, मातहतों से भी उतनी ही मिहनत लेना चाहता था, खुद जितना बेलौस था, मातहतों को भी उतना ही बेलौस बनाना चाहता था। ऐसे आदमी बड़े कारगुजार समझे जाते हैं। यशवंत की कारगुजारी का अफसरों पर सिक्का जमता जाता था। पाँच वर्षों में ही वह जिले का जज बना दिया गया।

रमेश इतना भाग्यशाली न था। वह जिस इजलास में वकालत करने जाता, वहीं असफल रहता। हाकिम को नियत समय पर आने में देर हो जाती, तो खुद भी चल देता, और फिर बुलाने से भी न आता। कहता—अगर हाकिम वक्त की पाबंदी नहीं करता, तो मैं क्यों करूँ ? मुझे क्या गरज पड़ी है कि घंटों उनके इजलास पर खड़ा उनकी राह देखा करूँ? बहस इतनी निर्भीकता से करता कि खुशामद के आदी हुक्काम की निगाहों में उसकी निर्भीकता गुस्ताखी मालूम होती। सहनशीलता उसे छू नहीं गयी थी। हाकिम हो या दूसरे पक्ष का वकील, जो उसके मुँह लगता, उसकी खबर लेता था। यहाँ तक कि एक बार वह जिला-जज ही से लड़ बैठा। फल यह हुआ कि उसकी सनद छीन ली गयी। किंतु मुवक्किलों के हृदय में उसका सम्मान ज्यों-का-त्यों रहा।

तब उसने आगरा-कालेज में शिक्षक का पद प्राप्त कर लिया। किंतु यहाँ भी दुर्भाग्य ने साथ न छोड़ा। प्रिंसिपल से पहले ही दिन खटपट हो गयी। प्रिंसिपल का सिद्धांत यह था कि विद्यार्थियों को राजनीति से अलग रहना चाहिए। वह अपने कालेज के किसी छात्र को किसी राजनीतिक जलसे में शरीक न होने देते। रमेश पहले ही दिन से इस आज्ञा का खुल्लमखुल्ला विरोध करने लगा। उसका कथन था कि अगर किसी को राजनीतिक जलसों में शामिल होना चाहिए, तो विद्यार्थी को। यह भी उसकी शिक्षा का एक अंग है। अन्य देशों में छात्रों ने युगांतर उपस्थित कर दिया है, तो इस देश में क्यों उनकी जबान बंद की जाती है। इसका फल यह हुआ कि साल खतम होने के पहले ही रमेश को इस्तीफा देना पड़ा। किंतु विद्यार्थियों पर उसका दबाव तिल भर भी कम न हुआ।

इस भाँति कुछ तो अपने स्वभाव और कुछ परिस्थितियों ने रमेश को मार-मार कर हाकिम बना दिया। पहले मुवक्किलों का पक्ष ले कर अदालत से लड़ा, फिर छात्रों का पक्ष ले कर प्रिंसिपल से रार मोल ली, और अब प्रजा का पक्ष ले कर सरकार को चुनौती दी। वह स्वभाव से ही निर्भीक, आदर्शवादी, सत्यभक्त तथा आत्माभिमानी था।

ऐसे प्राणी के लिए प्रजा सेवक बनने के सिवा और उपाय ही क्या था ? समाचार-पत्रों में वर्तमान परिस्थिति पर उसके लेख निकलने लगे। उसकी आलोचनाएँ इतनी स्पष्ट, इतनी व्यापक और इतनी मार्मिक होती थीं कि शीघ्र ही उसकी कीर्ति फैल गयी। लोग मान गये कि इस क्षेत्र में एक नयी शक्ति का उदय हुआ है। अधिकारी लोग उसके लेख पढ़ कर तिलमिला उठते थे। उसका निशाना इतना ठीक बैठता था कि उससे बच निकलना असंभव था। अतिशयोक्तियाँ तो उनके सिरों पर से सनसनाती हुई निकल जाती थीं। उनका वे दूर से तमाशा देख सकते थे, अभिज्ञताओं की वे उपेक्षा कर सकते थे। ये सब शस्त्र उनके पास पहुँचते ही न थे, रास्ते ही में गिर पड़ते थे। पर रमेश के निशाने सिरों पर बैठते और अधिकारियों में हलचल और हाहाकार मचा देते थे।

देश की राजनीतिक स्थिति चिंताजनक हो रही थी। यशवंत अपने पुराने मित्र के लेखों को पढ़-पढ़ कर काँप उठते थे। भय होता, कहीं वह कानून के पंजे में न आ जाय। बार-बार उसे संयत रहने की ताकीद करते, बार-बार मिन्नतें करते कि जरा अपनी कलम को और नरम कर दो, जान-बूझ कर क्यों विषधर कानून के मुँह में उँगली डालते हो ? लेकिन रमेश को नेतृत्व का नशा चढ़ा हुआ था। वह इन पत्रों का जवाब तक न देता था।

पाँचवें साल यशवंत बदल कर आगरे का जिला-जज हो गया।

4

देश की राजनीतिक दशा चिंताजनक हो रही थी। खुफ़िया-पुलिस ने एक तूफ़ान खड़ा कर दिया था। उसकी कपोल-कल्पित कथाएँ सुन-सुन कर हुक्कामों की रूह फ़ना हो रही थी। कहीं अखबारों का मुँह बंद किया जाता था, कहीं प्रजा के नेताओं का। खुफ़िया-पुलिस ने अपना उल्लू सीधा करने के लिए हुक्कामों के कुछ इस तरह कान भरे कि उन्हें हर एक स्वतंत्र विचार रखनेवाला आदमी खूनी और कातिल नजर आता था।

रमेश यह अँधेर देख कर चुप बैठनेवाला मनुष्य न था। ज्यों ज्यों अधिकारियों की निरंकुशता बढ़ती थी, त्यों-त्यों उसका भी जोश बढ़ता था। रोज कहीं न कहीं व्याख्यान देता और उसके प्रायः सभी व्याख्यान विद्रोहात्मक भावों से भरे होते थे। स्पष्ट और खरी बातें कहना ही विद्रोह है ! अगर किसी का राजनीतिक भाषण विद्रोहात्मक नहीं माना गया, तो समझ लो, उसने अपने आंतरिक भावों को गुप्त रखा है। उसके दिल में जो कुछ है, उसे जबान पर लाने का साहस उसमें नहीं है। रमेश ने मनोभावों को गुप्त रखना सीखा ही न था। प्रजा का नेता बन कर जेल और फाँसी से डरना क्या! जो आफ़त आनी हो, आवे। वह सब कुछ सहने को तैयार बैठा था। अधिकारियों की आँखों में भी वही सबसे ज्यादा गड़ा हुआ था।

एक दिन यशवंत ने रमेश को अपने यहाँ बुला भेजा। रमेश के जी में तो आया कि कह दें, तुम्हें आते क्या शरम आती है ? आखिर हो तो गुलाम ही। लेकिन फिर

कुछ सोच कर कहला भेजा, कल शाम को आऊँगा। दूसरे दिन वह ठीक छः बजे यशवंत के बँगले पर जा पहुँचा। उसने किसी से इसका जिक्र न किया। कुछ तो यह खयाल था कि लोग कहेंगे, मैं अफ़सरों की खुशामद करता हूँ और कुछ यह कि शायद इससे यशवंत को कोई हानि पहुँचे।

वह यशवंत के बँगले पर पहुँचा तो चिराग जल चुके थे। यशवंत ने आ कर उसे गले से लगा लिया। आधीरात तक दोनों मित्रों में खूब बातें होती रहीं। यशवंत ने इतने में नौकरी के जो अनुभव प्राप्त किये थे, सब बयान किये। रमेश को यह जान कर आश्चर्य हुआ कि यशवंत के राजनीतिक विचार कितने विषयों में मेरे विचारों से भी ज्यादा स्वतंत्र हैं। उसका यह खयाल बिल्कुल गलत निकला कि वह बिल्कुल बदल गया होगा, वफ़ादारी के राग अलापता होगा।

रमेश ने कहा–भले आदमी, जब इतने जले हुए हो; तो छोड़ क्यों नहीं देते नौकरी ? और कुछ न सही, अपनी आत्मा की रक्षा तो कर सकोगे !

यशवंत–मेरी चिंता पीछे करना, इस समय अपनी चिंता करो। मैंने तुम्हें सावधान करने को बुलाया है। इस वक्त सरकार की नजर में तुम बेतरह खटक रहे हो। मुझे भय है कि तुम कहीं पकड़े न जाओ।

रमेश–इसके लिए तो तैयार बैठा हूँ।

यशवंत–आखिर आग में कूदने से लाभ ही क्या ?

रमेश–हानि-लाभ देखना मेरा काम नहीं। मेरा काम तो अपने कर्त्तव्य का पालन करना है।

यशवंत–हठी तो तुम सदा के हो, मगर मौका नाजुक है, सँभले रहना ही अच्छा है। अगर मैं देखता कि जनता में वास्तविक जागृति है, तो तुमसे पहले मैदान में आता। परजब देखता हूँ कि अपने ही मरे स्वर्ग देखना है, तो आगे कदम रखने की हिम्मत नहीं पड़ती।

दोनों दोस्तों ने देर तक बातें कीं। कालेज के दिन याद आये। सहपाठियों के लिए कालेज की पुरानी स्मृतियाँ मनोरंजन और हास्य का अविरल स्रोत हुआ करती हैं। अध्यापकों पर आलोचनाएँ हुईं; कौन-कौन साथी क्या कर रहा है, इसकी चर्चा हुई। बिलकुल यह मालूम होता था कि दोनों अब भी कालेज के छात्र हैं। गम्भीरता नाम को भी न थी।

रात ज्यादा हो गयी। भोजन करते-करते एक बज गया। यशवंत ने कहा–अब कहाँ जाओगे, यहीं सो रहो और बातें हों। तुम तो कभी आते भी नहीं ?

रमेश तो रमते जोगी थे ही; खाना खा कर बात करते-करते सो गये। नींद खुली, तो नौ बज गये थे। यशवंत सामने खड़े मुस्करा रहे थे।

इसी रात को आगरे में भयंकर डाका पड़ गया।

5

रमेश दस बजे घर पहुँचे, तो देखा, पुलिस ने उनका मकान घेर रखा है। इन्हें देखते ही एक अफसर ने वारंट दिखाया। तुरंत घर की तलाशी होने लगी। मालूम नहीं, क्योंकर रमेश के मेज की दराज में एक पिस्तौल निकल आया। फिर क्या था, हाथों में हथकड़ी पड़ गयी। अब किसे उनके डाके में शरीक होने से इन्कार हो सकता था? और भी कितने ही आदमियों पर आफत आयी। सभी प्रमुख नेता चुन लिये गये। मुकदमा चलने लगा।

औरों की बात को ईश्वर जाने पर रमेश निरपराध था। इसका उसके पास ऐसा प्रबल प्रमाण था, जिसकी सत्यता से किसी को इनकार न हो सकता था। पर क्या वह इस प्रमाण का उपयोग कर सकता था !

रमेश ने सोचा, यशवंत स्वयं मेरे वकील द्वारा सफाई के गवाहों में अपना नाम लिखाने का प्रस्ताव करेगा। मुझे निर्दोष जानते हुए वह कभी मुझे जेल न जाने देगा। वह इतना हृदय-शून्य नहीं है। लेकिन दिन गुजरते जाते थे और यशवंत की ओर से इस प्रकार का कोई प्रस्ताव न होता था; और रमेश खुद संकोच-वश उसका नाम लिखाते हुए डरते थे। न-जाने इसमें उसे क्या बाधा हो। अपनी रक्षा के लिए वह उसे संकट में न डालना चाहते थे।

यशवंत हृदय-शून्य न थे, भाव-शून्य न थे, लेकिन कर्म-शून्य अवश्य थे। उन्हें अपने परम मित्र को निर्दोष मारे जाते देख कर दुःख होता था, कभी-कभी रो पड़ते थे; पर इतना साहस न होता था कि सफाई दे कर उसे छुड़ा लें। न जाने अफसरों को क्या खयाल हो ! कहीं यह न समझने लगें कि मैं भी षड्यंत्रकारियों से सहानुभूति रखता हूँ, मेरा भी उनके साथ कुछ सम्पर्क है। यह मेरे हिन्दुस्तानी होने का दंड है ! जान कर जहर निगलना पड़ रहा है। पुलिस ने अफसरों पर इतना आतंक जमा दिया कि चाहे मेरी शहादत से रमेश छूट भी जाय खुल्लमखुल्ला मुझ पर अविश्वास न किया जाय, पर दिलों से यह संदेह क्योंकर दूर होगा कि मैंने केवल एक स्वदेश-बंधु को छुड़ाने के लिए झूठी गवाही दी ? और बंधु भी कौन ? जिस पर राज-विद्रोह का अभियोग है !

इसी सोच-विचार में एक महीना गुजर गया। उधर मजिस्ट्रेट ने यह मुकदमा यशवंत ही के इजलास में भेज दिया। डाके में कई खून हो गये थे। और मजिस्ट्रेट को उतनी ही कड़ी सजाएँ देने का अधिकार न था जितनी उसके विचार में दी जानी चाहिए थीं।

6

यशवंत अब बड़े संकट में पड़ा। उसने छुट्टी लेनी चाही; लेकिन मंजूर न हुई। सिविल सर्जन अँग्रेज था। इस वजह से उसकी सनद लेने की हिम्मत न पड़ी। बला सिर पर आ पड़ी थी और उससे बचने का उपाय न सूझता था।

भाग्य की कुटिल क्रीड़ा देखिए। साथ खेले और साथ पढ़े हुए दो मित्र एक-दूसरे

के सम्मुख खड़े थे, केवल एक कठघरे का अंतर था। पर एक की जान दूसरे की मुट्ठी में थी। दोनों की आँखें कभी चार न होतीं। दोनों सिर नीचा किये रहते थे। यद्यपि यशवंत न्याय के पद पर था, और रमेश मुलजिम, लेकिन यथार्थ में दशा इसके प्रतिकूल थी। यशवंत की आत्मा लज्जा, ग्लानि और मानसिक पीड़ा से तड़पती थी और रमेश का मुख निर्दोषिता के प्रकाश से चमकता रहता था।

दोनों मित्रों में कितना अंतर था। एक उदार था। दूसरा कितना स्वार्थी। रमेश चाहता, तो भरी अदालत में उस रात की बात कह देता। लेकिन यशवंत जानता था, रमेश फाँसी से बचने के लिए भी उस प्रमाण का आश्रय न लेगा, जिसे मैं गुप्त रखना चाहता हूँ।

जब तक मुकदमे की पेशियाँ होती रहीं, तब तक यशवंत को असह्य मर्म-वेदना होती रही। उसकी आत्मा और स्वार्थ में नित्य संग्राम होता रहता था; पर फैसले के दिन तो उसकी वही दशा हो रही थी, जो किसी खून के अपराधी को हो। इजलास पर जाने की हिम्मत न पड़ती थी। वह तीन बजे कचहरी पहुँचा। मुलजिम अपना भाग्य-निर्णय सुनने को तैयार खड़े थे। रमेश भी आज रोज से ज्यादा उदास था। उसके जीवन-संग्राम में वह अवसर आ गया था, जब उसका सिर तलवार की धार के नीचे होगा। अब तक भय सूक्ष्म रूप में था, आज उसने स्थूल रूप धारण कर लिया था।

यशवंत ने दृढ़ स्वर में फैसला सुनाया। जब उसके मुख से ये शब्द निकले कि रमेशचन्द्र को सात वर्ष का कठिन कारावास, तो उसका गला रुँध गया। उसने तजवीज़ मेज पर रख दी। कुर्सी पर बैठ कर पसीना पोंछने के बहाने आँखों में उमड़े हुए आँसुओं को पोंछा। इसके आगे तजबीज़ उससे न पढ़ी गयी।

7

रमेश जेल से निकल कर पक्का क्रांतिवादी बन गया। जेल की अँधेरी कोठरी में दिन भर के कठिन परिश्रम के बाद वह दोनों के उपकार और सुधार के मनसूबे बाँधा करता था। सोचता, मनुष्य क्यों पाप करता है ? इसलिए न कि संसार में इतनी विषमता है। कोई तो विशाल भवनों में रहता है और किसी को पेड़ की छाँह भी मयस्सर नहीं। कोई रेशम और रत्नों से मढ़ा हुआ है, किसी को फटा वस्त्र भी नहीं। ऐसे न्याय-विहीन संसार में यदि चोरी, हत्या और अधर्म है तो यह किसका दोष है ? वह एक ऐसी समिति खोलने का स्वप्न देखा करता, जिसका काम संसार से इस विषमता को मिटा देना हो। संसार सबके लिए है और उसमें सबको सुख भोगने का समान अधिकार है। न डाका, डाका है, न चोरी, चोरी। धनी अगर अपना धन खुशी से नहीं बाँट देता, तो उसकी इच्छा के विरुद्ध बाँट लेने में क्या पाप! धनी उसे पाप कहता है तो कहे। उसका बनाया हुआ कानून दण्ड देना चाहता है, तो दे। हमारी अदालत भी अलग होगी। उसके सामने वे सभी मनुष्य अपराधी होंगे जिसके पास जरूरत से ज्यादा सुख-भोग की सामग्रियाँ हैं। हम भी उन्हें दंड देंगे, हम भी उनसे कड़ी मिहनत लेंगे। जेल से निकलते ही उसने

इस सामाजिक क्रांति की घोषणा कर दी। गुप्त सभाएँ बनने लगीं, शस्त्र जमा किये जाने लगे और थोड़े ही दिनों में डाकों का बाजार गरम हो गया। पुलिस ने उसका पता लगाना शुरू किया। उधर क्रांतिकारियों ने पुलिस पर भी हाथ साफ करना शुरू किया। उनकी शक्ति दिन-दिन बढ़ने लगी। काम इतनी चतुराई से होता था कि किसी को अपराधी का कुछ सुराग न मिलता। रमेश कहीं गरीबों के लिए दवाखाने खोलता, कहीं बैंक। डाके के रुपयों से उसने इलाके खरीदना शुरू किया। जहाँ कोई इलाका नीलाम होता वह उसे खरीद लेता। थोड़े ही दिनों में उसके अधीन एक बड़ी जायदाद हो गयी। इसका नफ़ा गरीबों के उपकार में खर्च होता था। तुर्रा यह कि सभी जानते थे, यह रमेश की करामात है, पर किसी की मुँह खोलने की हिम्मत न होती थी। सभ्य-समाज की दृष्टि में रमेश से ज्यादा घृणित और कोई प्राणी संसार में न था। लोग उसका नाम सुन कर कानों पर हाथ रख लेते थे। शायद उसे प्यासों मरता देख कर कोईएक बूँद पानी भी उसके मुँह में न डालता लेकिन किसी की मज़ाल न थी कि उस पर आक्षेप कर सके।

इस तरह कई साल गुजर गये। सरकार ने डाकुओं का पता लगाने के लिए बड़े-बड़े इनाम रखे। यूरप से गुप्त पुलिस के सिद्धहस्त आदमियों को बुला कर इस काम पर नियुक्त किया। लेकिन ग़ज़ब के डकैत थे, जिनकी हिकमत के आगे किसी की कुछ न चलती थी।

पर रमेश खुद अपने सिद्धान्तों का पालन न कर सका। ज्यों-ज्यों दिन गुजरते थे, उसे अनुभव होता था कि मेरे अनुयायियों में असंतोष बढ़ता जाता है। उनमें भी जो ज्यादा चतुर और साहसी थे, वे दूसरों पर रोब जमाते और लूट के माल में बराबर हिस्सा न देते थे। यहाँ तक कि रमेश से कुछ लोग जलने लगे। वह राजसी ठाट से रहता था। लोग कहते उसे हमारी कमाई को यों उड़ाने का क्या अधिकार है ? नतीजा यह हुआ कि आपस में फूट पड़ गयी।

रात का वक्त था; काली घटा छायी हुई थी। आज डाकगाड़ी में डाका पड़नेवाला था। प्रोग्राम पहले से तैयार कर लिया गया था। पांच साहसी युवक इस काम के लिए चुने गए थे।

सहसा एक युवक ने खड़े होकर कहा—आप बार-बार मुझी को क्यों चुनते हैं ? हिस्सा लेनेवाले तो सभी हैं, मैं ही क्यों बार-बार अपनी जान जोखिम में डालूँ ?

रमेश ने दृढ़ता से कहा—इसका निश्चय करना मेरा काम है कि कौन कहाँ भेजा जाय। तुम्हारा काम केवल मेरी आज्ञा का पालन है।

युवक—अगर मुझसे काम ज्यादा लिया जाता है, तो हिस्सा क्यों नहीं ज्यादा दिया जाता ?

रमेश ने उसकी त्योरियाँ देखीं और चुपके से पिस्तौल हाथ में ले कर बोले—इसका फैसला वहाँ से लौटने के बाद होगा।

युवक—मैं जाने से पहले इसका फैसला करना चाहता हूँ।

रमेश ने इसका जवाब न दिया। वह पिस्तौल से उसका काम तमाम कर देना ही चाहते थे कि युवक खिड़की से नीचे कूद पड़ा और भागा। कूदने-फाँदने में उसका जोड़ न था। चलती रेलगाड़ी से फाँद पड़ना उसके बायें हाथ का खेल था।

वह वहाँ से सीधा गुप्त पुलिस के प्रधान के पास पहुँचा।

8

यशवंत ने भी पेंशन ले कर वकालत शुरू की थी। न्याय-विभाग के सभी लोगों से उनकी मित्रता थी। उनकी वकालत बहुत जल्द चमक उठी। यशवंत के पास लाखों रुपये थे। उन्हें पेंशन भी बहुत मिलती थी। वह चाहते, तो घर बैठे आनन्द से अपनी उम्र के बाकी दिन काट देते। देश और जाति की कुछ सेवा करना भी उनके लिए मुश्किल न था। ऐसे ही पुरुषों से निस्वार्थ सेवा की आशा की जा सकती है। पर यशवंत ने अपनी सारी उम्र रुपये कमाने में गुजारी थी, और वह अब कोई ऐसा काम न कर सकते थे, जिसका फल रुपयों की सूरत में न मिले।

यों तो सारा सभ्य-समाज रमेश से घृणा करता था, लेकिन यशवंत सबसे बढ़ा हुआ था। कहता, अगर कभी रमेश पर मुकदमा चलेगा, तो मैं बिना फीस लिये सरकार की तरफ़ से पैरवी करूँगा। खुल्लमखुल्ला रमेश पर छींटे उड़ाया करता–यह आदमी नहीं, शैतान है; राक्षस है; ऐसे आदमी का तो मुँह न देखना चाहिए ! उफ् ! इसके हाथों कितने भले घरों का सर्वनाश हो गया। कितने भले आदमियों के प्राण गये। कितनी स्त्रियाँ विधवा हो गयीं। कितने बालक अनाथ हो गये। आदमी नहीं, पिशाच है। मेरा बस चले, तो इसे गोली मार दूँ, जीता चुनवा दूँ।

9

सारे शहर में शोर मचा हुआ था–रमेश बाबू पकड़ गये ! बात सच्ची थी। रमेश चुपचाप पकड़ गया था। उसी युवक ने, जो रमेश के सामने कूद कर भागा था, पुलिस के प्रधान से सारा कच्चा-चिट्ठा बयान कर दिया था। अपहरण और हत्या का कैसा रोमांचकारी, कैसा पैशाचिक, कैसा पापपूर्ण वृत्तांत था।

भद्र समुदाय बगलें बजाता था। सेठों के घरों में घी के चिराग जलते थे। उनके सिर पर एक नंगी तलवार लटकती रहती थी, आज वह हट गयी। अब वे मीठी नींद से सो सकते थे।

अखबारों में रमेश के हथकंडे छपने लगे। वे बातें जो अब तक मारे भय के किसी की जबान पर न आती थीं, अब अखबारों में निकलने लगीं। उन्हें पढ़ कर पता चलता था कि रमेश ने कितना अँधेर मचा रखा था। कितने ही राजे और रईस उसे महावार टैक्स दिया करते थे। उसका पुरजा पहुँचता, फलाँ तारीख को इतने रुपये भेज दो फिर किसकी मज़ाल थी कि उसका हुक्म टाल सके। वह जनता के हित के लिए जो काम

करता, उसके लिए भी अमीरों से चंदे लिये थे। रक़म लिखना रमेश का काम था। अमीर को बिना कान-पूँछ हिलाये वह रकम दे देनी पड़ती थी।

लेकिन भद्र समुदाय जितना ही प्रसन्न था, जनता उतनी ही दुखी थी। अब कौन पुलिसवालों के अत्याचार से उनकी रक्षा करेगा ? कौन सेठों के जुल्म से उन्हें बचायेगा,कौन उनके लड़कों के लिए कला-कौशल के मदरसे खोलेगा? वे अब किसके बल पर कूदेंगे?वह अब अनाथ थे। वही उनका अवलम्ब था। अब वे किसका मुँह ताकेंगे? किसको अपनी फरियाद सुनायेंगे ?

पुलिस शहादतें जमा कर रही थी। सरकारी वकील जोरों से मुकदमा चलाने की तैयारियाँ कर रहा था। लेकिन रमेश की तरफ से कोई वकील न खड़ा होता था। जिले भर में एक ही आदमी था, जो उसे कानून के पंजे से छुड़ा सकता था। वह था यशवंत ! लेकिन यशवंत जिसके नाम से कानों पर उँगली रखता था, क्या उसी की वकालत करने को खड़ा होगा ? असम्भव।

रात के नौ बजे थे। यशवंत के कमरे में एक स्त्री ने प्रवेश किया। यशवंत अखबार पढ़ रहा था। बोला–क्या चाहती हो ?

स्त्री–अपने पति के लिए एक वकील।

यशवंत–तुम्हारा पति कौन है ?

स्त्री–वह जो आपके साथ पढ़ता था, और जिस पर डाके का झूठा अभियोग चलाया जानेवाला है।

यशवंत ने चौंक कर पूछा–तुम रमेश की स्त्री हो ?

स्त्री–हाँ।

यशवंत–मैं उनकी वकालत नहीं कर सकता।

स्त्री–आपको अख्तियार है। आप अपने जिले के आदमी हैं, और मेरे पति के मित्र रह चुके हैं। इसलिए सोचा था, क्यों बाहरवालों को बुलाऊँ। मगर अब इलाहाबाद या कलकत्ते से ही किसी को बुलाऊँगी।

यशवंत–मिहनताना दे सकोगी ?

स्त्री ने अभिमान के साथ कहा–बड़े-से-बड़े वकील का मिहनताना क्या होता है ?

यशवंत–तीन हजार रुपये रोज़।

स्त्री–बस ! आप इस मुकदमे को ले लें, मैं आपको तीन हजार रुपये रोज़ दूँगी।

यशवंत–तीन हजार रुपये रोज़ !

स्त्री–हाँ, और यदि आपने उन्हें छुड़ा लिया, तो पचास हजार रुपये आपको इनाम के तौर पर और दूँगी।

यशवंत के मुँह में पानी भर आया। अगर मुकदमा दो महीने भी चला, तो कम-से-कम एक लाख रुपये सीधे हो जायँगे। पुरस्कार ऊपर से, पूरे दो लाख की गोटी है। इतना धन तो जिंदगी-भर में भी जमा न कर पाये थे। मगर दुनिया क्या कहेगी।

अपनी आत्मा भी तो नहीं गवाही देती। ऐसे आदमी को कानून के पंजे से बचाना असंख्य प्राणियों की हत्या करना है। लेकिन गोटी दो लाख की है। कुछ रमेश के फँस जाने से इस जत्थे का अंत तो हुआ नहीं जाता। उसके चेले-चापड़ तो रहेंगे ही। शायद वे अब और भी उपद्रव मचायें। फिर मैं दो लाख की गोटी क्यों जाने दूँ ! लेकिन मुझे कहीं मुँह दिखाने को जगह न रहेगी। न सही। जिसका जी चाहे खुश हो जिसका जी चाहे नाराज़। ये दो लाख तो नहीं छोड़े जाते। कुछ मैं किसी का गला तो दबाता नहीं, चोरी तो करता नहीं ? अपराधियों की रक्षा करना तो मेरा काम ही है।

सहसा स्त्री ने पूछा–आप जवाब देते हैं।

यशवंत–मैं कल जवाब दूँगा। जरा सोच लूँ ?

स्त्री–नहीं, मुझे इतनी फुरसत नहीं है। अगर आप को कुछ उलझन हो तो साफ़-साफ़ कह दीजिएगा, मैं और प्रबंध करूँ।

यशवंत को और विचार करने का अवसर न मिला। जल्दी का फैसला स्वार्थ ही की ओर झुकता है। यहाँ हानि की सम्भावना नहीं रहती।

यशवंत–आप कुछ रुपये पेशग़ी के दे सकती हैं ?

स्त्री–रुपयों की मुझसे बार-बार चर्चा न कीजिए। उनकी जान के सामने रुपयों की हस्ती क्या है ? आप जितनी रकम चाहें, मुझसे ले लें। आप चाहे उन्हें छुड़ा न सकें लेकिन सरकार के दाँत खट्टे जरूर कर दें।

यशवंत–खैर, मैं ही वकील हो जाऊँगा। कुछ पुरानी दोस्ती का निर्वाह भी तो करना चाहिए।

10

पुलिस ने एड़ी-चोटी का ज़ोर लगाया, सैकड़ों शहादतें पेश कीं। मुखबिर ने तो पूरी गाथा ही सुना दी; लेकिन यशवंत ने कुछ ऐसी दलीलें कीं; शहादतों को कुछ इस तरह झूठा सिद्ध किया और मुखबिर की कुछ ऐसी खबर ली कि रमेश बेदाग़ छूट गये। उन पर कोई अपराध न सिद्ध हो सका। यशवंत जैसे संयत और विचारशील वकील का उनके पक्ष में खड़े हो जाना ही इसका प्रमाण था कि सरकार ने गलती की।

संध्या का समय था। रमेश के द्वार पर शामियाना तना हुआ था। गरीबों को भोजन कराया जा रहा था। मित्रों की दावत हो रही थी। यह रमेश के छूटने का उत्सव था। यशवंत को चारों ओर से धन्यवाद मिल रहे थे। रमेश को बधाइयाँ दी जा रही थीं। यशवंत बार-बार रमेश से बोलना चाहता था, लेकिन रमेश उनकी ओर से मुँह फेर लेते थे। अब तक उन दोनों में एक बात भी न हुई थी।

आखिर यशवंत ने एक बार झुँझला कर कहा–तुम तो मुझसे इस तरह ऐंठे हुए हो, मानो मैंने तुम्हारे साथ कोई बुराई की है।

रमेश–और आप क्या समझते हैं कि मेरे साथ भलाई की है ? पहले आपने मेरे इस लोक का सर्वनाश किया था, अबकी परलोक का किया। पहले न्याय किया होता,

तो मेरी जिंदगी सुधर जाती और अब जेल जाने देते, तो आकबत बन जाती।

यशवंत—यह तो न कहोगे कि इस मामले में कितने साहस से काम लेना पड़ा।

रमेश—आपने साहस से काम नहीं लिया, स्वार्थ से काम लिया। आप अपने स्वार्थ के भक्त हैं। मैं तो आपको 'भाड़े का टट्टू' समझता हूँ। मैंने अपने जीवन का बहुत दुरुपयोग किया, लेकिन उसे आपके जीवन से बदलने को किसी दशा में तैयार नहीं हूँ। आप मुझसे धन्यवाद की आशा न रखें।

बाबा जी का भोग

रामधन अहीर के द्वार पर एक साधु आ कर बोला—बच्चा तेरा कल्याण हो, कुछ साधु पर श्रद्धा कर।

रामधन ने जा कर स्त्री से कहा—साधु द्वार पर आये हैं, उन्हें कुछ दे दे।

स्त्री—बरतन माँज रही थी, और इस घोर चिंता में मग्न थी कि आज भोजन क्या बनेगा, घर में अनाज का एक दाना भी न था। चैत का महीना था। किंतु यहाँ दोपहर ही को अंधकार छा गया था। उपज सारी-की-सारी खलिहान से उठ गयी। आधी महाजन ने ले ली, आधी जमींदार के प्यादों ने वसूल की भूसा, बेचा तो बैल के व्यापारी से गला छूटा, बस थोड़ी-सी गाँठ अपने हिस्से में आयी। उसी को पीट-पीट कर एक मन-भर दाना निकाला था। किसी तरह चैत का महीना पार हुआ। अब आगे क्या होगा। क्या बैल खायेंगे, क्या घर के प्राणी खायेंगे, यह ईश्वर ही जाने ! पर द्वार पर साधु आ गया है, उसे निराश कैसे लौटायें, अपने दिल में क्या कहेगा।

स्त्री ने कहा—क्या दे दूँ कुछ तो रहा नहीं ?

रामधन—जा, देख तो मटके में, कुछ आटा-वाटा मिल जाय तो ले आ।

स्त्री ने कहा—मटके झाड़-पोंछ कर तो कल ही चूल्हा जला था। क्या उसमें बरक्कत होगी ?

रामधन—तो मुझसे तो यह न कहा जायगा कि बाबा घर में कुछ नहीं है। किसी के घर से माँग ला।

स्त्री—जिससे लिया उसे देने की नौबत नहीं आयी, अब और किस मुँह से माँगूँ ?

रामधन—देवताओं के लिए कुछ अँगोवा निकाला है न वही ला, दे आऊँ !

स्त्री—देवताओं की पूजा कहाँ से होगी ?

रामधन—देवता माँगने तो नहीं आते ? समाई होगी करना, न समाई हो न करना।

स्त्री—अरे तो कुछ अंगौवा भी पंसेरी दो पंसेरी है ? बहुत होगा तो आध सेर। इसके बाद क्या फिर कोई साधु न आयेगा। उसे तो जवाब देना ही पड़ेगा।

रामधन—यह बला तो टलेगी, फिर देखी जायगी।

स्त्री झुँझला कर उठी और एक छोटी-सी हाँड़ी उठा लायी, जिसमें मुश्किल से आध सेर आटा था। वह गेहूँ का आटा बड़े यत्न से देवताओं के लिए रखा हुआ था। रामधन कुछ देर खड़ा सोचता रहा, तब आटा एक कटोरे में रख कर बाहर आया और साधु की झोली में डाल दिया।

महात्मा ने आटा ले कर कहा—बच्चा अब तो साधु आज यहीं रमेंगे। कुछ थोड़ी-सी दाल दे, तो साधु का भोग लग जाय।

रामधन ने फिर आ कर स्त्री से कहा। संयोग से दाल घर में थी। रामधन ने दाल, नमक, उपले जुटा दिये। फिर कुएँ से पानी खींच लाया। साधु ने बड़ी विधि से बाटियाँ बनायीं, दाल पकायी और आलू झोली में से निकाल कर भुरता बनाया। जब सब सामग्री तैयार हो गयी, तो रामधन से बोले—बच्चा, भगवान के भोग के लिए कौड़ी-भर घी चाहिए। रसोई पवित्र न होगी, तो भोग कैसे लगेगा ?

रामधन—बाबाजी, घी तो घर में न होगा।

साधु—बच्चा, भगवान् का दिया तेरे पास बहुत है। ऐसी बातें न कह।

रामधन—महाराज, मेरे गाय-भैंस कुछ नहीं है, घी कहाँ से होगा ?

साधु—बच्चा, भगवान् के भंडार में सब कुछ है जाकर मालकिन से कहो तो ?

रामधन ने जा कर स्त्री से कहा—घी माँगते हैं, माँगने को भीख, पर घी बिना कौर नहीं धँसता !

स्त्री—तो इसी दाल में से थोड़ी ले कर बनिये के यहाँ से ला दो। जब सब किया है तो इतने के लिए उन्हें क्यों नाराज करते हो ?

घी आ गया। साधुजी ने ठाकुरजी की पिंडी निकाली, घंटी बजायी और भोग लगाने बैठे। खूब तन कर खाया, फिर पेट पर हाथ फेरते हुए द्वार पर लेट गये। थाली, बटली और कलछुली रामधन घर में माँजने के लिए उठा ले गया।

उस रात रामधन के घर चूल्हा नहीं जला। खाली दाल पका कर ही पी ली।

रामधन लेटा, तो सोच रहा था—मुझसे तो यही अच्छे !

विनोद

विद्यालयों में विनोद की जितनी लीलाएँ होती रहती हैं, वे यदि एकत्र की जा सकें, तो मनोरंजन की बड़ी उत्तम सामग्री हाथ आये। वहाँ अधिकांश छात्र जीवन की चिंताओं से मुक्त रहते हैं। कितने ही तो परीक्षाओं की चिंता से भी बरी रहते हैं। वहाँ मटरगश्त करने, गपें उड़ाने और हँसी-मज़ाक करने के सिवा उन्हें कोई और काम नहीं रहता ! उनका क्रियाशील उत्साह कभी विद्यालय के नाट्य-मंच पर प्रकट होता है, कभी विशेष उत्सवों के अवसर पर। उनका शेष समय अपने और मित्रों के मनोरंजन में व्यतीत होता है। वहाँ जहाँ किसी महाशय ने किसी विभाग में विशेष उत्साह दिखाया (क्रिकेट, हाकी,

फुटबाल को छोड़ कर) और वह विनोद का लक्ष्य बना। अगर कोई महाशय बड़े धर्मनिष्ठ हैं, संध्या और हवन में तत्पर रहते हैं, बिला नागा नमाजें अदा करते हैं, तो उन्हें हास्य का लक्ष्य बनने में देर नहीं लगती। अगर किसी को पुस्तकों से प्रेम है, कोई परीक्षा के लिए बड़े उत्साह से तैयारियाँ करता है, तो समझ लीजिए कि उसकी मिट्टी खराब करने के लिए कहीं-न-कहीं अवश्य षड्यंत्र रचा जा रहा है। सारांश यह कि वहाँ निर्द्वंद्व, निरीह, खुले दिल आदमियों के लिए कोई बाधा नहीं, उनसे किसी को शिकायत नहीं होती; लेकिन मुल्लाओं और पंडितों की बड़ी दुर्गति होती है।

महाशय चक्रधर इलाहाबाद के एक सुविख्यात विद्यालय के छात्र थे। एम.ए. क्लास में दर्शन का अध्ययन करते थे। किंतु जैसा विद्वज्जनों का स्वभाव होता है, हँसी-दिल्लगी से कोसों दूर भागते थे। जातीयता के गर्व में चूर रहते थे। हिंदू आचार-विचार की सरलता और पवित्रता पर मुग्ध थे। उन्हें नेकटाई, कालर, वास्कट आदि वस्त्रों से घृणा थी। सीधा-सादा मोटा कुरता और चमरौधे जूते पहनते। प्रातःकाल नियमित रूप से संध्या-हवन करके मस्तक पर चंदन का तिलक भी लगाया करते थे। ब्रह्मचर्य के सिद्धांतों के अनुसार सिर घुटाते थे; किंतु लम्बी चोटी रख छोड़ी थी। उनका कथन था कि चोटी रखने में प्राचीन आर्य-ऋषियों ने अपनी सर्वज्ञता का प्रचंड परिचय दिया है। चोटी के द्वारा शरीर की अनावश्यक उष्णता बाहर निकल जाती है और विद्युत्-प्रवाह शरीर में प्रविष्ट होता है। इतना ही नहीं, शिखा को ऋषियों ने हिंदू-जातीयता का मुख्य लक्षण घोषित किया है। भोजन सदैव अपने हाथ से बनाते थे और वह भी बहुत सुपाच्य और सूक्ष्म। उनकी धारणा थी कि आहार का मनुष्य के नैतिक विकास पर विशेष प्रभाव पड़ता है। विजातीय वस्तुओं को हेय समझते थे। कभी क्रिकेट या हाकी के पास न फटकते थे। पाश्चात्य सभ्यता के तो वह शत्रु ही थे। यहाँ तक कि अँग्रेजी लिखने-बोलने में भी उन्हें संकोच होता था, जिसका परिणाम यह था कि उनकी अंग्रेजी कमजोर थी और वह उसमें सीधा-सा पत्र भी मुश्किल से लिख सकते थे। अगर उनको कोई व्यसन था, तो पान खाने का। इसके गुणों का समर्थन और वैद्यक ग्रन्थों से उसकी परिपुष्टि करते थे।

विद्यालय के खिलाड़ियों को इतना धैर्य कहाँ कि ऐसा शिकार देखें और उस पर निशाना न मारें। आपस में कानाफूसी होने लगी कि इस जंगली को सीधे रास्ते पर लाना चाहिए। कैसा पंडित बना फिरता है ! किसी को कुछ समझता ही नहीं। अपने सिवा सभी को जातीय-भाव से हीन समझता है। इसकी ऐसी मिट्टी पलीद करो कि सारा पाखंड भूल जाय !

संयोग से अवसर भी अच्छा मिल गया। कालेज खुलने के थोड़े ही दिनों बाद एक ऐंग्लो इंडियन रमणी दर्शन के क्लास में सम्मिलित हुई। वह कवि-कल्पित सभी उपमाओं की आगार थी। सेब का-सा खिला हुआ रंग, सुकोमल शरीर, सहास्य छवि और उस पर मनोहर वेष-भूषा ! छात्रों को विनोद का मसाला हाथ लगा। लोग इतिहास और भाषा छोड़-छोड़ कर दर्शन की कक्षा में प्रविष्ट होने लगे।

सबकी आँखें उसी चंद्रमुखी की ओर चकोर की नाईं लगी रहती थी। सब उसकी कृपा-कटाक्ष के अभिलाषी थे। सभी उसकी मधुर वाणी सुनने के लिए लालायित थे। किंतु प्रकृति का जैसा नियम है, आचारशील हृदयों पर प्रेम का जादू जब चल जाता है, तब वारा-न्यारा करके ही छोड़ता है। और लोग तो आँखें ही सेंकने में मग्न रहा करते, किंतु पंडित चक्रधर प्रेम-वेदना से विकल और सत्य अनुराग से उन्मत्त हो उठे। रमणी के मुख की ओर ताकते भी झेंपते थे कि कहीं किसी की निगाह न पड़ जाय, तो इस तिलक और शिखा पर फबतियाँ उड़ने लगें। जब अवसर पाते, तो अत्यन्त विनम्र, सचेष्ट, आतुर और अनुरक्त नेत्रों से देख लेते किंतु आँखें चुराये हुए और सिर झुकाये हुए, कि कहीं अपना परदा न खुल जाय, दीवार से कानों को खबर न हो जाय।

मगर दाई से पेट कहाँ छिप सकता है। ताड़नेवाले ताड़ गये। यारों ने पंडितजी की मुहब्बत की निगाह पहचान ही ली। मुँह-माँगी मुराद पायी। बाछें खिल गयीं। दो महाशयों ने उनसे घनिष्ठता बढ़ानी शुरू कर दी। मैत्री को संघटित करने लगे। जब समझ गये कि इन पर हमारा विश्वास जम गया, शिकार पर वार करने का अवसर आ गया, तो एक रोज दोनों ने बैठ कर लेडियों की शैली में पंडित जी के नाम एक पत्र लिखा—

'माई डियर चक्रधर, बहुत दिनों से विचार कर रही हूँ कि आपको पत्र लिखूँ; मगर इस भय से कि बिना परिचय से ऐसा साहस करना अनुचित होगा, अब तक जब्त करती रही। पर अब नहीं रहा जाता। आपने मुझ पर न-जाने क्या जादू कर दिया है कि एक क्षण के लिए भी आपकी सूरत आँखों से नहीं उतरती। आपकी सौम्य मूर्ति, प्रतिभाशाली मस्तक और साधारण पहनावा सदैव आँखों के सामने फिरा करता है। मुझे स्वभावतः आडम्बर से घृणा है। पर यहाँ सभी को कृत्रिमता के रंग में डूबा पाती हूँ। जिसे देखिए, मेरे प्रेम में अनुरक्त है; पर मैं उन प्रेमियों के मनोभावों से परिचित हूँ। वे सब-के-सब लम्पट और शोहदे हैं। केवल आप एक ऐसे सज्जन हैं जिनके हृदय में मुझे सद्भाव और सदनुराग की झलक दीख पड़ती है। बार-बार उत्कंठा होती है कि आपसे कुछ बातें करती; मगर आप मुझसे इतनी दूर बैठते हैं कि वार्तालाप का सुअवसर नहीं प्राप्त होता। ईश्वर के लिए कल से आप मेरे समीप ही बैठा कीजिए, और कुछ न सही तो आपके सामीप्य ही से मेरी आत्मा तृप्त होती रहेगी।

इस पत्र को पढ़ कर फाड़ दीजिएगा और इसका उत्तर लिख कर पुस्तकालय की तीसरी आलमारी के नीचे रख दीजिएगा।

आपकी

लूसी।

यह पत्र डाक में डाल दिया गया और लोग उत्सुक नेत्रों से देखने लगे कि इसका क्या असर होता है। उन्हें बहुत लम्बा इंतजार न करना पड़ा। दूसरे दिन कालेज में आकर पंडितजी को लूसी के सन्निकट बैठने की फिक्र हुई। वे दोनों महाशय जिन्होंने उनसे आत्मीयता बढ़ा रखी थी, लूसी के निकट बैठा करते थे। एक का नाम था नईम और दूसरे का गिरिधरसहाय। चक्रधर ने आ कर गिरिधर से कहा—यार, तुम मेरी जगह

जा बैठो। मुझे यहाँ बैठने दो।

गिरिधर–क्यों ? आपको हसद होता है क्या ?

चक्रधर–हसद-वसद की बात नहीं। वहाँ प्रोफेसर साहब का लेक्चर सुनायी नहीं देता। मैं कानों का जरा भारी हूँ ?

गिरिधर–पहले तो आपको यह बीमारी न थी। यह रोग कब से उत्पन्न हो गया ?

नईम–और फिर प्रोफेसर साहब तो यहाँ से और भी दूर हो जायँगे जी ?

चक्रधर–दूर हो जायँगे तो क्या, यहाँ अच्छा रहेगा। मुझे कभी-कभी झपकियाँ आ जाती हैं। सामने डर लगा रहता है कि कहीं उनकी निगाह न पड़ जाय।

गिरिधर–आपको तो झपकियाँ ही आती हैं न। यहाँ तो वही घंटा सोने का है। पूरी एक नींद लेता हूँ। फिर ?

नईम–तुम भी अजीब आदमी हो। जब दोस्त हो कर एक बात कहते हैं, तो उसको मानने में तुम्हें क्या एतराज ? चुपके से दूसरी जगह जा बैठो।

गिरिधर–अच्छी बात है, छोड़े देता हूँ। किंतु यह समझ लीजिएगा कि यह कोई साधारण त्याग नहीं है। मैं अपने ऊपर बहुत जब्र कर रहा हूँ। कोई दूसरा लाख रुपये भी देता, तो जगह न छोड़ता।

नईम–अरे भाई, यह जन्नत है जन्नत! लेकिन दोस्त की खातिर भी तो है कोई चीज?

चक्रधर ने कृतज्ञतापूर्ण दृष्टि से देखा और वहाँ जा कर बैठ गये। थोड़ी देर के बाद लूसी भी अपनी जगह पर बैठी। अब पंडितजी बार-बार उसकी ओर सापेक्ष भाव से ताकते रहे कि वह कुछ बातचीत करे, और वह प्रोफेसर का भाषण सुनने में तन्मय हो रही है। आपने समझा शायद लज्जावश नहीं बोलती। लज्जाशीलता रमणियों का सबसे सुंदर भूषण भी तो है। उसके डेस्क की ओर मुँह फेर-फेर कर ताकने लगे। उसे इनके पान चबाने से शायद घृणा होती थी–बार-बार मुँह दूसरी ओर फेर लेती। किंतु पंडितजी इतने सूक्ष्मदर्शी, इतने कुशाग्रबुद्धि न थे। इतने प्रसन्न थे, मानो सातवें आसमान पर हैं। सबको उपेक्षा की दृष्टि से देखते थे, मानो प्रत्यक्ष रूप से कह रहे थे कि तुम्हें यह सौभाग्य कहाँ नसीब ? मुझ-सा प्रतापी और कौन होगा ?

दिन तो गुजरा। संध्या-समय पंडितजी नईम के कमरे में आये और बोले–यार, एक लेटर-राइटर (पत्र-व्यवहार-शिक्षक) की आवश्यकता है। किसका लेटर-राइटर सबसे अच्छा है ?

नईम ने गिरिधर की ओर कनखियों से देख कर पूछा–लेटर-राइटर ले कर क्या कीजिएगा ?

गिरिधर–फजूल है। नईम खुद किस लेटर-राइटर से कम है।

चक्रधर ने कुछ सकुचाते हुए कहा–अच्छा, कोई प्रेम-पत्र लिखना हो, तो कैसे आरम्भ किया जाय।

नईम–डार्लिंग लिखते हैं। और जो बहुत ही घनिष्ट सम्बन्ध हो, तो डियर डार्लिंग लिख सकते हैं।

चक्रधर—और समाप्त कैसे करना चाहिए ?

नईम—पूरा हाल बताइए तो खत ही न लिख दें ?

चक्रधर—नहीं, आप इतना बता दीजिए, मैं लिख लूँगा।

नईम—अगर बहुत प्यारा माशूक हो, तो लिखिए—Your dying lover; और अगर साधारण प्रेम हो तो लिख सकते हैं—Yours for ever.

चक्रधर—कुछ शुभकामना के भाव भी तो रहने चाहिए न ?

नईम—बेशक। बिला आदाब के भी कोई खत होता है, और वह भी मुहब्बत का। माशूक के लिए आदाब लिखने में फकीरों की तरह दुआएँ देनी चाहिए। आप लिख सकते हैं—God give you everlasting grace and beauty, या May you remain happy in love and lovely.

चक्रधर—कागज पर लिख दो।

गिरिधर ने एक पत्र के टुकड़े पर कई वाक्य लिख दिये। जब भोजन करके लौटे तो चक्रधर ने अपने किवाड़ बंद कर लिये, और खूब बना-बना कर पत्र लिखा। अक्षर बिगड़-बिगड़ जाते थे, इसलिए कई बार लिखना पड़ा। कहीं पिछले पहर जा कर पत्र समाप्त हुआ। तब आपने उसे इत्र में बसाया, दूसरे दिन पुस्तकालय में निर्दिष्ट स्थान पर रख दिया। यार लोग तो ताक में थे ही पत्र उड़ा लाये और खूब मजे ले-ले कर पढ़ा।

2

तीन दिन के बाद चक्रधर को फिर एक पत्र मिला। लिखा—

'माई डियर चक्रधर,

तुम्हारी प्रेम-पत्री मिली। बार-बार पढ़ा। आँखों से लगाया; चुम्बन किया। कितनी मनोहर महक थी। ईश्वर से यही प्रार्थना है कि हमारा प्रेम भी ऐसा ही सुरभिसिंचित रहे। आपको शिकायत है कि मैं आपसे बातें क्यों नहीं करती। प्रिय, प्रेम बातों से नहीं, हृदय से होता है। जब मैं तुम्हारी ओर से मुँह फेर लेती हूँ, तो मेरे दिल पर क्या गुजरती है, यह मैं ही जानती हूँ। एक दबी हुई ज्वाला है, जो अंदर ही अंदर मुझे भस्म कर रही है। आपको मालूम नहीं, कितनी आँखें हमारी ओर एकटक ताकती रहती हैं। जरा भी संदेह हुआ, और चिर-वियोग की विपत्ति हमारे सिर पड़ी। इसीलिए हमें बहुत ही सावधान रहना चाहिये। तुमसे एक याचना करती हूँ, क्षमा करना। मैं तुम्हें अंग्रेजी पोशाक में देखने को बहुत उत्कंठित हो रही हूँ। यों तो तुम चाहे जो वस्त्र धारण करो, मेरी आँखों के तारे हो—विशेषकर तुम्हारा सादा कुरता मुझे बहुत ही सुन्दर मालूम होता है—फिर भी, बाल्यावस्था से जिन वस्त्रों को देखते चली आती हूँ, उन पर विशेष अनुराग होना स्वाभाविक है। मुझे आशा है, तुम निराश न करोगे। मैंने तुम्हारे लिए एक वास्कट बनायी है ! उसे मेरे प्रेम का तुच्छ उपहार समझ कर स्वीकार करो।

तुम्हारी

लूसी।'

पत्र के साथ एक छोटा-सा पैकेट था। वास्कट उसी में बंद था। यारों ने आपस में चंदा करके बड़ी उदारता से उसका मूलधन एकत्र किया था। उस पर सेंट-परसेंट से भी अधिक लाभ होने की सम्भावना थी। पंडित चक्रधर उक्त उपहार और पत्र पा कर इतने प्रसन्न हुए, जिसका ठिकाना नहीं, उसे ले कर सारे छात्रावास में चक्कर लगा आये। मित्र-वृन्द देखते थे, उसकी काट-छाँट की सराहना करते थे; तारीफों के पुल बाँधते थे; उसके मूल्य का अतिशयोक्तिपूर्ण अनुमान करते थे। कोई कहता था—यह सीधे पेरिस से सिल कर आया है; इस मुल्क में ऐसे कारीगर ? कहाँ कौन, अगर कोई इस टक्कर का वास्कट सिलवा दे, तो सौ रुपये की बाज़ी बदता हूँ ? पर वास्तव में उसके कपड़े का रंग इतना गहरा था कि कोई सुरुचि रखने वाला मनुष्य उसे पहनना पसंद न करता। चक्रधर को लोगों ने पूर्व मुख करके खड़ा किया, और फिर शुभ मुहूर्त में वह वास्कट उन्हें पहनाया। आप फूले न समाते थे। कोई इधर से आ कर कहता—भाई, तुम तो बिलकुल पहचाने नहीं जाते। चोला ही बदल दिया। अपने वक्त के यूसुफ हो। यार, क्यों न हो, तभी तो यह ठाट है। मुखड़ा कैसा दमकने लगा, मानों तपाया हुआ कुंदन है। अजी, एक वास्कट पर यह जीवन है, कहीं पूरा अंग्रेजी सूट पहन लो तो न जाने क्या ग़ज़ब हो जाय ? सारी मिसें लोट-पोट हो जायँ। गला छुड़ाना मुश्किल हो जाय।

आखिर सलाह हुई कि उनके लिए एक अँग्रेजी सूट बनवाना चाहिए ? इस कला के विशेषज्ञ उनके साथ गुट बाँध कर सूट बनवाने चले। पंडितजी घर के सम्पन्न थे। एक अँग्रेजी दूकान से बहुमूल्य सूट लिया गया। रात को इसी उत्सव में गाना-बजाना भी हुआ। दूसरे दिन, दस बजे, लोगों ने पंडितजी को सूट पहनाया। आप अपनी उदासीनता दिखाने के लिए बोले—मुझे तो बिलकुल अच्छा नहीं लगता। आप लोगों को न जाने क्यों ये कपड़े अच्छे लगते हैं ?

नईम—ज़रा आइने में सूरत देखिये, तो मालूम हो। खासे शाहजादे मालूम पड़ते हो। तुम्हारे हुश्न पर मुझे तो रस्क है। खुदा ने तो आपको ऐसी सूरत दी, और उसे आप मोटे कपड़ों में छिपाये हुए थे।

चक्रधर को नेकटाई बाँधने का ज्ञान न था। बोले—भाई, इसे तो ठीक कर दो।

गिरिधरसहाय ने नेकटाई इतनी कस कर बाँधी कि पंडितजी को साँस लेना भी मुश्किल हो गया। बोले—यार बहुत तंग है।

गिरिधर—इसका फैशन ही यह है; हम क्या करें। ढीली टाई ऐब में दाखिल है।

नईम—इन्होंने तो फिर भी बहुत ढीली रखी है। मैं तो और भी कसकर बाँधता हूँ।

चक्रधर—अजी, यहाँ तो दम घुट रहा है !

नईम—और टाई का मंशा ही क्या है ? इसीलिए तो बाँधी जाती है कि आदमी बहुत जोर-जोर से साँस न ले सके।

चक्रधर के प्राण संकट में थे। आँखें सजल हो रही थीं, चेहरा भी सुर्ख हो गया था। मगर टाई को ढीला करने की हिम्मत न पड़ती थी। इस सजधज से आप कालेज चले, तो मित्रों का एक गोल सम्मान का भाव दिखाता आपके पीछे-पीछे चला, मानों बरातियों का समूह है। एक-दूसरे की तरफ ताकता; और रूमाल मुँह में दे कर हँसता था। मगर पंडितजी को क्या खबर ? वह तो अपनी धुन में मस्त थे। अकड़-अकड़ कर चलते हुए आ कर क्लास में बैठ गये। थोड़ी देर बाद लूसी भी आयी। पंडित का यह वेष देखा, तो चकित हो गयी। उसके अधरों पर मुस्कान की एक अपूर्व रेखा अंकित हो गयी ! पंडितजी ने समझा, यह उसके उल्लास का चिह्न है। बार-बार मुस्करा कर उसकी ओर ताकने और रहस्यपूर्ण भाव से देखने लगे, किन्तु वह लेशमात्र भी ध्यान न देती थी।

पंडितजी की जीवनचर्या, धर्मोत्साह और जातीय प्रेम में बड़े वेग से परिवर्तन होने लगे। सबसे पहले शिखा पर छुरा फिरा। अंग्रेजी फैशन के बाल कटवाये गये। लोगों ने कहा—यह क्या महाशय ? आप तो फरमाते थे कि शिखा द्वारा विद्युतप्रवाह शरीर में प्रवेश करता है। अब वह किस मार्ग से जायगा ?

पंडितजी ने दार्शनिक भाव से मुस्करा कर कहा—मैं तुम लोगों को उल्लू बनाता था। क्या मैं इतना भी नहीं जानता कि यह सब पाखंड है ? मुझे अंतःकरण से इस पर विश्वास ही कब था; आप लोगों को चकमा देना चाहता था।

नईम—वल्लाह, आप एक ही झाँसेबाज निकले। हम लोग आपको बछिया के ताऊ ही समझते थे मगर आप तो आठों गाँठ कुम्मैत निकले।

चक्रधर—देखता कि लोग कहते क्या हैं !

शिखा के साथ-साथ संध्या और हवन की भी इतिश्री हो गयी। हवन-कुंड कमरे में चारपाई के नीचे फेंक दिया गया। कुछ दिनों के बाद सिगरेट के जले हुए टुकड़े रखने का काम देने लगा। जिस आसन पर बैठ कर हवन किया करते थे, वह पायदान बना। अब प्रतिदिन साबुन रगड़ते, बालों में कंघी करते और सिगार पीते। यार उन्हें चंग पर चढ़ाये रहते थे। यह प्रस्ताव हुआ कि इस चंडूल से वास्कट के रुपये वसूल करने चाहिए मय सूद के। फिर क्या था, लूसी का एक पत्र आ गया—आपके रूपांतर से मुझे जितना आनन्द हुआ उसे शब्दों में नहीं प्रकट कर सकती ! आपसे मुझे ऐसी ही आशा थी। अब आप इस योग्य हो गये हैं कि कोई यूरोपियन लेडी आपके सहवास में अपना अपमान नहीं समझ सकती। अब आपसे प्रार्थना केवल यही है कि मुझे अपने अनंत और अविरल प्रेम का कोई चिह्न प्रदान कीजिए, जिसे मैं सदैव अपने पास रखूँ। मैं कोई बहुमूल्य वस्तु नहीं, केवल प्रेमोपहार चाहती हूँ।

चक्रधर ने मित्रों से पूछा—अपनी पत्नी के लिए कुछ सौगात भेजना चाहता हूँ। क्या भेजना उचित होगा ?

नईम—जनाब, यह तो उसकी तालीम और मजाक पर मुनहसर है। अगर वह नये फैशन की लेडी है, कोई बेशकीमत, सुबुक वजहदार चीज या ऐसी ही कई चीजें भेजिए। मसलन रूमाल, रिस्टवाच, लवेंडर की शीशी, फैंसी कंघी, आइना, लाकेट, ब्रूस वगैरह।

और खुदा न खास्ता अगर गँवारिन है, तो किसी दूसरे आदमी से पूछिए। मुझे गँवारियों के मजाक का इल्म नहीं।

चक्रधर—जनाब, अंग्रेजी पढ़ी हुई हैं। बड़े ऊँचे खानदान की हैं।

नईम—तो फिर मेरी सलाह पर अमल कीजिए।

संध्या समय मित्रगण चक्रधर के साथ बाजार गये और ढेर की ढेर चीजें बटोर लाये। सब की सब ऊँचे दरजे की। कोई पच्चत्तर रु. खर्च हुए। मगर पंडितजी ने उफ् तक न की। हँसते हुए रुपये निकाले। लौटते वक्त नईम ने कहा—अफसोस, हमें ऐसी खुशमजाक बीबी न मिली !

गिरिधर—जहर खा लो, जहर !

नईम—भई दोस्ती के माने तो यही हैं कि एक बार हमें भी उनकी जियारत हो। क्यों पंडितजी, आप इसमें कोई हरज समझते हैं ?

चक्रधर—माता-पिता न होते, तो कोई हरज न था। अभी तो मैं उन्हीं का मुहताज हूँ। इतनी स्वतन्त्रता

नईम—खैर, खुदा उन्हें जल्द दुनिया से नजात दे।

रातोंरात पैकेट बना और प्रातःकाल पंडितजी उसे ले जा कर लाइब्रेरी में रख आये। लाइब्रेरी सवेरे ही खुल जाती थी। कोई अड़चन न हुई। उन्होंने इधर मुँह फेरा। उधर यारों ने माल उड़ाया और चम्पत हुए। नईम के कमरे में चंदे के हिसाब से हिस्सा-बाँट हुआ। किसी ने घड़ी पायी, किसी ने रूमाल, किसी ने कुछ। एक रुपये के बदले पाँच-पाँच रुपये हाथ लगे।

3

प्रेमीजन का धैर्य अपार होता है। निराशा पर निराशा होती है, पर धैर्य हाथ से नहीं छूटता। पंडितजी बेचारे विपुल धन व्यय करने के पश्चात् भी प्रेमिका से सम्भाषण का सौभाग्य न प्राप्त कर सके। प्रेमिका भी विचित्र थी, जो पत्रों में मिसरी की डली घोल देती, मगर प्रत्यक्ष दृष्टिपात भी न करती थी। बेचारे बहुत चाहते थे कि स्वयं ही अग्रसर हों, पर हिम्मत न पड़ती थी। विकट समस्या थी। किंतु इससे भी वह निराश न थे। हवन-संध्या तो छोड़ ही बैठे थे। नये फैशन के बाल कट ही चुके थे। अब बहुधा अंग्रेजी ही बोलते, यद्यपि वह अशुद्ध और भ्रष्ट होती थी। रात को अंग्रेजी मुहावरों की किताब ले कर पाठ की भाँति रटते। नीचे के दरजों में बेचारे ने इतने श्रम से कभी पाठ न याद किया था। उन्हीं रटे हुए मुहावरों को मौके-बे-मौके काम में लाते। दो-चार बार लूसी के सामने भी अँग्रेजी बघारने लगे, जिससे उनकी योग्यता का परदा और भी खुल गया।

किंतु दुष्टों को अब भी उन पर दया न आयी। एक दिन चक्रधर के पास लूसी का पत्र पहुँचा, जिसमें बहुत अनुनय-विनय के बाद यह इच्छा प्रकट की गयी थी कि—मैं आपको अंग्रेजी खेल खेलते देखना चाहती हूँ। मैंने आपको कभी फुटबाल या

हाकी खेलते नहीं देखा। अंग्रेज जेंटिलमैन के लिए हॉकी, क्रिकेट आदि में सिद्धहस्त होना परमावश्यक है ! मुझे आशा है, आप मेरी यह तुच्छ याचना स्वीकार करेंगे। अंग्रेजी वेष-भूषा में, बोलचाल में, आचार-व्यवहार में, कालेज में अब आपका कोई प्रतियोगी नहीं रहा। मैं चाहती हूँ कि खेल के मैदान में भी आपकी सर्वश्रेष्ठता सिद्ध हो जाय। कदाचित् कभी आपको मेरे साथ लेडियों के सम्मुख खेलना पड़े, तो उस समय आपकी और आपसे ज्यादा मेरी हेठी होगी। इसलिए टेनिस अवश्य खेलिये।

दस बजे पंडितजी को वह पत्र मिला। दोपहर को ज्यों ही विश्राम की घंटी बजी कि आपने नईम से जा कर कहा–यार, जरा फुटबाल निकाल दो।

नईम फुटबाल के कप्तान भी थे। मुस्करा कर बोले–खैर तो है, इस दोपहर में फुटबाल ले कर क्या कीजिएगा ? आप तो कभी मैदान की तरफ झाँकते भी नहीं। आज इस जलती-बलती धूप में फुटबाल खेलने की धुन क्यों सवार है ?

चक्रधर–आपको इससे क्या मतलब। आप गेंद निकाल दीजिए। मैं गेंद में भी आप लोगों को नीचा दिखाऊँगा।

नईम–जनाब, कहीं चोट-चपेट आ जायगी, मुफ्त में परेशान होइएगा। हमारे ही सिर मरहम-पट्टी का बोझ पड़ेगा। खुदा के लिए इस वक्त रहने दीजिए।

चक्रधर–आखिर चोट तो मुझे लगेगी आपका इससे क्या नुकसान होता है ? आपको जरा-सा गेंद निकाल देने में इतनी आपत्ति क्यों है ?

नईम ने गेंद निकाल दिया और पंडितजी उसी जलती हुई दोपहरी में अभ्यास करने लगे। बार-बार गिरते थे, बार-बार तालियाँ पड़ती थीं, मगर वह अपनी धुन में ऐसे मस्त थे कि उसकी कुछ परवा ही न करते थे। इसी बीच में आपने लूसी को आते देख लिया और भी फूल गये। बार-बार पैर चलाते थे, मगर निशाना खाली जाता था; पैर पड़ते भी थे तो गेंद पर कुछ असर न होता था। और लोग आ कर गेंद को एक ठोकर में आसमान तक पहुँचा देते, तो आप कहते है, मैं जोर से मारूँ, तो इससे भी ऊपर जाय, लेकिन फायदा क्या ? लूसी दो-तीन मिनट तक खड़ी उनकी बौखलाहट पर हँसती रही। आखिर नईम से बोली–वेल नईम, इस पंडित को क्या हो गया है ? रोज एक न एक स्वाँग भरा करता है। इसके दिमाग में खलल तो नहीं पड़ गया ?

नईम–मालूम तो कुछ ऐसा ही होता है।

शाम को सब लोग छात्रावास में आये, तो मित्रों ने जा कर पंडित जी को बधाई दी। यार, हो बड़े खुशनसीब, हम लोग फुटबाल को कालेज की चोटी तक पहुँचाते रहे, मगर किसी ने तारीफ न की। तुम्हारे खेल की सबने तारीफ की, खासकर लूसी ने। वह तो कहती थी, जिस ढंग से यह खेलते हैं, उस ढंग से मैंने बहुत कम हिंदुस्तानियों को खेलते देखा है। मालूम होता है, आक्सफोर्ड का अभ्यस्त खिलाड़ी है।

चक्रधर–और भी कुछ बोली ? क्या कहा, सच बताओ ?

नईम–अजी, अब साफ-साफ न कहलवाइए। मालूम होता है, आपने टट्टी की आड़ से शिकार खेला है। बड़े उस्ताद हो यार ! हम लोग मुँह ताकते रहे और तुम

मैदान मार ले गये। जभी आप रोज यह कलेवर बदला करते थे ? अब भेद खुला। वाकई खुशनसीब हो।

चक्रधर—मैं उसी कायदे से गेंद में ठोकर मारता था, जैसे किताब में लिखा है।

नईम—तभी तो बाजी मार ले गये भाई ! और नहीं क्या हम आपसे किसी बात में कम हैं। हाँ, तुम्हारी-जैसी सूरत कहाँ से लावें।

चक्रधर—बहुत बनाओ नहीं। मैं ऐसा कहाँ का बड़ा रूपवान हूँ।

नईम—अजी यह तो नतीजे ही से जाहिर है। यहाँ साबुन और तेल लगाते-लगाते भौंरा हुआ जाता हूँ और कुछ असर नहीं होता। मगर आपका रंग बिना हरे-फिटकिरी के ही चोखा है।

चक्रधर—कुछ मेरे कपड़े वगैरह की निस्बत तो नहीं कहती थी ?

नईम—नहीं और तो कुछ नहीं कहा। हाँ, इतना देखा कि जब तक खड़ी रही, आपकी ही तरफ उसकी टकटकी लगी हुई थी।

पंडित जी अकड़े जाते थे। हृदय फूला जाता था। जिन्होंने उनकी वह अनुपम छवि देखी, वे बहुत दिनों तक याद रखेंगे। मगर इस अतुल आनन्द का मूल्य उन्हें बहुत देना पड़ा, क्योंकि अब कालेज का सेशन समाप्त होनेवाला था और मित्रों की पंडित जी के माथे एक बार दावत खाने की बड़ी अभिलाषा थी। प्रस्ताव होने की देर थी। तीसरे दिन उनके नाम लूसी का पत्र पहुँचा—वियोग के दुर्दिन आ रहे हैं; न-जाने आप कहाँ होंगे और मैं कहाँ हूँगी। मैं चाहती हूँ, इस अटल प्रेम की यादगार में एक दावत हो। अगर उसका व्यय आपके लिए असह्य हो, तो मैं सम्पूर्ण भार लेने को तैयार हूँ। इस दावत में मैं और मेरी सखियाँ-सहेलियाँ निमन्त्रित होंगी, कालेज के छात्र और अध्यापकगण सम्मिलित होंगे। भोजन के उपरांत हम अपने वियुक्त हृदय के भावों को प्रकट करेंगे। काश, आपका धर्म, आपकी जीवन-प्रणाली और मेरे माता-पिता की निर्दयता बाधक न होती, तो हमें संसार की कोई शक्ति जुदा नहीं कर सकती।

चक्रधर यह पत्र पाते ही बौखला उठे। मित्रों से कहा—भाई, चलते-चलते एक बार सहभोज तो हो जाय। फिर न जाने कौन कहाँ होगा। मिस लूसी को भी बुलाया जाय।

यद्यपि पंडित जी के पास इस समय रुपये न थे, घरवाले उनकी फिजूलखर्ची की कई बार शिकायत कर चुके थे, मगर पंडित जी का आत्माभिमान यह कब मानता कि प्रीतिभोज का भार लूसी पर रखा जाय। वह तो अपने प्राण तक उस पर वार चुके थे। न-जाने क्या-क्या बहाने बना कर ससुराल से रुपये मँगवाये और बड़े समारोह से दावत की तैयारियाँ होने लगीं। कार्ड छपवाये गये, भोजन परोसनेवाले के लिए नयी वरदियाँ बनवायी गयीं। अँग्रेजी और हिंदुस्तानी, दोनों ही प्रकार के व्यंजनों की व्यवस्था की गयी। अंग्रेजी खाने के लिए रायल होटल से बातचीत की गयी। इसमें बहुत सुविधा थी। यद्यपि चीज़ें बहुत महँगी थीं, लेकिन झंझट से नजात हो गयी। अन्यथा सारा भार नईम और उसके दोस्त गिरिधर पर पड़ता। हिंदुस्तानी भोजन के व्यवस्थापक गिरिधर

हुए।

पूरे दो सप्ताह तक तैयारियाँ हुई थीं। नईम और गिरिधर तो कालेज में केवल मनोरंजन के लिए थे। पढ़ना-लिखना तो उनको था नहीं, आमोद-प्रमोद ही में समय व्यतीत किया करते थे; कवि-सम्मेलन की भी ठहरी। कविजनों के नाम बुलावे भेजे गये। सारांश यह कि बड़े पैमाने पर प्रीतिभोज का प्रबंध किया गया और भोज हुआ भी विराट्। विद्यालय के नौकरों ने पूरियाँ बेचीं। विद्यालय के इतिहास में वह भोज चिरस्मरणीय रहेगा। मित्रों ने खूब बढ़-बढ़ कर हाथ मारे, दो-तीन मिसें भी खींच बुलायी गयीं। मिरजा नईम लूसी को घेर-घार कर ले ही आये। इसने भोजन को और भी रसमय बना दिया।

4

किंतु शोक, महाशोक, इस भोज का परिणाम अभागे चक्रधर के लिए कल्याणकारी न हुआ। चलते-चलते लज्जित और अपमानित होना बदा था। मित्रों की तो दिल्लगी थी और उस बेचारे की जान पर बन रही थी। सोचे, अब तो बिदा होते ही हैं, फिर मुलाकात हो या न हो। अब किस दिन के लिए सब्र करें ? मन के प्रेमोद्‌गार को निकाल क्यों न लें। कलेजा चीर कर दिखा क्यों न दें। और लोग तो दावत खाने में जुटे हुए थे; और वह मदन-बाण-पीड़ित युवक बैठा सोच रहा था कि यह अभिलाषा क्योंकर पूरी हो ? अब यह आत्मदमन क्यों ? लज्जा क्यों ? विरक्ति क्यों ? गुप्त रोदन क्यों ? मौन-मुखापेक्षा क्यों ? अंतर्वेदना क्यों ? बैठे-बैठे प्रेम को क्रियाशील बनाने के लिए मन में बल का संचार करते रहे, कभी देवताओं का स्मरण करते, कभी ईश्वर को अपनी भक्ति की याद दिलाते। अवसर की ताक में इस भाँति बैठे थे, जैसे बगुला मेंढ़क की ताक में बैठता है। भोज समाप्त हो गया। पान-इलाइची बँट चुकी, वियोगवार्ता हो चुकी। मिस लूसी अपनी श्रवणमुधर वाणी से हृदयों में हाहाकार मचा चुकी, और भोजशाला से निकल कर बाईसिकिल पर बैठी। उधर कवि-सम्मेलन में इस तरह मिसरा पढ़ा गया—

कोई दीवाना बनाये, कोई दीवाना बने।

इधर चक्रधर चुपके से लूसी के पीछे हो लिए और साइकिल को भयंकर वेग से दौड़ाते हुए उसे आधे रास्ते में जा पकड़ा। वह इन्हें इस व्यग्रता से दौड़े आते देख कर सहम उठी कि कोई दुर्घटना तो नहीं हो गयी। बोली—वेल पंडितजी ! क्या बात है ? आप इतने बदहवास क्यों हैं ? कुशल तो है ?

चक्रधर का गला भर आया। कम्पित स्वर से बोले—अब आपसे सदैव के लिए बिछुड़ ही जाऊँगा। यह कठिन विरह-पीड़ा कैसे सही जायगी ! मुझे तो शंका है, कहीं पागल न हो जाऊँ !

लूसी ने विस्मित हो कर पूछा—आपकी मंशा क्या है ? आप बीमार हैं क्या ?

चक्रधर—आह डियर डार्लिंग, तुम पूछती हो, मैं बीमार हूँ ? मैं मर रहा हूँ, प्राण

निकल चुके हैं केवल प्रेमाभिलाषा का अवलम्बन है !

यह कह कर आपने उसका हाथ पकड़ना चाहा। वह उनका उन्माद देख कर भयभीत हो गयी। क्रोध में आ कर बोली—आप मुझे यहाँ रोक कर मेरा अपमान कर रहे हैं। इसके लिए आपको पछताना पड़ेगा।

चक्रधर—लूसी, देखो चलते-चलते इतनी निष्ठुरता न करो। मैंने ये विरह के दिन किस तरह काटे हैं, सो मेरा दिल ही जानता हैं। मैं ही ऐसा बेहया हूँ कि अब तक जीता हूँ। दूसरा होता तो अब तक चल बसा होता। बस, केवल तुम्हारी सुधामयी पत्रिकाएँ ही मेरे जीवन का एकमात्र अधार थीं।

लूसी—मेरी पत्रिकाएँ ! कैसी ? मैंने आपको कब पत्र लिखे ! आप कोई नशा तो नहीं खा आये हैं ?

चक्रधर—डियर डार्लिंग, इतनी जल्द न भूल जाओ, इतनी निर्दयता न दिखाओ। तुम्हारे वे प्रेम-पत्र, जो तुमने मुझे लिखे हैं, मेरे जीवन की सबसे बड़ी सम्पत्ति रहेंगे। तुम्हारे अनुरोध से मैंने यह वेष धारण किया, अपना संध्या-हवन छोड़ा, यह अचार-व्यवहार ग्रहण किया। देखो तो जरा, मेरे हृदय पर हाथ रख कर, कैसी धड़कन हो रही है। मालूम होता है, बाहर निकल पड़ेगा। तुम्हारा यह कुटिल हास्य मेरे प्राण ही ले कर छोड़ेगा। मेरी अभिलाषाओं...

लूसी—तुम भंग तो नहीं खा गये हो या किसी ने तुम्हें चकमा तो नहीं दिया है? मैं तुमको प्रेम-पत्र लिखती। हः हः। जरा अपनी सूरत तो देखो, खासे बनैले सुअर मालूम होते हो।

किंतु पंडितजी अभी तक यही समझ रहे थे कि यह मुझसे विनोद कर रही है। उसका हाथ पकड़ने की चेष्टा करके बोले—प्रिये, बहुत दिनों के बाद यह सुअवसर मिला है। अब न भागने पाओगी।

लूसी को अब क्रोध आ गया। उसने जोर से एक चाँटा उनके लगाया, और सिंहिनी की भाँति गरज कर बोली—यू ब्लडी, हट जा रास्ते से, नहीं तो, अभी पुलिस को बुलाती हूं। रास्केल !

पंडितजी चाँटा खा कर चौंधिया गये। आँखों के सामने अँधेरा छा गया। मानसिक आघात पर यह शारीरिक वज्रपात ! यह दुहरी विपत्ति ! वह तो चाँटा मार कर हवा हो गयी और यह वहीं जमीन पर बैठ कर इस सम्पूर्ण वृत्तांत की मन-ही-मन आलोचना करने लगे। चाँटे ने बाहर की आँखें आँसुओं से भर दी थीं, पर अंदर की आँखें खोल दी थीं। कहीं कालेज के लौंडों ने तो यह शरारत नहीं की ? अवश्य यही बात है। आह! पाजियों ने बड़ा चकमा दिया ! तभी सब-के-सब मुझे देख-देख कर हँसा करते थे ! मैं भी कुछ कमअकल हूँ, नहीं तो इनके हाथों टेसू क्यों बनता ! बड़ा झाँसा दिया। उम्र-भर याद रहेगा। वहाँ से झल्लाये हुए आये और नईम से बोले—तुम बड़े दग़ाबाज हो, परले सिरे के धूर्त, पाजी, उल्लू, गधे, शैतान !

नईम–आखिर कोई बात भी कहिए, या गालियाँ ही देते जाइएगा ?

गिरिधर–क्या बात हुई, कहीं लूसी से आपने कुछ कहा तो नहीं ?

चक्रधर–उसी के पास से आ रहा हूँ चाँटा खा कर और मुँह में कालिख लगवा कर! तुम दोनों ने मिल कर मुझे खूब उल्लू बनाया। इसकी कसर न लूँ, तो मेरा नाम नहीं। मैं नहीं जानता था कि तुम लोग मित्र बन कर मेरी गरदन पर छुरी चला रहे हो ! अच्छा जो वह गुस्से में आ कर पिस्तौल चला देती तो।

नईम–अरे यार माशूकों की घातें निराली होती हैं !

चक्रधर–तुम्हारा सिर ! माशूक चाँटे लगाया करते हैं। वे आँखों से तीर चलाते हैं, कटार मारते हैं, या हाथों से मुष्टि-प्रहार करते हैं ?

गिरिधर–उससे आपने क्या कहा ?

चक्रधर–कहा क्या अपनी बिरह व्यथा की गाथा सुनाता रहा। इस पर उसने ऐसा चाँटा रसीद किया कि कान भन्ना उठे। हाथ हैं उसके कि पत्थर !

गिरिधर–गजब ही हो गया। आप हैं निरे चोंच ! भले आदमी इतनी मोटी बुद्धि है तुम्हारी ! हम क्या जानते थे कि आप ऐसे छिछोरे हैं, नहीं तो मजाक ही क्यों करते। अब आपके साथ हम लोगों पर भी आफ़त आयी। कहीं उसने प्रिंसिपल से शिकायत कर दी, तो न इधर के हुए न उधर के। और जो कहीं अपने किसी अँग्रेज आशना से कहा, तो जान के लाले पड़ जायेंगे। बड़े बेवकूफ हो यार, निरे चोंच हो। इतना भी नहीं समझे कि वह सब दिल्लगी थी। ऐसे बड़े खूबसूरत भी तो नहीं हो।

चक्रधर–दिल्लगी तुम्हारे लिए थी, मेरी तो मौत हो गयी। चिड़िया जान से गयी, लड़कों का खेल हुआ। अब चुपके से मेरे पाँच सौ रुपये लौटा दीजिए, नहीं तो गरदन ही तोड़ दूँगा !

नईम–रुपयों के बदले खिदमत चाहे ले लो। कहो तुम्हारी हजामत बना दें, जूते साफ कर दें, सिर सहला दें। बस, खाना देते जाना। कसम ले लो, जो जिंदगी-भर कहीं जाऊँ, या तरक्की के लिए कहूँ। माँ-बाप के सिर से तो बोझ टल जायगा।

चक्रधर–मत जले पर नमक छिड़को जी ! आपके आप गये, मुझे ले डूबे। तुम्हारी तो अँग्रेजी अच्छी है, लोट-पोट कर निकल जाओगे। मैं तो पास भी न हूँगा। बदनाम हुआ, वह अलग पाँच सौ की चपत भी पड़ी। यह दिल्लगी है कि गला काटना? खैर समझूँगा और चाहे मैं न समझूँ, पर ईश्वर जरूर समझेंगे।

नईम–गलती हुई भाई, मुझे अब खुद इसका अफसोस है।

गिरिधर–खैर, रोने-धोने का अभी बहुत मौका है। अब यह बतलाइए कि लूसी ने प्रिंसिपल से कह दिया तो क्या नतीजा होगा। तीनों आदमी निकाल दिये जायेंगे। नौकरी से भी हाथ धोना पड़ेगा ! फिर ?

चक्रधर–मैं तो प्रिंसिपल से तुम लोगों की सारी कलई खोल दूँगा।

नईम–क्यों यार, दोस्त के यही माने हैं ?

चक्रधर–जी हाँ, आप जैसे दोस्तों की यही सजा है।

उधर तो रात-भर मुशायरे का बाज़ार गरम रहा और इधर यह त्रिमूर्ति बैठी प्राण-रक्षा के उपाय सोच रही थी। प्रिंसिपल के कानों तक बात पहुँची और आफत आयी। अँग्रेजवाली बात है, न जाने क्या कर बैठे। आखिर बहुत वाद-विवाद के पश्चात् यह निश्चित हुआ कि नईम और गिरिधर प्रातःकाल मिस लूसी के बँगले पर जायँ, उससे क्षमा-याचना करें। और इस अपमान के लिए वह जो प्रायश्चित कहे, उसे स्वीकार करें।

चक्रधर–मैं एक कौड़ी न दूँगा।

नईम–न देना भाई ! हमारी जान तो है न।

गिरिधर–जान ले कर वह चाटेगी। पहले रुपये की फिक्र कर लो ! वह बिना तावान लिये न मानेगी।

नईम–भाई, चक्रधर, खुदा के लिए इस वक्त दिल न छोटा करो, नहीं तो हम तीनों की मिट्टी खराब होगी। जो कुछ हुआ उसे मुआफ करो, अब फिर ऐसी खता न होगी।

चक्रधर–ऊँह, यही न होगा निकाल दिया जाऊँगा। दूकान खोल लूँगा। तुम्हारी मिट्टी खराब होगी। इस शरारत का मजा चखोगे। ओह कैसा चकमा दिया है।

बहुत खुशामद और चिरौरी के बाद देवता सीधे हुए। प्रातःकाल नईम लूसी के बँगले पर पहुँचे। वहाँ मालूम हुआ कि वह प्रिंसिपल के बँगले पर गयी है। अब काटो, तो बदन में लहू नहीं। या अली, तुम्हीं मुश्किल को आसान करनेवाले हो, अब जान की खैर नहीं। प्रिंसिपल ने सुना, तो कच्चा ही खा जायगा, नमक तक न माँगेगा। इस कम्बख्त पंडित की बदौलत अजाब में जान फँसी। इस बेहूदे को सूझी क्या ? चला नाजनीन से इश्क जताने! बनबिलाव की-सी तो आपकी सूरत है। और खब्त यह कि यह माहरू मुझ पर रीझ गयी। हमें भी अपने साथ डूबोये देता है। कहीं लूसी से रास्ते में मुलाकात हो गयी, तो शायद आरजू-मिन्नत करने से मान जाय; लेकिन जो वहाँ पहुँच चुकी है तो फिर कोई उम्मीद नहीं। वह फिर पैरगाड़ी पर बैठे और बेतहाशा प्रिंसिपल के बँगले की तरफ भागे। ऐसे तेज जा रहे थे, मानो पीछे मौत आ रही है। जरा-सी ठोकर लगती, तो हड्डी-पसली चूर-चूर हो जाती। पर शोक ! कहीं लूसी का पता नहीं। आधा रास्ता निकल गया और लूसी की गर्द तक न नजर आयी। नैराश्य ने गति को मंद कर दिया। फिर हिम्मत करके चले। बँगले के द्वार पर भी मिल गयी, तो जान बच जायगी। सहसा लूसी दिखायी दी। नईम ने पैरों को और भी तेज चलाना शुरू किया। वह प्रिंसिपल के बँगले के दरवाजे पर पहुँच चुकी थी। एक सेकेंड में वारा-न्यारा होता था, नाव डूबती थी या पार जाती थी। हृदय उछल-उछल कर कंठ तक आ रहा था। जोर से पुकारा–मिस टरनर, हेलो मिस टरनर, जरा ठहर जाओ।

लूसी ने पीछे फिर कर देखा, नईम को पहचान कर ठहर गयी और बोली–मुझसे उस पंडित की सिफारिश करने तो नहीं आये हो ! मैं प्रिंसिपल से उसकी शिकायत करने जा रही हूँ।

नईम–तो पहले मुझे और गिरिधर–दोनों को गोली मार दो, फिर जाना।

लूसी–बेहया लोगों पर गोली का असर नहीं होता। उसने मुझे बहुत इंसल्ट किया है।

नईम–लूसी, तुम्हारे कुसूरवार हमी दोनों हैं। वह बेचारा पंडित तो हमारे हाथ का खिलौना था। सारी शरारत हम लोगों की थी। कसम तुम्हारे सिर की !

लूसी–You naughty boy !

नईम–हम दोनों उसे दिल-बहलाव का एक स्वाँग बनाये हुए थे। इसकी हमें जरा भी खबर न थी कि वह तुम्हें छेड़ने लगेगा। हम तो समझते थे कि उसमें इतनी हिम्मत ही नहीं है। खुदा के लिए मुआफ़ करो, वरना हम तीनों का खून तुम्हारी गरदन पर होगा।

लूसी–खैर, तुम कहते हो तो प्रिंसिपल से न कहूँगी, लेकिन शर्त यह है कि पंडित मेरे सामने बीस मरतबा कान पकड़ कर उठे-बैठे और मुझे कम से कम दो सौ रुपये तावान दे।

नईम–लूसी इतनी बेरहमी न करो। यह समझो, उस गरीब के दिल पर क्या गुजर रही होगी। काश, अगर तुम इतनी हसीन न होतीं।

लूसी मुस्करा कर बोली–खुशामद करना कोई तुमसे सीख ले।

नईम–तो अब वापस चलो।

लूसी–मेरी दोनों शर्तें मंजूर करते हो न ?

नईम–तुम्हारी दूसरी शर्त तो हम सब मिल कर पूरी कर देंगे, लेकिन पहली शर्त सख्त है, बेचारा जहर खा कर मर जायगा। हाँ, उसके एवज में मैं पचास दफा कान पकड़ कर उठ-बैठ सकता हूँ।

लूसी–तुम छँटे हुए शोहदे हो। तुम्हें शर्म कहाँ ! मैं उसी को सजा देना चाहती हूँ। बदमाश, मेरा हाथ पकड़ना चाहता था।

नईम–ज़रा भी रहम न करोगी !

लूसी–नहीं, सौ बार नहीं।

नईम लूसी को साथ लाये। पंडित के सामने दोनों शर्तें रखी गयीं, तो बेचारा बिलबिला उठा। लूसी के पैरों पर गिर पड़ा और सिसक-सिसक कर रोने लगा। नईम और गिरिधर भी अपने कुकृत्य पर लज्जित हुए। अन्त में लूसी को दया आयी। बोली–अच्छा, इन दोनों में से कोई एक शर्त मंजूर कर लो मैं मुआफ़ कर दूँगी।

लोगों को पूरा विश्वास था कि चक्रधर रुपयेवाली ही शर्त स्वीकार करेंगे। लूसी के सामने वह कभी कान पकड़ कर उठा-बैठी न करेंगे। इसलिए जब चक्रधर ने कहा, मैं रुपये तो न दूँगा। हाँ, बीस की जगह चालीस बार उठा-बैठी कर लूँगा, तो सब लोग चकित हो गये। नईम ने कहा–यार, क्यों हम लोगों को जलील करते हो ? रुपये क्यों नहीं देते?

चक्रधर–रुपये बहुत खर्च कर चुका। अब इस चुड़ैल के लिए कानी कौड़ी तो

खर्च करूँगा नहीं, दो सौ बहुत होते हैं। इसने समझा होगा, चल कर मजे से दो सौ रुपये मार लाऊँगी और गुलछर्रे उड़ाऊँगी। यह न होगा। अब तक रुपये खर्च करके अपनी हँसी करायी है, अब बिना खर्च किये हँसी कराऊँगा। मेरे पैरों मे दर्द हो बला से, सब लोग हँसें बला से, पर इसकी मुट्ठी तो न गरम होगी।

यह कह कर चक्रधर ने कुरता उतार फेंका, धोती ऊपर चढ़ा ली और बरामदे से नीचे मैदान में उतर कर उठा-बैठी करने लगे। मुख-मंडल क्रोध से तमतमाया हुआ था, पर वह बैठकें लगाये जाते थे। मालूम होता था, कोई पहलवान अपना करतब दिखा रहा है। पंडित ने अगर बुद्धिमत्ता का कभी परिचय दिया तो इसी अवसर पर। सब लोग खड़े थे, पर किसी के होठों पर हँसी न थी ? सब लोग दिल में कटे जाते थे। यहाँ तक कि लूसी को भी सिर उठाने का साहस न होता था। सिर गड़ाये बैठी थी। शायद उसे खेद हो रहा था कि मैंने नाहक यह दंड-योजना की।

बीस बार उठते-बैठते कितनी देर लगती है। पण्डित ने खूब उच्च स्वर से गिन-गिन कर बीस की संख्या पूरी की और गर्व से सिर उठाये अपने कमरे में चले गये। लूसी ने उन्हें अपमानित करना चाहा था, उलटे उसी का अपमान हो गया।

इस दुर्घटना के पश्चात् एक सप्ताह तक कालेज खुला रहा।; किन्तु पण्डित जी को किसी ने हँसते नहीं देखा। वह विमन और विरक्त भाव से अपने कमरे में बैठे रहते थे। लूसी का नाम जबान पर आते झल्ला पड़ते थे।

इस साल की परीक्षा में पंडितजी फेल हो गये; पर इस कालेज में फिर न आये, शायद अलीगढ़ चले गये।